위험불통사회

위험과 과학의 민주화를 위한 커뮤니케이션 접근

위험불통사회

위험과 과학의 민주화를 위한
커뮤니케이션 접근

김영욱 지음

不通

이화여자대학교출판문화원

책을 펴내며

『위험 사회』의 저자 울리히 벡Ulich Beck은 2008년 첫 방한 때 한 언론과의 인터뷰에서 "한국은 아주 특별하게 위험한 사회"라고 주장했다. 그가 한국 사회를 아주 특별하게 위험하다고 한 이유는 차치하고, 더 심각한 문제는 우리 사회 구성원 모두가 그것을 자연스럽게 인정하고 받아들이고 있다는 사실이다. 하지만 우리 사회가 위험 사회라는 것을 누구도 부정하지 않음에도 불구하고, 그것을 개선하기 위한 노력에는 무기력한 모습을 보이고 있다. 비슷한 위험 사건들이 전혀 개선되지 않고 계속해서 일어나고 있으며, 체계적인 개선을 통한 재발 방지 노력 또한 이루어지지 않고 있다.

"한국은 아주 특별하게 위험한 사회다"

근대화가 극단적으로 실험된 나라들, 예를 들면 한국 같은 나라가 바로 내가 여행하고 싶은 나라다. 한국은 '아주 특별한' 위험 사회다. 내가 지금까지 말해온 위험 사회보다 더 심화된 위험 사회다. 전통과 제1차 근대화 결과들, 최첨단 정보 사회의 영향들, 제2차 근대화가 중첩된 사회이기 때문에, 특별한 위험 사회인 것이다. 아주 호기심 많은 사회학자로서 한국에 왔

다고 말하고 싶다. 그런데 내 책이 35개국에 번역됐고, 그 나라를 돌아다니다 보니 한국에 늦게 왔다(조선일보, 2008년 4월 1일자, 울리히 벡 인터뷰).

근본적으로 따져보면 이러한 현상은 위험에 대한 이해가 부족하기 때문에 생기는 일이다. 위험이 하늘에서 운명처럼 주어진다는 전근대적인 사고에서는 어느 정도 벗어났지만, 위험은 전문가의 영역이고, 전문가를 통해서 통계적인 위험 평가와 대응이 가능하다는 사고는 위험을 대중의 영역으로 가져오는 데 큰 장애가 되고 있다. 위험의 문제가 나의 문제가 아니고 그들의 문제라는 인식을 가지는 한, 우리 사회의 위험 문제를 해결하기는 매우 어렵다. 위험은 우리 모두의 문제이고, 위험을 바라보는 우리들의 시각은 모두 다르고 이기적이기 때문에, 커뮤니케이션을 통해서 합의를 이루어가야 한다. 이런 생각을 가지지 않는다면, 위험 문제에 대한 우리의 대응은 언제나 피상적이고 강 건너 불구경이 될 가능성이 크다.

우리 사회에서 위험 문제에 대한 논의는 불통에 가깝다. 여러 가지 이유가 있겠지만, 위험을 대하는 가부장적인 태도에서 기인하는 경우가 많다. 위험 문제는 정부나 전문가의 손에 맡기고, 나는 그들이 하는 말을 잘 듣기만 하면 된다는 태도가 우리 사회의 위험 문제를 키우고, 위험 문제 해결을 어렵게 만든다. 위험에 대한 판단에서 전문가의 의견은 물론 중요하지만, 위험에 대해서 전문가들이 모든 것을 알고 있다고 믿는 것은 현대 사회의 위험 문제를 지나치게 단순화하는 것이다. 코로나19 상황에서도 드러났듯이 세계보건기구WHO를 비롯해서 누구도 위험 문제를 정확하게 정의하고, 지속가능한 명제를 세우는 것은 불가능하다.

위험에 대한 불통은 위험 인식에서 주관성을 인정하지 않는 태도,

위험 커뮤니케이션의 사회적이고 문화적인 맥락을 무시하는 행위, 위험 의사결정에서 전문가에게 과도하게 의존하는 경향, 위험 문제에서 공중의 참여가 필요 없는 일이라고 생각하는 사고 등이 광범위하게 작용한 결과이다. 여기에 더해서 위험 문제가 점점 더 상업화되면서 개인적으로 위험 문제를 해결할 것을 설득하는 일들이 늘어나고 있다. 위험을 사회적인 문제로 보지 않고 개인적인 문제로 치환하는 과정에서 위험은 단지 상품화의 문제로 전락한다. 위험에 대한 개인적인 해결이 가능하다고 믿게 되면 될수록, 위험 문제를 근본적으로 해결하려는 사회적인 동력은 소멸되고 만다.

이 책에서는 위험불통사회의 원인을 위험 인식과 위험 커뮤니케이션 발전 과정과 연결시켜서 설명하고, 우리나라의 위험 불통 상황을 진단한 다음, 위험 불통을 개선하기 위한 방법들에 대해서 진지하게 고민해볼 것이다. 뉴스를 틀면 매일 비슷한 안전사고들이 반복된다. 가스누출사고, 협력업체 안전사고, 놀이공원 사고, 유증기 폭발사고, 타워크레인 사망사고 등은 잊을 만하면 지명과 회사명만 바뀌어 반복된다. 이제 이런 안전사고들은 분노를 넘어 자포자기의 일상이 되어가고 있다. 이쯤 되면 근본적인 문제가 무엇인지 심각하게 고민해볼 필요가 있다.

코로나19에 대한 대응도 마찬가지이다. 위험에 대응하기 위해서 모든 사회 구성원들이 참여하기보다는 몇몇 위험 주체들의 커뮤니케이션에 사람들이 수동적으로 반응하는 형태로 우리 사회의 위험 대응이 굳어져 가고 있다. 질병관리청을 비롯하여 정부에서는 사회적 거리두기가 필수적이라고 이야기하지만 사람들은 이미 코로나19에 둔감해져서 그런 정부 발표에 주의를 기울이지 않는다. 언론의 행태는 가관이다. 정확하지 못한 정보를 장착한 언론은 중국이 코로나19의 주범이니 중국인들의 입국을 막아야 한다고 주장하거나 총선을 대비해서 정부가 확진자 수를 줄이려고 검사를 하지 않고 있다는 가짜 뉴스를 공공연히 퍼뜨리기도 했다. 최근에는 백신 접종을 둘러싼 언론의 무책임한 보도가 효과적인 방역에 방해 요인으로 작용하고 있다. 이런 현상들은 너무 오랜 기간 동안 일반 국민들이 위험 커뮤니케이션의 대상으로만 살아온 결과이다.

이 책에서는 이런 오래된 신화에 반기를 든다. 위험은 정부, 언론, 전문가의 문제가 아니라 우리 모두의 문제이고, 위험 문제를 근본적으로 해결하기 위해서는 사회 구성원 모두가 위험을 이해하고, 위험 문제를 해결하기 위한 대응 방안을 만드는 데 참여해야 한다. 그런 공론의 장 형성을 통한 활발한 위험 커뮤니케이션만이 위험 사회에 대응하기 위한 우리 사회의 잠재력을 높일 수 있다.

위험 커뮤니케이션을 활성화하기 위해서는 위험의 주관성을 인정하는 것에서 시작해야 한다. 위험은 모든 사람들에게 다르게 인식되며, 사람마다 위험을 받아들이는 방법이 다르다. 주관적인 위험 인식 속에서 모두 자신에게 가장 유리한 방향으로만 위험을 인식하고 수용하기 때문에 위험을 둘러싼 사회적인 담론은 파편화되고 갈등 지향적이다. 위험에 대한 주관적인 인식에 바탕을 둔 개인화된 위험 대응은 이기적인 편익에만 집중되고, 사회 전체적으로 위험을 함께 해결하려는 노력을 둔화시킨다. 과학자들과 전문가들은 자신들의 연구 분야나 전공 분야의 시각에서만 위험을 바라보려고 하며, 일반 시민들은 위험이 자신과 자신의 가족들에게 미치는 영향을 최소화하는 데만 신경을 쓴다. 설상가상으로 기업은 위험을 이용해서 이익을 극대화하려고 시도하며, 정치 집단은 위험을 극대화해서 자신의 권력을 공고히 하는 데 사용하거나 반대편 정치 세력을 공격하는 수단으로 사용한다. 정부의 위험 대응 조직들은 관료화되어 적극적이고 진취적으로 위험에 대응할 생각이 없으며 책임을 떠넘기기에 급급하다.

이것이 아주 간략하게 말하면, 위험을 둘러싼 우리 사회의 현실이다. 모든 이해 집단과 개인들이 자신의 이기적인 목적을 위해 위험 담론을 이끌어가는 지금은 또한 위험 커뮤니케이션의 위기이다. 분명 위험 커뮤니케이션의 위기는 주관적인 위험 인식에 대한 서로 간의 이해가 부재하고, 대화를 통해 위험의 원인을 진단하고 위험 문제를 해결하기 위한 사회적인 합의의 필요성을 인식하지 못하는 데서 기인한다. 이제 기본으로 돌아가서, 위험 인식의 주관성의 의미를 돌아보고, 사회의 제 구성원들이 어떤 식으로 위험 문제를 이기적으로 해석하고 있는지 곱씹어보며, 위험 문제를 해결하기 위해서 어떤 방식으로 커뮤니케이션을 해야 하는지 살펴보는 바른 진단과 대응 방법이 필요한 시점이다.

위험 문제의 해결에서 커뮤니케이션 분야가 얼마나 소외되고 있는가는 각 정부 부처의 위험 대응 공식 문건들을 보면 확연하게 드러난다. 위험을 모두 과학기술적인 문제로 치부하고 있기 때문에 전문가 영역에만 머물고 있을 뿐, 국민들과 어떻게 소통해야 하는가에 대해서는 아무런 진전이 없다. 이런 가부장적인 태도, 즉 정부와 전문가가 대책을 세워서 발표하면 국민들은 두말하지 말고 따라와야 한다는 태도가 위험 문제를 국민들로부터 유리시키면서 근본적인 해결을 어렵게 만든다. 예를 들어, 환경부, 과학기술정보통신부, 보건복지부, 정부 특별위원회 등 정부에서 제시하는 위험 문제 해결을 위한 중장기 과제들을 살펴보면, 많은 과학기술 개선 및 평가 작업 과제들이 세부적으로 제시되고 있지만, 어느 위험 과제에서도 국민들과 어떻게 소통하고, 위험 문제에 대해서 다른 시각을 가진 사람들 간의 갈등을 어떤 식으로 서로 조정해서 전체 사회가 함께 위험 문제를 해결할 수 있도록 만들 것인가에 대한 복안은 잘 보이지 않는다.

대부분의 위험 문제 해결을 위한 정부 프로그램에서도 국민과의 소통 문제는 빠져 있다. 이는 위험을 소통 혹은 커뮤니케이션의 문제가 아닌 과학기술의 문제, 전문가의 문제, 정부 당국자의 문제로 보고 있는 것이지, 국민의 시선, 국민의 생각, 국민의 위험 인식을 중요하게 고려하고 있지 않다는 것을 방증한다. 제도상으로 국민의 공론을 모아가는 절차가 있다고 하더라도 그것은 형식적인 절차가 될 뿐, 진정한 국민 존중 문화를 만들지는 못한다. 대부분의 경우 위험 커뮤니케이션이 활용되는 것은 국민을 교육할 때 정도인데, 이는 미리 정부와 전문가가 정해둔 것을 일방적으로 전파하는 것이지, 위험에 대해 정의하고 대응 방안을 마련하는 과정에서 국민의 인식과 생활 속에서 쌓아온 경험 지식을 반영하겠다는 것은 아니다. 지금도 전문가들과 위험 사안에 대해서 인터뷰를 해보면, 일반인들이 많이 알아서 좋을 것이 없다거나, 일반인들은 모르는 것이 오히려 낫다는 식의 생각을 가진 소위 '박사'들을 많이 만난다. 위험이 이러한 가부장적인 영역에서 탈피하지 못한다면, 근본적인 문제 해결이 안 되는 것은 물론이고, 결국은 사회 갈등의 영역으로 지속될 가능성이 높다.

위험 사회에서 살아남는 것은 정부나 전문가를 포함한 일부의 노력으로 되는 일이 아니다. 사회 구조적으로 위험에 취약한 시스템을 함께 바꾸어가야 하는데, 이것은 어느 한 위험 주체의 노력으로 해결될 수 있는 문제가 아니다. 이 책은 위험 사회 문제를 해결하기 위해서 현재의 위험 관련 논의에서 어떤 점들이 잘못되었는가를 주제별로 나누어 지적하고자 한다. 그러한 반성을 바탕으로 어떻게 하면 위험 주체들이 각자의 이기심을 극복하고 한데 마음을 모아 위험 문제를 해결할 수 있을지 그 방법론에 대해 논의한다. 위험 커뮤니케이션을 통해서 사람들의 동의를 이끌어내고, 문제 해결을 위한 총의를 모으는 일은 위험 사회에서 살아남기 위해 필수불가결한 과정이다. 그런 의미에서 이 책은 우리 사회의 위험 문제를 해결하기 위한 새로운 접근 방법을 제시한다.

이 책의 집필 이유에는 코로나19의 발생과 확산이 큰 몫을 차지했다. 앞으로 이런 전지구적인 질병이 인류를 괴롭힐 가능성이 높은 가운데, 우리나라도 새로운 위험 대응 체계가 만들어지지 않는다면 반복되는 고통을 겪어야 한다는 절박감이 앞섰다. 하지만 대부분의 주장은 학술적인 논문이나 저작에 근거하도록 노력했고, 되도록 실증적인 근거를 제시하려고 힘썼다. 이 책이 나오기까지 많은 사람들의 도움을 받았다. 특히 이화여자대학교 대학원 리스크커뮤니케이션 수업에서 활발하게 토론에 참여해준 석박사 학생들에게 고마움을 전한다. 그리고 항상 최고의 책을 만들어내는 이화여자대학교출판문화원에도 감사를 드린다. 코로나19로 인해 생각지도 못한 가족의 생이별이 너무 길었지만, 이 책이 아내와 아들에게 조금의 보상과 위로가 되기를 간절히 바란다.

2021년 가을 일산에서

김영욱

차례

프롤로그

위험은 이기적으로 구성된다

2020년을 강타한 감염병 코로나19는 처음부터 국내 언론과 온라인 등에서 거의 좀비 영화 같은 장면처럼 묘사되면서 사람들을 엄청난 공포로 몰아넣었다. 아래는 국내 유수의 몇몇 언론들이 초기 전파 과정에서 외국발로 전한 코로나19 관련 한 기사의 일부분이다.

> **의사도 시민도 '픽픽' 실신 … 봉쇄된 우한 현장**
>
> 유튜브 채널 '미국 이야기'는 24일 봉쇄된 우한으로부터 전달받은 영상들을 공개했다. 시민들은 감염 예방을 위해 마스크를 착용하고 있지만 속수무책이다. 한산한 거리에는 우한 폐렴이 전염된 것으로 보이는 시민들이 쓰러지고, 방역복을 입은 의료진들은 구급차로 이들을 실어 나른다. 폐렴 환자와 24시간 붙어 있는 의료진도 예외는 아니다. 한 병원 복도는 감염 의심자들로 꽉 찼고, 또 다른 병원 바닥에는 한 의사가 가운을 입은 채로 쓰러져 있다. 구급차로 환자들을 이송하던 의료진은 길바닥에 쓰러져 일어나지 못한다(CBS노컷뉴스, 2020년 1월 25일자).

감염병 위험과 관련한 보도에서 가장 중요한 것은 정보원에 대한 신뢰이고, 단수의 정보원보다는 복수의 정보원을 통해서 기사 내용의 공정성을 유지하는 것이 필요하다. 언론 보도는 일반 시민들이 감염병에 대해서 이성적인 판단을 할 수 있도록 도와주는 역할을 하는 것이 무엇보다 중요하다. 하지만 대부분의 경우, 언론을 통해서 객관적인 정보와 대응 태세와는 무관하게 사회적으로 위험은 확산된다. 코로나바이러스 계통의 감염병 발병 상황과 진행 경과를 조금만 이해한다면 이렇게 가짜임이 명백한 정보를 언론이 다룬다는 것은 무책임한 일이다. 상식적으로 생각해도 코로나바이러스에 감염되었다고 의사나 시민이 길거리에서 픽픽 쓰러질 수는 없다.

감염병에 대해서 예방적인 조치precautionary measures를 취하고, 과도하다 싶을 정도의 대응책을 마련하는 것은 당연한 일이다. 하지만 과도한 공포를 조장함으로써 감염자와 감염 지역에 낙인을 찍는다거나 경제 활동을 일시에 중단시킴으로써 그렇지 않아도 어려운 경제 상황이 위축되는 것은 사회적인 낭비이다. 그렇다면 사회적인 차원에서 이성적인 판단을 만들어내는 것이 가능함에도 불구하고 왜 위험은 객관적인 정보와 상관없이 확산되는 것일까? 그것은 모두가 위험을 이기적으로 받아들이고 판단하기 때문이다. 사람들은 누구나 다 자신의 눈높이에서 위험을 받아들이고, 자신에게 유리한 방향으로 위험을 해석한다. 그것은 위험 사회를 살고 있는 우리들에게 어쩔 수 없이 요구되는 생존을 위한 불가피한 덕목일지도 모른다. 하지만 위험을 예방하거나 대응하기 위한 개인의 위험 판단을 넘어서서, 자신들의 이익을 위해 의도적 혹은 비의도적으로 위험을 이용하는 세력들이 우리 사회에 너무 많이 존재한다는 것은 심각한 문제이다.

위험을 이용하는 이기적인 참가자들

앞에서 예를 든 기사의 경우, 언론이 정보 소스의 신뢰도를 조금만 체크했거나 감염병과 관련한 전문가의 의견을 조금만 취재했다면 공포를 조장할 수 있는 이런 영화 같은 기사를 싣지는 않았을 것이다. 그렇다면 언론은 왜 이런 기사를 보도할까? 당연히 공포를 조장하기 위해서고 이러한 공포 조장이 기사의 온라인 클릭 수를 늘리고, 광고 판매에 도움을 주기 때문이다. 사람들이 주목하지 않는 기사는 광고 영업에 도움이 되지 않는다. 언론은 어떻게 하든 사람들의 관심을 끌어야 하고, 위험과 공포는 사람들의 주목을 끄는 데 가장 극적이고 적절한 재료이다. 사람들이 보지 않는 양질의 위험 기사는 돈이 되지 않으며, 기본적으로 언론의 관심 밖에 있다. 또한 페이스북, 유튜브 등에서 온라인 유사 언론 행세를 하는 사람들도 공포 마케팅을 한다는 측면에서는 비슷한 속성을 보인다. 수없이 떠돌아다니는 온라인 정보 속에서 자신의 정보를 눈에 띄게 만들고 편익을 챙기기 위해서 위험을 이기적으로 이용한다.

정치 세력 또한 이와 비슷한 속성을 보인다. 코로나 발생 초기에 정치권 일부는 정부가 병명을 우한 폐렴에서 신종 코로나바이러스로 바꾼 것을 비판하고 나섰다. 정부가 대책을 내놓기보다는 중국 눈치 보기에 급급하다는 것이다. 이와 함께 "현대판 흑사병"에 대응하기 위해서는 중국인에 대한 국경 폐쇄를 해야 하는데, 이번 정부는 중국 눈치를 보기 때문에 아무런 대책도 내놓지 못한다는 식으로 정치 공세를 폈다. 이런 식의 공포 조장과 특정 국가와 국민에 대한 혐오는 위험을 자신의 정치적인 목적을 위해서 이용하고자 하는 것이지 위험 문제 해결을 위한 이성적인 논의를 이끌어내려는 목적과는 무관하다. 정치 세력들에게 위험은 반대 세력을 공격하기 위한 수단일 뿐이고 이기적인 목적을 달성하기 위한 기회 요인에 불과하다. 이는 2015년 메르스 사태 때도 마찬가지였다. 정치적인 성향이 어느 쪽이든 반대편을 공격하기 위한 수단으로 위험을 이용하는 것은 비슷하다는 말이다. 이것은 위험이 창궐해야 다음 기회를 기약할 수 있는 정치 조직의 속성이다.

꼭 정치 세력만이 아니라 일반인들도 위험을 이기적으로 해석하기는 마찬가지이다. 이기적이라는 의미는 자신의 편익을 위해서 상황을 능동적으로 이용하는 것뿐 아니라, 자신에게 올지도 모르는 손해나 편익 때문에 전체 사회의 편익을 외면하는 것까지를 포함한다. 코로나가 심해지자 정부가 중국 우한에서 전세기를 이용해 우리 교민을 귀국시키기로 결정하고, 이 사람들을 충남 천안에 있는 공무원 교육시설 등에 격리 수용하기로 했다는 보도가 있자, 천안 인근에 사는 사람들이 불안을 호소하고 청와대 국민청원을 통해 반대 의사를 표명했다. 이에 더해서 지역 정치인과 지방자치 단체들도 주민 불안을 이유로 반대 의사를 분명히 했다. 다행히 문제가 이성적으로 해결되었지만, 만약 이런 상황이 계속 지속되었다면, 정부의 확실한 격리를 통한 안전장치 강구, 자국민 보호를 위한 정부의 대책, 개별 귀국 방지를 통한 전파 위험 감소 등의 이슈가 이성적인 공론의 장에서 논의가 이루어지지 못하고 지역 이기주의에 의해서 좌절됨으로써, 전체 사회의 위험 대응 능력이 현저히 떨어지게 되는 우를 범하게 될 수도 있었다.

위험이 이기적으로 인식되고, 때로는 인식의 차원을 넘어서 능동적으로 이용되는 경우는 수없이 많다. 이는 위험에 대한 인식이 주관적이기 때문이고, 적절하고 충분한 커뮤니케이션을 통해서 합리적인 대응책을 찾아내는 데 실패하기 때문이다. 이러한 상황은 전문가의 잘못과 일반인의 잘못이 씨줄과 날줄처럼 얽혀 있다는 것을 의미한다. 위험이 전문가들의 입을 통해서 잘못 알려지는 바람에 사회적인 비용을 치른 사례는 무수히 많다. 전문가들도 자신이 연구하는 분야의 위험을 강조함으로써 연구비 확대를 포함해서 전반적으로 사회적인 관심을 제고하려는 시도를 하는 경우가 있다. 미세먼지를 포함해서 우리 사회에서 명멸하는 위험 논의들은 대부분 전문가들의 입을 통해서 만들어진 것이다. 수많은 아침 방송과 건강 관련 방송 프로그램에서 이어지고 있는 질병 위험에 대한 공포 조장과 그것을 한 방에 해결할 수 있는 간단한 수단들에 대한 전문가의 설명은 광고와 구분하기 어려울 정도이다. 우리 사회에 만연한 '의료중심주의medicalization'는 모든 건강 위험에 약과 의료 행위로 대응해야 한다고 설파한다. 심리적인 문제와 만성적인 피로도 병원에 가야만 해결된다고 역설한다. 피로가 몰려오면 쉬어야 한다. 약을 먹으면서 계속 피로한 여건을 견뎌 나가야 한다는 것은 사회가 함께 해결해야 할 문제를 개인들이 알아서 오롯이 해결하도록 책임 전가하는 것과 같다. 사회 구성원들이 각자의 차원에서 위험을 이기적으로 대응하면 할수록 역설적으로 전체 사회가 가지는 위험은 더 커질 수밖에 없다.

위험을 이기적으로 이용하는 세력 중에 가장 대표적인 곳은 비즈니스 세계이다. 실상 모든 상품은 위험을 강조함으로써 수요를 창출하고 구매를 장려한다. 그것이 상품 마케팅의 속성이라고 하더라도 위험과 기업의 교묘한 상품 판매 기법이 결합함으로써 사람들에게 미치는 영향은 훨씬 더 은밀하고 강력해진다. 미세먼지 위험에 대한 사람들의 우려가 계속 커지면서 2019년 공기청정기 업계의 매출은 최대 7배, 주가는 최대 30%가 상승한 것으로 나타났다. 몇 년 전까지만 해도 공기청정기가 가정의 필수 가전은 아니었던 것을 생각하면, 미세먼지 위험이 가전업계의 새로운 효자로 떠오른 것은 사실이다. 미세먼지 위험을 이용한 기업의 영업 전략은 공기청정기에만 그치지 않는다. 업계에는 '미세먼지 가전 사대천왕'이 있다. 공기청정기, 건조기, 의류관리기, 무선 청소기를 말하는데, 이것들은 전통적인 사대천왕 TV, 냉장고, 세탁기, 에어컨의 자리를 위협하고 있다. 기업은 위험을 이용해서 끊임없이 새로운 수요를 창출해낼 수 있다.

가전 이외에도 생활 곳곳에서 미세먼지 위험을 이용한 마케팅이 펼쳐지고 있다. 마스크는 기본이고, 미세먼지 제거 세안제, 미세먼지 제거 클리너, 미세먼지 제거 가습기, 창문 필터, 손 소독기, 공기정화 식물, 코세척기 등 온갖 상품들이 넘쳐나고 있다. 여기서 더 문제가 되는 것은 기업의 마케팅 전략이 너무 전방위적으로 쏟아져 나오기 때문에 위험에 대한 이성적인 판단은 사라지고, 광고로 이루어지고 있는 콘텐츠 세상을 사람들이 당연한 현실로 받아들이고 있다는 점이다(김영욱·이현승·이혜진·장유진, 2015). 위험을 당연한 것으로 간주함에 따라, 위험을 제거하기 위해서는 기업이 추천하는 제품을 써야만 한다. 우리가 생수를 당연히 마시고, 냉장고를 당연히 사용하게 된 것처럼 위험을 제거하기 위한 제품으로 이루어진 사회를 본래 자신이 몸담았던 세상으로 이해하고, 위험의 실체에 대해서 곰곰이 고민해보거나, 근본적으로 사회적인 차원에서 해결하려는 노력을 하지 않게 된다. 이러한 위험의 개인화는 위험에 대한 근원적인 해결책을 만들어내는 데 방해 요인으로 작용한다. 미세먼지를 없애기 위해서는 차량 운전을 줄여야 함에도 불구하고, 차량용 공기청정기를 켜두고 차량 운전은 그대로 하겠다는 심리와 비슷하다.

개개인도 위험을 이용해서 자신의 사회적인 인지도를 높이기도 한다. 온갖 위험 이슈와 관련하여 언론에 자주 소개되는 사람들은 위험을 이용해서 자신의 평판을 만들어가기도 한다. 이는 시민단체의 경우에도 마찬가지이다. 우리나라의 대부분 환경 관련 시민단체들이 미세 먼지와 관련한 조직을 신설하고 그것을 시민단체 홍보와 경쟁력 강화에 이용하는 것을 보면 위험과 공포를 이용해서 자신의 편익을 챙긴다는 측면에서 시민단체도 예외가 아니다. 물론 시민단체들은 사회적 문제 해결을 위한 공론의 장을 형성하기 위한 것이라고 주장하겠지만, 시민단체들 간의 영향력 경쟁에서 밀리지 않겠다는 의도가 어느 정도 들어 있다는 것은 부정할 수 없다.

사람들의 위험 인식은 주관적이고, 이러한 주관성은 위험을 이기적으로 인식하는 세력들과 결합함으로써 불필요한 사회적인 비용을 만들어낸다. 만약 신종 코로나바이러스에만 국가의 모든 감염병 방역 예산이 집중된다면, 아직도 결핵과 같은 후진국형 감염병 피해가 여전한 우리나라 실정에서는 사람들이 일상에서 위험에 직면할 가능성은 더 높아지게 된다. 사람들의 위험 인식은 언론, 정치가, 전문가, 기업, 시민단체 등 사회 모든 세력의 커뮤니케이션을 거쳐서 형성된다. 위험을 통해서 형성된 공포는 사회를 보다 보수적으로 만들고, 타인을 배제하려고 할 뿐만 아니라, 이성적으로 사회 구성원 모두가 힘을 합쳐 위험 문제를 해결하는 것을 더디게 한다. 이 모든 것이 사회적인 부담이다. 위험을 이기적으로 이용하여 자신의 편익을 증가시키려는 의도를 가진 세력들은 이러한 합리적인 문제 해결에 관심이 적다. 따라서 이러한 위험에 대한 이기적인 해석과 이를 통한 영향력 전파를 막기 위해 위험을 바르게 이해하고, 적절하게 커뮤니케이션하는 방법을 사회 구성원 모두가 공유할 필요가 있다. 아는 것이 힘이다. 적어도 우리 모두가 어떤 것이 잘못된 것이고, 어떤 문제가 있으며, 어떻게 문제를 해결하는 것이 바람직하다는 것을 안다면, 올바른 커뮤니케이션을 통해 위험 문제를 사회 차원에서 근원적으로 해결할 가능성을 높이게 될 것이다.

이기적인 위험의 실체와 대응

4대강 사업과 언론의 유착을 탐사한 아래 언론 기사를 보면, 위험이 언론에 의해서 어떻게 자신의 편익에 맞게 입맛대로 해석될 수 있으며, 이러한 이기적인 해석이 얼마나 우리 사회에 공공연하게 혹은 뻔뻔하게 유지되고 있는가를 알 수 있다. 언론의 이익을 위해서 위험이 과장되거나 축소되는 사태는 우리 사회 전체가 그 영향권에 있다는 것을 생각하면 매우 심각한 일이다.

> **100억대 광고비에 대통령 표창까지 … 막강 기레기의 탄생**
>
> 중앙 언론들도 MB 정권의 4대강 사업에 부역한 대가를 두둑하게 챙겼습니다. 2011년 9월 국회 문화체육관광방송통신위 소속이었던 김부겸 의원이 국정감사 때 발표한 자료에 따르면 4대강 사업 광고비는 100억 원에 육박했습니다. 또 한 언론사는 "4대강 사업에 대한 부정적인 기사에 반박 기사를 써서 그릇된 여론 차단에 기여했다"는 이유로 산업포장을 받기도 했습니다. TV 토론과 신문 기고를 통해 4대강 사업을 적극 홍보한 김아무개 씨는 그 공로로 대통령 표창을 받기도 했습니다. 부역 언론들은 4대강 사업 때 '삽질'을 한 게 아니라, 노다지를 캤던 셈입니다(오마이뉴스, 2020년 1월 9일자).

위험과 관련하여 이기적이라는 속성은 크게 보면 자신의 편익을 위해서 위험을 확대하거나 축소하는 것을 의미한다. 이러한 잠정적인 의미에는 자신의 편익을 위해서 전체 사회의 편익이 늘어날 수 있는 방법을 거부하거나 의미를 축소하는 것이 포함된다. 언론사들이 4대강 사업과 관련하여 자신들의 편익만을 생각해서 전체 사회의 복리를 무시했다는 것은 우리 사회 위험 주체들의 이기적인 행태를 그대로 보여주는 안성맞춤의 사례이다. 이기적인 사고는 이기적인 윤리로 연결되는데, 이기적인 윤리란, 온갖 도덕적인 규범에 대해서 이야기하고 칭송하지만 실제로는 그런 규범과 상관없이 자신의 이익을 챙기고 규범을 아무렇지도 않게 위반하는 행위를 의미한다(Bazerman & Tenbrunsel, 2012). 위험과 관련한 이기적인 행위들은 이러한 이기적인 윤리의 속성을 그대로 보여준다.

위험에 대한 사회적인 구성은 불가피하다(Dake, 1992; Johnson & Covello, 2012; Lupton, 2013). 객관적이고 완벽한 권위가 존재하지 않는 세상에서 위험을 주관적으로 인식하는 것은 당연하다. 하지만 이러한 주관적인 인식이 자신에게 유리한 방향으로만 위험을 해석하거나 위험을 이용해서 이익을 거두려는 사람을 더욱 자극하는 방향으로 이용된다면 이것은 위험의 주관성을 뛰어넘어 위험이 이기적으로 변모하는 것이다. 위험 인식에서 책임을 외부에 돌리려는 경향은 개인의 책임을 벗어나려는 의도와 직접적으로 연결된다. 예를 들어, 미세먼지의 원인을 중국에 돌리면 돌릴수록 개인이 스스로 불편을 참아야 하거나, 하고 싶은 것을 하지 말아야 할 이유는 사라진다. 미세먼지의 원인이 중국인데, 내가 일회용품을 하나 덜 쓰는 게 무슨 큰 의미가 있겠는가? 이런 경향은 위험에 대한 대응에도 그대로 연결된다.

미세먼지의 원인이 내가 어쩔 수 없는 이유에서 발생한다면 혼자 노력해서 나를 지키는 개인적인 대응이 더 중요해진다. 마스크를 쓰든지, 실내에서 공기청정기를 틀든지, 아니면 외출할 때 입은 옷에서 열심히 먼지를 털어내야 한다. 이런 개인적인 대응에는 당연히 돈이 들어간다. 결국 위험에 대한 개인적이고 이기적인 대처는 위험을 상업화하고 위험을 이용해 편익을 취하려는 세력에 기여할 수밖에 없다. 위험을 이기적으로 생각하거나, 위험을 자신의 편익을 위해 이용하는 사람이 늘어날수록 사회적으로 위험을 줄이려는 노력은 근본적인 대응이 아닌 잘못된 방향으로 갈 수밖에 없다.

이기적인 위험 인식의 배경에는 주관적인 위험 인식이 자리잡고 있고, 이러한 주관적인 위험 인식의 문제를 해결하기 위해서는 위험 커뮤니케이션을 통해서 서로가 다르게 인식하는 위험에 대해서 함께 문제를 해결하기 위한 방법을 찾아 나가는 것이 무엇보다 중요하다. 따라서 이 책은 주관적인 인식의 문제와 이를 풀기 위한 노력으로서 커뮤니케이션의 문제를 큰 주제로 다루어보고자 한다.

앞으로 이어질 10개의 장에서는 이러한 위험에 대한 사람들의 이기적인 인식과 그것에서 비롯되는 커뮤니케이션 오류에 대해서 가장 대표적인 주제들을 정리해서 하나씩 상황을 진단하고, 그것을 뛰어넘어 위험 문제를 좀 더 합리적으로 풀 수 있는 방법에 대해서 논의한다. 수많은 위험 인식과 커뮤니케이션 주제들이 존재하지만, 우리나라 상황에서 가장 시급하고 직접적으로 관련된 분야를 엄선했다. 향후 위험 상황의 변화를 고려하여, 이번에 제외된 논의 주제들은 계속 보완해나갈 생각이다. 결국 사회적인 위험을 줄인다는 것은 곧 개인과 집단이 위험에 대한 이기적인 대응에서 벗어나서 좀 더 합리적으로 위험에 대해 함께 숙의하고 문제점을 찾아 나가는 시스템을 만들어가는 것이다. 지금부터 살펴볼 10개의 주제는 우리 사회에서 그러한 시스템을 찾기 위해 꼭 고려해야 할 위험 인식과 커뮤니케이션 주제들이다.

1장

危險
不通
社會

위험은 주관적으로 인식된다

위험risk은 여러 가지 의미로 받아들여진다. 크게 보면 일상생활에서 일반적으로 쓰이는 위험이라는 말은 어떤 위험한 것이나 상황을 의미하기도 하지만 벤처 사업에서 보는 것처럼 어떤 부정적인 결과를 무릅쓰고 도전하거나 기회 요인을 만들어내는 것을 의미하기도 한다. 만약 지극히 기술적이고 과학적인 시각에서 위험을 정의한다면 위험이 해를 가할 가능성과 그 결과를 곱한 값 정도라고 정의해볼 수 있다. 어떤 위험이 굉장히 위험한 결과를 가져오지만 그 위험이 발생할 가능성이 극히 낮다면 기술적으로 굉장히 위험하다고 말하기는 어렵다.

위험은 투자나 보험의 측면에서 다루어지기도 한다. 이러한 재정적인 의미의 위험은 어떤 기회 요인과 불확실성이 어떻게 최대의 이익을 얻기 위해 적절히 다루어질 것인가의 차원에서 논의된다. 종합해서 보면 위험은 결과적으로 위험한 결과를 안겨줄 수도 있지만, 그 불확실성만 잘 다룬다면 기회 요인을 제공해주기도 한다. 하지만 여기서 중요한 것은 이런 위험의 가능성과 결과, 기회 요인을 바라보는 시각은 개인에 따라 모두 다르다는 점이다. 아무리 전문가들이 공통된 의견을 제시한다고 하더라도 그것을 수용하는 사람은 주관적으로 인식한다. 따라서 위험 인식의 주관성을 이해하지 못한다면 위험에 대해서 이해하기도 어렵고, 대응하기는 더더욱 어렵다.

주관적인 위험 인식의 사례

코로나19가 발생하기 전까지 우리나라에서 사람들이 가장 위험하다고 느낀다는 미세먼지를 예로 들어 주관적인 위험 인식의 속성을 살펴보자. 연구논문 「언론은 미세먼지 위험을 어떻게 구성하는가?」에 따르면, 미세먼지가 우리 생활에서 본격적으로 논의되면서 위험으로 인식된 시기와 미세먼지 보도가 갑자기 증가한 시기가 정확하게 일치한다(김영욱·이현승·장유진·이혜진, 2015). 연구에 따르면 미세먼지 보도는 2013년 4분기부터 갑자기 증가하기 시작했는데, 이는 전년인 2012년에 비하면 약 4~5배 증가한 분량이다(그림 1-1). 이러한 급격한 보도량의 증가는 2014년부터 미세먼지 예보 제도가 처음으로 시행됨에 따라 언론의 관심이 자동적으로 늘어날 수밖에 없었고, 미세먼지에 대한 세계보건기구WHO의 1급 발암물질 지정과 중국발 스모그 위험성 보도가 겹치면서 미세먼지에 대한 언론의 주목도가 급격하게 높아졌기 때문이다.

조사 대상이었던 5개 대형 언론사 모두 2013년과 2014년에 미세먼지 관련 보도가 급격히 증가했는데, 조선일보의 경우는 2011년부

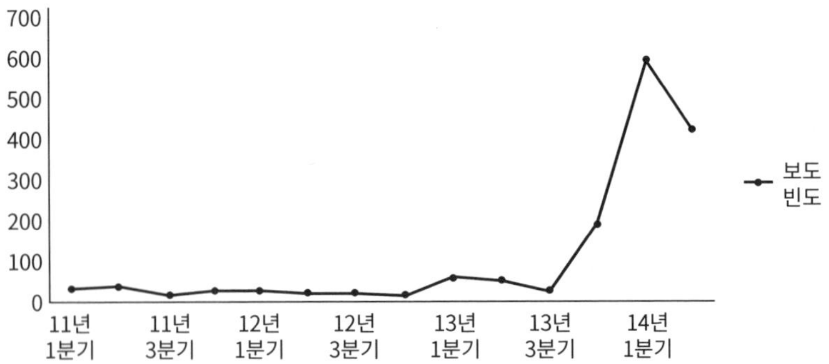

그림 1-1. 시기별 미세먼지 보도 빈도
출처: 김영욱·이현승·장유진·이혜진(2015)

터 2013년까지, 동아일보의 경우는 2011년부터 2012년까지 단 한 건의 미세먼지 관련 보도도 없었던 것을 보면, 언론의 관심이 2013년 말에 비정상적으로 갑자기 늘어간 것은 분명해 보인다. 즉 2013년 4분기부터 미세먼지라는 의제에 언론이 집중하기 시작하면서 언론의 의제 media agenda가 공중의 의제public agenda로 전이되어 미세먼지의 위험성에 대한 국민적 관심 또한 고조되게 된다. 미세먼지 의제 및 프레임 속성의 전이 과정을 다룬 다른 연구를 보면, 국민들의 미세먼지에 대한 관심과 인식은 정확하게 언론의 의제 및 프레임 속성을 따라가는 것으로 나타났다(김영욱·이현승·이혜진·장유진, 2015). 언론이 말하는 대로 사람들은 생각한 것이다. 관련 연구들을 종합하면, 언론의 보도량 증가가 미세먼지에 대한 사람들의 위험 인식을 높이는 데 결정적으로 작용했고, 이는 위험을 사회적으로 확산시키는 데 큰 역할을 했다(Lee & Bae, 2021).

그렇다면 미세먼지 위험이 이때 갑자기 커진 것일까? 데이터는 오히려 반대의 결과를 보여준다. 서울시 홈페이지에 나와 있는 대기환경 정보에 따르면 미세먼지(PM10)와 초미세먼지(PM2.5)는 이전에는 훨씬 더 많았고, 오히려 2007년 이후에는 감소 추세에 있다가 2013년 이후에는 조금씩 등락을 거듭하면서 현상 유지되거나 감소하는 형국을 보여준다(그림 1-2). 2015년 이후부터 최근의 데이터를 보면 이러한 감소 형국은 현재까지도 이어지고 있다(여민주·김용표, 2019; Lee & Bae, 2021). 환경부의 2020년 「환경통계연보」를 보더라도 2015년 연평균 48㎍/㎥이었던 미세먼지 농도는 2019년 41㎍/㎥로, 2015년 26㎍/㎥였던 초미세먼지 농도는 2019년 23㎍/㎥로 감소했다. 확실한 것은 미세먼지 위험이 2013년에 갑자기 생긴 것이 아니며, 전반적으로 보면 미세먼지의 위험성은 줄고 있다는 사실이다. 그럼 미세먼지처럼 언론

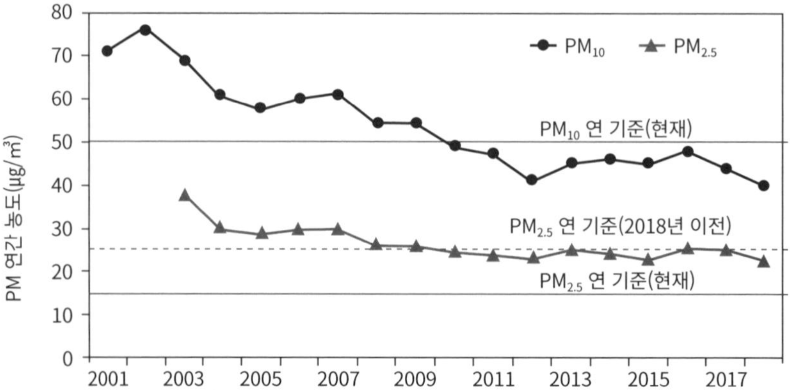

그림 1-2. 시기별 미세먼지 농도 변화량(서울시 통계)
출처: 여민주·김용표(2019)

이 많이 보도해서 우리가 관심을 가지게 된 위험만 위험한 것이고, 언론이 보도하지 않는 위험은 괜찮은 것일까? 2013년 이전의 미세먼지는 괜찮았고, 그 이후의 미세먼지만 위험한 것일까? 이런 의문을 품다 보면 우리가 과연 위험을 이성적으로 대하고 있는지 의문이 들지 않을 수 없다.

그림 1-1과 1-2에서 나타나는 것처럼 실질적으로 미세먼지의 양은 정체되거나 대체적으로 감소 추세를 보이지만, 언론의 보도량은 2013년 말부터 급격하게 늘어난다. 이는 황사와 미세먼지의 기사 빈도를 비교해봐도 알 수 있는데, 황사와 미세먼지가 우리나라에 비슷한 영향을 미친다고 가정했을 때 황사 보도의 양은 거의 비슷하게 이어지지만, 미세먼지 보도량은 2013년에 급격하게 늘어나고 있다(한혁·김영욱·금현섭, 2017)(그림 1-3).

이런 여러 가지 추정을 통해서 위험 인식이 미디어를 통해서 중계되었다는 것을 알 수 있게 된다. 결국 위험은 객관적으로 사회에 존재하

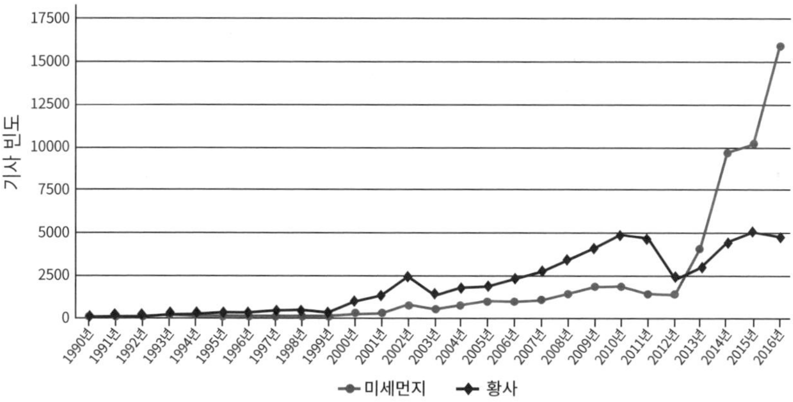

그림 1-3. 미세먼지와 황사에 대한 기사 빈도_빅카인즈BigKinds 제공 결과
출처: 한혁·김영욱·금현섭(2017)

는 것이 아니라 사회적으로 구성된다. 미셸 푸코Michel Foucault는 위험은 실제로 존재하는 것이 아니라 통치와 지배의 수단으로서 사회적으로 만들어질 뿐이라고 주장했다(김영욱, 2014; Lupton, 2013). 이와 같이 극단적으로 위험의 존재 자체를 부정하는 것은 어렵지만, 분명한 것은 위험은 실재와 무관하게 사람들에게 주관적으로 인식되며, 사회문화적인 모든 요인들을 고려했을 때만 비로소 바른 해석이 가능해진다는 것이다.

위험에 대한 자의적인 해석

위험은 자의적으로 사회에 받아들여진다. 미세먼지 위험에서도 드러났지만, 위험에 대한 인식은 주관적이고 사회맥락적이다. 그렇다면 어떤 위험들이 더 위험하다고 느껴지고, 사회적으로 중요하다고 인식되는 것일까? 확실히 위험에는 심리적, 사회적, 문화적 맥락들이 복잡하게 얽혀 있다. 특히 미래 세대와 관련되어 있다든지, 특정 지역이나 집단에게 위험의 원인을 전가하는 경우에는 위험이 사회적으로 확산되는 속도가 빠르다. 이런 것은 모두 공정성의 문제와 연결되어 있는데, 사람들은 위험이 공정하게 사람들에게 배분되지 않는다고 느끼면 그 위험에 대한 인식을 급속도로 높인다(Slovic, 1987).

미세먼지 위험의 경우는 일단 미래 세대에 대한 우려와 밀접하게 연결된다. 미세먼지를 걱정하는 엄마들의 모임이 전국적으로 또한 자발적으로 조직된 것을 보면 그것을 알 수 있다. 또한 미세먼지 위험 인식은 지역적으로 매우 불리한 조건에서 형성된다. 그것이 소위 말하는 중국발 미세먼지에 대한 공포이다. 우리가 제어할 수 없는 위험들이 중국에서 쏟아져 들어온다고 느끼면 위험 인식은 높아질 수밖에 없다. 스스로 제어할 수 있는 차량 운전과 같은 것은 위험하다고 느끼지 않지만, 비행기 추락사고 같은 제어할 수 없는 위험에 극도의 불안을 느끼는 것과 같은 원리이다. 위험의 원인을 특정 집단, 개인, 지역으로 분리할 수 있다면, 위험 이슈에서는 보기가 드문 원인에 대한 확실성이 만들어지고 사람들을 필요 이상으로 흥분하게 만든다. 이러한 집단, 개인, 지역 낙인화가 위험 문제에 대한 이성적인 논의나 해결을 어렵게 만드는 것은 당연하다.

하지만 이것만으로 모든 것이 설명되지는 않는다. 사실 미세먼지 농도가 2013년을 전후로 갑자기 높아진 것도 아니고, 없던 미세먼지가 갑자기 생겨난 것도 아닌데, 코로나19가 발생하기 전까지 미세먼지가 다른 모든 위험들을 제치고 가장 우리 사회를 위협하는 위험으로 대두된 것은 급격한 변화이고 이해하기 힘든 점이 많다. 실제 수치에서 나타나듯이 미세먼지를 포함한 공기 질은 꾸준히 좋아지고 있다고 보는 것이 과학적인 결론이다. 예전 우리나라가 산업 발전기에 놓여 있던 시절에는 공해와 먼지가 일상적인 일이었다. 1970~1980년대만 해도 공장 지대 인근의 경우, 자고 일어나면 집 마당에 새까만 분진이 눈처럼 쌓여 있었다. 결국 그것을 툭툭 털고 일상생활을 이어가던 세대와 지금 세대의 삶의 질에 대한 기대 차이가 위험 인식에 영향을 미치고 있는 것이다.

미세먼지도 국민들이 선진국 수준의 공기 질을 요구하기 때문에 위험으로 인식되는 것이다. 서울의 공기 질이 파리나 런던 등 다른 선진국 대도시의 수준에 미치지 못하기 때문에 비교적인 측면에서 위험하다고 보는 것이다. 위험은 사회적으로 구성된다. 그 사회가 위험을 어떻게 볼 것인가는 어떤 기준으로 위험을 평가하고, 어떤 사회 맥락 속에서 위험을 바라볼 것인가를 결정하는 데서 형성된다. 해외여행이 늘어나면서, 다른 외국 도시들의 맑은 공기를 경험한 대한민국 국민들에게, 우리는 아직 이 정도의 공기 정도면 충분하다고 말하는 것은 설득력이 없다. 결국 위험은 국민의 기준치에서 결정될 수밖에 없다.

1979년 쓰리마일섬three mile island 원자력발전소 폭발사고는 위험 커뮤니케이션 연구에서 기념비적인 사건으로 기록될 수 있다. 이 사고는 1979년 3월 28일 미국 펜실베이니아주 해리스버그Harrisburg시 근처에 있던 쓰리마일섬의 원자력발전소 2호기(TMI-2)에서 노심이 녹는 용융meltdown 사고가 발생하면서 전 미국 국민을 공포로 몰아넣었던 상업 원자력발전소 사고 중 가장 중대한 사고였다. 원자로를 냉각하는 장치들에 이상이 생긴 상황에서 제대로 교육받지 못한 현장 관리자들이 냉각수 부족을 파악하지 못하는 잘못된 판단과 대응으로 원자로 냉각 시스템이 통제 불능의 상황에 빠졌고, 결국 냉각수가 유출되고, 핵 연료봉이 녹아내리는 재난으로 이어졌다.

사건이 진행되는 동안에도 기술자들은 사건의 원인을 밝혀내지 못해 무기력한 대응에 머물렀고, 다섯 개의 방호막 중에 네 번째 방호막까지 뚫리는 절체절명의 상황에 이르렀다. 결국 상황은 냉각 펌프를 작동시킴으로써 진정되었으나 이미 일부 방사능 물질들이 대기 중으로 노출된 뒤였다. 이 사건은 조그만 설비의 결함과 사람의 실수, 경험의 부족 등이 얼마나 큰 재난을 불러올 수 있는가를 알려준 사건이었다. 하지만 이 사건으로 다친 사람은 없었으며, 방사성 물질의 공기 중 유출도 통계적으로 유의미한 위험 수준은 아닌 것으로 이후 밝혀졌다. 그럼에도 불구하고 방사능 물질 정화 노력은 이후 1983년까지 계속되었다.

이 사건으로 미국을 포함한 전 세계의 원자력발전소에서 주장해왔던 핵의 안전한 사용을 위한 장치와 그것에 대한 확신은 일거에 부정적으로 변하게 된다. 전 세계의 시민단체들과 일반 시민들은 핵물질을 반대하는 캠페인에 돌입했고, 새로운 원자력 규제를 만드는 계기를 마련했다. 새로운 원자력발전소 건설은 중단되거나 지연되는 경우가 많았다. 한마디로 꿈의 연료로 일컬어지던 원자력이 한순간에 재앙의 진원지가 될 수 있다는 공포로 바뀌는 순간이었다. 대부분의 선진국들은 이 사건을 계기로 원자력 발전에 대한 희망적인 전망을 포기했다.

사실상 사상자가 한 명도 없었던 이 사건은 어떻게 해서 이렇게 큰 사회적인 파장을 일으키게 되었을까? 일단은 사건의 전개 과정에서 형성되었던 공포가 큰 역할을 한 것으로 짐작된다. 사건이 발생한 이후, 피해를 우려한 주 정부는 일단 임산부와 어린이들을 대피시켰는데, 이러한 일련의 조치는 대부분의 주민들을 공황 상태에 몰아넣었고, 방사성 물질의 유출이 건강에 미치는 영향에 대한 우려가 여러 가지 나쁜 소문들과 함께 급속도로 퍼져나갔다. 여기에 언론이 최악의 상황을 가정한 공포 조장 기사를 쏟아냄으로써 사람들의 불안은 패닉으로 이어졌다. 당시에는 언론의 수가 제한적이었기 때문에, 언론이 어떤 기사를 쏟아내느냐에 따라 위험에 대한 인식이 달라질 수밖에 없었다.

언론의 문제도 있지만, 사람들이 원자력발전소 폭발사고에 대해서 느끼는 주관적인 위험 인식도 많은 작용을 했다. 여러 가지 요인이 쓰리마일섬 원자력발전소 폭발사고의 위험 인식을 높였다고 할 수 있는데, 가장 큰 요인은 통제 불능에 대한 공포였다. 대부분의 위험은 통제 수단이 있거나 자신이 통제할 수 있는 여지가 있지만, 원자력발전소 폭발사고와 같은 위험은 자신이 통제할 수 있는 어떤 수단도 존재하지 않는다. 교통사고 사망자가 아무리 많아도 사람들은 운전을 두려워하지 않는다. 자신이 통제할 수 있는 위험이라고 생각하기 때문이다. 하지만 인근에서 원자력발전소 폭발사고가 일어난다면 자신이 할 수 있는 일은 별로 없다.

원자력발전소 폭발사고는 미래 세대에 대한 우려와 연결되어 있다. 사람들은 어떤 특정 위험이 자신의 아들딸에게 영향을 미칠 수 있다고 생각하면 그 위험을 더 심각하게 인식한다. 특히 원자력발전소 폭발사고 같은 경우는 한번 사건이 일어나면 회복하기가 매우 힘들다. 자연히 미래 세대에게 부담을 안겨줄 수밖에 없다. 이러한 미래 세대 위험 인식과 함께, 쓰리마일섬 원자력발전소 폭발사고가 더 크게 위험하다고 인식된 이유는 그러한 사건이 처음으로 일어났고, 새로운 위험 대상으로 떠올랐기 때문이다. 전에 없던 새로운 위험은 언제나 사람들의 주목을 끌 수밖에 없고, 더 큰 위험으로 인식된다. 쓰리마일섬 원자력발전소 폭발사고가 일어나고 나서야, 원자력은 한번 가동하면 멈추기 매우 어려우며, 사람들에게 치명적인 재앙을 안겨줄 수 있다는 것이 사람들에게 인식되었다. 결국 위험은 객관적으로 현실에 존재하는 것이 아니라 주관적으로 현실을 해석하고 만들어가는 과정에서 새롭게 형성된다.

위험 인식에서 묘사와 경험의 차이

위험을 접하는 경로는 크게 두 가지로 나눌 수 있는데, 바로 묘사description와 경험experience이다(Hertwig & Erev, 2009). 사람들은 위험을 전체적으로 묘사하는 정보를 접할 수도 있고, 직접 스스로 경험할 수도 있다. 이러한 다른 차원의 위험 경로는 사람들의 위험 인식을 바꾸어놓는다. 예를 들어, 북한의 미사일 발사가 이루어질 때 외국 사람들에게 우리나라의 상황에 대해서 물어보면, 우리나라가 거의 준 전시 상태이고 굉장히 위험한 지경에 와 있으며, 사람들은 일상생활을 영위하기 힘들 것이라고 생각한다. 하지만 우리나라 사람에게 같은 상황에 대해서 물어보면 CNN 같은 데서 호들갑을 떨고 있을 뿐, 실제로 느낄 수 있는 위험은 없다고 말한다. 이러한 상반된 의견은 어디서 나올까? 전자는 위험을 묘사로 본 것이고, 후자는 위험을 경험으로 본 것이다.

보통의 경우 대부분의 사람들은 경험에 의존해서 위험을 바라보게 되며, 어쩌다 한 번씩 일어나는 사건에 대해서 크게 신경 쓰지 않는다. 아무리 위험하다고 하더라도 내 주위에서 그런 일이 일어나지 않으면 그냥 무시하고 살아간다. 하지만 전체적인 위험 묘사에 의존해서 위험을 인식하게 되면, 어쩌다 한 번씩 일어나는 사건들이 더 과장되게 인식되는 경향이 있다. 미세먼지와 관련하여 사람들이 고농도 미세먼지가 많이 발생한다고 느끼는 것은 언론 보도 등을 통해 묘사된 위험을 그대로 받아들이기 때문이다. 이런 상황에서 내가 경험으로 확증하는 경우가 생기면 위험 인식은 극단으로 치닫는다. 언론이 묘사하는 정보는 가장 쉽게 접근할 수 있는 정보이다. 우리가 흔히 경험하는 가용성 편견availability bias, 즉 쉽게 꺼낼 수 있는 정보에 의존하는 현상은 언론이 묘사하는 위험이 사람들의 위험 인식에 미치는 영향을 보여준다. 기억에서 쉽게 꺼낼 수 있는 정보가 가장 강력한 영향을 미친다.

정보로 묘사된 위험과 직접 경험하는 위험에 대한 인식 차이는 곳곳에서 발견된다. 예를 들어, 인유두종바이러스HPV 예방 백신에 대한 의사와 일반인들의 인식은 매우 다르다. 일반인들은 예방 백신에 대한 위험 정보를 언론을 통해 접한다. 이러한 정보는 대부분 위험을 묘사한 정보이다. 몇 명이 예방 백신을 접종한 다음 부작용을 겪었는지 알려주는 정보들이다. 사람들 입장에서는 아무리 낮은 확률도 자신에게 닥칠 경우를 생각하면 크게 인식된다. 하지만 의사들은 예방 백신의 문제를 자신의 경험에서 추론한다. 자신이 진찰한 많은 환자들 중에 부작용을 겪은 환자를 경험할 확률은 매우 낮기 때문에 예방 백신의 부작용이 그리 큰 문제로 인식되지 않는다. 따라서 한마디로 이야기하면 묘사된 위험을 바라보면 잘 일어나지 않는 사건들도 큰 의미로 다가오지만, 경험에 의해서 위험을 바라보면 잘 일어나지 않는 사건들은 의미가 축소될 수밖에 없다. 코로나19 예방 백신을 둘러싸고 의료 전문가와 일반인의 시선이 다른 것은 이런 이유가 근저에 있다.

사회가 위험을 잘 처리한다는 것은 위험 인식에서 이러한 위험에 대한 묘사와 경험이 적절하게 조화를 이루고 있다는 의미이다. 많은 문제는 묘사된 위험이나 자신이 경험하는 위험 중에 한 곳에만 너무 비중을 두고 위험에 대한 판단을 하기 때문에 발생한다. 대부분의 위험 인식의 경우 개인적인 경험에 많이 의존하기 때문에, 이런 상황을 타개하고 실질적으로 일어나고 있는 위험의 존재를 알리려는 캠페인의 경우에는 경험에 의존해서 위험을 무시하는 사람들을 설득하는 것이 무엇보다 중요한 사안이 된다. 담배를 피우는 사람들이 흔히 이야기하는 "우리 할아버지는 담배를 하루 세 갑 피웠는데 90세까지 건강하게 사셨다" 등의 개인적인 경험, 그것도 아주 발생하기 힘든 일에 기반을 둔 경험에 기초하여 자신의 행동을 정당화하기 때문에 금연을 설득하는 것은 어려운 문제가 된다. 이런 경우에는 얼마나 흡연이 위험한지 효과적으로 묘사하고 낙관적인 편견의 위험성을 알리는 것이 금연 캠페인의 주제가 되어야 한다.

한편 위험을 전체적으로 묘사하는 정보에만 의존하는 것도 문제가 있다. 위험을 너무 전체적인 묘사에 의존해서 받아들이는 사람들은 실재하지 않는 위험을 너무 부풀려서 인식하거나, 실제 존재하는 위험을 인식하지 못하는 경우가 생기게 된다. 가습기 살균제 사건만 보아도 언론에서 광고 등을 통해서 건강에 위험이 없다고 하면 그것을 그대로 받아들이는 선량한 사람들이 대부분이다. 위험을 무시하는 온갖 마케팅과 광고들이 넘쳐나는 시대에 묘사에 의존하는 위험 인식은 잘못된 위험 판단으로 이어질 가능성이 크다. 각종 향 제품이 늘어나고, 식품첨가물, 강력 세척제 등 생활 속 화학제품들이 늘어난다. 과연 이러한 제품들에 대한 마케팅 정보를 우리가 모두 신뢰하는 것이 바람직할까? 따라서 이런 경우를 고려하면 사람들이 위험에 비정상적으로 반응하지 않도록 하기 위한 사회적인 노력이 더 필요해진다.

위험을 묘사하는 경우와 직접 경험하는 경우에 위험 인식의 차이가 나는 것은 여러 가지 이유가 있을 수 있지만, 샘플 수가 작은 경험을 하거나, 최근에 일어난 일에 비중을 두는 등 선택적으로 과거 경험에 의존하거나 단지 나타난 수치 자체에만 주목하는 경우가 대부분이다. 한편 위험을 묘사하는 정보만 받아들이는 경우에는 정보원에 너무 의존해서 바른 위험 인식에 방해를 받는 경우가 많다. 정보원이 의도를 가지고 있거나 부실한 경우에는 많은 문제가 발생할 수 있다. 하지만 많은 위험 상황에서 일반적으로 문제가 되는 것은 경험이 정확한 위험 묘사를 제한하게 되는 경우이다. 이는 정확한 수치가 제시됨에도 불구하고 자신의 경험으로 위험을 손쉽게 판단하려는 사람들의 속성이 반영된 결과이다. 또한 경험에 의한 판단이 더 문제가 되는 것은 흔하게 일어나는 일과 흔하지 않게 일어나는 일들을 유사하게 판단하려는 경향이 강해져서, 흔하지 않게 일어나는 일의 비중을 현저히 약화시키는 경우가 많기 때문이다. 예를 들어서, 외교부가 해외여행 위험 지역을 선포하고 여행을 자제할 것을 아무리 권유해도, 해외여행을 많이 다니면서 큰 어려움에 처해보지 않았던 사람은 그러한 여행 자제 권고를 무시한다. 흔하지 않게 일어나는 사고들은 자신의 경험에 비추어서 무시하기 때문이다. 코로나19에 대해서 질병관리청이 아무리 객관적인 수치를 제시하면서 사회적 거리두기를 강조하더라도 젊은 사람들은 귓등으로 흘려 듣는다. 위험에 주목하기에는 그들의 위험에 대한 경험이 너무 부족하기 때문이다.

결국 위험 커뮤니케이션을 잘하기 위해서는 묘사와 경험이 가지는 편견을 모두 넘어서야 하겠지만, 특히 경험에서 오는 잘못된 위험 인식을 뛰어넘는 것이 매우 중요해진다. 위험 인식에서 과거 경험을 벗어나기는 힘들다. 따라서 위험 커뮤니케이션의 효과는 과거 경험에 의존하는 성향을 낮추는 데 집중되어야 한다. 우리가 흔히 이야기하는 냄비근성은 이러한 경험의 최신recency 효과와 유사하다. 최신 효과는 최근에 일어난 일 때문에 중요하다고 생각했던 것을 놓쳐버리는 현상이다. 우리나라의 경우도, 자신의 경험에서 가장 쉽게 떠오르는 위험에 집중함으로써 근본적이고 구조적으로 문제를 해결해야 할 부분을 놓치는 경우가 많다. 위험 문제를 풀기 위해 지속적으로 대응하기보다는 최근에 일어난 위험에만 관심을 주는 일이 다반사다. 따라서 피상적인 경험에 의존하지 않고, 위험 문제를 좀 더 심층적으로 바라볼 수 있게 만들어주는 것이 위험 커뮤니케이션의 중요한 목적이 된다.

코로나19 사태에 대응하는 정부의 노력이 시간이 지남에 따라 점점 더 어려워지는 것도 사람들의 위험 인식이 묘사와 경험을 오가는 편견에서 형성되기 때문이다. 처음에 사람들은 언론과 정부의 발표에 의존해서 코로나19를 바라보았기 때문에 코로나19의 위험성을 꽤 정확하게 인지하고 나름대로 열심히 정부의 지침에 따르는 경향을 보였다. 하지만 정부의 사회적 거리두기 권유가 길어지고, 생활 속에서 위험성을 경험해본 사람들이 생각보다는 안전하다는 느낌을 가지게 되면서 이제는 정부의 위험 묘사보다는 자신의 경험에 의존해서 코로나19 위험을 바라보는 지경에 이르게 되었다. 이런 상황에서는 정부가 아무리 마스크를 껴야 된다고 역설하거나 사회적 거리두기의 중요성을 강조해도 사람들은 자신의 경험치로 위험을 바라보게 된다.

그렇다면 정부 당국의 커뮤니케이션도 달라져야 한다. 사람들이 자신의 경험이 전부가 아니고, 흔하게 일어나진 않지만 치명적인 일이 자신에게 일어날 수 있다는 것을 보여주는 소통 방법이 필요하다. 심리적인 거리를 좁히기 위해서는 실제 코로나19를 경험한 사람들을 등장시키는 증언 형태의 커뮤니케이션이 가장 효과적일 수 있다. 코로나19에 실제 걸려서 고생한 고등학생과 대학생이 나와서 자신 때문에 가족과 주위 사람 모두가 겪은 고통을 담담하게 이야기한다면 젊은 사람들이 가질 수 있는 안이한 위험 인식을 바로잡을 수 있다. 다큐멘터리 형식으로 실제 코로나19에 확진되었을 때 겪게 되는 과정을 실감할 수 있게 하거나, 기술의 도움을 받아서 가상현실에서 확진 후의 과정을 실제 겪어보게 하는 것도 좋은 방법이 될 수 있다.

문화적인 요인도 무시할 수 없는데, 우리나라 사람의 체면의식은 나 자신에게 피해를 주는 위험이라기보다는 타인에게 피해를 주는 위험이라고 인식될 때 더 크게 작용한다. 이런 문화적인 속성을 이용한다면 커뮤니케이션의 주제를 다른 사람에게 피해를 주지 않기 위해 해야 하는 일들로 집중해볼 수 있다. 또한 개인의 경험을 넘어서려고 하기보다는 경험을 존중하면서도 쉽게 실천할 수 있는 방법을 찾아내서 안내하는 것도 필요하다. 따라서 엄격한 사회적 거리두기와 원칙에 입각한 금지 정책도 중요하지만 쉽게 기억할 수 있고 기본적으로 실행할 수 있는 간결한 방법론을 제시하는 것도 중요하다. 사람들은 자신의 경험을 뛰어넘기가 매우 힘들다. 나는 괜찮다고 생각하는 사람들에게 자신의 경험에도 불구하고, 이것은 전체 사회를 위해서 꼭 필요하다고 역설하는 것만으로는 커뮤니케이션의 효과를 발휘하기가 대부분 힘들다. 따라서 위험 커뮤니케이션은 위험 인식을 뛰어넘는 이론적인 바탕 위에서 개인의 경험과 타협할 수 있도록 체계적으로 구성되는 것이 중요하다.

현대 사회 위험 인식을 결정하는 요인

현대 사회에 들어서 확률 의존적인 위험 접근에 대한 반성과 함께 점점 더 주관적으로 인식하는 위험에 대해 강조하는 연구들이 주를 이루고 있다. 위험 인식risk perception은 그러한 연구를 총괄적으로 의미하는 개념이라고 할 수 있다. 어떤 위험을 더 위험한 것으로 인식하는가에 대해서는 학문적으로 많은 성과들이 있다. 사람들은 보통 많은 사람들이 한꺼번에 죽는 위험이나 그 원인을 잘 모르는 위험을 더 두려워한다. 코로나19와 같이 일시에 많은 사람의 목숨을 앗아가는 죽음이 독감과 같이 장기간에 걸쳐서 사람들에게 위협이 되는 위험보다 더 공포스럽다. 하지만 이러한 위험에 대한 공포가 항상 객관적인 수치와 일치하는 것은 아니다. 더 많은 사람들이 육상에서 교통사고로 사망하지만 항공여행보다 운전이 더 위험하다고 느끼지는 않는다. 사람들은 비행기 사고가 한번 나게 되면 수많은 사람들이 일시에 사망하는 경우를 사진처럼 뇌 속에 저장하고 있다. 이런 위험이 더 공포스럽게 인식된다.

언론에서 화제성을 부각시키는 위험은 더 위험하다고 인식된다. 개가 사람을 무는 것보다 사람이 개를 무는 것이 더 뉴스 가치가 있는 것처럼 화제성을 가지는 위험, 신기한 위험, 그림으로 그려지는 위험을 사람들은 더 위험하다고 느낀다. 미국 사람들의 경우 매년 여름 상어의 공격에 대한 위험 인식이 과도하게 높아지는 경향이 있다(McComas, 2006). 언론에서 상어의 공격을 실감나게 묘사하면 할수록 사람들의 위험 인식은 실재가 된다. 하지만 통계치를 살펴보면 상어의 공격은 매년 몇 건 되지도 않을 뿐만 아니라 그 수도 계속 줄고 있다. 보다 확실한 것은 해수욕장으로 차를 몰고 가다 사고가 날 가능성이 상어 공격의 목표가 될 확률보다 엄청나게 크다는 것이다. 영화 <죠스>에서 본 크고 날카로운 이빨을 잊지 못하는 사람들은 아마 앞으로도 계속 상어의 공격에 대해서 무서워하게 될 것이다.

원자력발전소에 대한 위험 인식은 상당히 복잡하다. 원자력발전소가 안전성에 대한 장치를 아무리 많이 갖추고 있다고 하더라도, 사람들은 일단 원자력발전소에 사고가 날 경우 일어날 수 있는 재난 상황을 그림처럼 그려보기 때문에 그 공포에서 벗어나기가 힘들다. 또한 원자력발전소의 문제는 미래 세대에 위험을 물려주는 문제와 관련되어 있기 때문에 위험을 더욱 공포스럽게 만든다. 지금 사고가 나지 않을 수는 있지만 내 아들딸, 손자 손녀들이 사는 동안 사고가 날 수도 있고, 원자력발전소 폐기물의 경우 자자손손 그 위험성을 물려줘야 한다는 면에서 더욱 크게 위험을 인식할 수밖에 없다. 지금 현재 상태에서 끝나지 않는 위험, 우리가 중요하다고 생각하는 사람들에게 영향을 미칠 위험이 더 공포스러운 것은 당연하다.

현대 사회에서 위험이 더 크게 느껴지는 것은 자신이 통제할 수 없는 위험들이 너무 많이 늘어났기 때문이다. 산업 사회에서 위험은 어떻게 안전 수칙을 지켜 기계를 다룰 것인가의 수준이었다면, 위험 사회의 위험은 대부분 개인의 통제권을 벗어나 있다. 코로나19, 미세먼지, 오존층 파괴, 지구 온난화를 어떻게 개인이 통제할 수 있겠는가? 원자력발전소가 공포스러운 것은 한번 사고가 나면 개인이 통제할 수 없는 판도라의 상자가 열린다는 것도 큰 이유이다. 많은 사람들이 코로나19에 대해 무서워하는 것은 내가 조심한다고 해서 코로나19를 통제할 수 있는 게 아니라는 무력감이 크기 때문이다.

통제할 수 없는 위험에 대한 공포도 문제가 되지만 위험을 자신이 통제할 수 있다고 너무 많이 확신하는 것도 문제가 된다. 즉 사람들이 위험을 너무 비관적으로 생각하는 것이 문제가 되기도 하지만, 많은 경우 위험을 낙관적으로 보는 것도 문제가 된다. 이는 다른 사람에 비해서 자신에게 일어날 위험을 과소평가하는 경향을 말하는데, 이런 낙관적인 편향은 위험 예방 분야에서는 심각한 문제를 야기하기도 한다(Klein & Helweg-Larsen, 2002). 미디어 중독이나 게임 중독 혹은 과도한 몰입과 같은 현상을 보더라도 다른 사람이나 사회 전체적인 위험성에 대해서는 그 심각성을 인식하고 있지만, 정작 자신의 문제로 받아들이는 것을 꺼려하는 사람들이 많다. 좋은 것은 자신과 관련되어 있고, 나쁜 것은 다른 사람과 관련되어 있다고 느끼는 나르시시즘은 인간이 가지고 있는 본성 같은 것이다. 공공보건 분야에서도 자신에게 낙관적으로 편향되어 있는 경우가 많은데, 흡연이나 음주의 위험성을 아무리 강조해도 사람들은 그런 일이 자신에게 일어날 수 있다는 것을 받아들이는 데 애를 먹는다. 이런 측면에서 보면 담뱃갑 경고그림의 효과는 미미할 가능성이 높다.

거기다가 현대 위험 사회에서는 실체를 알 수 없거나, 아직 과학의 힘으로 밝혀낼 수 없는 위험들이 너무 많이 우리 주위에 산재해 있다. 미세플라스틱이 사람의 몸 속에서 어떤 부작용을 일으키는지, 유전자 조작으로 탄생한 식품들이 미래에 어떤 해를 가져올지, 우리가 사용하는 각종 생활 속 화학물질들이 인체에 어떤 작용을 하는지 누구도 확실히 알지 못한다. 위험 사회 속에서 우리는 그저 큰 일이 발생하지 않기를 바라면서 하루하루를 버티고 있다. 그래서 위험 인식은 주관적이고 자의적이다. 한 위험이 몰려왔다 지나가면, 다른 위험이 우리 사회를 휩쓴다. 광우병이 문제였다가, 미세먼지가 문제였고, 이제는 코로나19가 우리 사회를 휩쓸고 있는 대표적인 위험이 되었다. 하지만 이 또한 언젠가는 다른 대표 위험으로 대체될 것이다.

위험 인식에서 감정의 중요성

위험 인식에서 감정의 역할은 매우 중요하다. 경험적으로 살펴보면, 사람들은 보통 두 가지 경로를 거쳐 의사결정에 이른다. 하나는 매우 신중하게 모든 가능성을 살펴보고 대안들을 분석한 다음 결정을 내리는 것이고, 다른 하나는 경험에 기반해서 직관적으로 빠른 결정을 내리는 것이다(Kahneman & Frederick, 2002). 감정은 후자의 직관적인 결정에 영향을 미친다. 감정은 어떤 상태에 대한 전반적인 긍정이나 부정의 평가를 통칭하는 개념이기 때문에 감정이 직관적인 결정에 중요하게 작용할 수밖에 없다. 위험과 관련한 논의에서 자주 등장하는 감정에 기반한 직관적인 위험 판단affect heuristic이라는 개념은 이와 같이 감정이 위험을 결정하는 데 얼마나 중요한 요소인가를 설명한다. 특히 위험 상황을 분석할 수 있는 자료나 비교 대상이 많지 않을 때는 전반적이고 일상적인 평가, 즉 감정적인 평가에 의존할 수밖에 없다. 특히 새롭게 부상하는 위험에 대한 평가는 대부분 감정적이다.

위험에 대한 감정적인 반응은 때로는 이성적인 판단을 넘어선다. 감정에 기반한 직관적인 위험 판단, 즉 감정 휴리스틱affect heuristic 이론에 따르면, 부정적인 감정 단서들이 위험 상황을 더 위험하다고 느끼게 만들고, 더 위험하다고 느끼면 편익이 없다고 보는 경향이 강해진다. 위험에 관한 한 확실히 감정은 인지의 수준을 넘어선다.

많은 위험 상황에서 막연한 공포를 자극하는 언어가 감정적인 단서를 만들어내고, 추후 위험과 관련한 의사결정에 영향을 미치는 것은 자명해 보인다. 예를 들어 광우병mad cow disease이라고 표현하는 것이 소해면상뇌병증(海綿狀腦病症, BSE, bovine spongiform encephalopathy)이라고 지칭하는 것보다 훨씬 생생한 감정을 불러일으킨다. 가을철이면 어김없이 찾아오는 살인 진드기 기사는 "살인"이라는 말이 주는 감정적인 함의 때문에 실제보다 훨씬 위험이 과장되어 있다. 실상 살인 진드기로 인한 감염이나 치사율이 그리 높지도 않을 뿐만 아니라, 진드기는 다만 SFTS(중증열성혈소판감소증후군) 바이러스를 옮기는 매개체에 불과하다. 살인이라는 단어가 함께하는 이상 진드기의 위험은 과장될 수밖에 없다. 여기에 치명률 수치도 과장되는데, 병원에서 중증으로 치료받는 사람들을 대상으로 한 치명률은 현실적으로 아무런 의미가 없다. 얼마나 많은 사람들이 진드기에 물린 후에 발병하지 않았는지는 우리가 알 수 없기 때문이다. 하지만 일반 사람들에게 살인 진드기는 살인적인 치명률과 연결되고, 살인적인 치명률은 고통 속에서 속절없이 죽어가는 환자의 이미지를 떠올리게 만든다. 이렇게 위험이 감정적인 단서들과 연결되면 사회적으로 확장될 수밖에 없다.

분석적으로 위험을 바라보는 시각과 감정적으로 위험을 바라보는 시각 중에서 어느 것이 더 옳다고 말하기는 힘들다. 우리는 보통 위험에 대한 이성적인 판단이 위험에 대한 감정적인 판단보다 더 낫다고 오해한다. 이러한 접근은 위험 인식의 주관성에 대한 비판으로 곧잘 이어지기도 한다. 하지만 위험에 대한 감정적인 대응이 전반적으로 열악한 접근이라고 생각해서는 위험에 올바르게 대처할 수 없다. 아무리 어떤 대상이 안전하다고 온갖 광고를 하더라도, 뭔가 꺼림칙한 것이 있어서 사용하지 않는다면 그것이 결국 안전한 선택이 되는 경우가 허다하다. 신중한 판단을 이끌어낼 자료가 부족하거나 새로운 과학적인 사실에 무지한 경우가 있다면, 오히려 분석적인 판단이 일을 그르치게 된다.

위험에 대한 감정적인 접근은 인간의 진화 차원에서 오랫동안 인류와 함께해왔으며, 많은 위험으로부터 인류를 지켜냈다. 원자력발전소와 관련하여 아무리 많은 전문가들이 중복적인 안전장치를 강조한다고 하더라도, 원자력에 대해 가지는 막연한 공포는 좀 더 안전한 사회를 만드는 데 결국은 기여해왔다. 최근의 학문적인 경향은 감정적인 접근을 비이성적이라고 결코 비난하지 않는다(Slovic et al., 2004). 가장 합리적인 위험 접근은 이 두 접근을 통합적으로 가져가는 것이다. 감정적인 접근은 분석적인 접근을 통해서 지나친 공포와 비이성적인 위험 접근에서 벗어날 수 있게 해주고, 분석적인 접근은 감정적인 접근을 통해서 과학으로 포장된 과도한 통계 의존으로부터 벗어나서 경험 지식을 통한 실질적인 위험 접근을 가능하게 만든다. 분석과 감정 어느 하나 중요하지 않다고 말하기 힘들다. 위험에서 사람들의 인식이 중요하다고 말하는 것은 이러한 분석과 감정 두 가지를 모두 중요하게 생각한다는 의미이다. 비유적으로 표현한다면, 위험은 이공계와 인문계가 만나는 복잡한 지점에 존재한다.

위험 인식과 위험 상식을 갖춘 시민의 필요성

위험 인식이 가장 문제가 되는 것은 많은 사람들이 주관적인 위험 인식을 바탕으로 자신만을 위한 이기적인 위험 대응에 나서는 경우이다. 위험에 대한 이기적인 대응은 크게 두 가지로 나눠볼 수 있다. 첫째는 위험의 주관적인 인식 과정에서 자신에게 유리한 방향으로 위험을 해석하는 것이고, 둘째는 위험을 어떤 식으로든 자신의 편익과 연결지음으로써 위험을 확대 재생산하거나 이유 없이 축소하는 것이다. 따라서 이기적인 위험이라는 말은 위험이 자기 중심적이고 주관적으로 인식되고, 사회적으로 확산되며, 원인 규명과 대응 과정에서 개인의 이익에 초점을 맞추거나 상업적으로 이용되는 전반적인 과정을 광범위하게 묘사한다.

위험이 꼭 자신의 이익 달성과 연결되어 있지 않더라도, 자신에게 편리한 식으로 위험을 해석하는 경우에도 이기적이라고 할 수 있다. 위험이 이기적으로 해석되는 것은 평범한 인간으로서 어쩔 수 없는 일이라고 하더라도, 위험 문제 해결을 위해서는 사회 전체 구성원이 어떻게 위험 문제를 함께 해결하고 모두가 잘 사는 사회를 만들 것인가에 대한 고민이 늘어나는 것이 무엇보다 중요하다. 위험에 대해 모든 사회 구성원들이 자신이나 자신이 속한 집단의 이기적인 목적을 위해서 위험을 해석하고 이용한다면 위험에 대응하는 사회 전체의 능력은 현저히 떨어질 수밖에 없다. 이를 방지하기 위해서는 우리가 직면하고 있는 위험의 속성과 올바른 위험 대응 방법을 함께 고민해보는 것이 무엇보다 중요하다.

위험에 대한 이기적인 해석은 특정 위험에 머물지 않는다. 모든 위험에서 사회 구성원들의 이기적인 속성이 드러남으로써 문제 해결을 어렵게 하는 경향이 있다. 지극히 개인적인 문제라고 생각하는 흡연의 경우도 마찬가지이다. 대부분의 흡연자들은 흡연으로 인해 자신에게 닥칠 위험보다 다른 사람에게 닥칠 위험을 더 과대평가하는 경향이 있기도 하지만, 우선 흡연을 개인의 위험으로만 한정 짓는 경우가 많다. 하지만 흡연은 자신의 문제이기도 하지만 가족의 문제, 사회의 문제로 확대해 생각할 필요가 있다. 나는 피울 만큼 피우고 그 결과를 내가 책임지겠다고 할 수 있는 성질의 것이 아니다. 간접 흡연의 문제, 건강보험의 문제, 감염 질환에 취약한 문제 등 담배를 피우는 것은 자신의 문제로만 끝나지 않는다.

이제는 위험 문제를 해결하기 위해서 시민이 나서야 한다. 울리히 벡이 주장했듯이, 현대 사회의 위험은 누구도 벗어날 수 없다. 위험은 전문가의 영역이 아니고 우리 모두의 영역이다. 하지만 우리는 너무나 손쉽게 위험에 대한 정보를 얻으려고 할 뿐, 위험에 대한 이해 노력을 별로 기울이지 않는다. 예를 들어 뉴스에서 내일 비가 올 확률이 40퍼센트라고 하면 이는 어떤 의미를 가지는 것일까? 미세먼지가 내일은 보통 수준인데, 모레부터는 나쁨 수준이 될 확률이 높다고 하면 보통 수준과 나쁨 수준의 미세먼지는 어떤 차이를 가지는 것일까? 코로나19는 비말이 아니라 공기 중으로 전파될 가능성도 있다고 세계보건기구WHO에서 발표했다는데, 비말과 공기 중 전파의 차이는 무엇일까? 등

등 우리가 일상적으로 알고 있다고 느끼는 위험 정보들은 실상 전문가의 발표 내용을 우리가 알고 있다고 착각하는 정도이지, 실제로 위험에 대해서 심층적으로 이해하고 있다고 보기는 힘들다. 따라서 대충 이해하고 있다는 정도로 위험 정보를 받아들이다 보니 위험을 예방하기 위해 사회적으로 축적되어온 행동 규범들에 대한 진지한 인식도 시간이 지나면 희미해지고, 위험을 일상적으로 받아들이게 되는 경우가 많다.

위험에 대한 이해 능력risk literacy을 높이지 않는다면 현대 위험 사회의 다양한 위험에 대응하는 것은 불가능하다. 위험에 대한 일반적인 인식 수준에만 머물지 않고, 일반인들도 위험에 대해 보다 심층적으로 이해하려는 노력이 필요한 때이다. 위험에 대한 이해 능력을 높이기 위해서는 우리나라의 교육과정도 바뀌어야 하겠지만, 위험에 대한 과학적인 논의에 주눅들지 않고 우리 모두 위험을 충분히 이해할 수 있다는 자세를 가지는 것이 중요하다. 위험에 대해서 이해하면 할수록 일차적으로 생기는 감정적인 반응에만 의지하지 않고, 감정적인 반응의 원인을 찾고 좀 더 이성적으로 위험을 바라볼 수 있는 능력을 기를 수 있다. 또한 이러한 위험에 대한 이해 능력 제고는 전문가 의존에서 벗어나서 능동적으로 위험에 대응하기 위한 노력에 참여할 수 있는 원동력을 제공한다. 위험에서 주관적인 인식은 무엇보다 중요하다. 그것을 존재하지도 않는 객관적인 진실의 존재를 들어 탓하는 것만큼 오만한 것도 없다. 다만 주관적인 인식을 아무리 인정해준다고 하더라도 그것이 인식 차원에만 머문다면 아무런 의미가 없다. 주관적인 인식은 서로의 다름을 인정하고 합의점을 찾기 위한 커뮤니케이션으로 이어질 때만 의미를 가질 수 있다.

2장

危險
不通
社會

위험은 사회적으로 확산된다

2004년 6월 소위 '쓰레기만두' 사건은 우리 사회를 거의 패닉 상황으로 몰아갔다. 아래 기사가 상세히 설명한 것처럼, 우리가 즐겨 먹는 만두를 쓰레기 단무지로 만들었다고 하니 국민이 받은 충격은 어마어마했다. 만두소로 사용된 것으로 알려진 쓰레기 단무지 사진과 함께 언론이 경쟁적으로 사건을 조명했고, 사건의 충격은 식품 안전 상황 전반으로 일파만파 확대되었다. 사람들은 비윤리적인 식품사의 이름 공개를 요구했고, 식품의약품안전처(당시 식품의약품안전청)를 비롯하여 감독기관인 정부의 무능을 질타했다. 하지만 한 젊은 만두제조회사 사장의 비극적인 자살로까지 이어진 이 사건은 이후 재판 과정에서 만두업체들이 모두 무죄 판결을 받았고, 쓰레기만두는 근거가 없는 것으로 드러났다. 만두소로 사용한 쓰레기 단무지라고 보도했던 사진과 동영상도 실제 쓰레기 더미를 찍은 것에 불과한 것으로 나중에 밝혀졌다. 경찰의 엉터리 정보 제공과 가짜 뉴스로 부풀려졌던 사건의 충격은 엄청난 속도로 사회적으로 확산되었으며, 이후 톱밥 고춧가루, 농약 깻잎, 카드뮴 쌀 등 우리 사회 식품 안전 전반의 문제점을 돌아보는 계기로 작용했다.

단무지 쓰레기로 만든 만두, 호빵 대량 유통

쓰레기로 버려지는 단무지 자투리를 유명 식품업체에 만두, 호빵 등의 재료로 납품한 악덕업자가 경찰에 적발됐다. 경찰청은 6일 쓰레기로 버려지는 중국산 단무지 자투리를 수거, 이를 비위생적으로 세척, 가공한 후 국산

으로 속여 유명 식품업체 등에 납품한 혐의(식품위생법 및 농산물 품질관리법 위반)로 김모(38)씨 등 5명을 불구속 입건하고 달아난 이모(61)씨를 수배했다. 경찰에 따르면 김씨 등은 단무지 제조업체에서 단무지를 만든 다음 생기는 폐기처리용 단무지 자투리를 수거한 뒤 식용으로 부적합한 폐우물물을 이용, 탈염 과정을 거쳐 만두소 등의 원료로 가공한 혐의다. 이들은 가공한 중국산 단무지 자투리를 전량 국내산으로 원산지를 허위 기재해 지난 99년 말부터 제빵업계 1위 S사, 만두업계 2위 D사 등 국내 11개 유명 만두 및 제빵업체에 납품해온 것으로 드러났다. 이러한 수법으로 이들이 납품한 만두소는 2천440t, 22억9천만원어치에 달하며 쓰레기 만두소로 만들어진 만두와 야채호빵은 학교급식 및 군납, 대형 할인마트, 고속도로 휴게소 등을 통해 전국에 유통됐다고 경찰은 전했다(연합뉴스, 2004년 6월 6일자).

하지만 굉장히 위험한 상황임에도 불구하고 사회적으로 축소되는 위험도 존재한다. 아래 기사는 1군 발암물질인 라돈radon과 관련한 기사이다. 라돈은 세계보건기구가 규정한 1군 발암물질이다. 라돈은 폐암을 유발하는 매우 위험한 물질로 알려져 있으며, 특히 어린이들이 이에 취약한 것으로 알려져 있다. 그런데 전국의 4백 개가 넘은 초·중·고교에서 라돈이 기준치를 초과해서 발견되었지만 사람들의 반응은 여전히 미지근하다. 미세먼지와는 비교도 안 될 정도로 관심을 끌지 못했고, 우리가 살고 있는 집도 라돈의 위험에 노출되어 있지만 선진국과 같은 수준에서 라돈을 관리해야 한다는 요구는 아직 잠잠한 편이다.

침묵의 살인자 '라돈', 당신 아이를 노린다

400개가 넘는 전국 초·중·고등학교의 실내 라돈Radon 농도가 권고 기준치를 초과하는 것으로 시사저널 취재 결과 확인됐다. 1급 발암물질로 분류되는 라돈은 세계보건기구WHO가 폐암 발병의 주요 원인물질로 규정하고 있다. 토양이나 암석 등에 존재하는 자연방사성 가스인 라돈은 건물 바닥이나 벽의 갈라진 틈을 통해 실내로 유입된다. 밀폐된 공간에서 고농도 라돈에 지속적으로 노출되면 폐암 등에 걸릴 수 있어 '침묵의 살인자'라고까지 불리고 있다. 강건욱 서울대 의과대학 교수는 "라돈이 폐암을 유발한다는 인과관계는 의학적으로나 국제적으로 이미 널리 인정받고 있다"면서도 "무색·무취한 특성 탓에 아직 국내에는 이런 사실이 널리 알려져 있지 않은 게 문제"라고 지적했다(시사저널, 2018년 4월 9일자).

위험의 사회적인 확산 가능성

많은 위험이 인간 사회에 존재하지만, 어떤 위험은 많은 주목을 받고, 어떤 위험은 별로 관심을 끌지 못한다. 위험은 주관적이고, 따라서 위험의 확산은 사람들의 원칙 없는 위험 인식과 연결되어 있다. 어떤 위험이 사회적으로 확산될까? 어떤 위험은 전문가 입장에서 볼 때 별로 위험하지 않다고 하더라도 생각보다 훨씬 크게 확산되는 경우가 있고, 어떤 위험은 전문가의 입장에서 꽤 위험하다고 판단되지만 사회적으로 주목을 받지 못하는 경우가 있다. 이런 위험의 사회적인 확산 정도를 모델화한 것이 위험의 사회적인 확산 모델social amplification of risk framework이다(Kasperson et al., 1988). 위험의 사회적인 확산 모델에 따르면, 위험은 크게 두 단계에서 확산 여부가 결정된다. 처음에 위험이 전파되는 경로와 전파된 위험에 반응하는 경로가 그것이다. 어떤 위험이 사회적으로 확산되려면 위험을 전파하는 쪽에서 열정적으로 정보를 퍼 날라야 하고, 위험 정보를 받아들이는 쪽이 그것에 심각하게 반응해야 한다. 이런 측면에서 위험의 사회적인 확산은 기술적인 위험 정보뿐 아니라 심리적인 요인, 사회문화적인 요인이 복합적으로 작용해서 결정된다. 즉 위험의 사회적인 확산 과정은 위험 사안이 발생했을 때, 각 위험 주체와 정보 채널이 개인적이고 사회적인 단계를 거치면서 확산 정도를 결정하고 그것이 사회적으로 점점 더 확대되어 나가는 "물결 효과ripple effects"를 거치면서 사회 전체에 전반적인 영향을 주게 된다. 이러한 물결 효과는 인터넷 시대에 훨씬 더 빠르고 광범위하게 이루어지고 있다(Chung, 2011).

사회적으로 확산되는 위험에는 일정한 패턴이 있는데, 가장 두드러지는 것은 선악의 구별이 명확하고, 원인이 내가 속한 집단의 바깥에 있을 때 더 확산되는 경향이다. 최근 늘어나는 중국 관련 위험 인식도 그런 예의 하나이다. 코로나19를 우한 폐렴이라고 불러야 한다는 주장을 비롯해서 중국인 전면 입국 금지 주장까지, 중국과 관련된 위험은 사회적으로 증폭되는 경향이 있다. 비판을 받고 나중에 제목이 조금 순화되기는 했지만, 처음에 <르포/대림동 차이나타운 가보니…가래침 뱉고, 마스크 미착용 '위생 불량 심각'>이라는 제목으로 쓰여진 다음 기사는 중국인에 대한 혐오를 그대로 담고 있다. 중국이나 중국인을 각종 위험의 근원으로 만드는 기사는 쉽게 찾을 수 있다. 심지어 우한에서 탈출한 사람들이 한국에 쏟아져 들어왔다는 기사도 줄을 이었는데, 이런 기사들 어디에도 그 근거가 제시된 경우는 없었다. 사드THAAD, 미세먼지, 코로나19 위험을 겪으면서 우리나라에서 이러한 중국 관련 위험의 사회 확산이 국민 의식 속에 일상적으로 자리잡고 있다는 느낌이다. 이런 위험에 대한 중국 귀인의 문제점은 내부의 위험을 체계적으로 줄여 나가려는 노력을 하지 않게 하거나 개인적인 차원으로만 위험에 대응하려는 생각을 고양시킬 수 있다는 것이다. 예를 들어, 미세먼지가 대부분 중국에서 넘어온다고 생각하면, 국내에서 미세먼지를 근본적으로 줄이기 위한 정책적인 수단보다는 개인적으로 미세먼지를 회피할 방법에 더 관심을 기울이게 된다. 사회적으로 위험에 대한 인식은 확산되지만 문제 해결을 위한 근본적인 단초는 무시하는 것이다.

> **대림동 차이나타운 가보니 … 가래침 뱉고, 마스크 미착용 '위생 불량 심각'**
>
> **중국인 밀집지역인 서울 영등포구 대림동 '차이나타운'. 신종 코로나바이러스 감염증(우한 폐렴) 유행에도 노상에 진열한 채 비위생적으로 판매하는 음식이 여전했다. 약국에서 마스크는 품절 사태를 겪고 있었다. 이들이 대량으로 구매한 마스크는 대부분 중국 현지로 넘어가 재판매되는 것으로 알려졌다. (중략) 마스크 대란에도 역 주변 차이나타운으로 들어서자 비위생적인 행태가 즐비했다. 노상에는 고기, 순대, 탕후루(각종 열매를 꼬치에 꿰어 사탕물을 묻혀 굳힌 중국 전통 과자), 도넛 등 음식 대부분이 바깥에 진열돼 있었다. 맨손으로 길거리에 진열돼 있는 탕후루를 만지는 관광객과 묵을 만지는 상인들도 눈에 띄었다. (후략) (헤럴드경제, 2020년 1월 29일자).**

이 외에도 우리 사회에서 위험이 급격하게 확산되는 경우를 종종 발견할 수 있는데, "메르스 사태", "살인 진드기", "미세먼지", "광우병", "살충제 계란", "낙지 파동" 등이 대표적인 사례이다. 이런 사안들은 객관적으로 보여지는 사망률이나 피해 규모, 발생 가능성을 따져보았을 때, 전체 사회가 배분하는 대응 자원이 상대적으로 과장되어 있다는 느낌이다. 하지만 이런 사안들은 주관적인 위험 인식을 거쳐서 위험 판단에 이르기 때문에 객관적인 데이터만으로 설득할 수 없는 요인들이 분명히 존재한다.

2015년 메르스MERS가 유행했을 때 많은 사람들이 어떻게 대응할지 몰라 거의 공황 상태에 빠진 적이 있는데, 이는 위험의 사회적인 확산 요소들이 복합적으로 작용하여 위험을 필요 이상으로 증폭시킨 대표적인 사례라고 할 수 있다. 이때는 특히 정부가 메르스 감염환자가 입원했던 병원 명단을 공개하지 않음으로 해서 불필요한 소문과 추측들이 발생하고, 이러한 사람들의 불안과 공포가 특정한 사람이나 지역을 낙인화하는 경향으로 이어지는 경우가 많았다. 예를 들어 메르스 감염 확진자가 수원과 평택 지역에서 발생했기 때문에 그 지역의 병원에는 절대 가면 안 된다는 흉흉한 소문이 돌기도 했다. 위험의 사회적인 확산은 정확한 정보가 유통되지 못하거나, 공포를 자극하는 상징의 존재, 개인적인 대응 수단의 미비, 억측과 소문 등이 복합적으로 작용할 때 발생한다.

하지만 확산된 위험에 정당한 이유가 있는 경우도 많이 발견된다. 메르스 사태의 경우도 위험이 사회적으로 확대 재생산된 측면이 분명히 있지만, 메르스가 얼마나 빨리 전파될 수 있는가를 초반에 예상하는데 실패함으로써 환자와 접촉자 관리에 구멍이 생겼고, 그것이 메르스 사태를 국가 재난으로 몰고 가는 계기를 제공하게 된다. 위험이 사회적으로 필요 이상으로 확대되는 것은 분명 바람직하지 않지만, 위험이 사회적으로 확산되는 이유를 살펴서 위험 요소를 사회 맥락적인 차원에서 함께 판단하는 것이 무엇보다도 중요하다. 공중보건과 관련한 위기관리는 초기 단계에서 시작해서 심각성을 점점 높여가는 형태보다는, 예방과 준비 조치는 가장 심각한 수준에서 우선 실행을 하고, 진행되는 상황에 따라 조금씩 조치를 감해주는 디센딩descending 형태가 더 필요하다. 메르스 대응 과정이 그것을 극명하게 보여주는데, 처음부터 상황을 오판하거나 시스템을 너무 과신함으로써 사태를 키운 측면이 상당하다. 공중보건을 위한 국가위기관리 시스템은 이런 일차적인 예방 조치precautionary measures를 중심으로 재구성될 필요가 있다. 역학조사에서 어떤 결과가 나올 것인가를 기다리기보다는 선제적인 조치를 우선 취하고, 가장 최악의 시나리오worst-case scenario에 실천적으로 대비하는 것이 무엇보다도 중요하다.

메르스 사태에서는 전문가의 중구난방식 담론들도 위험을 사회적으로 확산시키는 데 많은 영향을 주었다. 특히 확실히 알지도 못하는 소위 전문가들이 온갖 전망을 쏟아내면서 위험에 대한 이성적인 판단을 더욱 어렵게 만들었다. 문제는 전문성이 떨어지는 전문가일수록 더 그럴듯하게 포장하는 기술이 발달해서 사람들을 공포로 몰아넣는 데 더 탁월한 영향력을 발휘한다는 점이다. 메르스 사태의 사회적인 확산에서 역시 제일 문제가 된 것은 혼란스러운 커뮤니케이션이었다. 메르스가 발생한 병원과 지역을 처음부터 밝히지 않은 것도 문제였지만, 감염 가능자가 신고하는 방법과 그들과 긴밀하게 소통하는 방법, 감염에 대한 대응 방법과 유의사항의 전달, 감염 통로와 치명률에 대한 전문가들 간의 합의와 국민 소통 일원화 등이 잘 이루어지지 못했다. 이런 모든 사안은 사실상 커뮤니케이션 문제로 모아질 수 있다. 이런 상황에서 소위 전문가들이 근거 없는 전문가 의견을 남발하고, 국민들 사이에는 괴담이 과학적인 사실을 압도하면서 메르스 사태는 사회적으로 확산될 수밖에 없었다.

물론 위험의 사회적인 확산은 문제 해결의 동인이 될 수도 있다. 하지만 많은 경우에 위험이 사회적으로 확산된다고 해서 문제 해결로 바로 이어지지는 않는다. 대표적인 경우가 기후 변화인데, 사실상 위험의 사회적인 확산은 사회 구성원들 사이에 어느 정도 이루어지고 있지만 문제를 해결하기 위한 실제적인 행동으로는 잘 이어지지 않고 있다. 위험이 사회적으로 확산되고 문제가 해결되려면 사회 조직들 간에 위험 인식에 대한 공명이 이루어지고, 그러한 위험 인식이 실제 행동을 위한 합의로 이어져야 한다. 하지만 기후 변화 같은 위험은 모두가 기후라는 공유재common pool resource를 함께 사용하고 있기 때문에 자신이 먼저 나서기보다는 다른 사람이 문제를 해결해주기를 기대하는 심리가 강해진다(Renn, 2011). 나는 손해 보지 않으면서 공짜로 묻어가려는 무임승차 문제가 발생하는 것이다. 위험이 사회적으로 확산된다고 해서 문제 해결로 곧바로 이어지지 않는 것은 이런 이유들 때문이다.

의외로 사회적으로 축소된 위험 사례들

위험의 가능성이 상당히 큰데도 불구하고 의외로 위험이 쉽게 축소되기도 한다. 사실 라돈은 자연 방사능 물질로서 상당히 위험하다. 따라서 실내 라돈은 철저히 관리될 필요가 있다. 환경부와 국립환경과학원이 처음으로 2011~2012년 겨울철에 전국의 단독주택, 아파트, 연립·다세대주택 등 1만 가구를 대상으로 실내 라돈 농도를 조사한 결과에 따르면, 전국 단독주택의 33%에서 권고 기준 이상의 실내 라돈이 검출된 것으로 나타났다. 연립과 다세대는 14.4%, 3층 이하 아파트는 6%에서 실내 공기 속 라돈 농도가 기준치를 초과하는 것으로 나타났다. 물론 2017~2018년 조사에서는 전체 평균을 기준으로 실내 라돈 기준치를 웃도는 가구가 조사 가구의 5.6%로 줄어들지만 여전히 상당한 수의 집들이 라돈에 노출되어 있다는 것을 알 수 있다.

라돈은 무색무취의 자연 방사성 기체로 토양, 암석 등에 존재하는 방사성 물질인 우라늄과 토륨의 자연 붕괴에 의해서 만들어진다. 세계보건기구WHO는 라돈을 1군 발암물질로 꼽고 있다. 문제는 이렇게 공인된 위험인 라돈이 우리나라에서는 사회적인 위험으로 확산되지 않는다는 사실이다. 우리나라 사람들의 위험 인식에서는 눈에 직접 보이는가 여부, 즉 가시성이 중대한 판단 요인으로 작용하는 특징적인 면모를 보인다(김영욱 · 이현승 · 이혜진 · 장유진, 2016). 라돈은 눈에 보이지 않고, 그 존재를 실제로 느낄 수 없기 때문에 위험하다고 인식되지 않는다. 이와 유사한 위험이 오존이다. 지구의 보호막 역할을 하는 오존이지만, 지표면에서 형성되는 오존은 사람들의 건강에 매우 해롭다. 하지만 오존도 일반적으로 사람들에게는 무색무취하게 느껴지기 때문에 위험하다는 인식이 낮은 편이다. 우리가 미세먼지에 대해서 그렇게 위험하다고 하는 이유는 미세먼지가 많은 날은 하늘이 뿌옇기 때문이다. 사실은 미세먼지를 객관적으로 측정하는 기준으로 가시성이 될 수는 없지만, 일반적으로 미세먼지가 많은 날은 날이 뿌옇고 목이 답답하다는 것을 느끼기 때문에, 특히나 공기청정기 필터를 보면 먼지를 눈으로 직접 확인할 수 있기 때문에, 사람들은 미세먼지가 더 위험하다고 느끼는 것이다. 그만큼 우리의 위험 판단은 주관적이다.

이런 측면에서 보면 기후 변화도 축소된 위험이 될 수밖에 없다. 기후 변화는 눈에 보이지 않을 뿐만 아니라 심리적으로 멀리 떨어져 있다. 현재 당면한 위험보다는 미래의 위험이 작게 느껴지기 때문에 매번 우선순위에서 밀려날 수밖에 없다. 일상에서 늘 대하는 것들도 위험이 축소되는 경향이 있다. 흡연, 음주, 고혈압 등이 대표적이다. 지금은 많이 나아졌지만 운전할 때 안전벨트를 매지 않는 것의 위험도 축소되어왔다. 운전하면서 휴대폰을 사용하는 것의 위험성은 여전히 우리 사회에 충분히 알려져 있지 않다. 산패한 견과류 등에서 발견되는 발암성 곰팡이 독소인 아플라톡신carcinogenic aflatoxins, 계란, 땅콩 등에 대한 알

레르기anaphylaxis 같은 경우도 우리나라에서는 축소된 위험이다. 또한 우리 사회는 아직 소수의 인권을 보호하기 위한 위험 정책이 잘 시행되지 않고 있는데, 이런 위험들은 단지 많은 사람들이 위험을 겪을 가능성이 낮다는 이유로 사회적으로 무시되는 위험이라고 할 수 있다.

세계적으로 봤을 때 후쿠시마 원자력발전소 폭발사고에 대한 세계인들의 반응은 한마디로 너무 평화롭다. 쓰리마일섬 원전 폭발사고나 체르노빌 참사와 같은 경우와 비교해보면 후쿠시마 원전 폭발사고는 위험이 너무 과도하게 축소되고, 심지어 무시되는 경향이 있다. 일본 정부가 정보를 독점하면서 공개하지 않는 이유도 있지만, 가부장적 위계 사회인 일본에서 위험을 반대하는 시민사회의 힘이 심하게 축소되어 있다는 데 가장 큰 문제가 있다. 위험의 사회적인 확산 과정에서는 위험이 얼마나 사회 구성원 사이에서 제2, 제3, 제4 등등의 다층적인 연쇄반응을 만들어내느냐가 중요하다. 하지만 시민사회가 무기력하고, 정부의 발표를 그대로 따르는 경향이 있는 나라의 경우에는 위험이 국가적으로 통제되고, 시민들은 그것에 대해서 별다른 반응을 보이지 않는 경향이 있다. 최근 후쿠시마 원전 오염수 방류를 둘러싼 일본의 논의를 보면 이런 한심한 상황이 매우 심각한 수준에 달해 있음을 짐작할 수 있다.

이런 나라에서는 위험이 가부장적으로 관리되기 때문에 다가올 더 큰 위험을 눈치채지 못하는 경우가 자주 발생한다. 일본에서 후쿠시마 원전사고 위험이 관리되는 일련의 상황을 보면 대부분의 국가 위험을 개인에게 떠넘기고, 국가의 일방적인 결정을 따르도록 강요하는 측면이 강하다(Nadesan, 2013). 이런 국가는 언제든 국가의 위험을 관리하기 위해 개인의 희생을 일방적으로 강요하고 여론을 조작할 가능성이 크다. 우리가 이웃나라로서 후쿠시마 원전 폭발사고의 후유증에 대해서 항상 긴장하고 있어야 하는 이유가 여기에 있다. 일본은 위험 문제에 관한 한 아직 정부 중심의 가부장적인 시선에서 벗어나지 못하고 있기 때문에, 우리나라 입장에서는 세계적인 기준이나 법적인 안전 범위에만 머물지 말고 좀 더 능동적으로 자체 가이드라인을 만들고, 세심하게 위험의 후유증을 살필 필요가 있다.

위험을 사회적으로 확산시키는 요소들

위험이 사회적으로 확산되는 것은 크게 정보 기제와 반응 기제가 통합적으로 작동하기 때문이지만, 결국 시작점은 언론의 전달 방법에 있다. 물론 언론의 입장에서도 어떤 메시지가 더 독자들의 시선을 사로잡을 것인가를 신경 쓰기 때문에 독자들의 생각이나 반응이 고려 요인이기는 하지만, 언론이 정보를 전달하는 방법이 위험의 성격을 규정하는 시작점의 역할을 한다는 것은 부정하기 어렵다. 위험을 받아들이는 쪽이 얼마나 그것에 반응하고 확대 재생산했는가는 시작점이 있고 나서의 상황이다. 미세먼지, 광우병, 메르스 등의 예에서도 발견되듯이, 일단 미디어에서 많이 다루는 이슈는 사회적으로 확산될 수밖에 없다. 언론에서 잘 다루지 않는 위험이 확산되기는 매우 어렵다. 관련 연구를 살펴보면, 지카Zika 바이러스의 위험성과 관련해서도 결국 언론 보도의 내용이 아니라 언론의 보도량이 위험 인식에 많은 영향을 미쳤다(Yang, Dillard, & Li, 2018). 미세먼지와 메르스는 언론이 많이 다뤘기 때문에 위험이 확산된 것이고, 라돈과 오존은 언론의 관심이 적기 때문에 상대적으로 위험이 확산되기 어려운 것이다.

따라서 정보의 전달 측면에서 중심이 되는 것은 당연히 언론이다.

하지만 언론의 기사는 대부분 정보원에서 비롯된다고 할 때, 언론의 사회적인 위험 확산을 실제로 움직이는 사회 주체들은 다양하다. 정부, 기업, 시민단체 등 대부분 사회 조직은 자신의 목적에 따라서 언론과 결탁하기도 하고 언론을 이용하기도 한다. 언론의 상업화, 이익단체의 간섭, 독립성의 상실은 저널리즘의 가치를 보존하려는 노력과는 무관하게 일상화되고 있다. 이러한 언론의 위기는 비단 우리나라만의 일도 아니고, 미국을 포함한 세계적인 현상이 되어가고 있다(Pickard, 2020). 언론의 위기는 상업적인 언론의 실패라고 규정할 수 있으며, 이는 광고를 기반으로 하는 언론 시스템이 이제 우리 사회에서 정당한 방법으로 지속되기가 힘들다는 것을 보여준다.

위험 맥락에서 이러한 상업 언론 시스템의 실패는 많은 것을 시사한다. 언론은 살아남기 위해서 광고에 의존할 수밖에 없고, 자연스럽게 정보원들의 요구를 수용할 수밖에 없게 된다. 이러한 조류는 디지털화가 가속되면서 점점 더 능동적으로 상업화를 구현하는 쪽으로 발전하고 있다. 기존 언론의 디지털 시스템으로의 편입과 함께 다양한 디지털 언론 형태들이 등장하면서, 이제는 모든 언론들이 클릭을 유도하기 위한 경쟁에 뛰어들고 있다. 수용자들의 클릭을 유도하는 기사만이 광고 수입을 창출할 수 있기 때문에, 언론들은 실시간으로 기사 클릭 수를 분석하고 대응하는 수준으로 가고 있다. 이런 상황에서 언론은 좀 더 자극적이고 공포와 갈등을 조장하는 기사에 매달릴 수밖에 없다(Altheide, 2013). 위험 기사는 이러한 조류에 비춰볼 때 가장 적합한 기사이다. 특히 자극적이고 사람들의 분노와 공포를 자극하는 기사는 클릭을 유도하기 가장 좋은 기사이다. 위험 기사는 언론의 상업화와 연결되고, 언론이 상업화와 연결된다는 말은 외부의 간섭으로부터 점점 더 자유로울 수 없다는 것을 의미한다.

디지털 환경은 이러한 언론의 상업화를 더욱 부채질한다. 디지털 미디어에는 SNS를 포함해서 모든 종류의 인터넷, 모바일 미디어들이 포함된다. 디지털 미디어를 통해 많이 생성되는 위험 정보는 사회적으로 확산될 수밖에 없다. 그것이 더 큰 갈등 요인, 즉 폭발력을 지니고 있다면 금상첨화이다. 미디어가 노출을 이끌어가고, 사회 구성원 간의 갈등이 폭발한다면 위험의 사회적인 확산은 정해진 수순이다. 이에 더해서 위험 이슈가 드라마적인 요소를 지니고 있거나, 상징적인 함의를 풍부하게 가지고 있다면 그것보다 더한 확산 재료는 없다. 시리아 내전을 피해서 유럽으로 탈출하는 수많은 난민들이 지중해 바닷속으로 사라졌지만 아무도 시리아 난민들에게 관심을 주지 않았다. 하지만 시리아 북부 코바니 출신 에이란 쿠르디(당시 3세)가 터키 휴양지 보드룸의 해변에서 싸늘한 시신으로 발견된 사진 한 장은 전 세계의 공분을 불러일으켰다. 빨간색 티셔츠와 반바지 차림으로 해변의 모래에 얼굴을 묻은 쿠르디의 시신은 그 자체로 인도주의의 실종을 상징적으로 보여주었다. 때로는 많은 말보다 사진 한 장이 더 효과적으로 위험을 보여준다. 드라마와 상징 요소가 없는 위험은 사회적으로 확산되기가 힘들다.

당연히 위험을 적극적으로 알리려 할 때도 이런 논리는 그대로 적용될 수 있다. 예를 들어, 4대강 사업의 위험성을 알리는 커뮤니케이션 활동을 살펴보자. 4대강 사업의 위험을 하나의 드라마로 묶어주고, 이야기에 힘을 실어줄 상징적인 장치들을 결합함으로써 위험 이야기를 사회에 효과적으로 알릴 수 있다. 4대강 사업에는 확실한 주인공들이 있다. 자연을 위험에 빠뜨리려는 악이 존재하고, 그것을 막아내려는 선이 투쟁에 나선다. 하나의 이야기를 구성하는 명확한 의도와 플롯이 존재하며, 로봇물고기, 녹색강, 콘크리트 대통령, 녹차라떼 등 많은 상징들이 이슈를 이끌어갈 수 있다. 이야기는 위험을 구성하는 힘이고, 상징적인 함의는 이야기를 유지해나가는 원동력이 된다. 따라서 드라마틱한 이야기로 구성될 수 있거나, 상징을 끌어다 쓸 수 있는 위험이 사회적으로 확산될 수 있는 위험이다.

위험이 필요 이상으로 사회적으로 확산되는 것도 문제가 있지만, 마땅히 사람들이 위험하다고 느껴야 하는데, 위험이 인식되지 않는다면 그것도 사회 문제가 될 수 있다. 위험을 사회적으로 확산시켜야 하는 상황에 있는 시민단체나 지역사회의 경우에는 이러한 드라마적인 요소들과의 결합, 상징적인 단서들의 사용 등을 눈여겨볼 필요가 있다. 위험은 상징과 결합되어야만 사회적인 위험으로 자리잡을 수 있다. 하지만 상징과 은유를 사용하여 위험을 표현하는 것은 필요 이상으로 공포를 자극할 위험성을 항상 내포하고 있다. 위험에 대한 바른 인식은 과도한 공포를 가지는 것보다는 합리적인 선에서 대부분의 전문가들이 합의할 수 있는 정도에서 이해하는 것이다. 과도한 공포는 사회적인 대응 자산의 분배를 왜곡하고 필요 없는 스트레스를 만들어낸다. 예를 들어, 미세먼지를 '발암먼지'라고 부른다면, 아마 많은 사람들은 필요 이상의 예방 조치를 해야 할 것이고, 이로 인한 비용은 마땅히 사회가 지불해야 하는 선을 넘어서게 될 가능성이 높다. 살충제 계란, 발암 고혈압약 등도 비슷한 사례이다. 다음 기사에서 보는 것처럼 서울시의 성급한 발표로 어민들의 생계를 위협했던 중금속 낙지 파동은 카드뮴 검출과 같은 자극적인 단서로 위험을 확산시킨 대표적인 사례이다. 이 파동은 이후 식품의약품안전처와 진위 공방을 벌였고, 서울시가 공식 사과하기도 했다.

연포탕 '조심' … 낙지 · 문어 머리서 기준치 15배 카드뮴

연포탕 등의 재료로 사용되는 낙지와 문어의 머리에서 기준치를 초과하

> 는 중금속이 검출됐다. 서울시는 지난달 시내에서 유통된 낙지, 문어 등 연체류와 생선류 28마리를 수거해 머리, 내장 등 특정 부위의 중금속 검사를 실시한 결과 낙지와 문어 머리에서 기준치의 최대 15배에 가까운 카드뮴이 검출됐다고 13일 발표했다. 수거한 낙지 머리 9개(수입산 6개, 국내산 3개)에서 모두 기준치(2.0㎎/㎏)를 넘는 카드뮴이 나왔고 최고 29.3㎎/㎏에 달했다. 문어 머리 4개(국내산)도 모두 카드뮴 허용치를 초과했고 최고 31.2㎎/㎏이 검출됐다(한국경제, 2010년 9월 13일자).

그다음으로 위험의 사회적인 확산에 중요한 기제가 어떻게 사람들이 반응하고, 확대 재생산하는가 하는 부분이다. 디지털 시대 SNS의 발달로 이 과정이 점점 더 중요해지고 있는데, 위험 정보들도 위험을 수용하는 사람들이 보이는 반응에 의해서 그 확산 정도가 보통 결정된다(Gesser-Edelsburg & Shir-Raz, 2016). 예를 들어, 사람들이 별로 반응을 보이지 않는 정보는 애초부터 미디어의 주목을 받기가 힘들다. 주목을 받는 위험은 자연스럽게 동조하는 사회문화적인 맥락 속에서 해석되고, 사람들의 반응을 통해서 점점 더 퍼져나가는 "물결 효과"를 일으키게 된다(Kasperson & Kasperson, 1996).

많은 물결 효과를 일으킬 수 있는 위험이 사회적으로 확산되는 위험인데, 주로 이러한 물결 효과는 사람들이 가지고 있는 가치, 관계 구도 등에 의해서 결정된다. 자신의 가치에 적대적인 위험은 확산될 것이고, 이데올로기적인 해석을 거쳐 악마화될 것이다. 이러한 이데올로기적인 해석과 가치 갈등은 당연히 자신이 속한 관계의 구도에 의해서 증폭된다. 물론 이러한 가치와 해석의 문제에 앞서 위험 정보가 가진 가치 자체도 일정한 역할을 할 것이다. 여기서 한 가지 더 사람들이 해석하고 반응하는 부분에서 짚고 넘어가야 할 부분이 낙인찍기의 효과이다. 사람들은 어떤 대상에 낙인을 찍을 수 있다면 그것이 더 확실한 위험이라고 느낀다.

낙인찍기는 뚜렷한 구별을 통한 안심 추구 전략이라고도 할 수 있는데, 이러한 구별짓기는 여러 가지 사회 문제와도 연결되어 있다. 보통 낙인을 찍을 수 있는 위험이 더 명료하기 때문에 더 위험하다. 대부분의 위험 반응은 낙인을 찍음으로써 대상을 더 위험하게 만들고, 구별짓기를 통해서 자신은 정작 위험으로부터 벗어나서 안심하려는 경향을 보여준다. 하지만 한번 낙인이 찍힌 대상은 좀처럼 회복하기 힘든 위험 트라우마를 겪어야 한다. 낙인을 찍는 것에서 가장 큰 문제는 위험 이슈와 관련한 이성적인 논의를 어렵게 한다는 것이다(Kasperson, Jhaveri, & Kasperson, 2013). 낙인화와 관련하여 가장 끔찍한 사례가 정신질환이다. 예전에는 정신질환이 반사회적인 행동으로 치부되어 치료방법을 포함하여 정신질환자의 인권을 무시하는 사례가 많았다. 지금도 유럽 곳곳에 정신질환자의 뇌를 외과적으로 들여다보거나, 치료를 명목으로 고문을 자행했던 흔적들이 남아 있다. 오랫동안 사회는 정상인과 정신질환자를 구분함으로써 당장의 위험을 줄이는 데만 신경을 썼다. 이런 정신질환자에 대한 낙인화는 의학이 발달하고 유전자 정보에 대한 지식이 늘어나고 있는데도, 개선될 기미를 보이지 않고 더 악화되는 경향을 보인다(Phelan, 2005).

위험의 사회적인 확산이 초래하는 예상치 못한 결과

위험의 사회적인 확산이 얼마나 예상치 못한 결과를 낳을 수 있는가는 다음 사례가 잘 보여준다. 게르트 기거렌처Gerd Gigerenzer 교수의 9/11

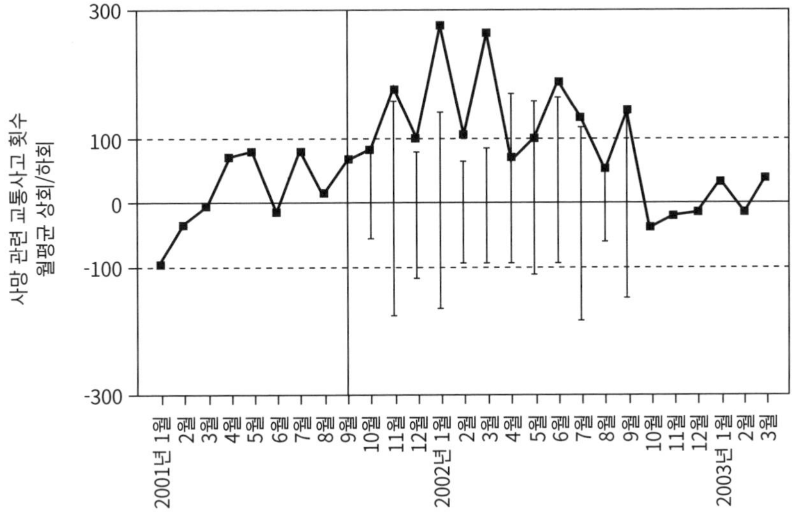

그림 2-1. 9/11 사태 이후 미국에서 증가한 교통 사망사고 숫자[1]
출처: Gigerenzer(2006)

과 관련한 유명한 2006년 논문, 「더 큰 위험 초래하기: 테러 공격에 대한 사람들의 행동 반응Out of the Frying Pan into the Fire: Behavioral Reactions to Terrorist Attacks」은 사람들의 일반적인 느낌이 위험의 기준이 되었을 때 얼마나 비이성적인 일이 일어날 수 있는가를 보여준다(그림 2-1). 9/11 테러 공격으로 많은 사람들이 죽게 되자, 사람들은 육상 운전을 선호하게 된다. 하지만 그림 2-1에서 보는 것처럼 9/11 사건 이후 고속도로 사

1 숫자는 5년 기준치(1996-2000년)를 "0"으로 했을 때로부터 얼마나 벗어나 있는가를 의미한다. 2001년 9/11 이후 12달 동안 표시되어 있는 오차를 보여주는 막대는 각각 월별로 계산한 5년 기준점의 최고치와 최대치를 보여준다. 9/11 전에는 월평균 교통 사망사고 숫자는 "0" 라인에 가깝다. 그리고 월별 수치도 항상 전년 5년간의 최대치와 최저치 사이에 있다. 하지만 9/11 이후 12개월 동안 매월 교통사망사고는 "0" 라인보다 높았고, 대부분의 경우 전년 평균의 최고치를 넘어섰다. 데이터는 미국 교통부 연방고속도로관리국에서 추출했다.

망사고가 엄청나게 증가한다. 9/11 이전에는 거의 변동하지 않던 고속도로 사망사고가 9/11이 발생한 이후에는 눈에 띌 정도로 급격히 증가한다. 이는 비행기 여행을 피하려고, 고속도로로 몰려든 차량들 때문에 육상 교통사고가 빠르게 증가했다는 것을 의미한다. 사망 수치로 보면 9/11보다도 고속도로 교통사고가 더 위험할 수 있다는 것을 알 수 있다.

앞서도 말했듯이, 위험의 사회적인 확산 과정에서 발생하는 낙인화 stigmatization는 심각한 사회 문제를 불러온다. 에이즈에 대한 낙인화가 대표적인 사례이다. 에이즈 환자는 오랫동안 편견과 무시의 대상이었다. 이러한 에이즈에 대한 편견은 그것과 관련된 사람, 단체, 지역을 낙인화했고, 특히 동성애자, 마약 사용자 등 일군의 사람들을 차별하게 만들었다(Herek, 1999). 이러한 에이즈에 대한 낙인화가 에이즈를 예방하고 줄이는 데 매우 부정적으로 작용했음은 당연하다. 사람들에게 버림받은 에이즈 환자들은 자신들만의 세계로 빠져들었고, 이는 의료적인 혜택과 정확한 진단 및 예방을 어렵게 함으로써 오히려 에이즈 확산에 기여하는 부정적인 결과로 나타났다. 여기서 더 중요한 것은 사회 전체적인 손실이다. 에이즈 환자를 가까이에 둔 가족이나 친척, 이웃들은 해체되었고, 사람들이 서로를 보호할 수 있는 사회적인 안전망은 심하게 훼손되었다. 결국 낙인화는 사회가 질병에 대응할 수 있는 능력을 현저히 축소시켰고, 오히려 더 큰 사회적인 위험을 불러오게 되었다.

위험의 사회적인 낙인화는 위험 문제의 해결을 어렵게 만든다. 낙인이 강화될수록 낙인의 대상은 위축되어 사실을 밝히지 않으려고 할 것이고, 정상적인 개선 절차와 위험의 확산을 예방하는 데 큰 걸림돌로 작용한다. 2020년 초 한국 사회를 강타한 코로나19의 경우에도 코로나19 위험의 사회적인 확산에 따라 환자와 감염 장소에 대한 낙인찍기가 심각한 사회 문제로 대두되었다. 아래 기사를 보면 우리 정부와 언론이 얼마나 낙인화를 부추기고 있었는지 짐작할 수 있다. 이렇게 한 사람의 사생활이 모두 까발려져서 보도된다면, 감염자들은 두려움을 느낄 수밖에 없다. 그렇게 되면 감염원에 대한 추적은 더욱 어려워진다.

> **거창 '코로나19' 확진자 '동선' 나왔다**
>
> 거창 1번 확진자는 16일 안동 확진자와 대한예수교침례회 거창교회에서 접촉한 것으로 추정했다. 18일 오후 2시 오작교 장어구이에서 점심식사를 했다. 19일 오후 4시 삼성전자서비스 거창센터에 들른 후 오후 5시 30분 이우동 분식집, 오후7시 30분부터 9시 30분까지 거창교회에서 예배에 참석했다. 21일 오후 7시부터 8시까지 걸작떡볶이 치킨 거창점에[서] 한잔 후 88술집, 뮤직뱅크 노래방으로 갔다. 22일~24일은 자택에 머물렀으며 25일은 거창군 보건소 선별진료소를 방문해 검사를 받고 26일 마산의료원에 입원했다(뉴시스, 2월 27일자).

인권위원회의 발표에 따르면, 코로나19의 위험에 대한 사람들의 인식에서 질병에 감염되는 것보다 코로나19 환자가 되어 사람들로부터 조롱받거나 배척당하는 것에 대한 두려움이 더 크다고 나타났다. 이런 인식은 위험 문제의 해결에 아무런 도움이 되지 않는다. 이렇게 질병 감염과 관련한 낙인찍기 현상이 사회적으로 확산되면 사람들은 질병에 걸려도 그것을 숨기려고 할 것이고, 그것이 질병을 소리 없이 확산시키는 데 기여하게 된다. 대구경북 지역을 중심으로 한 코로나19의 1차 대유행에는 신천지라고 하는 이단 종교의 잘못된 행태들이 큰 역할을 한 것은 사실이다. 하지만 이런 경우에도 신천지 신도에 낙인을 찍는다고 해서 문제가 해결되는 것은 아니다. 안심하고 검사받을 수 있고 사생활을 보장해주는 사회적인 분위기를 만들어야 감염자들이 용기를 낼 수 있다. 마음이 안좋더라도 그렇게 하는 것이 맞다.

낙인을 찍는 것은 사회적인 카테고리를 만드는 행위이다. 이쪽에 있으면 안심이고, 저편에 있는 일군의 사람들이 문제의 핵심이고, 그들을 비난하면 할수록 자신은 문제로부터 벗어나게 된다고 믿는 비이성적인 행위이다. 낙인을 찍는 것은 어떤 특정한 특성을 가진 사람들을 이해하려고 하기보다는, 사회적인 상호작용 속에서 자신의 위치를 강화하기 위해 일군의 사람들을 소외시키는 형태로 진화해왔다(Kurzban & Leary, 2001). 낙인은 어쩔 수 없는 사회 현상이 되어가고 있지만, 낙인찍기가 강화될수록 사람들은 점점 더 그 대상이 되지 않기 위해서 모든 방어적인 행동을 할 수밖에 없게 된다. 이런 방어적인 행동은 비이성적인 의사결정과 결합될 수밖에 없고, 사회의 위험 문제를 해결하는 데 치명적인 장애 요소로 작용한다. 위험의 사회적인 확산에 직면해서 일군의 다른 사람을 소외시키려는 잘못된 진화의 본능에 맞서지 않는다면, 위험 문제를 해결하기는 어렵다. 따라서 위험 커뮤니케이션도 낙인을 만들어내지 않기 위해서 모든 필요한 조치를 다해야 한다.

위험의 사회적인 확산과 위험 인식의 주관성

위험이 사회적으로 확산되는 것에 대해서 좋다 나쁘다 가치 평가를 하기는 어렵다. 위험이 사회적으로 확산됨으로써 차분하고 이성적인 대응을 하지 못하게 되는 경우도 있지만, 때로는 위험이 빠르게 사회적으로 확산됨으로써 일어날 수도 있었던 위험을 예방하는 경우도 발생한다. 예를 들어, 2001년 인천공항이 개항할 당시에 많은 언론들은 인천공항의 위험 요인을 앞다투어 보도했고, 인천공항에 대한 사회적인 위험 인식은 어느 때보다도 높았다. 하지만 이러한 일련의 위험 확산 과정을 거치면서 인천공항은 좀 더 위험에 대응할 수 있는 능력을 보완하게 되었고, 공항이 개항하고 나서 언론들이 예상했던 위험 상황은 일어나지 않았다.

분명 위험이 사회적으로 확산됨으로써 이점이 없는 것은 아니다. 하지만 사회 전체적으로 생각했을 때, 특정 위험의 사회적인 확산은 사회 전체적인 대응 자산의 배분을 왜곡할 가능성이 있다. 예를 들어, 사람들이 미세먼지 위험에 너무 집중하게 됨으로써, 다른 대기오염이나 환경 오염에 대한 사회적인 자산을 모두 써버리게 된다면 이는 사회적으로 바람직한 상황이라고 할 수 없다. 또한 위험의 사회적인 확산은 필연적으로 낙인화stigmatization를 불러온다. 이런 낙인화는 위험에 대한 이성적인 토론을 가로막는다는 점에서 바람직하다고 보기 힘들다. 상식적으로 생각해도, 미세먼지가 우리나라 사람들이 생각하는 가장 큰 불안 요인이라는 보고서는 받아들이기 힘들다(한국보건사회연구원, 2018). 우리나라 사람들은 고령화, 암, 빈곤, 북핵의 위험보다도 미세먼지를 더 위험하다고 느낀다. 홍수와 태풍, 지진과 쓰나미, 자본에 의한 인권 침해는 오히려 낮은 점수를 보였다. 위험의 사회적인 확산이 너무 자의적으로 이루어지고 있는 것이다.

위험의 사회적인 확산이 자의적으로 이루어지는 것은 위험 인식에 대한 주관적인 판단이 과도하게 작용하기 때문이다. 위험에 대한 이러한 주관적인 가치 부여와 판단은 결국 자신이나 자신이 속한 집단의 이기적인 편익을 지키려는 노력과 결부되어 있다. 주관적인 판단에는 나 자신 혹은 내가 속한 집단에게 얼마나 도움이 되는가 혹은 얼마나 해로운 것인가의 기준이 적용되기 마련이다. 대표적인 예들은 위험을 통해서 오히려 어떤 편익을 챙기려는 사람 혹은 조직에서 많이 발견된다. 앞선 위험의 사회적인 확산과 관련된 많은 사례들을 보면, 관계 부처의 한건주의, 관련 조직의 파워 게임, 언론의 한탕주의, 사람들의 비이성적인 위험 판단, 타자에 대한 낙인찍기 등 위험에 대한 주관적이고 이기적인 판단들이 종합적으로 작용하고 있다.

이렇게 현대 사회의 위험은 어떤 세력에 의해서 확대되거나 축소될 가능성을 항상 안고 있다. 이러한 과정에서 발생하는 위험 문제들은 고스란히 국민의 부담으로 남는다. 예를 들어, 미세먼지가 얼마나 위험한 것인가에 대해서는 여러 가지 논란이 있을 수 있다. 물론 위험하다는 데 모두 동의한다고 하더라도 우리 사회가 어느 정도의 자원을 배분해서 미세먼지에 대응해야 할 것인가에 대해서는 많은 사람들의 의견이 다를 수 있다. 하지만 위험 문제를 다루는 사회적인 역량을 지나치게 미세먼지에만 집중함으로써 정작 다른 실제 위험을 막지 못한다면, 그것은 전체 국민의 비극이 아닐 수 없다.

코로나19를 둘러싼 사회적인 논의도 마찬가지이다. 전체 사회의 위험이 코로나19만 있는 것도 아니고, 다른 감염 질환으로도 수많은 사람들이 목숨을 잃는다. 우리나라에서 결핵은 질병관리청 자료에 따르면 2018년 기준 2만6,433명의 신규 환자가 발생했고, 1,800명의 사망자를 낳았다. 경제협력개발기구OECD 회원국 중에서 각각 1, 2위를 기록한 것이다. 사망자 수만 놓고 본다면 결핵이 코로나19보다도 더 위험한 질병이다. 거기다 결핵은 먹는 것이 부실하고 생활 환경이 열악해서 걸리는 대표적인 후진국 질병이다. 전체 사회의 위험 대응 자산이 코로나19에만 집중된다면 더 큰 위험이 우리에게 찾아올 수 있다. 위험의 사회적인 확산을 이해하는 것은 현대 사회의 위험이 가지는 주관적인 속성을 이해하는 것이다. 또한 이러한 이해는 당연히 위험에 대한 이성적인 이해와 사회 전체의 합리적인 대응으로 연결되어야 한다.

한편 위험이 사회적으로 어느 정도 확산되었지만, 위험의 대상이 공유재common pool resource이기 때문에 실제 문제 해결을 위한 행동으로 옮기지 않는 경우에는 어떻게 해야 할까? 대표적인 것이 기후 변화를 포함한 환경 관련 위험이다. 이런 경우는 보다 분명하고 명확한 커뮤니케이션 캠페인이 필요한데, 우선은 환경 보호에 대한 긍정적인 태도를 유지하기 위한 지식과 도덕적인 가치를 알리는 것이 중요하다(Renn, 2011). 하지만 이런 가치 부여만으로는 충분하지 않고, 실제로 환경 보호를 하는 행위가 어떤 편익과 경제적인 이익을 자신에게 가져올 수 있는지 보여주어야 한다. 예를 들어, 환경을 보호하기 위한 행위들이 남들은 안 하는데 나만 해야 하는 괴로운 일로 인식되기보다는 전기료 절약, 건강한 아이 양육 등 어떤 직접적인 혜택을 나에게 가져다줄 수 있다는 것을 구체적으로 보여주는 것이 중요하다. 또한 이러한 커뮤니케이션 캠페인이 성공하려면, 개인이 느끼는 혜택도 필요하지만, 문제 해결을 위해서 사회 네트워크가 작동하도록 만들어야 한다. 지역 단위의 사회 네트워크가 만들어지고, 함께 노력해서 이루어낸 성과들이 자신이 살고 있는 지역에 어떤 영향을 미칠 수 있는지 보여준다면 그보다 더 확실한 자극 요인은 없다. 결국 위험 문제는 혼자서 고민하기보다는 사회 구성원들이 힘을 합쳐 문제를 고민하고 성과를 나누는 과정을 통해서 가장 효과적으로 해결될 수 있다.

3장

危險
不通
社會

위험은 커뮤니케이션 문제이다

코로나19와는 비교가 안 되지만 감염병 대응이라는 차원에서 메르스 사태에서 우리가 배운 것을 한번 복기해볼 필요가 있다. 사실 메르스 사태는 그 위험성에 비해서 과장된 측면이 강했다. 메르스 사태는 국내 감염자가 186명이었고, 그중 38명이 사망했다. 메르스는 사망률로 보면 엄청난 숫자이지만, 매년 국내에서 일반 독감으로 2천여 명 정도가 사망한다는 것을 생각하면 메르스의 전파력은 독감과 비교가 안 될 정도로 낮다고 할 수 있다. 거기다 메르스로 사망한 사람은 대부분 병원에서 감염된 사람이고 지역사회 감염은 거의 없었다. 메르스가 일반 시민들이 과도한 공포로 패닉에 빠질 정도의 심각한 감염병은 아니었다는 말이다.

그렇다면 2015년 메르스 사태에서는 어떤 면이 사람들의 공포를 자극했던 것일까? 종합적으로 평가해보면 정부가 시민들에게 정보를 개방하지 않거나 늦장 대응을 해서 초기 대응에 실패한 것 등이 가장 큰 문제라고 할 수 있다. 이런 문제들은 감염병에 대응하는 정부의 준비 능력과도 관련되어 있지만, 가장 근본적인 문제는 감염병 상황에서 국민들을 어떤 관점에서 바라보는가와 밀접하게 관련되어 있다. 가부장적인 시각에서 국민을 통제하고 무조건적으로 정보를 골라서 전달해야 하는 대상으로 바라본다면 국민을 위험 상황을 타개하기 위한 파트너로 인정하면서 위험 정보를 공유하는 일은 요원해진다. 이런 상황에서는 능동적인 시민들의 참여와 민주적인 위험 대응 절차를 만들어내는 것이 불가능하다. 이런 문제를 통틀어서 위험 커뮤니케이션의 문제라고 할 수 있다. 사람들은 모두 다른 위험 인식을 가지고 있다. 또한 대부분의 위험은 우리가 예상한 경로를 따라가지 않는다. 따라서 사회 전체의 위험 대응 능력을 높이기 위해서는 서로 다른 위험 인식을 조정하고, 위험이 예상하지 못한 경로로 발전하더라도 전체 사회 구성원들이 수긍할 수 있는 위험 대응 합의를 이루어내야 한다. 이런 막중한 필요성에서 위험 커뮤니케이션이 위험 문제 해결의 핵심으로 등장한다.

성공하는 커뮤니케이션과 실패하는 커뮤니케이션

현실에서 위험과 안전을 가늠하기 위해 접근하는 방법은 크게 두 가지가 있다. 위험을 객관적으로 계산함으로써 그 크기를 가늠하는 방법과 위험에 대해 각자가 느끼는 주관적인 인식을 알아봄으로써 사람들이 위험에 대해서 느끼는 실제적인 생각에 좀 더 가깝게 다가가는 방법이다. 위험 커뮤니케이션을 잘하기 위해서는 이 두 가지를 모두 이해하는 것이 무엇보다도 중요하다. 위험에 대한 일반적이고 객관적인 정의나 결론도 중요하지만, 실제 사람들이 그 위험을 어떻게 받아들이는지 이해하지 못한다면, 그러한 커뮤니케이션은 사람들의 실생활과 결합되지 못하고 일반적인 원칙만 강조할 가능성이 높다. 그런 원칙론만 강조하는 위험 커뮤니케이션은 오히려 사람들의 무관심을 불러오게 된다.

예를 들어 젊은 층을 대상으로 하는 안전한 성생활safe sex과 관련한 캠페인을 살펴보자. 실제로 사람들이 어떤 생각을 하고 있는지 깊게 숙고하지 않은 커뮤니케이션은 도덕적인 엄숙주의나 뻔한 방안의 제시로 흐를 가능성이 높다. 2018년 당시 질병관리본부의 통계를 보면 우리나라의 성병 감염률은 계속 높아지고 있으며, 특히 젊은 사람들의 발병률은 빠르게 증가하고 있는 것으로 나타난다. 통계에 따르면 대표적인 성병인 임질의 경우, 2010년에 비해 2018년에는 1.3배 증가했고, 클라미디아는 3.55배나 증가한 것으로 나타났다. 이러한 증가세는 특히 20~30대 젊은 층에서 두드러지는데, 20대와 30대의 유병률은 전체 인구에서 가장 많은 비율을 차지하는 것으로 나타났다. 이러한 통계는 우리나라가 실시하고 있는 안전한 성생활에 대한 캠페인들이 큰 효과를 거두고 있지 못하며, 사람들에게 특히 젊은 층에게 올바로 수용되지 못하고 있다는 것을 방증한다.

안전한 성과 관련하여 지금까지 지배적인 접근 방법은 생의학적인 biomedical 관점이다. 생의학적인 관점에서 보면 안전한 성은 사람 간 어떤 액체의 교류를 막는 것이다. 성병이나 각종 질병은 한 사람의 건강하지 못한 액체가 다른 사람에게 전이되는 것이다. 이런 관점에서 보면 액체 교류만 차단하면 안전한 성이다. 열심히 콘돔을 나눠주고, 성병의 위험성을 적극적으로 알리는 커뮤니케이션이 이런 접근과 맥락이 닿아 있다. 하지만 한 연구에 따르면(Bourne, 2009), 사람들은 안전한 성이란 생의학적으로 안전한 성이 아니라 심리적인 안정감, 감정적으로 안전하다고 느끼는 정도를 의미한다고 응답했다. 때로는 자신의 파트너와 감정적인 일치를 이루기 위해서, 혹은 심리적으로 보호받고 있다는 느낌을 받기 위해서 생의학적으로 위험하다고 생각되는 행위를 기꺼이 할 수 있다고 대답하는 경우도 많았다. 이런 상황에서 콘돔 사용으로 안전한 성을 달성할 수 있다고 주장하는 것은 큰 의미가 없다.

사람들에 대한 현상학적인 해석이 빠진 커뮤니케이션은 공허하다. 사람을 이해하지 못하고 이루어지는 커뮤니케이션 캠페인은 실패할 가능성이 높다. 많은 사람들은 안전한 성이 자신의 파트너와 지속적인 관계에 있다고 생각하고, 마음이 편하면서 어떤 성적인 이슈에 대해서도 이야기할 수 있는 관계 정립이 가능할 때 이루어진다고 생각했다. 생의학적으로 접근하는 안전한 성 캠페인은 결국 안전한 성에 대한 개념 정립에서부터 잘못된 것이다. 개념 정립이 정확하게 이루어지지 못하는 것은 사람을 이해하려는 노력이 결여된 가정에만 기초해서 진행되었기 때문이다. 파트너와의 관계가 안전한 성의 요체라고 생각하는 사람들에게 콘돔을 사용하라고 외치는 행위는 신뢰를 해치는 행위를 권유하는 것과 같다. 안전한 성에 대한 커뮤니케이션이 성공하려면 의학적인 지식을 강요하거나, 객관적인 관점만이 중요하다는 태도에서 벗어나는 것이 필요하다.

아래 기사는 2016년 한국보건사회연구원이 질병관리본부의 의뢰로 그해 20대 미혼 여성 1천 명을 조사한 보고서의 내용과 관련한 것이다. 보고서에 따르면 미혼 여성들이 성관계 시 피임을 하는 비율은 절반에 미치지 못한다. 이렇게 피임실천율이 낮은 것은 미혼 여성들에게 안전한 성관계라는 개념이 다르게 인식될 수도 있다는 것을 의미한다. 이런 상황에서 일상적으로 피임을 권유하거나 설득한다고 해서 피임실천율이 높아진다는 보장이 없다. 실제로 사람들이 위험에 대해서 어떤 생각을 가지고 있는지 심층적으로 이해하지 않는다면, 모든 커뮤니케이션은 공감 없는 일상적 행위로 전락할 가능성이 높다.

안전한 피임하는 20대 미혼 여성, 절반에 못 미쳐

보고서에 따르면 20대 미혼 여성의 67.4%(674명)는 최근 1년 내 성관계를 경험했다. 성관계 유경험자 674명의 평균 성관계 횟수는 일주일에 1회 미만이 63.8%로 가장 많았고 일주일에 1~2회가 30.7%로 뒤를 이었다. 성관계를 가진 이성의 수는 1명이 80.7%였고 2명(13.2%), 3명 이상(6.1%)의 순이었다. 응답자의 95.8%는 피임에 대한 정보나 교육을 받아본 경험

> 이 있다고 답했다. 또한 5명 중 4명(79.3%)은 콘돔 사용법에 대한 교육이나 정보를 받은 적이 있다고 밝혔다. 20대 여성 거의 대부분이 기본적인 성교육을 받았다는 의미다. 특히 연령대가 어릴수록 피임 관련 정보와 교육을 많이 습득한 것으로 나타났다. 하지만 실제로 1년 내 성관계를 한 여성 가운데 항상 경구용 피임약이나 콘돔을 사용해 피임한 비율(항상피임실천율)은 46.7%에 그쳤다. 연령 변화에 따른 피임실천율의 차이는 거의 없었다(중앙일보, 2016년 11월 7일자).

커뮤니케이션 캠페인이 성공하기 위해서는 사람들이 실제로 생활 속에서 느끼고 경험하는 것에 관심을 가지고 문제를 풀기 위해 노력하는 것이 필요하다. 많은 위험 관련 커뮤니케이션 캠페인을 보면, 사람들이 어떤 생각을 하고 있는지는 무시되고, 일방적으로 만들어진 정답지를 강요하는 경우가 많다. 예를 들어, 금연 커뮤니케이션 캠페인에서 흡연은 발암물질을 유발하고 각종 질병의 직간접적인 원인을 제공하기 때문에 끊어야 한다는 메시지를 주는 경우가 대부분이다. 하지만 우리가 흡연자들의 생활 속으로 직접 들어가본다면, 다른 더 큰 위험 요인들 때문에 오히려 흡연이 더 안전한 행위로 인식되는 경우를 분명히 발견할 수 있다. 극도의 긴장감에서 고객들을 응대하는 콜센터 직원에게는 휴식시간에 피우는 담배 한 대가 어느 것보다 소중한 위안을 줄 수 있다. 무조건 건강에 나쁘니 끊어야 한다는 메시지는 상대방을 배려하지 않는 또 다른 폭력이 될 수도 있다. 대체 수단을 제시하거나 전반적인 생활 패턴을 바꿀 수 있는 생활 속의 단서들이 커뮤니케이션에 반영되어야 한다. 대부분의 사람들은 위험을 이기적으로 해석한다. 그런 사람들을 전문가의 객관적인 위험 진단으로 설득할 수 있다고 생각하는 것은 오만이다.

앞서 예를 든 안전한 성과 관련한 커뮤니케이션 캠페인에 있어서도 사람들의 감정적인 부분을 좀 더 고려할 필요가 있다. 사람과의 관계에서 생기는 미묘한 감정들은 생의학적인 판단과 배치되는 경우가 많다. 사람들이 쌓아온 인간관계를 모두 희생하고 생의학적인 판단을 따르라고 커뮤니케이션해서는 좋은 결과를 얻을 수 없다. 오히려 그런 인간관계를 존중하면서, 관계를 지속하기 위해서 안전한 성이 필요하다는 것을 이해시키는 커뮤니케이션이 더 효과적일 수 있다. 의학적인 지식과 사람들이 생활 속에서 지키고 싶어하는 관계를 통합적으로 고려하는 커뮤니케이션이 이루어질 때 안전한 성 캠페인도 성공할 수 있다. 결국 성공적인 커뮤니케이션은 사람에 대한 이해, 사람들이 사회 안에서 겪고 있는 어려움을 이해했을 때 비로소 이루어질 수 있다.

사람을 이해하지 않고 도식적으로 이루어지는 커뮤니케이션은 결코 성공할 수 없다. 예를 들어, 우리는 청소년들의 성생활에 대해서 얼마나 이해하고 있을까? 눈에 보이는 것들과 내가 경험한 것들로 청소년을 규정하고, 낡은 도덕적인 기준을 강요하는 성교육은 얼마나 효과가 있을까? 많은 위험 커뮤니케이션이 사람에 대한 진정한 이해 없이 맹목적으로 행해지고 있다. 다음 기사에 나오는 저출산 문제를 해결하기 위해 행정자치부가 시도했던 출산지도 홈페이지 제작 사례도 대표적인 커뮤니케이션 실패 사례이다. 수십 조를 쏟아붓고도 전혀 변화가 없는 출산율은 정부의 커뮤니케이션 정책이 실패하고 있다는 것을 단적으로 보여준다. 실패의 원인은 여러 가지가 있겠지만, 가장 중요한 것은 사람에 대한 이해가 부족하다는 점을 들 수 있다. 출생률이 낮은 이유를 낮은 가임 비율에서 찾고, 가임 여성과 가임 비율을 늘리기 위한 정책적인 수단에 집중하는 것으로는, 이 사회를 살아가는 사람들이 출산에 대해 가지고 있는 생각을 바꾸기 어렵다. 정부는 저출산을 위험 상황이라고 정의하고 있지만, 많은 사람들은 오히려 출산이 이 사회에서는 위험하다고 판단한다. 위험에 대한 정의와 인식이 다른데 어떻게 일률적인 커뮤니케이션이 성공할 수 있겠는가? 사람에 대한 이해, 사람의 생각에 대한 이해, 사람이 사회에서 처한 상황에 대한 이해가 선결되지 않고 성공할 수 있는 커뮤니케이션은 없다.

아직도 뭐가 문제인지 모르는 행자부의 '무개념 출산지도'

29일 행자부 자치행정과는 '출산지도' 홈페이지(http://birth.korea.go.kr/)를 만들어 이른바 '가임기여성분포지도'를 공개했다. 홈페이지 상단에는 여성과 아이가 입맞추고 있는 모습이 담겼고, 배경화면은 분홍색으로 도배됐다. 앞서 지난 8월 행자부 측은 연말께 이 출산지도를 공개하겠다고 예고하며 "출산지도가 구축되면 다른 지역의 지원 서비스를 쉽게 비교할 수 있고 지자체별 평가결과가 공개되므로 지자체의 자율경쟁을 유도할 수 [있으며,] 지자체 간 정책 비교를 통해 벤치마킹도 가능할 것"이라고 밝힌 바 있다. 그러나 공개된 출산지도의 실체는 이와 달랐다. 30일 오전 현재는 접속이 불가능한 이 홈페이지에는 출산지도 버튼을 누르면, 각 시별로 몇 명의 '가임기여성'이 존재하는지를 열람할 수 있는 메뉴가 있었다. 심지어 이들에 순위를 매겨 분류하기도 했다. 이들은 이 '서비스'를 제공하는 이유로 '지자체별 경쟁력 자극을 통한 출산문화 만들기'를 들었는데, 이조차도 부적절하다는 여론이 봇물을 이루고 있다(CBS노컷뉴스, 2016년 12월 30일자).

실제 사례에서 찾아보는 위험 커뮤니케이션의 실패 원인들

그럼 실제로 위험 커뮤니케이션은 왜 실패할까? 여러 가지 원인이 있겠지만, 실제 실패 사례들을 살펴보면 반복된 실수들이 눈에 띈다. 2010년 서울시가 낙지가 중금속에 오염되어 있다는 발표를 하면서 촉발된 사건이 낙지 중금속 발표 파동이다. 당시 식품의약품안전청에서 낙지는 식용으로 안전하다는 발표가 이후에 있었음에도 불구하고 소비자들의 불안감은 계속되었고, 결과적으로 생산 어민이나 판매 상인들에게 막대한 피해가 돌아갔다. 어떤 문제가 있었을까? 카드뮴과 같은 중금속의 허용 기준치에 대한 엇갈린 판단과 함께, 부처 간 조율이 전혀 이루어지지 않고 위험 결과를 섣불리 발표한 것이 충격이 확대된 직접적인 이유였다. 또한 이 사건은 지방정부와 중앙정부의 대립, 위험 문제의 정치화, 그리고 이를 화제가 되는 방식으로 보도한 언론의 역할이 복합적으로 작용했다. 대부분의 위험 문제는 시민의 안전 문제와 위험 생산자의 생계 문제가 대립하는 형국을 보인다. 이런 지점에서 위험 문제가 정치화되는데, 이는 대부분 정치인들이 어느 한쪽의 편을 들면서 자신에게 유리한 방향으로 사회 갈등을 조장하기 때문이다. 정치적인 이득을 위한 섣부른 위험의 정치화는 위험의 문제를 사회에 도움이 되는 방향으로 풀기보다는 사회 갈등만 조장하고 끝나는 경우가 많다.

정부의 과도한 확신 커뮤니케이션도 문제가 된다. 2011년 전국의 방사능측정소에서 방사성 요오드가 검출됨으로써 일본의 후쿠시마 원전사고 이후 우리 정부가 유지해왔던 한반도 방사능 안전지대 주장이 깨져버리게 된다. 우리 정부는 줄곧 후쿠시마 원전의 방사능 물질이 편서풍을 타고 우리나라로 넘어올 가능성은 없다고 주장해왔다. 방사능 물질의 검출은 이런 주장이 매우 비과학적인 주장이었다는 것을 분명하게 보여주었다. 이 일은 기상청의 많은 전문가, 원자력 전문가들이 언론을 통해 주장했던 한반도 방사능 안전지대 주장이 얼마나 터무니 없었는가를 잘 보여준다.

2017년 여름 온 나라를 흔들었던 살충제 계란 파동도 정부의 확신 커뮤니케이션이 문제가 되었던 사례이다. 정부는 유럽발 살충제 계란 문제가 발생하자, 산란계 농장을 대상으로 살충제 검사를 실시했고, 몇 개 농장의 계란에서 살충제 성분이 검출되었다. 하지만 식약처는 아래 기사와 같이 곧 인체 유해성 실험 결과를 발표하는데, 그 결과를 요약하면 살충제 성분이 미미하기 때문에 유해성을 걱정할 필요는 없다는 것이다. 살충제 성분이 아무리 미미하더라도 장기간 반복된 노출에 의한 축적된 효과가 생길 수 있고, 인체 유해성이 확정되지 않은 상황에서 굳이 정부가 서둘러서 이런 결론을 발표해야 했는지 의문이 든다.

"피프로닐 계란, 매일 2.6개 평생 먹어도 안전"

식약처는 이번에 검출된 5개 종류의 살충제가 인체에 어떤 영향을 미치는지 평가한 결과, "유해하지 않다"는 결론을 냈다. 음식을 통해 섭취하더라도 한 달 정도 지나면 몸 밖으로 배출되는 것으로 나타났다고 식약처는 이날 밝혔다. 식약처는 "피프로닐이 검출된 계란은 매일 2.6개, 비펜트린이 검출된 계란은 매일 36.8개를 평생 먹어도 큰 문제가 없다"고 밝혔다(중앙일보, 2017년 8월 21일자).

우리나라 정부는 많은 위험 사건에서 충분한 자료를 모으기 전에 섣부른 대국민 안심 커뮤니케이션을 작동시키는 경향이 있다. 아니라고 일단 발표한 다음, 그것을 수습하느라 어려움을 겪는 일들이 반복된다. 정부에 대한 기본적인 신뢰가 부족한 상황에서 국민 불안감에 대한 이해가 부족한 커뮤니케이션을 하게 되면 오히려 상황은 더 악화된다. 말 바꾸기와 뒷북 대응에 대한 비판이 일어나고, 사람들은 신뢰할 수 있는 대상이 없다는 사실에 더 실망하고 때로는 심한 공포에 빠지게 된다. 우리나라 정부는 왜 이런 실수를 되풀이하는 것일까? 그것은 정부의 위험 커뮤니케이션이 가부장적 커뮤니케이션에서 벗어나지 못하고 있기 때문이다. 시민을 보호해야 할 대상으로 바라보면서 정보를 독점하고 관리하는 데 신경 쓰다 보니, 정보를 공유하고 함께 문제를 풀어가겠다는 자세를 가지기가 힘들게 된다. 그런 관성적인 커뮤니케이션이 후쿠시마 원전사고의 방사능은 절대 우리나라에 올 수 없다는 황당무계한 발표로 이어지는 것이다. 시민에게 충분히 정보를 개방하고, 합리적인 여론의 판단을 받겠다는 자세를 가지지 않는다면 위험 커뮤니케이션은 실패할 수밖에 없다. 물론 이런 가부장적인 커뮤니케이션을 뒷받침하는 어용 전문가들의 역할도 문제이긴 하지만 더 큰 문제는 우리 정부가 방어적 커뮤니케이션의 패러다임을 고수하는 것이다.

충분한 준비와 사전 고려 없이 일단 발표하고 나서 수습하는 일도 자주 반복된다. 2018년 시행되었던 서울시의 미세먼지 대응을 위한 대중교통 무료이용 조치가 한 예이다. 초미세먼지가 연속 나쁨 수준에 이르면 대중교통을 무료로 이용하게 하는 이 정책은 결국 3차례 시행된 후 예산 부족으로 중단되었다. 하루에 드는 예산이 50억이었던 것이 문제였다. 처음부터 정책 효과에 대한 충분한 고려 없이 선심성 예산 집행을 한 것이 문제였지만, 사실 미세먼지를 저감하기 위해서는 차량 규제와 오염 배출원 관리를 하는 것이 더 시급한 정책이었다. 사전에 충분히 검토하고 준비하지 않고 시민들에게 발표하는 형식으로 이루어지는 커뮤니케이션은 아무리 좋은 의미를 가지고 있다고 하더라도 문제가 많다. 시민들과 충분히 대화하고 문제를 해결하기 위한 방법론이 충분히 숙성되었을 때만 효과를 발휘할 수 있다. 위험 커뮤니케이션은 위험에 대해 숙의하고 대응 방법을 찾아내는 모든 과정에서 사용되어야 한다.

위험의 문제는 보통 과학의 불확실성과 연결되어 있다. 누구도 완벽한 권위를 가질 수 없으며, 위험의 효과를 완전하게 예상할 수 없다. 우리가 현 시점에서 안전하다고 판단한 어떤 물질이 앞으로 후대에 계속해서 안전 물질로 남아 있으리라는 보장이 없다. 따라서 위험에 대해서는 사회적인 합의가 우선되어야 한다. 그것이 후대에 잘못된 결정이었다고 판명 나더라도, 사회 구성원들이 함께 책임져야 한다면 사회적인 반발은 줄어들 수 있다. 2008년 촛불 시위를 촉발한 광우병 사태 당시에도 정부가 위험에 대해서 일방적인 판단을 하고, 그것을 일방적으로 시민들에게 강요했기 때문에 문제가 커진 것이다. 사전에 충분히 논의하고 사회적인 합의를 이루어내는 절차를 가졌다면 불필요한 사회적 소모는 줄어들었을 것이다.

이런 정부의 가부장적인 커뮤니케이션은 곳곳에서 발견된다. 2015년 메르스 사태에서도 가장 문제가 되었던 일은 정부가 시민들의 혼란을 막는다는 미명하에 메르스가 발생한 병원과 지역사회를 공개하지 않았던 일이다. 2016년 환경부가 고등어구이 같은 행위가 실내에서 미세먼지를 심각하게 발생시킨다고 발표한 것이 미세먼지의 주범으로 오해받아 각종 조롱의 대상이 되었던 것도 같은 맥락이다. 아무리 좋은 의도를 가지고 발표하더라도 시민들이 어떻게 반응할 것인가에 대한 충분한 사전 고려가 없다면 좋은 위험 커뮤니케이션이 될 수 없다. 시민들이 몰랐던 위험을 알려주고 계도해야겠다는 생각보다는 시민들이 겪을 수 있는 혼란과 부조화를 예상하고, 사전에 충분한 논의를 거친 커뮤니케이션이 나와야 한다.

최근 정부의 저출산 혹은 저출생 정책을 보고 있자면 가부장적인 커뮤니케이션이 극에 달하는 느낌이다. 인구 절벽이 가시화되고 우리나라 노령화 지수가 가파르게 올라가자, 정부의 저출산 대책도 양적으로 많아지고 있다. 하지만 정부가 내놓는 각종 혜택들은 저출산이 잘못된 것이니 이런 혜택과 더불어 잘못된 관행을 고치자는 식이다. 저출산이 발생하게 된 근본적인 원인과 사회문화적인 맥락에 대한 이해 없이, 일방적인 정책을 입안하고 실행하면서 국민에게는 따라오라는 식의 커뮤니케이션은 성공하기 힘들다. 아이를 낳지 않겠다는 청년들에게 약간의 지원금과 보조금을 주면 상황을 바꿀 수 있다고 생각한다면 문제를 풀기 어렵다. 실제로 시민들의 속마음을 듣고, 저출산이 과연 우리나라에 해로운 것인가에 대해서 원점에서 고민해보는 과정이 필요하다. 답을 정해두고 만들어내는 정책은 시민들의 동의를 받기 어렵다.

시민은 위험 커뮤니케이션의 객체가 아니라 주체이다. 시민의 경험지식이 때로는 전문가의 실험실 지식보다 더 정확할 수 있다. 아무리 실증적으로 검증된 지식이라고 하더라도 사회 맥락과 문화가 고려되지 않는다면 아무 의미가 없다. 더구나 사람이 관련된 일은 그것과 관련된 사람들의 목소리가 반영되어야 한다. 2017년 여성환경연대가 생리대 방출 물질 검출실험 결과를 발표하면서 촉발된 생리대 안전성 논쟁은 시민의 목소리가 위험 문제에서 얼마나 중요한지를 시사한다. 식품의약품안전처는 50종의 휘발성유기화합물이 검출되었지만, 인체에 유해할 정도는 아니라고 발표했다. 하지만 실제로 생리대로 인해 피해를 입은 여성들의 피해 사례가 계속 보고되었고, 환경부는 건강영향 예비조사에서 생리와 관련된 건강 문제가 일회용 생리대 사용과 연관되어 있을 수 있다는 발표를 하기에 이른다.

앞으로 생리대 문제는 좀 더 과학적인 검증을 거쳐야 하겠지만, 여기서 분명한 것은 실험실 지식도 중요하지만, 사용하는 일반 여성들의 목소리도 실험실 못지않게 중요하다는 것이다. 정부의 역할은 전문가의 의견에만 의존하는 것이 아니라 실제 시민이 겪고 있는 고충에 대해서 이해하는 자세를 가지고 어떤 어려움이 있는지 들어주는 것이다. 실제로 일반 사람의 목소리를 무시한 위험 판단들을 나중에 뒤엎는 위험 사례들이 얼마나 많았는가? 만약 이해당사자들의 목소리가 심하게 부딪친다면, 정부의 역할은 갈등을 조정하는 데 초점을 맞추어야 한다. 어느 한쪽의 목소리에 힘을 실어주기보다는 모든 이해당사자들을 참여시켜 충분히 각자의 목소리를 주고받고, 서로가 이해할 수 있는 방향으로 결론을 도출하는 것이 중요하다. 그런 의미에서 시민의 참여를 배제하고, 정부가 너무 빨리 기업의 손을 들어준 것은 정부로서는 무거운 부담을 자초한 것이다. 한 가지 예를 더 들면, 식품의약품안전처의 MSG 무해성에 대한 대국민 홍보도 비슷한 방향으로 진행되었다. 반대하는 소비자단체가 있고, MSG의 유해성을 몸으로 경험한 사람들의 반대 의견이 있을 때, 과학적인 객관성을 들어 공론의 장을 생략하는 것은 갈등을 더 키울 수 있다. 위험 커뮤니케이션은 실험실에서 나온 결과를 그대로 믿어야 한다고 주장하는 것이 아니라 모두가 수긍할 수 있는 합의를 만들어내는 지난한 과정을 의미한다. 합의 창출 과정이 생략되고, 나만이 옳다고 주장하는 커뮤니케이션은 결국 지속가능하지 않다.

지금까지 실패 사례와 관련한 논의들을 종합해서 살펴보면, 시민을 위험 문제에 대응하기 위한 파트너로 인정하지 않는 커뮤니케이션은 실패할 가능성이 높다. 가부장적인 태도로 확신에 찬 커뮤니케이션을 한다고 해서 위험 문제가 진정되지는 않는다. 위험 커뮤니케이션의 목적은 정보 전달이 아니라 정보를 준 후에 동의informed consent를 획득하는 것이고, 시민의 참여를 바탕으로 사회적인 위험 대응 역량을 다 함께 높이는 것이다.

위험 커뮤니케이션에서 고려해야 할 원칙들

위험 문제 해결을 위한 커뮤니케이션에서 가장 중요한 원칙이라고 한다면 공정성fairness과 신뢰를 들 수 있다. 공정성은 위험 문제 해결에서 매우 중요한데, 쉽게 말하면 위험과 편익을 공평하게 나누어 가진다는 것을 의미한다. 원자력폐기물 처리장 건설과 관련하여 격렬한 반대시위가 잇따르고 결국 건설을 백지화하게 된 2003년 부안 사태는 실상 공정성의 문제와 어느 정도 연결되어 있다. 처음 정부가 원자력폐기물 처리장을 건설하기로 한 곳은 부안군 앞바다에 있는 위도라는 작은 섬이었는데, 섬 주민들의 동의를 바탕으로 건설 부지를 확정한 것이 부안군과 인근 주민들의 반대를 몰고 왔다. 만약 원자력폐기물 처리장에서 문제가 발생한다면 인근의 모든 주민들에게 피해가 돌아가는데, 위도섬 주민들에게만 처리장 건설에 대한 보상이 주어지는 것이 불공정하다고 생각했기 때문이다. 이처럼 위험 문제를 해결하기 위해서는 위험과 편익을 언제나 공평하게 나눌 수 있도록 원칙을 세우는 것이 중요하다. 공정성의 문제와 함께 신뢰의 문제도 매우 중요한 위치를 차지한다. 하지만 대부분의 위험 문제를 살펴볼 때, 신뢰의 문제는 위험 자체와 관련되어 있는 개념이 아니라, 위험을 다루는 조직과 조직이 행하는 행위와 관련된 것이다. 따라서 신뢰를 구축하기 위해서는 위험을 다루는 조직과 조직 행위의 평판을 평소에 쌓는 것이 중요하다. 신뢰는 전문성과 진실성이 바탕이 되어야 하지만, 결국 장기간에 걸친 행위를 통해서 결정된다.

위험 문제와 관련하여 우리가 일반적으로 중요하다고 생각하는 비용과 편익의 문제는 사실 사람들이 보유한 도덕적인 가치를 뛰어넘지 못한다. 사람들은 돈으로 모든 문제를 해결할 수 있다거나, 결국은 돈이 문제라고 쉽게 이야기한다. 위험과 관련한 사람들의 주장도 보상을 받기 위한 제스처라고 주장하기도 한다. 하지만 위험 의사결정에서 사람들이 가진 도덕적인 가치가 더 많은 작용을 한다는 것을 인정할 필요가 있다. 관련 연구 결과를 살펴보면, 사람들이 위험과 관련하여 이기적인 의사결정을 한다고 알려진 님비NIMBY 현상도 위험 의사결정에서 그렇게 많은 작용을 하지 않으며, 보편적으로 가지는 도덕적인 기준에 부합하는가를 더욱 중요한 기준으로 생각한다(Sjöberg & Drottz-Sjöberg, 2001). 이는 많은 위험 문제에서 도덕적으로 얼마나 원칙을 지킬 수 있느냐가 중요한 고려사항이 되어야 한다는 것을 의미한다. 우리나라의 경우에는 너무 손쉽게 환경 문제와 같은 위험 문제를 보상의 정도와 관련한 문제로 간략화시키는 경우가 많다. 위험 문제는 비용과 편익의 문제로만 단순화시킬 수 없으며 인류 보편의 도덕적인 판단 기준을 항상 고려할 필요가 있다.

또한 위험 문제를 정치적인 쟁점으로 치환하게 되면 아무리 좋은 커뮤니케이션이라도 효과가 없게 된다. 위험 문제의 이성적인 해결을 위해서는 위험 이슈를 정치적인 이슈가 아니라 과학 이슈로서 바라보려는 시도가 매우 중요하다(Zhao et al., 2011). 위험 이슈를 정치적인 공방으로 바라볼수록 사람들은 올바른 의사결정을 하지 못하고, 이해할 수 없는 비이성적인 대응 행동을 하게 된다. 하지만 위험 이슈를 과학의 문제로 바라보면, 이성적으로 위험을 인식하고, 합리적인 위험 대처 행동을 하려고 노력한다. 예를 들어, 지구 온난화의 문제도 미국의 트럼프 대통령과 그 지지자들처럼 정치의 문제로 바라본다면, 과학적인 판단이 흐려져서 지구 온난화를 위험하지 않다고 생각하게 되고, 위험 대처 행동에도 소홀해질 뿐만 아니라 정책을 지지하는 데도 소극적이 된다. 따라서 위험 문제를 근본적으로 해결하기 위해서는 위험을 둘러싼 구성원들이 위험 문제를 정치의 문제가 아니라 과학의 문제로 바라보도록 유도하는 것이 필요하다. 위험 커뮤니케이션이 성공하기 위해서는 위험 쟁점이 정치적인 쟁점화가 되지 않도록 노력하는 것이 중요하다. 위험과 정치적인 성향의 관련성을 다루는 장에서 다시 논의하겠지만, 위험이 정치화되면 엄청난 사회적인 비용을 불필요한 일에 써야 한다.

마지막으로 위험 커뮤니케이션이 성공하기 위해서 고려해야 하는 요인은 과학자와 일반인이 동등한 위치에서 대화하는 분위기를 만들어 가는 것이다. 전문가라고 해서 모두 객관적일 수 없고, 위험 인식에 대한 혼란을 부추겨 개인적인 이익을 실현하고자 하는 전문가도 분명히 존재한다. 전문가에 대한 불신이 여전히 존재하는 사회에서 전문가의 말을 무조건 따르라고 하는 것은 위험 인식에 대한 혼란을 그대로 수용하라고 하는 것과 마찬가지이다. 모든 문제는 개방적인 공론의 장을 통해서 누구나 자신의 의견을 피력하고 비판받고 방어하는 과정 속에서 해결될 수 있다. 또한 평소에도 과학자와 일반인이 조우할 수 있는 기회가 많이 만들어지는 것이 좋다. 선진국에서 시도되고 있는 과학 카페science café처럼, 과학자와 일반인들이 과학 이슈를 둘러싸고 일상에서 자유롭게 이야기하고 토론하는 장소들이 많아질 필요가 있다.

현재 우리나라의 상황은 과학자와 일반인이 실험실 벽을 사이에 두고 완전히 분리되어 있으면서, 위계적인 커뮤니케이션에만 익숙해져 있다. 많은 텔레비전 프로그램을 보더라도, 전문가들이 나와서 일방적으로 강의하고, "당신이 모르는 그것의 정답을 내가 알려주마" 식의 위계적인 커뮤니케이션이 이루어지고 있다. 미세먼지와 관련해서 많은 전문가들의 기여가 있었지만 시민 모임들도 위험성을 알리고 대응책을 커뮤니케이션하는 데 많은 활약을 했다. 예를 들어, 경기도 고양 시민들의 미세먼지에 대한 대책을 촉구하는 모임은 전문가들이 해내지 못한 미세먼지 조례 제정을 이끌어내거나 미세먼지 관련 책(『잿빛 재앙에서 아이들을 지키는 미세먼지 상식』)을 발간하는 등 지역사회 미세먼지 해결을 위한 활발한 활동을 이어오고 있다. 과학자들의 전문적인 지식도 중요하지만, 위험 피해의 당사자인 일반 시민들의 목소리도 당연히 중요하다. 따라서 커뮤니케이션이 어느 한 방향으로만 일방적으로 흐른다면 성공적인 위험 커뮤니케이션이 이루어질 수 없다.

그럼 어떤 커뮤니케이션이 실제로 필요한가? 여러 가지 원칙들이 이야기되고 있지만 공통되는 커뮤니케이션 실행 원칙들은 몇 가지로 정리되어 있다(Covello, Sandman, & Slovic, 1988). 첫째, 가장 중요한 원칙은 일반 공중을 위험 문제 해결을 위한 정당한 파트너로 인정하는 것이다. 우리 사회는 오랫동안 정책 담당자들의 가부장적인 커뮤니케이션에 익숙해져 있기 때문에 시민들을 보호하고 계도해야 할 대상으로 간주하는 경향이 있다. 하지만 이런 커뮤니케이션은 시민을 위험 문제 해결을 위한 파트너로 인정하지 않기 때문에 성공하기 어렵다. 위험 문제에 직접적으로 관여되어 있고, 위험이 발생했을 때 직접적으로 피해와 맞닥뜨려야 하는 시민들에게 어떤 결정권도 주지 않는 것은 매우 비민주적이다. 2015년 메르스 사태 때 가장 사람들을 분노케 한 것은 정부가 메르스 감염자가 나온 병원과 지역사회 명단을 공개하지 않은 것이다. 정부가 명단을 공개하지 않은 것은 불필요한 공포를 조장할 수 있다는 이유에서다. 시민을 비이성적인 주체로 가정한 것이다. 위험 커뮤니케이션의 목적은 위험을 알리는 것이 아니라 위험에 대한 정보를 갖추고 바른 결정을 내릴 수 있는 시민을 양성하는 것이다. 시민은 커뮤니케이션의 파트너이지 대상이 아니다.

둘째, 좋은 커뮤니케이션은 명확한 목표를 가진 커뮤니케이션이다.

가장 안 좋은 커뮤니케이션은 일상적인 커뮤니케이션이다. 평소에 하던 대로 커뮤니케이션하고 일이 생겼을 때 대응하는 식의 커뮤니케이션은 아무 효과도 거둘 수 없다. 분명하게 목표를 설정하고, 나중에 그것이 달성되었는지 평가할 수 있는 커뮤니케이션 실행이 필요하다. 이를 위해서는 분명한 목표 공중별로 어떤 메시지를 줄 것인가를 사전에 결정하는 것이 중요하고, 메시지의 효과를 실제 공중에 적용하기 전에 사전 테스트를 해보는 것도 필수적이다. 일상적인 커뮤니케이션이 아니라 큰 밑그림 속에서 자신의 커뮤니케이션이 올바른 방향으로 가고 있는가를 계속 점검받을 수 있는 커뮤니케이션이 좋은 커뮤니케이션이다.

셋째, 커뮤니케이션 공중이 가지는 위험에 대한 주관적인 인식을 존중할 필요가 있다. 위험에 대한 어떤 통계적인 수치나 위해도 평가보다 중요한 것은 사람들이 가지고 있는 주관적인 위험 인식이다. 1장에서 설명했듯이, 위험을 내가 얼마나 통제할 수 있는가, 미래 세대에 어떤 영향을 미치는가, 위험 처리는 공정하게 이루어지고 있는가, 위험을 말하는 사람들은 믿을 만한가 등이 위험 인식에 영향을 미친다. 따라서 위험 커뮤니케이션이 이러한 사람들의 주관적인 위험 인식을 고려하지 않고 이루어진다면 성공적인 위험 커뮤니케이션이 되기는 힘들다. 위험 커뮤니케이션에서 가장 중요한 것은 사람들이 위험에 대해서 어떤 생각을 가지고 있는지 알아내는 것이다. 위험 커뮤니케이션은 이러한 사람들의 생각과 감정에 기초해서 이루어져야 하고, 실제 가지고 있는 우려 요인들을 세밀하게 찾아낸 다음, 그것에 기초해서 이루어져야 한다. 사람들의 심층적인 생각에 대한 고려 없이 통계와 숫자로 사람들을 재단해서는 좋은 커뮤니케이션이 이루어질 수 없다.

넷째, 커뮤니케이션의 기본 원칙은 개방적이고 솔직한 커뮤니케이션이다. 무언가를 숨기는 커뮤니케이션은 지속가능한 커뮤니케이션이 될 수 없고, 지속가능하지 않은 커뮤니케이션은 신뢰를 심각하게 해친다. 결국 일관성을 유지할 수 있는 위험 커뮤니케이션이 아니라면 성공적인 커뮤니케이션이 되기는 어렵다. 솔직한 커뮤니케이션을 한다는 것은 불확실성을 인정하는 것도 포함한다. 잘 모르는 상황에 대해서 모른다고 하는 것이 솔직한 커뮤니케이션이다. 대신 많은 정보를 정리하여 여러 가지 대립되는 의견들을 일목요연하게 보여주는 것이 필요하다. 콕 집어서 숫자로 제시하는 것보다는 때로는 범위를 설정해서 설명하는 것도 좋은 방법이다. 중요한 것은 일관성을 유지할 수 있는 위험 커뮤니케이션을 하는 것이고, 일관성을 유지하기 위해서는 솔직하고 개방적인 커뮤니케이션과 함께 합리적으로 위험 정보들을 정리해서 커뮤니케이션하는 것이 중요하다. 모든 사안에 대해서 파악하고 있으면서 숨기는 것 없이 솔직한 태도, 이것이 위험 커뮤니케이션에서 제일 중요한 원칙이다.

다섯째, 위험 커뮤니케이션은 혼자서 권위를 독점할 수 없다. 위험 커뮤니케이션을 잘하기 위해서는 많은 우군을 필요로 한다. 자신의 의견에 동조해주는 전문가, 여론 지도자들이 필요하다. 평소에 좋은 관계를 쌓는 것도 중요하지만, 위험 쟁점이 발생했을 때 공동 보조를 맞추어 커뮤니케이션하는 것도 중요하다. 또한 의견 대립을 이루는 전문가들을 조정하고, 갈등을 해소하는 것도 위험 커뮤니케이션의 중요한 역할이다. 위험 커뮤니케이션은 스스로 권위를 창조할 수 없고, 연대를 통해서 권위를 만들어가는 작업임을 명심해야 한다. 위험 커뮤니케이션에서 가장 중요한 우군은 언론이다. 언론은 위험 의제risk agenda를 설정하고, 의제를 어떤 방향으로 끌고 갈 것인가를 결정하는 가장 중요한 역할을 한다. 하지만 언론은 기사 발굴의 속성상 갈등을 선호한다. 따라서 위험 쟁점을 문제 해결을 위한 대상으로 보기보다는 갈등 조장을 위한 사안으로 바라보는 측면이 강하다. 언론의 상업화가 가속화되면서 그것이 언론의 생존 문제와도 직결되다 보니 그러한 경향은 가속화되고 있다. 언론의 범위를 SNS로 넓혀보면 이러한 경향은 더욱 분명해 보인다. 기자들에게도 개방적이고 솔직한 커뮤니케이션을 하는 것은 기본이다. 이와 함께 언론이 가지는 직업적인 속성을 이해하면서, 건전한 긴장관계를 이끌어가기 위해서 노력해야 한다. 언론을 담론 경쟁의 장으로 이해하고, 주장이 정당하게 대우받을 수 있는 정보 재생산과 논점 개발을 하는 것이 중요하고, 유능한 스피커speaker를 발굴하는 것이 필요하다. 언론과 결탁해서도 안 되고, 언론과 너무 멀어져서도 안 된다. 위험 문제를 풀기 위한 파트너로서 건전한 긴장관계를 형성하는 것이 무엇보다 중요하다.

여섯째, 실무적인 측면에서 가장 기본적인 것은 공중이 이해하기 쉽게 말하고, 효과적인 커뮤니케이션 수단을 최대한 활용하는 것이다. 위험 문제를 다루다 보면 과학적인 용어나 상투적인 전문어를 쓰는 경우가 많은데, 이는 공중을 위험 문제와 멀어지게 만들 수 있다. 통계 수치를 그대로 쓰는 것보다는 예나 그림, 일화를 활용해서 쉽게 설명할 필요가 있다. 과학적인 위험 문제를 쉽게 설명하기 위해서 가장 많이 활용되는 것이 위험 비교risk comparisons인데, 위험 비교는 사람들이 이해하기 쉽고, 쉽게 수용할 수 있는 예들을 찾아서 이루어져야 한다. 쉽고 접근하기 쉬운 커뮤니케이션을 한다고 해서, 위험 문제와 관련하여 발생한 일들에 대한 인간적인 예의와 존중을 잊어서는 안 된다. 위험 커뮤니케이션은 간단하고 쉽게 접근하되, 사람들이 실제로 실천할 수 있도록 과학적인 논리와 인간에 대한 이해를 항상 포함하고 있어야 한다.

위험 커뮤니케이션을 위한 사회적인 합의와 실행

위험을 예방하기 위한 커뮤니케이션에서 제일 중요한 것은 쉽게 이해하고, 일상에서 실천할 수 있도록 도와주는 것이다. 코로나19로 온 세계가 난리지만, 사실 인류에게 감염병 팬데믹은 새로운 일이 아니다. 20세기 초 스페인 독감으로 충격을 받은 인류는 이미 인플루엔자 팬데믹을 예방하는 방법을 논의했다. 뒤에 정리한 12가지 팬데믹 예방 규칙은 1919년 『사이언스Science』지에 게재되었던 것으로, 팬데믹을 예방하기 위한 제일 쉽지만 또한 제일 효과적인 방법들의 모음이다(Soper, 1919). 팬데믹을 예방하기 위한 위험 커뮤니케이션이 이 12가지보다 더 간명해지기는 힘들 것이다. 위험 커뮤니케이션을 잘한다는 것은 결국 과학적으로 합의할 수 있는 사실들을 신중한 절차를 거쳐 골라내고, 그것을 가장 간결하고 이해하기 쉬운 언어로 표현하면서, 실제 행동을 유발할 수 있도록 효과적으로 커뮤니케이션하는 것이다.

우리는 커뮤니케이션을 하면서 너무 후자인 효과적인 커뮤니케이션에만 집중하는 경향이 있는데, 그렇다고 해서 전자의 절차, 즉 전문가를 중심으로 대부분의 사람들이 합의할 수 있는 사실들을 골라내는 작업의 중요성을 간과해서는 안 된다. 완벽한 과학적인 지식은 없다. 따라서 효과적인 커뮤니케이션은 결국 사회 구성원들이 이해할 수 있고 지킬 수 있는 행동 합의를 만들어내는 것이다. 아래 인용문에서 설명한 팬데믹 예방을 위한 12가지 규칙을 살펴보면 마스크에 대한 언급은 이때에는 빠져 있다. 1918년 스페인 독감이 세계를 휩쓸었을 때, 사람들은 마스크의 효용성에 대한 확신이 없었다. 따라서 그 당시에는 감염병에 걸렸을지도 모른다고 의심되는 사람은 마스크를 쓰는 것이 좋다고 권고했지만, 환자의 경우는 다른 곳으로 이동하는 경우가 아니라면 마스크를 쓰지 않는 것이 좋다고 권고했다. 환자가 마스크를 쓰게 되면 호흡 곤란으로 다른 부작용이 올 수 있다고 믿었기 때문이다. 또한 마스크를 전체 사회 차원에서 강제적으로 착용하게 하는 것은 바람직하지 않다고 보았다. 어쩌면 그때의 전통이 서양 사회에는 백 년이 지난 지금까지도 이어져왔는지도 모른다. 2020년 코로나19가 처음 발생했을 때 세계보건기구WHO도 마스크 착용을 권고하지 않았다. 상황이 점점 심각해지고, 아시아 국가들에서 마스크 착용이 효과를 보기 시작하면서 코로나19 예방을 위한 마스크 착용을 권고하는 것으로 추후 입장을 바꾸었을 뿐이다. 결국 그 시대의 위험 커뮤니케이션은 그 시대를 사는 사람들의 합의를 통해서 이루어질 뿐이다.

1919년 발표, 스페인 독감 팬데믹을 이기기 위한 개인 규칙 12가지

1. 필요 없는 혼잡함을 피하라. 인플루엔자 바이러스는 혼잡 질병이다.
2. 당신의 기침과 재채기를 차단하라. 다른 사람들이 당신이 퍼뜨리는 병균의 영향권에 들게 해서는 안 된다.
3. 입이 아니라 코로 숨을 쉬어라. 그리고 그것을 습관으로 만들어라.
4. 세 가지 C를 명심해라. 깨끗한 입clean mouth, 깨끗한 피부clean skin, 깨끗한 옷clean clothes.
5. 걸을 때는 시원함을 유지하고, 무엇을 타거나 잘 때는 따뜻함을 유지하라.
6. 집에 있을 때는 밤에는 항상, 일터에 있을 때는 되도록이면 창문을 열어라.
7. 음식을 잘 선택하고 잘 씹어 먹으면 이 전쟁에서 이길 수 있다.
8. 당신의 운명은 당신의 손에 달려 있다. 먹기 전에는 손을 씻어라.
9. 소화되지 않는 음식물이 쌓이지 않도록 하라. 일어났을 때는 한두 잔의

물을 마셔라.

10. 다른 사람이 사용하거나 세척하지 않은 냅킨, 타월, 수저, 포크, 잔은 사용하지 마라.
11. 꽉 끼는 옷, 신발, 장갑을 착용하지 마라. 네 몸 상태를 자연스럽게 만들고, 구속하지 마라.
12. 공기가 맑은 곳에서는 마음껏 호흡하라. 최대한 깊게 들여 마셔라. (Soper, 1919)

이러한 스페인 독감 관련 개인 규칙들은 그 당시 사회가 합의해낸 최선의 대응책이다. 마스크를 써야 한다는 권고가 비록 빠져 있지만, 그렇다고 해서 이러한 합의가 잘못되었다고 말할 수는 없다. 완벽하지는 않지만 최선의 방법을 찾아냈다고 할 수 있다. 결국 위험에 대한 커뮤니케이션은 사회적인 합의에 기초한다. 완벽한 지식에 바탕을 둔 물샐 틈 없는 예방 수칙이란 존재하지 않는다. 시대와 상황에 따라 예방수칙은 변할 수밖에 없다. 하지만 사회적인 합의가 이루어진다면, 그 시대 상황에 맞는 가장 효과적인 행동에 합의를 이루고, 위험을 물리치기 위한 사회 구성원의 의지를 모아갈 수 있다. 결국 사람들이 서로 다른 위험 인식을 가지고 있다는 것을 인정하고, 커뮤니케이션을 통해 다른 생각들을 모아가는 것이 효과적인 위험 커뮤니케이션의 핵심이다. 다른 생각, 즉 위험 인식과 대응 방법이 어떤 식으로든 정리되지 않는다면, 효과적인 커뮤니케이션도 있을 수 없다. 완벽하지는 않더라도 사회 구성원 모두가 합의하는 가장 이성적인 위험 해결 방법을 찾아가는 것은 한계를 지닌 인간이 할 수 있는 가장 아름다운 광경이다. 설사 그러한 합의가 잘못되었다고 하더라도, 그것은 공동체 구성원 모두가 나누어 가져야 할 부담일 뿐이다.

합리적인 위험 커뮤니케이션 생성을 방해하는 요인 중에서 가장 심각한 경우는 비슷한 생각을 가진 사람들이 모여서 서로 간의 집단사고를 강화하면서 뻔한 결론을 도출하는 경우이다. 비슷한 분야의 전문가들이나 내부적으로 비슷한 일을 하는 사람들이 모여서 논의하는 것은 어쩌면 시간 낭비에 가깝다. 이런 문제를 해결하기 위해서는 과감하게 외부의 의견을 받아들이고, 일반 공중의 참여를 진작하는 것이 필요하다. 또한 위험 사안과 이해관계 갈등을 가지고 있는 사람은 배제하는 것이 필요하고, 전문가의 의견만이 마치 합리적이고 확실하며, 전문가들 간에 합의된 해결 방법이 있는 것처럼 포장하는 것은 오히려 위험하다. 또 하나의 중요한 장애 요인은 자신이 직접 나서지 않더라도 다른 사람들이 나서주면 문제는 해결될 테니, 나 하나쯤은 지키지 않아도 되지 않을까 하는 심리이다. 사실 많은 위험 이슈들은 이러한 공유재common pool resource 사고와 이기심 때문에 문제 해결이 어려워지는 경우가 많다. 이런 문제를 해결하기 위해서는 문제 해결 방법을 논의하는 과정에 되도록 다양한 공중을 참여시키고, 좀 더 균형 잡힌 결론을 도출하기 위한 민주적인 절차를 확립하는 것이 필요하다(Gesser-Edelsburg & Shir-Raz, 2016). 사회 곳곳에서 자신이 가진 지식을 권력과 연결하려는 세력들이 늘어나고 있다. 이런 세력들은 지식을 도그마화하고 권위를 통해 담론을 지배하려는 의도를 보여준다. 이런 접근은 위험 문제 해결에 도움이 되지 않는다. 사회는 점점 더 디지털화되면서 집단지성을 발휘할 수 있는 장치들이 우리 눈앞에 펼쳐지고 있다. 지금이야말로 새로운 차원의 위험 커뮤니케이션을 통해서 위험 문제를 모두 함께 민주적으로 해결할 수 있는 기회의 순간이 되었다고 할 수 있다.

위험 커뮤니케이션은 숙의를 위한 과학 커뮤니케이션

과학 커뮤니케이션science communication은 사실 여러 가지 결핍과 싸우면서 발전해왔다(Bauer, 2009; Simis, Madden, Cacciatore, & Yeo, 2016). 처음 과학 커뮤니케이션의 주제는 당연히 지식에 대한 결핍이었다. 사람들에게 결핍되어 있는 과학 지식을 준다면 과학과 관련한 문제는 해결될 수 있다고 보았다. 하지만 어느 정도의 지식 결핍이 해결되고 나서 과학의 문제는 지식 결핍의 문제에 머물지 않고, 태도의 문제 혹은 태도 결핍의 문제로 옮아가고 있다. 예를 들어, GMO의 확대와 관련한 문제를 상정해보면, GMO의 유용성을 인정하는 사람과 GMO를 반대하는 사람으로 나눠볼 수 있다. 이런 경우, 과학의 문제는 지식의 결핍이 아니라 과학 이슈에 대한 사람들의 우호적인 태도 문제로 변화한다. 얼마나 알고 있느냐의 문제가 아니라 특정 사안에 대해서 어떤 태도를 가지고 있느냐가 더 중요해진다.

대부분의 과학 문제는 지식을 주는 것으로 해결되지 않는다. 또한 어떻게 사람들의 태도를 변화시킬 것인가 하는 문제는 또 다른 차원의 문제이다. 그러나 과학의 문제는 이러한 두 접근보다 좀 더 복잡하다. 지식의 결핍과 태도의 결핍을 다루는 문제는 사실상 어떤 정보를 통해서 상대방의 인식을 변화시키는 것인데, 이 두 가지 접근은 모두 과학의 문제를 한쪽 편의 일방적인 정보 전달을 통해서 해결하려는 입장이다. 하지만 우리 사회의 위험 문제를 일방적인 정보 전달로 해결할 수 있는가를 생각해보면 대부분 회의적일 수밖에 없다. 비만이나 금연과 같은 문제는 일방적인 정보 전달이 어느 정도 효과가 있을 수 있지만, 광우병, 미세먼지, 4대강 사업, 원자력발전소 같은 위험 문제들은 사회적인 맥락이나 정치적인 성향에 따라 정보가 다르게 해석되고 수용된다. 모든 위험 문제가 그런 속성을 가지고 있는데, 심지어 중립적으로 보이는 비만과 금연 같은 위험 문제들도 정보 전달에 민감하게 반응하는 사람들이 있다. 따라서 위험 문제와 밀접하게 연결되어 있는 과학 커뮤니케이션은 뚜렷한 송신자–수신자 구분을 통한 정보 전달로는 해결이 어렵다. 이제 우리 모두는 디지털 사회의 일원으로서 누구도 송신자 혹은 수신자 역할에만 머물 수 없는 사회에 살고 있다.

그래서 가장 각광받는 과학 커뮤니케이션은 사회 속의 과학science-in-society을 기반으로 하는 커뮤니케이션이다. 이것은 과학과 시민의 새로운 관계 설정에 기반하고 있는데, 과학의 문제를 해결하는 것은 지식의 결핍이나 태도의 결핍을 해결하는 것이 아니고 사회 구성원 모두가 함께 참여해서 사회 문제로서 과학 문제를 함께 토론하고 논의함으로써 문제를 함께 풀어가는 접근 방법을 가져야 한다는 것이다. 따라서 송신자–수신자 구분, 혹은 전문가–일반인 구분은 과학 문제를 풀어가는 데 큰 의미가 없다. 위계적인 과학 지식은 의미를 잃고, 사회 구성원 모두가 참여해서 과학 문제를 함께 해결해가야 한다. 일방적인 지식의 전달이나 바람직한 태도를 강요하는 것보다는 어떻게 과학 문제를 함께 풀어갈 것인가 고민하는 사회 전체의 숙의 과정이 중요하다.

위험 커뮤니케이션의 방향성 논의도 이러한 과학 커뮤니케이션 발전 과정과 매우 유사하다. 왜냐하면 과학 커뮤니케이션과 위험 커뮤니케이션은 과학과 위험이라는 위험 사회가 우려하는 공통의 담론을 다루고 있기 때문이다. 지식을 전달하는 문제나 태도를 바꾸는 문제는 모두 설득 과정과 연결되어 있다. 이러한 커뮤니케이션은 철저히 위계적인 속성을 가지고 있기 때문에 한쪽이 다른 편을 변화시키려는 시도이다. 하지만 이런 커뮤니케이션은 많은 경우 효과적이지 못하다. 예를 들어, 미세먼지 문제를 해결하기 위해서 미세먼지와 관련한 지식을 되도록 많이 전달한다고 해서 미세먼지 문제를 해결하지는 못한다. 미세먼지가 국내에서 발생하는지, 아니면 중국에서 넘어오는지에 대한 공방에서 한 발짝도 벗어나기 힘든 상황에서 미세먼지 감소를 위해 우리가 해야 할 일을 일일이 나열한다면 오히려 사람들의 반감을 살 수도 있다. 중요한 것은 우리 사회 전체가 커뮤니케이션을 통해 이 문제를 해결하고자 하는 의지를 모으는 일이다.

이런 사회적인 의지를 모으는 일, 혹은 사회적으로 문제 해결 노력을 통합하는 문제는 사회 운동을 통해 사회 전체의 에너지를 모으는 일이다. 설득하려는 노력이 개인적인 태도의 변화에 초점을 맞춘 것이라면 사회적인 힘을 모으는 일은 좀 더 사회 차원에서 문제 해결을 위한 사람 동원 능력을 고양하는 일이다. 어떻게 보면 사회 동원은 사회 차원의 설득이다. 하지만 개인적으로 이루어지든, 사회 전체 차원에서 이루어지든, 이런 노력들은 지식이나 도덕적인 차원에서 한쪽의 우위를 전제하고 이루어지는 일들이다. 이런 노력들이 정보를 전달하거나 사회적으로 문제 해결을 위해 사람들을 동원하는 문제에는 어느 정도까지 적절할지 모르겠지만, 실제로는 사람들의 반감을 자극하거나 사회적으로 극단적인 의견 형성을 부추길 가능성이 있다. 예를 들어, 미세먼지 문제를 해결하기 위해서 사람들의 참여를 독려하고 불편 감수를 종용하는 커뮤니케이션은 중국으로부터 미세먼지가 온다고 생각하는 사람들에게는 더욱 정부에 대한 반감이나 환경운동가들에 대한 반감으로 작용할 수 있다. 광우병 사태를 돌아보아도, 모든 지식은 사회를 극단적으로 가르는 데 사용되고, 사회 동원은 오히려 의견을 극단적으로 몰아가는 수단으로 이용되었다는 것을 알 수 있다.

설득과 사회적인 동원도 중요하지만, 실제로 위험 문제를 해결하기 위해서는 좀 더 숙의deliberation에 기반을 둔 커뮤니케이션을 하는 것이 중요하다(Johnson, 2012). 설득과 사람들을 사회적으로 동원하는 커뮤니케이션에 비해서 숙의 커뮤니케이션은 지식의 위계를 거부하고 문제의 본질을 파악하는 것에서부터 커뮤니케이션을 시작한다. 이런 커뮤니케이션 시작점의 차이가 설득과 숙의 커뮤니케이션을 나눈다. 설득은 이미 문제를 과학자 혹은 전문가가 정의하고, 이러한 정의를 수용자가 받아들일 것을 강요하지만, 숙의는 우리 사회가 직면한 문제가 무엇인지 함께 찾아내고자 하고, 문제의 본질에 대해서 합의하고자 노력한다. 기후 변화를 예로 든다면, 설득의 경우는 기후 변화로 인한 문제를 과학자들이 사전에 정의하고, 이러한 문제를 해결하기 위해서는 어떤 식으로 행동 변화가 이루어져야 할 것인지에 대해서 커뮤니케이션한다. 하지만 숙의를 기반으로 하는 위험 커뮤니케이션은 기후 변화의 원인이나 문제점을 예단하지 않고, 시민들의 광범위한 참여를 통해서 문제를 함께 정의하고, 문제의 원인에 대한 합의를 이루어내려고 노력한다. 후속 행동은 당연히 이러한 합의를 바탕으로 한다.

현재 위험 커뮤니케이션의 방향성은 숙의 커뮤니케이션에 좀 더 강조점을 두고 있다(Kasperson, 2014). 이제 위험 문제를 과학자와 전문가의 일방적인 커뮤니케이션으로 해결할 수는 없으며, 자율성을 기반으로 사회 전체의 위험 문제 해결 노력을 통합하고, 의사결정 과정을 투명하게 공개함으로써 과학 지식의 민주화를 이루어내려는 시도가 필요하다. 전문가의 과학 지식과 일반인의 과학 지식이 모두 존중받고, 지식의 위계보다는 서로 보완될 수 있는 과학 지식의 민주화에 더 초점을 맞추게 된다. 사회적인 맥락이나 가치 체계에 따라 전문가의 지식과 일반인의 지식은 상호 보완하거나 결합하게 된다. 예를 들어, 미세먼지와 관련된 전문가의 객관적인 과학 지식도 중요하지만, 미세먼지를 경험하고 미세먼지와 관련된 피해를 꾸준히 입어온 일반인들의 축적된 경험 지식도 중요한 공론의 장을 차지한다. 미세먼지 문제를 해결하기 위해서는 과학자 혹은 전문가들의 서로 다른 의견, 일반인들의 경험 지식이 모두 공론의 장에 모여서 숙의를 위한 재료를 제공하게 된다.

사회는 위험에 대한 정의, 영향, 해결 방법 등을 이해관계자들이 모두 참여하는 공론의 장에서 숙의하고 합의를 도출함으로써, 그 시점과 맥락에서 가장 적절한 지식 체계와 해결 방법을 도출하게 된다. 코로나19와 관련된 사회적 거리두기와 관련해서도, 확진자 수가 늘어나고 일정 기준이 채워지면 거리두기 단계를 높이는 미리 정해진 방식이 적용됨에 따라 피해를 입게 되는 자영업자들의 반발이 자연적으로 심해진다. 정부의 입장에서는 전문가의 합의를 통해서 만든 사회적 거리두기 규칙이 합리적이라고 생각할지 모르겠지만, 우리 사회가 용인할 수 있는 수준이라면 적극적으로 자영업자를 포함한 이해당사자의 의견을 수용하는 공론의 장을 마련하고, 좀 더 현실감 있는 가이드라인을 만드는 것이 필요하다. 설령 그렇게 만들어진 가이드라인이 코로나19를 통제하는 데 어려움을 주더라도 그것은 사회가 감당해야 할 몫이다. 결정과정에 참여한 사람들은 소외된 사람들과 비교해서 불만의 강도는 현저히 낮아진다. 많은 사람들은 이러한 숙의 커뮤니케이션이 시간이 많이 들고, 결론을 도출하기 어렵다는 이유만으로 현실적이지 않다고 비판하는 경우가 많다. 하지만 합의 없이 이루어진 많은 위험 커뮤니케이션과 해결 노력들이 무위로 돌아가고 더 많은 시간과 자원의 낭비를 자아냈던 사례들을 생각한다면, 숙의를 위한 노력들을 낭비로 몰아가는 것은 단견이라고 할 것이다.

4장

危險
不通
社會

위험에 대한 전문가 의존은 허구이고 과학도 민주화가 필요하다

전문가들이 위험에 대한 전문적인 지식을 가지고 있기 때문에 모든 결정을 전문가들에게 맡겨두어야 한다는 논리라면, 경제 정책은 경제 전문가에게, 외교 정책은 외교 전문가에게, 통일 정책은 통일 전문가에게만 맡겨두어야 한다. 하지만 우리는 대부분의 중요한 경제, 외교, 통일 정책을 일반인들의 투표를 통해서 결정한다. 무지한 일반인들에게 이런 전문적인 분야에 대한 결정을 맡겨두면 안 된다고 주장한다면, 이는 민주주의 원칙에 위배되는 것이다. 위험에 대한 논의도 마찬가지이다. 위험에 대해서 분명 전문적인 지식을 가지고 있는 전문가들이 있지만, 이들이 모든 논의와 결정을 이끌어가게 해서는 안 된다. 전문가들은 일반 국민에게 위험의 속성에 대해서 알기 쉽게 설명할 의무가 있고, 이를 이해한 일반 국민이 위험에 대한 중요한 결정들을 스스로 내려야 한다. 진정한 전문가라면 일반인들이 알아들을 수 있게 쉽게 설명할 수 있어야 한다. 대부분의 위험 쟁점은 단 하나의 진실을 가지기 힘들다. 또한 대부분의 위험 쟁점에서 전문가들의 의견은 나뉜다. 이런 상황에서 일반인들이 전문가의 의견에만 귀 기울여야 한다고 주장하는 것은 너무 자의적이고 무책임한 현실 인식이다. 일반인들에게 위험에 대한 의사결정권을 되돌려줄 필요가 있다.

전문가들은 자신의 분야에서만 전문가라는 것을 인정할 필요가 있다. 사회의 위험은 씨줄과 날줄로 어지럽게 얽혀 있기 때문에 한 사람의 전문가가 특정 위험을 판단하는 것은 바람직하지 않다. 예를 들어 어떤 특정 화학물질에 대한 위해성 평가를 한다면, 독성학, 생태학, 공학, 생물학, 의학, 보건학, 분석화학 등의 전문가들이 모두 참여하여 의사결정을 내리는 것이 필요하다(환경부, 2016). 만약 독성학의 입장에서 특정 화학물질의 위해성을 평가한다면 환경 생태적으로 어떤 일이 일어날지에 대해서 예견하는 것은 쉽지 않다. 기적의 물질로 일컬어졌지만 결국 환경 재앙을 초래했던 DDT와 프레온가스 같은 물질이 대표적이다. TV에 등장하는 쇼닥터들이 산야초 효소가 건강에 좋다고 하지만 영양학자의 입장에서 봤을 때 특별한 효능이 없는 설탕덩어리일 가능성이 높다(이태호, 2019). 어떤 분야의 전문가라고 해서 모든 분야의 전문가는 아니다. 자신의 분야가 아닌 경우는 전문가도 일반인이 될 수 있고, 전문가와 일반인을 분명하게 나누기 힘든 분야도 많다. 문제가 되는 것은 일방적으로 모든 것을 전문가의 결정에 맡겨두려는 사람들의 의존주의이다.

원자력 안전과 마스크 대란과 관련한 논란

위험 논의에서 많은 경우는 전문가들의 의견이 일치하지 않는다. 코로나19와 관련한 담론에서도 어떤 전문가들은 좀 더 강력하게 봉쇄해서 단기간에 전파를 막는 것이 유리하다고 주장하지만, 다른 전문가들은 코로나19를 독감처럼 우리 생활 속에서 조절하면서 경제적인 피해를 최소화하는 것이 유리하다는 전망을 내놓기도 한다. 이런 전문가들의 각기 다른 전망은 일반인들의 위험 인식에 부정적인 영향을 미치는 경우가 많다. 전문가들의 의견이 일치하지 않을 때는 자신에게 유리하거나, 자신이 믿는 것을 확증해주는 정보만 취사선택할 가능성이 높기 때문이다. 하지만 위험 사안에 대해서 전문가들의 의견이 일치하지 않는 것은 민주주의 사회에서 자연스러운 일이다. 다만 문제는 이러한 다른 의견들을 조정하고, 일반인들을 참여시켜 바람직한 방안을 함께 도출해낼 수 있는 사회적인 장치가 마련되어 있는가 하는 점이다. 아래 예로 든 원자력 발전과 마스크 사용은 전문가들의 의견이 부딪쳐서 사회적인 파열음을 냈던 위험 사안이다.

'규모 7'로 맞춰진 국내 원전 내진 설계 … 전문가 "동남권에 7.5 강진 발생 가능"

12일 발생한 경북 경주 지진의 진앙은 월성원전에서 불과 27㎞, 고리원전에서 50㎞ 떨어진 지점이었다. 이번 지진 진앙의 반경 50㎞ 안에 국내 운영 원전의 절반인 12기와 건설 중인 2기, 최근 건설 허가가 난 신고리 5·6호기까지 16기의 원전이 밀집돼 있다. 한수원과 원자력안전위원회는 국내 원전들이 안전하다고 강조하고 있다. 그 이유 중 하나가 원전 바로 아래에서 0.2~0.3g(리히터 값으로 환산하면 약 6.5~7.0) 규모의 지진이 발생해도 견딜 수 있도록 설계돼 있다는 것이다.

그러나 시민단체와 학계는 "그보다 더 큰 규모의 지진이 발생할 수 있다"며 국내 원전이 안전하지 않다고 말한다. 연세대 지구시스템공학과 홍태경 교수 등이 2014년 내놓은 '한반도 지진지체구조구 모델과 최대 지진 규모'를 보면 한반도에서 발생할 수 있는 최대 지진 규모는 '7.45±0.04'로 예상됐고, 전남대 김성균 명예교수 등은 2001년 이 규모를 '7.14±0.34'로 내다봤다. 전북대 지구환경과학과 오창환 교수는 "한반도 동남권에서는 규모 7.5의 강진이 일어날 가능성이 있다"며 "발생 시점은 머지않은 미래일 수도 있다"고 말했다(경향신문, 2016년 9월 13일자).

2016년 경주에서 강력한 지진 피해를 입고 나서, 지진을 통한 원자력발전소의 안정성에 대한 논란이 일었다. 위 기사에서도 나타나듯이, 한수원과 원자력안전위원회는 국내 원전들이 리히터 규모 7 이하에서는 안전하다고 주장했고, 일부 시민단체와 학계에서는 리히터 규모 7을 넘어서는 지진이 우리나라에 올 수 있기 때문에 우리나라의 원자력발전소는 지진으로부터 안전하지 않다고 주장한다. 그렇다면 어느 전문가의 말이 옳을까? 위험 쟁점과 관련해서 전문가들의 의견이 일치하지 않는 경우가 대부분인데, 이런 상황에서 일반인들은 어느 전문가의 말에 귀 기울여야 할지 망설이게 된다. 전문가들이 일반인들에게 과학적인 의견에 집중하지 않는다고 질타하기 전에 과연 전문가들 스스로 의견의 일치를 이루어낼 자신이 있는지 반문해볼 필요가 있다. 아래의 기사는 코로나19 사태에서 마스크 사용을 둘러싸고 벌어졌던 정부 전문가와 직능 전문가의 의견 차이를 보여준다.

'일단 써라' 정부 지침에 기준 미달 마스크 판매 '불티'

정부가 마스크 전성시대에 불을 지폈다. 지난 2월 식품의약품안전처(식약처)는 0.4마이크로미터(μm·100만분의 1m) 크기 미세입자 포집효율이 94%를 넘는 의약외품 보건용 마스크(KF94) 착용을 권장했다가 3월 '마스크 사용 권고'를 개정, 포집효율이 80% 이상인 KF80이나 면 마스크까지로 착용 권고 범위를 넓혔다. (중략) 대한의사협회는 식약처와 별개로 '마스크 사용 권고안'을 내고 의약외품 마스크 사용만을 강조하고 있다. 의약외품 마스크는 약사법에 따라 식약처의 심사 및 허가를 받은 마스크를 말한다. 보건용 마스크와 수술용 마스크로 나뉘는데 보건용 마스크의 경우 크기 0.6μm인 소금 입자(염화나트륨)와 0.4μm 오일 입자(파라핀오일)로 포집효율을 시험해 각각 포집효율이 80%, 94%, 99%를 넘어야 각각 KF80(파라핀오일 시험 제외), KF94, KF99 등급을 받을 수 있다. 수술용 마스크는 겉면이

방수 처리돼 있는 마스크로 외과 의사가 주로 쓰는 덴탈 마스크다(이코노미스트, 6월 22일자).

코로나19 사태에서 마스크만큼 일반인을 헷갈리게 한 쟁점도 없었다. 어떤 종류의 마스크가 효능이 입증되었으며, 코로나19로부터 안전을 담보할 수 있는 마스크의 유형은 어떤 것인지에 대해서 언론에서는 온갖 유형의 전문가들이 나와서 갑론을박을 이어갔다. 처음엔 정부도 KF94, KF95 정도가 되어야만 코로나19를 예방할 수 있고, 한 번 쓴 마스크는 재사용하지 않는 것이 좋겠다고 했다가, 마스크 공급 대란이 이어지자 KF80 정도도 괜찮으며 마스크를 구입하기 힘들 때는 면 마스크도 괜찮다고 발표했다. 하지만 이러한 발표에 대해 대한의사협회를 비롯해서 많은 전문가들이 면 마스크의 사용과 재사용 가능성에 대해서 부정적인 견해를 밝혔다.

이렇게 전문가들의 의견이 일치하지 않는 경우에는 어떻게 해야 할까? 여기서 우리가 분명하게 짚고 넘어가야 할 부분은 마스크의 성능에 대해서 답을 줄 수 있는 확실한 전문가는 별로 많지 않다는 점이다. 예를 들어, 감염 및 호흡기 질환과 관련한 전공의사라고 해서 마스크의 성능에 대해서 전문적인 견해를 가지기는 힘들다. 따라서 마스크 성능과 관련해서 일반인들과 원활하게 커뮤니케이션을 하기 위해서는 책이나 논문에서 읽은 내용만으로 자신의 주장을 관철시키려고 해서는 곤란하다. 더 많은 실증적인 실험 결과와 임상 데이터들이 축적되었을 때만 확실한 주장이 가능하다. 그렇다면 그런 실증적인 연구 결과물이 부족할 때는 어떻게 해야 할까? 그런 경우에는 전문가들이 위험에 대한 일정한 합의를 우선 이루어야 하고, 그러한 합의는 당연히 합리적인 위험 판단에 근거하고 있어야 하며, 일반인과 커뮤니케이션하기 전에는 일반인의 경험 지식, 실제 적용될 사회문화적인 맥락이 고려된 커뮤니케이션 메시지를 도출해야 한다. 전문가의 막연한 전문성에만 의존하는 커뮤니케이션은 또 다른 권위와 우상을 만들어낼 뿐 문제 해결에 실질적인 도움이 되지 않는다.

마스크 문제도 KF 수치가 높아서 비말을 차단하는 기능이 최우선이 된다면 가장 촘촘한 포집효율을 가진 마스크를 권고하는 것이 가장 이상적이겠지만, 공급량의 부족에 따른 마스크 대란, 마스크를 쓰는 사람들의 숨쉬기 불편함에 대한 고려, 사용자들의 다양한 이용 조건 등을 고려한다면 조금 포집효율이 떨어지는 마스크, 심지어는 면 마스크도 효용성을 가질 수 있다. 이런 모든 상황을 종합적으로 고려하지 않고, 책이나 논문에 나오는 몇 건의 연구 결과에 근거해서 무조건 가장 보수적인 위험 판단이 옳다고 주장하는 것은 현실을 무시한 대책이 될 수 있다. 위험 문제와 관련하여 전문가의 의견이 일치하지 않는 경우에 전문가와 일반인이 함께 모여 위험에 대한 정의에 합의하고, 위험에 대한 대응 방법에 대해서도 합의를 이루어가는 시스템을 우리 사회가 점점 갖추어가는 것이 중요하다고 하겠다. 위험 사회는 가장 권위 있는 전문가 한 사람에게 중요한 결정을 맡길 수 있는 사회가 아니다. 현대 사회의 위험은 전문가 한 사람의 지식과 경험으로 판단하기에는 그 스펙트럼이 너무 넓다. 전문가들이 우선 이 점을 솔직히 인정해야 한다.

과학을 바라보는 다른 시각: 시민과학의 필요성

이제 과학이 사회에 일방적으로 커뮤니케이션하는 시대는 종말을 고했다. 지금의 위험 사회에서 보다 중요한 점은 과학이 사회와 일상적으로 대화하고 지속가능한 관계를 맺어가는 것이다. 하지만 현실은 아직도 과학이 일방적으로 사회에 지시하거나 과학과 사회의 경계를 확실히 하려는 경향을 보이고 있다(Nowotny, Scoott, & Gibbons, 2013). 위험사회에서 과학은 어떤 전문 분야의 과학자가 독점할 수 있는 영역이 아니다. 과학 지식은 실험실에 머물지 않고, 실제 사회의 문제를 해결하거나 생활 속의 어려움을 풀어주는 하나의 접근 방법으로 기능하고 있다. 과학 지식이 생활의 문제를 해결하는 과정에서 실험실 지식의 형태를 그대로 유지해야 한다고 주장하는 것은 큰 의미를 가지기 힘들다. 현실 세계에서는 유일한 진리를 찾기 위한 탐구보다는 다름을 인정하고, 과학적인 지식이 다원적인 사회에서 다르게 해석될 수 있다는 것을 수용하는 것이 중요하다. 따라서 사회 문제에 대한 과학적인 접근에서 서로 다른 의견을 가지거나, 합의를 추구하는 일은 과학을 민주화시킨다는 측면에서 매우 필요한 일이다(Meyer, 2018). 과학 지식 사회도 서로 다른 의견을 가질 수 있다는 정치적인 함의를 인정하면서, 시민사회의 참여를 진작하는 것이 과학의 발전, 사회 문제에 대한 이성적인 해결 방법의 모색에 기여하는 길이다.

새로운 의미의 과학은 여러 가지 과학을 보는 새로운 시각에서 살펴볼 수 있다(Lidskog, 2008; Peters & Besley, 2019). 그것은 새로운 지식의 생산 방법에 대한 논의(Nowotny, Scoott, & Gibbons, 2013), 탈정상화postnormal된 과학 논의(Ravetz, 1999; Ravetz & Funtowicz, 1999), 시민과학citizen science 논의(Irwin, 1995) 등을 의미한다. 지식을 생산하는 새로운 방법에 대한 논의는 실험실에 한정된 과학적인 논의에서 벗어나서 과학도 사회라는 광장으로 나가 사회 속에서 지식을 생산해야 한다고 주장한다. 실험실에만 한정되어 있고, 사회 속에서 광범위하게 논의되지 않고 다양한 방법으로 검증되지 않은 지식은 죽은 지식이라고 규정한다. 하지만 이러한 새로운 지식 생산과 관련한 논의도 여전히 엘리트 전문가 위주의 지식 생산을 상정하고 있어서 한계가 뚜렷해 보인다. 그런 의미에서 탈정상화된 과학 논의와 시민과학 논의는 과학자 중심의 과학을 타파하려는 시도를 보여주기 때문에 진일보한 측면이 있다.

탈정상화된 과학 논의는 과학 논의에 과학자가 아닌 사람의 참여를 주장한다. 새로운 지식의 생산 방법에 대한 논의가 일반적인 과학 지식의 생산과 관련한 지식 사회의 논의라면, 탈정상화된 과학 논의는 현대 사회가 직면한 위험 문제를 풀기 위해서 과학이 어떤 형태를 띠어야 할 것인가에 대한 보다 광범위한 고민을 담고 있다. 우리는 체르노빌, 후쿠시마, 코로나19 등을 겪으면서 과학자들이 모든 위험 문제를 해결할 수 있을 것이라는 환상에서 거의 벗어났다. 이제는 토마스 쿤Thomas Kuhn이 말했던 정상과학normal science의 형태로 현대 사회의 위험 문제를 해결하기는 어렵다는 것을 우리 모두 이미 체험하고 있다. 현대 사회의 위험은 불확실성을 특징으로 하면서 사회 구성원들의 가치 판단에 크게 영향을 받는다. 코로나19를 보더라도 기존의 전통적인 과학을 중심으로 코로나19를 해결하기는 힘들다. 불확실성을 담보로 모든 사회 구성원들이 참여하여, 가장 효과적인 방법에 대한 합의를 이루고 이를 실천하는 방향으로 대응해나가야 한다. 많은 서구 사회에서 보는 것처럼 마스크를 쓰는 것조차도 과학적인 사실보다는 자신들이 가진 가치관의 영향을 받는 것이 현실이다. 실험실에서 이루어진 전통적인 과학 지식은 상황과 맥락에 맞는 지역화된 지식과 개인적인 경험으로 보완되어야 한다. 이를 위해서는 일반인들이 과학 지식의 생산 과정에 참여해야 한다. 탈정상화된 과학 논의는 현대 사회 위험 문제를 해결하기 위해 과학 지식 생산 과정에서 일반인들의 참여가 필수적이라고 주장한다.

전문가와 일반인이 손을 잡고 지식을 생산하는 것이 바람직하다는 탈정상화된 과학 접근은 현대 사회 위험 문제를 해결하는 데 확실히 고무적이다. 하지만 이러한 논의도 잘 살펴보면, 일반인들의 과학 지식 참여를 주장하지만 그것은 어디까지나 보조적인 역할에 머물고 있다. 과학 지식 생산의 중심은 과학자들이고, 일반인들의 역할은 과학자들의 지식 생산을 더 풍부하게 하는 데 초점을 맞추어야 한다는 것이다. 이런 접근 방법에 비해 시민과학 논의는 시민 중심의 과학, 과학자가 대답을 주는 혹은 과학자의 판단을 기다리는 포럼 형식에서 벗어나, 시민이 진정으로 과학 문제의 해결에 동참하는 모델을 그리고 있다.

시민과학 논의에서 중요한 것은 시민과 과학의 지역적인 조합이다. 이 말이 의미하는 것은 과학 문제를 해결하기 위해서는 시민들의 경험에 바탕을 둔 지역적인 접근 방법이 중요하고, 그러한 특정 이슈의 사회적인 맥락을 고려한 지식의 다양한 조합 형태가 가장 중요하다는 것이다. 이런 식의 지역적인 조합과 시민의 참여가 성공적인 과학 프로젝트로 이어진 사례는 많다(Bonney et al., 2014). 예를 들어, 멕시코 북서 지역의 바다거북이의 생태에 대한 연구는 생물학자와 지역주민의 공동 작업으로 이루어졌는데, 이 프로젝트를 통해서 보호구역이 설정되고 지속가능한 어업 행위가 이루어지는 계기를 성공적으로 만들어냈다. 서부 오클랜드 지역에서 빈곤 지역의 공기질이 건강에 미치는 영향을 함께 조사한 연구나 아프리카 콩고 지역에서 런던대 연구팀과 지역사회가 합작하여 밀렵과 불법 벌목의 영향을 조사한 연구는 성공적인 시민과학 프로젝트의 사례로 일컬어진다. 이런 시민과학 프로젝트가 성공적일 수 있는 것은 방대한 데이터를 수집하는 것이 가능하고, 실험실 연구만으로는 알 수 없는 실제 경험 지식을 축적하는 것이 가능하기 때문이다. 또한 가장 중요한 성공 요인은 디지털 사회의 발전인데,

인터넷을 통해서 데이터베이스를 축적하고 공간과 시간의 한계를 뛰어넘을 수 있게 된 것도 시민과학의 발전에 좋은 토양을 제공한다.

시민들의 과학은 보조적인 형태가 아니라 능동적으로 과학 문제 해결에 참여한다. 어민들이 직접 몸으로 기록한 조류의 변화와 해양 생태계의 변화는 해양생물학자의 연구와 동일선상에서 취급될 수 있다. 결국 과학 지식의 생산에서 공중의 참여가 중요한 의미를 지닌다고 보는 것이다. 따라서 이제는 과학자가 위험을 미리 결정하고 재단하는 것이 아니라 시민들이 느끼는 경험 지식과 구체적인 맥락에서의 의견을 받아들여 함께 위험을 정의하고 대응 방법을 찾아가는 것이 가장 중요하다. 이러한 시민과학의 접근 방법을 따른다면, 과학자들이 위험을 결정하는 방법에도 변화가 필요하다. 예를 들어, 식품의약품안전처가 MSG의 유해성과 관련한 발표를 한다면, 실험실에서 이루어진 결과만으로 커뮤니케이션하기보다는 사람들이 MSG 사용과 관련하여 느꼈던 경험, 사람들의 MSG 사용과 관련된 다양한 맥락들을 고려하고, 시민의 참여를 중요한 축으로 활용한 위험 판단과 커뮤니케이션이 이루어지는 것이 중요하다. 시민이 참여하여 위험을 정의하고 대응 방법을 결정하지 않은 위험 판단과 커뮤니케이션은 또 다른 혼란을 불러올 가능성이 많다는 것을 우리는 경험으로 잘 알고 있다. 또한 재난에 대한 예방과 대응에서 시민과학의 필요성은 어느 때보다 큰데, 예를 들어 여름철마다 벌어지는 폭우와 산사태 피해의 경우 시민과학 프로젝트를 통해서 전문가와 지역사회 구성원의 지역적인 지식 조합이 이루어진다면 보다 정교하고, 지역 맞춤형의 대책들이 나올 수 있다. 이제 시민의 품을 떠난 과학을 다시 시민들에게 돌려줄 시점이 되었다.

전문가 위주 커뮤니케이션의 위험성

일본 정부는 2011년 후쿠시마 원전 방사능 유출사고로 인해 피폐해진 지역에 대해 그 지역 농수산물을 소비함으로써 재건을 도와주자는 "먹어서 도와주자" 캠페인을 펼쳤다. 일본 정부는 재난 지역 생산물을 소비함으로써 지속가능한 방법으로 지역주민을 도와줄 수 있다는 논리를 폈고, 유명 연예인을 동원해 캠페인의 효과를 높이고자 했다. 이러한 대대적인 캠페인의 근저에는 후쿠시마 지역의 농수산물이 인체에 안전하다는 정부 전문가의 위험 진단이 자리잡고 있다. 실제로 일본 정부는 더 나아가서 후쿠시마산 상품의 판매를 촉진하는 법률까지 제정하려고 시도했다. 하지만 이런 진단은 많은 부분 엉터리였음이 이후 드러났다. 후쿠시마산 농수산물의 방사능 수치는 인체에 유해한 것으로 밝혀졌고, 일본 소비자들조차 정부의 권유를 불신의 눈으로 바라보았다. 이러한 일본 정부의 사실 왜곡은 2020년 도쿄 올림픽(코로나19로 인해 2021년 개최로 변경)을 후쿠시마 원전사고를 딛고 다시 일어서는 부흥의 기회로 삼겠다는 목표에 따라 더욱 심해졌다. 일본과 같이 정부 중심의 권위주의 색채가 강한 나라에서는 전문가들이 국가의 목적 달성을 위해 동원되는 경향을 보인다. 이때 전문가는 객관적인 과학의 담지자이기보다는 정부의 충실한 대변자에 불과하다.

실제로 고의적인 의도가 적더라도 전문가의 잘못된 판단은 언제든지 발생할 수 있다. 영국에서 시작한 광우병 사망사고는 전문가의 순수한 과학적인 판단이 얼마나 큰 피해와 파장으로 이어질 수 있는지 잘 보여준다. 전문가들이 업계의 이해관계를 받아들였는지 정확하게 알 수 없지만 표면적으로는 실험실 연구 결과를 오롯이 신봉했던 것으로 보여진다. 광우병은 1986년 영국에서 처음으로 발견되었다. 이 병은 프리온 단백질에 의해 발생하는데, 소의 뇌가 스펀지처럼 변하면서 소가 미친듯이 난폭해지고, 거동이 이상한 증세를 보이다가, 발병 후 2주에서 6개월 사이에 죽음에 이르는 무서운 병이다. 인간도 광우병에 걸린 소를 먹을 경우 인간 광우병이 발병할 수 있는데, 이러한 인간 전염 가능성을 인정한 것은 1996년이 되어서이다. 그러니까 약 10년 동안 영국에서는 과학자들이 광우병은 인간에게 전염될 가능성이 전무하며 안심하고 쇠고기를 섭취해도 된다고 주장했으며, 그 사이에 많은 사람들이 사망하는 비극을 겪었다. 실제 당시 존 검머John Gummer 농림부 장관은 딸과 함께 햄버거를 먹는 쇼를 TV에서 연출하기도 했는데, 이를 믿고 쇠고기를 섭취했던 장관 친구의 딸이 인간 광우병에 걸림으로써 세간의 비난을 받기도 했다. 1996년 3월 영국 정부가 광우병의 원인인 프리온 단백질이 인간에게 감염되어 인간 광우병을 일으킨다는 발표를 하기 전까지 많은 과학자들과 정부 관료들은 전염 가능성을 부정하거나 심지어는 비웃었다. 우리나라도 2008년 한미 쇠고기 협상 과정에서 광우병이 큰 논란이 되었고, 지금도 이 사안을 둘러싼 논쟁은 계속되고 있다.

정부와 전문가 위주의 위험 커뮤니케이션이 얼마나 위험할 수 있는지 보여주는 위의 두 가지 사례는 위험 이슈에서 전문가의 역할은 무엇일까에 대한 고민을 던져준다. 분명해 보이는 것은 전문가의 의견을 무조건 따르는 것은 위험하다는 것이다. 사실 과학자들은 위험을 정확하게 알지 못한다. 알 수도 없다. 현대 학문 체계는 쪼개질 대로 쪼개져 있기 때문에 자신이 전공하는 분야를 제외하고 모든 관련 분야에 능통한 것처럼 말하는 것은 허구다. 따라서 관련된 분야의 대표성 있는 많은 과학자들이 치열하게 토론하고 합의하지 않는다면, 위험 이슈의 실체에 다가서기는 매우 어렵다. 미세먼지의 예를 들어보면, 어느 한 분야의 연구자가 전체적으로 미세먼지에 대한 위험 판단을 할 수는 없다. 미세먼지에 대한 위험 판단이 필요하다면 대기 이동, 실내 공기, 예측 모델링, 성분 분석, 저감 기술, 건강 영향 평가 분야의 모든 전문가들이 모여서 미세먼지의 위험성과 대응 방법에 대한 논의와 토론 과정을 거쳐야 위험의 실체에 어느 정도 다가설 수 있다.

하지만 전문가의 이해관계 충돌conflict of interest은 우려할 만한 수준이다. 사전적인 의미에서 이해관계 충돌은 개인이나 사회에 일정한 의무를 가진 사람이 다른 개인적인 이해관계나 충성심에 연루되는 상황을 말한다. 대부분의 과학자나 연구자는 학문적인 발전이나 과학의 발전에 복무하는 사람들이기 때문에 다른 개인적인 이해가 얽혀 있거나, 이해관계를 가진 사람이나 단체에 충성심을 발휘하게 되면 객관성과 공정성이 떨어지게 되어 과학과 사회의 발전에 해를 끼치게 된다. 과학자들의 이해관계 충돌은 주로 연구비 문제에서 비롯되지만 정치적인 목적에 이용되면서 증폭되는 경향도 있다. 과학이 정치를 만나게 되면 과학적인 사실은 이념을 실현하기 위한 보조적인 장치로 전락할 가능성이 높아진다. 과학이 기업과 가까워지는 것도 이해관계 충돌을 일으킬 가능성을 높인다. 신약 개발이나 효능 검증과 관련된 연구는 이해관계 충돌 가능성을 가진다. 기업이 제시하는 연구 펀드와 금전적인 편익은 연구 결과의 왜곡을 낳을 가능성을 높인다. 실제로 독일의 경우를 살펴보면, 제약회사의 신약 효과 검증에 참여하지 않는 의사들의 연봉이 참여하는 의사들보다 훨씬 낮은 것으로 드러났다(Gigerenzer & Gray, 2011).

우리나라의 경우도 가습기 살균제 사건에서 국내 유명 대학 독성학 최고 권위자가 가습기 살균제 독성 실험 결과를 조작해서 유죄를 선고받은 적이 있다. 피해자의 억울함과 아픔을 생각한다면 있을 수 없는 일이지만, 그런 일은 실제로 일어나고 있다. 쟁점과 관련된 조직으로부터 연구를 수주하고, 그 조직에 유리한 연구 결과를 도출하는 것은 몇몇 야심 찬 과학자들에게 어느 정도 관행으로 자리잡은 측면이 있다(Deyo, 2010). 문제는 대부분의 양심적인 학자들이 이러한 연구 풍토에 쉽게 노출될 수 있다는 점이다. 현재의 국내 연구 환경은 연구 펀딩을 받아야만 과학자로서 생존할 수 있고, 결국 어떤 면에서든 연구비를 주는 쪽의 입김이 작용할 수밖에 없기 때문이다. 또한 어떤 이익과 결부되지 않았다 하더라도, 스스로 연구비를 계속 유지하기 위해 연구 결과를 부풀리거나 자신의 연구가 중요하다는 것을 보여주기 위해 무리할 수밖에 없다.

따라서 치열한 연구 펀드 확보 경쟁도 문제점 중 하나이다. 연구 펀드를 확보하기 위한 치열한 노력은 연구자 스스로 과학적인 기준을 느슨하게 하는 측면이 있다. 대부분의 연구자들은 연구 펀드를 확보하지 못했을 때 연구실을 운영하기가 어렵기 때문에, 연구 결과를 연구 펀드를 제공하는 측의 요구에 어느 정도 맞추거나, 드물지만 연구 결과를 조작하는 사태가 일어나기도 한다(Angell, 2004). 애국적인 과학을 표방하면서 정치권의 전폭적인 연구 지원을 이끌어냈던 황우석 사태는 연구 펀드를 확보하기 위한 과학자들의 경쟁이 어떤 최악의 결과를 낳을 수 있는지 실제로 보여주었다. 2005년 MBC <PD 수첩> 방영을 통해서 드러나기 시작한 황우석 줄기세포 조작 사건은 『사이언스Science』지에 게재되었던 논문의 줄기세포가 조작되었다는 것이 드러남으로써 전 세계적인 망신을 초래한 사건이다. 이 사건의 충격은 황우석을 국민적인 영웅으로 떠받들었던 사회 각계 각층과 일반 시민들에게 고스란히 전달되면서 연구 윤리와 우리나라의 연구 풍토에 대해 전반적으로 되돌아보는 기회를 제공했다. 황우석이 이러한 학문 분야의 대규모 사기

사건을 벌이고 모든 국민을 속일 수 있었던 것에 대해서는 여러 의견이 존재하지만, 주로 연구자의 성과지상주의와 과도한 연구비 확보 추구, 이기적인 성공 욕심, 정부의 정치적인 목적에 기반한 전폭적인 지원, 언론의 화제성 추구, 일반 시민들의 영웅 만들기, 애국주의, 빨리빨리 문화, 서열 문화 등이 복합적으로 작용한 것으로 추정할 수 있다. 성공한 연구에 펀드를 몰아주는 우리나라 풍토를 생각했을 때, 황우석의 대국민 사기극은 어쩌면 우리 사회 전체가 잉태한 비극일 수도 있다.

황우석 사태와 비슷한 사건은 이웃 나라에서도 일어났다. 일본에서 일어났던 2014년 『네이처』 게재 STAP세포 조작 논문 사건도 황우석 사태와 매우 유사한 진행과 결말을 보여준다. STAP세포는 외부의 자극에 의해 만능으로 분화하는 세포를 의미하는데, 이는 생명과학계의 엄청난 진보라고 포장되었다. 하지만 이후 논문을 쓴 일본 이화학연구소 소속의 오부카타 하루코가 논문을 조작한 것이 밝혀짐으로써 일본 과학계에 엄청난 파장을 불러왔다. 조사 결과에 따르면 오부카타 하루코가 논문을 조작한 배경에는 일본 과학의 우수성과 여성 과학자를 홍보하려는 일본 정부의 정치적인 노력과 언론의 화제성 띄우기가 큰 역할을 한 것으로 드러났다. 또한 이화학연구소의 영향력 증대와 연구비 확보를 위한 정치적인 목적도 한몫한 것으로 드러났다. 황우석 사건과 하루코 사건 모두 언론을 통해서 화제가 되었고, 능동적으로 언론을 통해 여론의 관심을 고조시켰다는 공통점을 가진다. 또한 조작된 논문에 대해서 사실이 밝혀지기 전에는 두 정부 모두 연구에 대한 전폭적인 지원을 약속했다.

과학자가 연구비 지원을 받기 위해서 연구 결과를 조작하거나, 조작은 아니더라도 특정 부분을 강조하거나 삭제하는 것은 넓은 의미에서 이해관계의 충돌에 해당한다. 순수한 과학적인 진보를 위한 노력이 아니라 다른 목적을 위해 연구를 이용하는 것은 모두 이해관계의 충돌이다. 이런 이해관계의 충돌이 자신의 직접적인 의도 없이 부지불식간에 일어나는 경우도 많지만 이해관계의 충돌이 노골적으로 일어나는 경우도 종종 있다. 대표적인 예가 4대강 사업을 둘러싸고, 자신의 정치적인 목적이나 개인적인 욕심을 채우기 위해서 대담하게 과학을 이용했던 사례들이다.

아래 글은 김정욱 서울대 환경대학원 명예교수가 4대강 사업의 총체적인 실패 요인을 돌아보며 『녹색평론』 155호(2017년 7-8월호)에 "4대강 사업: 그 총체적 사기극을 돌아보며"라는 제목으로 기고한 글이다. 이 글에서는 특히 4대강 사업의 추진 과정에서 전문가들이 어떤 역할을 했는지가 잘 드러나 있는데, 그러한 곡학아세가 결국 위험 문제를 왜곡하는 근본적인 원인이 된다. 전문가들도 모두 자신의 이익으로부터 자유로울 수 없고, 자신의 이익을 최대화하기 위해 과학을 이용한다. 대부분 이런 사기극을 주도한 사람들이 정권의 지원을 받아서 이후 한자리를 꿰차는 일들이 벌어지는데, 이런 상황에서 과학은 혹세무민의 도구요 자신의 영달을 이루기 위한 수단, 그 이상 그 이하도 아니다.

> 이 사업이 추진된 데에는 곡학아세하는 전문가들의 공이 크다. 고려대학교의 곽승준 교수(저자 주: 이명박 정부 청와대 국정기획수석비서관)는 경부 운하의 비용편익비율(B/C)이 2.3, 즉 100원을 들여 공사를 하면 230원의 이익이 생긴다고 계산해 바쳤다. 공사비를 14조 원으로 잡았는데, 모래를 팔아서 8조 원을 충당하고 나머지 6조 원은 민자를 유치하여 건설한다고 했다. 워낙 이익이 많이 나는 공사이기 때문에 투자를 하려는 기업들이, 외국 기업들을 포함하여, 줄 서서 기다린다는 것이었다.
>
> 그러나 내용을 들여다보면 비용은 대폭 줄이고 편익은 대폭 늘인 결과이

다. 건설 비용을 14조 원으로 잡고 있는데, 여기에는 많은 비용이 빠져 있어서, 서울대학교의 홍종호 교수는 실제 건설비는 대충 잡아도 40조~50조 원은 될 것으로 계산한 바 있다. 그리고 편익은 크게 부풀려놓았다. 편익에 포함시키지 않아야 할 항목인 산업 파급효과를 11조 7000억 원이나 계산해 넣었고, 모래만 팔아도 8조 원 이상의 수익이 있다고 잡았다. 그 밖에도 관광편익이니 고용효과니 하는 것들을 많이 집어넣었다. 홍종호 교수는 그 자료를 그대로 인정한다고 하더라도 학술적으로 인정되는 항목을 넣고 뺄 항목을 빼면 B/C는 2.3이 아니라 많게 나와야 0.28, 작게는 0.05밖에 안 된다고 했다.

이화여대 박석순 교수는 "운하가 수질을 크게 개선한다"는 주장을 한 사람이다. 운하를 만들면 수량이 확보되고 수량이 늘어난 만큼 물이 깨끗해진다는 이론을 제시하였다. 이 논리는 정부 홍보물에 많이 등장했는데, 물그릇을 두 배로 키우면 수질오염은 절반으로 줄어든다는 홍보물이 바로 그것이다. 그리고 댐을 줄줄이 연결하면 앞의 댐이 뒤의 댐에 들어갈 물을 걸러주는 '사전 댐pre-dam'의 역할을 해서 물을 더욱 깨끗하게 한다는 이론도 제시하였다. 그래서 운하를 건설하면 하천 생태계가 건강성을 회복한다고 주장하였다. 이명박 전 대통령이 유엔에서 "하천 생태계를 복원하고 있다"고 한 연설이 바로 박석순 교수의 말과 같다. 그는 강에 배가 다니면 스크루 모터가 돌아서 물을 깨끗하게 한다고 주장하여 '스크루 박'이라는 별명도 얻었다. 상지대학교의 홍성태 교수는, 강에 배가 다니면 오염이 되어 식수로 쓸 수 없기 때문에 우리나라는 운하를 만들면 안 된다는 지식을 박석순 교수한테서 이미 단단히 배워두었다고 한다. 박 교수는 국립환경과학원장으로 기용되었다(녹색평론, 155호).

과학자가 자신의 이기적인 목적을 위해 연구 결과를 이용하거나 연구 과정에서 이해관계의 충돌이 일어나게 되면 위험 자체에 대한 논의에서부터 편견이 개입하게 된다. 사실은 이것이 가장 큰 문제라고 할 수도 있다. 예를 들어, 미세먼지를 실내공기 오염 측면에서 연구하는 연구자가 있다고 한다면, 그 연구자에게는 실내공기 오염으로 인해 발생하는 위험 상황이 사회적으로 좀 더 알려질 필요가 있다. 사회가 위험하다고 느끼지 못해서 자원을 배분해주지 않는다면, 연구자의 연구는 원활하게 이어질 수 없다. 미세먼지가 사회적인 위험으로 인식되면서 미세먼지와 관련한 연구 펀드가 나날이 늘어나는 것은 그러한 이해관계 충돌의 가능성을 보여준다. 갑자기 사회적으로 유행하게 되는 위험은 과학자의 연구비 펀딩 크기와 직접적으로 연결되어 있다. 최근 게임 중독 혹은 게임 과몰입과 관련된 위험 논의들이 늘어나고 있는데, 이는 이 분야의 연구 펀딩 확대와 직접적으로 연결된다. 새로운 질병 치료 시장과 연관되어 있거나 상품화의 가능성이 큰 위험은 상대적으로 연구 펀딩이 유리하고 전반적으로 연구에 대한 관심이 높아지기 쉽다. 요즘 커뮤니케이션 분야에서 외국으로 유학을 가면 십중팔구 건강 혹은 헬스 커뮤니케이션health communication과 관련된 전공을 선택하는데, 이는 이 분야에 연구 펀딩이 집중되고 있기 때문이다. 실제로 학계에서는 연구 펀딩이 있는 곳에 연구가 있고, 펀드를 만들기 위해 연구를 하는 경우가 일상적으로 일어나고 있다.

과학자나 전문가들이 의도적으로 위험을 이용하는 경우는 드물다. 하지만 악의로 무지를 감싸지는 않더라도, 개인의 이익과 결부된 선택적인 위험 판단은 비극적인 결말을 가져올 수 있다. 또한 과학이 정치적인 목적에 이용되면, 의미가 변질될 수밖에 없다. 그런 의미에서 전문가들이 가지는 편견에 대한 연구가 이루어질 필요가 있다. 전문가는 진실을 판단하는 입장에 있다고 보아 편견의 유무에 대해서 면제되는 경향이 있는데, 우리 사회에서는 아무리 그 분야의 최고 전문가라도 하더라도 어떤 편견이 개입된 것은 아닌지 점검하는 절차를 거쳐야 한다. 우리 사회가 제2의 황우석이 나타났을 때 어떻게 슬기롭게 대응할 것인가는 그런 준비 상태에 달려 있다. 하지만 지금도 전문가 위주의 과학에 대한 확신이 이해관계 충돌과 결합되어 국민을 가르치려는 가부장적인 커뮤니케이션으로 나타나는 경우를 쉽게 발견할 수 있다. 아래 기사는 월성원전에서 일어났던 방사성 물질인 삼중수소 유출과 관련한 논란이 있었을 때, 원자력 관련 과학자들이 원자력학회 기자간담회에서 주장한 내용이다.

원자력학계 "월성원전 삼중수소, 주민 건강영향 무시할 수준"

최근 경주 월성 원자력발전소 부지에서 발견된 방사성 물질인 삼중수소가 인체에 크게 위해를 끼치지 않는다고 원자력학계 인사들이 주장했다. 이들은 검출된 삼중수소의 방사선량이 많지 않으며 인체에 흡수돼도 10여 일 뒤면 자연스럽게 배출된다는 점을 들며 삼중수소의 위험성을 과대해석하지 말아야 한다고 지적했다. 한국원자력학회와 대한방사선방어학회가 18일 '월성원전 삼중수소, 정말 위험한가'라는 주제로 연 온라인 기자간담회에서 정용훈 카이스트 원자력 및 양자공학과 교수는 "경주월성·방폐장 민간환경감시기구가 두 차례 월성원전 주변 주민에 대한 체내 삼중수소 농도를 분석했을 때 1차 조사에서는 평균 5.5μg/ℓ, 피폭량은 약 0.6μSv(마이크로시버트)였고, 2차 조사에선 3.1μg/ℓ, 피폭량은 0.34μSv였다"며 이렇게 강조했다. 정 교수는 "연간 바나나 6개를 먹을 경우 0.6μSv 피폭이 발생한다"며 "1차 조사 결과는 바나나 6개, 2차 조사 결과는 바나나 3.4개 섭취에 해당하는 피폭량"이라고 설명했다. (중략) 강건욱 서울대 의대 핵의학실 교수도 "바나나뿐만 아니라 쌀, 버섯, 육류, 생선 등 우리가 섭취하는 모든

음식에 삼중수소가 들어 있다"며 "삼중수소는 물 형태로 존재하고 체내에 들어오면 주로 소변으로 배설된다"고 설명했다(연합뉴스, 2021년 1월 18일자).

국민들이 불안한 것은 과학을 모르기 때문이며, 정말 그 분야 전문가들이 주장하는 것 외에 다른 의견은 있을 수 없는 것일까? 국민의 불안을 무지로 몰아붙여서 성공할 수 있는 위험 커뮤니케이션이 있을 수 있을까? 아래 기사는 이러한 원자력학계의 안전성 주장에 대해서 반박한 내용을 담은 기사이다. 분명 안전성과 관련한 의문을 방사성 허용 수치와 관련한 논점으로 전환하는 것은 성공하기 힘들어 보인다. 계획되지 않은 방사성 물질이 누출된 것은 허용 수치와 무관하게 국민 불안을 초래할 수 있다. 아무튼 이렇게 과학자들의 의견이 갈리는 상황에서 한쪽의 과학적인 진실을 수용하라고 주장하는 것은 국민들의 입장에서 보면 설득력이 떨어진다.

월성원전 삼중수소 논란…"공포 과도" 반박에 "관리 부재" 재반박

이에 대해 과학계와 시민단체에선 즉각 반박하는 목소리가 나왔다. 한병섭 한국원자력안전방재연구소 이사는 경향신문과의 통화에서 "삼중수소가 섞인 물이 누설된 상황을 '정상'이라고 부르려면 사전에 그런 상황을 예측할 수 있어야 한다"며 "갑자기 71만 3000Bq의 고인 물이 나왔는데 이를 정상이라고 말할 수는 없다"고 말했다. 주행이 가능하다고 해서 예기치 못하게 윤활유가 새고 있는 자동차를 정상이라고 부르지 않는 것과 비슷한 이치다. 한 이사는 "이렇게 고농도로 농축될 동안 한수원이 뭘 했는지도 의문"이라며 "관리의 명확한 부재"라고 지적했다. 몸속 유전자 깊숙이 들어가는 '유기결합삼중수소'의 위험성을 상대적으로 가볍게 보는 것에 대해

서도 비판이 나온다. 과학계에선 "인간을 상대로 장기간에 걸쳐 삼중수소의 위험성을 평가한 연구 결과는 존재하지 않는다"는 목소리가 나왔다(경향신문, 2021년 1월 18일자).

전문가와 일반인의 편견

전문가와 일반인은 대체적으로 위험에 대한 인식에서 차이를 보인다(Covello, 1983; Powell & Leiss, 1997). 전문가는 확실히 위험의 문제를 과학적이고 통계적으로 바라보며 수용가능한 위험에 대한 허용치를 생각한다. 위험에 대한 시각은 상대적이며 위험을 사회 전체적인 영향이라는 측면에서 좀 더 거리를 두고 바라보고자 한다. 하지만 일반인들의 위험 인식은 다르다. 일반인들은 전문가들에 비해서 좀 더 직관적이며, 위험한가 아니면 위험하지 않은가라는 이분법적인 사고로 위험을 바라본다. 위험하면 안전하지 않은 것이다. 따라서 전문가들이 제시하는 허용치는 큰 의미를 가지기 힘들다. 일반인들에게 위험은 지극히 개인적이기 때문에 위험에 대한 허용치와 낮은 발생 가능성은 큰 의미를 갖기 힘들다. 광우병이 논란이 되었을 때, 전문가들이 아무리 광우병에 걸릴 확률이 낮다고 주장해도 일반인들은 내가 걸릴 가능성이 있는 위험인가 아닌가의 시각에서 위험을 바라보기 때문에 낮은 확률로는 일반인들을 안심시키기 힘들었다.

전문가의 객관적이고 확률적인 사고는 과학 문제에 상존하는 불확실성을 수용하게 만들고, 완전히 위험이 없는 상태zero risk는 불가능하다고 인식하게 한다. 하지만 일반인은 위험을 주관적으로 인식하기 때문에 위험 인식에 영향을 미치는 심리적인 변수들의 영향을 받는다. 내가 어쩔 수 없는 비자발성, 미래 세대 영향 가능성, 재앙 가능성 등의 심리적인 판단이 위험을 더 크게 인식하게 만든다. 따라서 조금도 위험이 없는 상태를 항상 지향한다. 전문가들이 카페인, 계란, MSG, 트랜스 지방의 허용치에 대해서 아무리 얘기해도, 일반인의 입장에서는 이들이 위험한가 아닌가 하는 양자택일 판단에 더 관심을 가지게 된다.

이러한 전문가와 일반인의 위험 인식 차이는 대체적인 경향성을 보여주는 것이지만, 이에 대한 반론도 존재한다. 전문가와 일반인이 실상은 위험 인식에서 큰 차이를 보이지 않는다는 것이다(Sjöberg, 2002). 실제로 실증적인 데이터를 살펴보면 전문가와 일반인의 위험 인식에 큰 차이를 찾기 힘들다. 이러한 결과는 전문가에 대한 논의를 과학의 민주화라는 차원에서 보면 이해할 수 있다. 한 분야의 전문가는 다른 분야에서는 일반인이다. 모든 분야에 능통한 전문가는 있을 수 없기 때문에, 전문가/일반인을 구분하고 일반적인 위험 인식을 구별하는 것은 큰 의미가 없다. 어떤 특정 사안에 대해서 일반인이 오랫동안 탐구를 해왔다면 전문가적인 소양을 가질 수도 있다. 현대 포스트모더니즘 사회에서 어쩌면 전문가/일반인을 구별하는 것 자체가 오히려 개념적인 혼란을 가져올 수도 있다. 따라서 여기서 논의한 전문가와 일반인의 위험 인식 차이는 전문 지식을 가진 사람과 가지지 않은 사람의 차이 정도로 이해하는 것이 좋겠다.

전문가와 일반인은 위험에 대한 판단에서 각자 결이 다른 편견을 가진다(김영욱, 2014; Bennett, 1999; Covello, 1983; Lin & Bier, 2008: Slovic, Fischhoff, & Lichtenstein, 1979). 일반적으로 전문가들은 과학 지식을 과잉 신뢰하는 경향이 있기 때문에 일반인에 비해 위험에 대해서 좀 더 관대한 편이다. DDT 살충제의 개발 등 획기적인 발명품이 나올 때마다 과학자들은 편익을 강조하고, 위험에 대해서는 관대한 태도를 보였다. 이러한 태도가 인류의 과학 문명을 발전시켜왔다고도 해석할 수 있겠지만 과학 지식에 대한 과잉 신뢰는 환경 위험 등 인류에게 재앙을 안겨주는 경우가 심심찮게 일어나고 있다. 이런 시각은 또한 장기간 축적될 수 있는 효과에 대해서 외면하는 결과로 나타나는데, 사실 인류에게 진보를 안겨준 탄소 연료가 산성비와 같은 환경 재앙을 불러올 거라고 예상한 과학자는 많지 않았다. 전문가들에게 또한 우려되는 부분은 인간의 실수로 일어날 수 있는 위험에 대한 고려가 항상 부족하다는 점이다. 대부분의 원자력발전소 폭발사고는 사람의 실수와 연관되어 있다. 인간은 그 자체로 불완전한 존재이기 때문에 언제나 정해진 매뉴얼대로 행동할 수는 없다. 1986년 인류에게 원자력의 공포를 실제로 안겨주었던 구소련 체르노빌 원자력발전소 폭발사고의 경우도 결국 사람의 실수가 발단이 되었다.

이러한 현상은 안전장치에 대한 과잉 의존과 연결되는데, 많은 전문가들은 원자력발전소의 안전 시스템은 여러 겹으로 구성되어 있기 때문에 어떤 위험 상황도 잡아낼 수 있다고 주장한다. 하지만 후쿠시마 원자력발전소 폭발사고가 증명하듯이 한 가지 일이 발생하면 다른 일들과 연속적으로 연결될 수 있고, 이는 전문가들이 예상하지 못한 방향으로 발전할 수 있다. 하나의 충격이 닥쳤을 때 충분히 막아낼 수 있는 위험도 여러 충격이 한꺼번에 밀어닥치면 막아내지 못하는 경우가 생긴다. 전문가들의 안전장치에 대한 과잉 의존은 사회 곳곳에서 광범위하게 발견되는데, 특히 우리나라의 경우는 병원에서 항생제를 너무 많이 처방함으로써 새로운 슈퍼박테리아 위험이 문제로 떠오르고 있다. 이러한 항생제 문제도 따지고 보면, 한 사람에게 충분한 안전장치를 갖추고 있다는 약품이 너무 사회 전체적으로 과도하게 처방되어 결국은 사회적인 문제를 야기한 것이라고 할 수 있다. 전문가 개개인의 안전장치에 대한 과도한 의존이 사회 전체적으로 봤을 때 문제를 야기할 수 있는 것이다.

이것은 넓게 보면 전문가 입장에서 특정 기술과 전체 시스템의 조화를 만들어내기가 상당히 힘들다는 것을 의미한다. 전문가의 주를 이루는 과학자들은 대부분 실험실에서 자신의 분야에 대한 연구에 몰두하는 "순수한" 사람들이기 때문에 전체 사회에 미칠 영향까지 가늠하라는 것은 어찌 보면 무리한 요구일 수도 있다. 우리가 알고 있는 방사선 조사량 허용 수준이나 화학물질의 허용치 논란이 불거질 때도 항상 문제가 되는 것이 특정 이벤트에서는 허용될 수 있지만, 그것이 전체 사회가 미치는 영향을 고려할 때도 안심할 수준인가 하는 부분이다. 물론 허용치는 그런 상황을 모두 고려한 것이지만, 여기서 문제가 되는 것은 모든 상황을 고려할 광범위한 지식이 과학자들에게 갖추어져 있는가 하는 문제이다. 구제역이 발생하면 손쉽게 가축들을 매몰하지만 여기서 발생하는 환경 오염의 영향력에 대해서 정확하게 진단하는 전문가가 있는지 의문이다. 보통은 모르기 때문에 무지하다고 하지만, 전문가의 경우는 너무 깊게만 알아서 무지한 경우가 될 수도 있다.

일반인들의 경우에도 과학자들이 가지는 편견을 그대로 보여준다. 하지만 일반인들이 보여주는 위험에 대한 편견은 좀 더 주관적이고 개인적이라고 할 수 있다. 일단 일반인들은 미디어를 통해서 위험 인식에 너무 많은 영향을 받는다. 이러한 위험 인식에 대한 미디어 과잉 의존은 미디어의 자극적인 보도 양태와 부정확한 서술 방법에 의해서 더욱 심해지고 있다. 신종 플루, 광우병, 살인 진드기 논란 등은 모두 미디어의 자극적이고 부정확한 보도와 연관이 있다. 일반인들은 위험을 개인화해서 받아들이는 경향이 심해서, 의심스러운 사안에 대해서 과잉 회피하는 성향이 있는 반면, 자신이 행하는 습관적인 행태에 대해서는 관대하게 용인하는 경향을 보인다. 예를 들어, 카페인이나 달걀 섭취와 관련해서는 상대적으로 예민하게 반응하지만, 과다한 염분 사용이나 야식에 대해서는 관대한 태도를 보인다. 이러한 태도는 위험에 대한 자기 중심적인 낙관과 연결되는데, 위험이 다른 사람들에게는 심각한 영향을 미치지만, 나에게는 별 영향을 미치지 못할 것이라는 낙관적인 전망을 의미한다. 흡연, 음주, 대사증후군, 비만 등 많은 문제들은 이런 낙관적인 편향을 극복하지 못하기 때문에 발생한다. "우리 할아버지는 담배를 하루에 3갑씩 피우고도 90세 넘게 사셨다" 류의 인식은 위험 문제에 대한 대응을 어렵게 한다.

위험 인식의 유사성과 마찬가지로 대체로 보았을 때 전문가와 일반인의 편견이 약간 차이가 있을 뿐 전문가와 일반인 모두 지금까지 언급한 모든 편견으로부터 자유롭지 않다. 이런 편견들은 전문가와 일반인 모두에게 똑같이 적용된다고 보는 것이 더 합리적이다. 일반인도 사람의 실수를 고려하지 않는 경우가 많으며, 과학 지식에 절대적으로 의존하는 경향을 보인다. 전문가의 경우에도 일반인과 비교해서 위험에 대한 자기 중심적인 낙관주의를 극복하고 있다고 말하기는 힘들다. 의사들이 자신들의 건강에 더 신경 쓰지 않는다는 보고와 연구 결과들도 많다. 따라서 전문가와 일반인 모두 편견에 시달리고 있다고 보는 것이 합리적이며 전문가는 좀 더 과학적인 사실에 대한 과잉 의존에 시달리고, 일반인들은 위험에 대한 주관적이고 상황적인 공포에 좀 더 취약하다는 점이 차이라고 할 수 있겠다. 하지만 이런 차이점에도 불구하고 특정 분야의 전문가들도 다른 분야에서는 일반인의 위치를 차지한다고 본다면, 그 차이점을 너무 부각시키는 것도 합리적인 접근 방법은 아니라고 할 수 있겠다.

관련 연구들을 종합적으로 검토해서 보면, 일반인이 기술적인 위험에 대해 전문가보다 더 위험하다고 느끼고, 전문가들은 생활방식이나 직업 환경과 관련한 위험에 대해서 더 위험하다고 느끼는 것으로 둘 사이의 차이가 나타난다(Bodermer & Gaissmaier, 2015). 예를 들어, AI에 대한 사회적인 담론을 살펴보면, 전문가들은 AI가 가져올 수 있는 생활 환경의 편리함과 작업 환경에서 인간이 덜 수 있는 위험에 대해서 주로 이야기하지만, 일반인들은 AI가 가져올 수 있는 기술적인 위험과 기계가 지배하는 사회에 대한 공포를 더 이야기한다. 위험을 느끼는 분야에서 차이가 있기 때문이다. 즉 일반인과 전문가 모두 위험을 보는 방식에서 유사한 편견을 가지고 있으며, 그러한 편견이 발현되는 분야에서 약간의 차이가 있다고 정리해볼 수 있다.

전문가의 무지 가능성과 전문가 커뮤니케이션의 문제점

실제로 전문가들도 위험 수치를 잘못 이해하거나 과학적인 증거를 다르게 해석한다(Gigerenzer, Gaissmaier, Kurz-Milcke, Schwartz, & Woloshin, 2007). 그런 증거들은 쉽게 발견된다. 제일 많이 실수하는 부분은, 위험을 상대적인 수치로 과장해서 해석한다든지, 쓸데없이 조건부 확률로 표현함으로써 실제 위험을 가늠하기 어렵게 만드는 경우 등이다. 이렇게 실제 수치보다 퍼센트를 이용한 상대적인 수치를 사용하는 것은 위험을 과장하거나 축소하려는 의도가 어느 정도 있다고 봐야 한다. 이러한 수치의 사용보다 더 심각한 것은 암 치료와 관련한 논의에서 5년 생존율과 같은 큰 의미 없는 수치로 사람들을 설득하거나 혼란에 빠뜨리는 경우이다. 예를 들어, 어떤 암 검진 프로그램의 도입으로 5년 생존율이 80퍼센트가 늘어났다고 한다면, 사실상 이러한 5년 생존율은 실제 사망률과는 아무런 관련이 없다. 암 검진 프로그램의 도입으로 실제로는 사망률과 상관없는 아주 초기의 암을 발견하고 그것을 치료함으로써 5년 생존율을 높일 수 있기 때문이다. 실제 데이터를 보아도 획기적인 검진 시스템의 도입으로 5년 생존율이 높아졌다고 하더라도 같은 암으로 사망하는 사람들의 숫자는 거의 유사한 경우가 많다(Welch, Schwartz, & Woloshin, 2000). 우리나라의 경우에도 갑상선암 진단 장비들이 앞다투어 도입되고 5년 생존율이 획기적으로 높아졌지만, 사망률에서는 큰 차이가 없다는 보도들도 비슷한 상황을 보여준다. 이 부분과 관련한 논의는 위험 수치와 관련한 장에서 좀 더 자세하게 다루기로 한다.

일반인들이 잘못 알고 있는 것이 있다. 전문가들은 모든 것을 알고 있고, 전문가들은 단지 일반인들이 이해하기 힘들기 때문에, 시간이 부족하거나 바쁘기 때문에 일반인들과 소통하지 않는다는 것이다. 물론 전문가들은 일반인보다 많은 교육을 받고 특정 분야에서 일가를 이룬 사람들이다. 하지만 전문가들이 모든 것을 알고 있고, 나는 아무것도 모른다고 생각하는 것은 비관적인 편견pessimistic bias이다. 대부분의 경우 전문가들도 아주 좁은 자신의 전공 분야 이외에는 다른 분야를 종합적으로 이해하기는 힘들며, 대부분 책이나 논문을 통해서 간접적으로 지식을 체계화하고 있는 정도라고 보는 것이 합리적이다. 전문가를 무시하자는 것이 아니라 전문가의 무지 가능성을 인정함으로써, 모든 사안에 대해서 전문가의 담론을 논의와 토론의 대상으로 봐야 한다는 의미이다. 지금처럼 전문가들이 모든 것을 알고 있는 것처럼 행동하고, 자동판매기처럼 누르면 모든 대답을 내놓는 사람으로 포장하기보다는, 일반인들에 비해서 좀 더 많이 알고 사안을 비판적으로 바라볼 수 있는 시각을 갖추고 있다는 점에서 건전한 사회적인 논의를 이끌어가는 역할을 담당할 수 있다고 보는 것이 바람직하다. 아래 기사에 나온 것처럼, 우리가 태양계의 일원이라고 철석같이 믿었던 명왕성도 이제 더 이상 태양계에 포함되지 않는다. 과학의 세계에서는 시대에 따라 진리의 기준이 변화하고, 한 사람의 전문가가 모든 것을 안다고 하기에는 그 변화의 속도가 너무 가파르다. 기준의 변화에 의해서 명왕성이 태양계 행성으로 언제 다시 복귀할지는 아무도 모르는 일이다. 과학은 증거로 이야기하지만, 절대적인 진리만 존재하는 것은 아니다. 결국 많은 사람들의 소통을 통해서 합의를 이루어야 하는 진리도 있다. 명왕성이 지금 기준에서 행성으로 수용될 수 없다는 것이지, 이러한 기준은 언제든지 바뀔 수 있다. 뉴턴, 아인슈타인, 양자역학에 이르기까지 과학은 늘 변화해왔으며, 고정 불변의 절대적인 진리를 신봉하지 않는다.

명왕성, 태양계 9번째 행성으로 복귀할까

미국 천문학자들 사이에서 명왕성을 태양계의 9번째 행성으로 복귀시켜야 한다는 주장이 나왔다. 명왕성은 1930년 발견된 뒤 행성으로 분류됐지만, 2006년 국제천문연맹IAU이 행성분류법을 변경하면서 행성 지위를 잃고 왜소행성으로 '강등'됐다. 필립 매츠거 미국 센트럴플로리다대 플로리다우주연구소 연구원과 앨런 스턴 사우스웨스트연구소 연구원이 명왕성 논란을 재점화시킨 주인공이다. 이들은 지난 200년 동안 발표된 학술문헌을 분석한 결과 IAU가 명왕성을 강등시킨 기준은 근거가 없다는 연구 결과를 국제학술지 '이카루스' 8월 29일자 온라인판에 발표했다. 연구진에 따르면 1801년부터 현재까지 발표된 소행성 분류에 관한 학술문헌을 검토한 결과 1950년대까지도 소행성들은 행성으로 간주됐다. 또 궤도를 공유하는 수천 개의 소행성이 행성 지위를 가지고 있었다. 이후 이들 소행성은 물리적인 특성을 기준으로 행성이 아닌 것으로 재분류됐다. 2006년 IAU가 명왕성을 행성에서 제외시킨 결정적인 기준인 '공전 궤도상에서 지배적인 역할을 하는 천체여야 한다'는 기준은 과거에는 없었던 새로운 기준으로, 연구진은 이 기준은 과학적인 근거가 약하다고 주장했다(동아사이언스, 2018년 10월 1일자).

게르트 기거렌처Gerd Gigerenzer 교수가 쓴 논문 「더 큰 위험 초래하기: 테러 공격에 대한 사람들의 행동 반응Out of the Frying Pan into the Fire: Behavioral Reactions to Terrorist Attacks」(2006)에 나타난 대로 위험 인식은 더 큰 위험을 초래할 가능성이 있다. 이 논문은 9/11 테러 이후 미국 사람들이 항공기 이용을 줄임에 따라 고속도로 사망사고가 급증함으로써 오히려 더 큰 위험이 초래되었다는 것을 보여준다. 이처럼 위험은 전체적인 시각을 가지고 바라보는 것이 무엇보다도 중요하다. 한쪽 측면에서 위험을 바라보면, 다른 측면에서 발생할 위험을 무시하는 결과를 초래할 수 있다(Cho & Salmon, 2007). 예를 들어, 어린이의 비만이 걱정되어 어린이 비만을 줄이기 위한 커뮤니케이션 캠페인을 시작한다면, 학교에서 비만한 어린이들이 더욱 낙인화되고 친구들 간에 왕따가 될 위험성이 더 높아질 수 있다. 이러한 예상치 못한 캠페인 효과를 의도하지 않은 효과unintended effects라고 한다.

전문가들의 커뮤니케이션에는 이런 의도하지 않은 부작용이 숨어 있는 경우가 많다. 테러 전문가이고 항공기 전문가라면 마땅히 9/11 테러 이후 항공기 이용의 위험성을 이야기할 수 있다. 하지만 이 분야의 전문가들이 9/11 테러 이후 사회 전역에서 발생할 수 있는 위험을 종합적으로 판단하고 균형 잡힌 시각에서 위험을 해석한다고 말하기는 어렵다. 코로나19과 관련한 대응에서도 그런 점이 눈에 띈다. 보건 전문가들은 당연히 방역이 이루어질 수 있는 최상의 조건에 대해서 이야기할 것이고, 그것이 이루어지지 않는다면 사회가 잘못된 결정을 하고 있다고 주장할 수 있다. 하지만 코로나19로 인한 방역 못지않게 중요한 것은 경제가 돌아가서 사람들의 먹고사는 기본적인 문제가 해결되는 것이다. 코로나19가 완전히 없어질 때까지 모든 경제 활동을 중단하고 사회적 거리두기를 유지한다면 보건 방역의 차원에서는 가장 이상적일 테지만, 경제적인 위험 상황, 사회심리적인 위험 상황을 충분히 고려해서 정책적인 결정을 하는 것이 무엇보다 중요하다.

많은 전문가들은 자신의 영역에서 사회를 본다. 보건 전문가가 보는 세상은 보건이 가장 중요하고, 경제 전문가가 보는 세상은 경제가 가장 중요하다. 또한 사회 구성원들이 자신들이 보는 시각에서 바라본 위험을 가장 위험한 것으로 받아들여주면 전반적으로 더 큰 영향력을 가지게 된다. 여론을 주도할 힘도 얻게 된다. 이러한 전문가 담론의 경쟁을 나쁘게만 볼 수는 없다. 결국 커뮤니케이션을 풍부하게 해서 여론이 최상의 선택을 하게 하는 것이 민주주의의 원리이다. 하지만 이런 과정에서 자신의 영향력 확대를 위해서 특정 위험을 필요 이상으로 강조하는 전문가들이 있다는 것이 문제이다. 언론의 입장에서도 위험을 통해서 클릭 수를 높이고 광고 수입을 늘리기 위해서는 가장 선정적으로 위험을 표현하는 전문가에게 주목하게 된다. 결국 언론의 선정주의에 힘입은 전문가들은 학계에서 인정되는 과학적인 방법보다는 여론을 동원할 수 있는 가짜 과학을 통해서 사람들의 위험 인식을 왜곡시킨다. 언론에 나와서 모르는 것 없이 거침없이 이야기하고, 모든 사안에 대해 간결하고 명쾌하게 표현하는 전문가의 경우, 그러한 주장이 학계의 대표성을 가지는가에 대해서 다시 한번 검증해보는 것이 중요하다. 자기 분야의 시각으로만 위험을 바라보고, 영향력의 확대를 위해서 지나칠 정도로 언론을 통한 대중과 친해지기 전략을 실천하는 사람들은 오히려 사회 위험을 더 크게 만들고 의도하지 않은 부작용을 양산할 가능성이 높다는 것을 이해할 필요가 있다.

위험 커뮤니케이션 전문가의 필요성

현대 사회의 위험 커뮤니케이션에는 몇 가지 합의된 원칙들이 있다. 그것은 일방적인 과학자 중심의 커뮤니케이션과 전문가의 지식 독점에 대한 반대, 과학적 합리성을 비판과 회의의 대상으로 보는 성찰적 과학화, 일반인의 참여를 통한 균형 잡힌 위험 공론장의 형성 등을 포함한다. 이러한 원칙들은 오랜 논의를 거쳐 점자 확립되어온 것이다. 하지만 현재 정부를 포함한 대부분의 위험 대응 주체의 커뮤니케이션은 현대적인 위험 커뮤니케이션에 대한 성찰을 반영하지 않고 있으며, 일방적인 전문가 커뮤니케이션에 머무르고 있다. 또한 정부의 경우에는, 커뮤니케이션을 대하는 가부장적인 태도와 함께 효율적으로 행정 목표를 달성하기 위한 위험 커뮤니케이션에 집중함으로써 문제를 해결하는 것이 아니라 오히려 문제를 만들어내는 갈등의 불씨를 만들기도 한다.

예를 하나 들면, 저출산 이슈가 미래 사회의 위험으로 등장하고 있는데, 정부가 내놓는 통계를 보면 우리나라의 국력 상승에 가장 장애가 되는 요인으로 저출산이 꼽히기도 한다. 가까운 미래에는 젊은이 한 명당 노인 몇 명을 부양해야 한다는 기사가 곧잘 등장하기도 한다. 젊은이들이 점점 아이를 낳고 있지 않으니 앞으로 닥쳐올 미래는 불투명하고, 그러니 이러한 위험을 해소하기 위해서는 좀 더 가열차게 아이를 낳아야 한다는 식이다. 하지만 다음 『시사저널』 2018년 3월호 저출산 관련 기사를 보면, 많은 젊은이들은 오히려 왜 저출산이 문제가 되는지 이해할 수 없다는 반응을 보이고 있다. "안 낳아서 망하는 게 아니라, 망할 세상이니까 안 낳아," "힘든 세상에 태어나게 하는 것도 부모로서 죄짓는 것," "국가 입장에선 저출산 문제지만 나 개인에겐 문제 아니야," "어차피 일자리 부족한데 인구 줄면 좋은 거 아닌가" 등등 젊은이들의 생각은 저출산 문제를 공감하고 있지 못할 뿐만 아니라 논리적으로 위험 이슈를 반박하기도 한다. 저출산 문제는 국가 차원에서 위험이지만, 젊은이들의 차원에서는 위험이 아니라 오히려 기회 요인으로 인식되고 있다. 정부가 생각하는 위험과 정작 당사자들이 생각하는 위험이 다른 것이다.

"저출산이 왜 문제냐" … '인구절벽' 위기 공감 못하는 청년들

우리나라 여성 한 명이 평생 낳을 걸로 예측되는 신생아 수는 지난해 기준 1.05명으로 조사됐다. 역대 최저치다. '합계출산율'로 불리는 이 수치는 원래 1.07명으로 예상됐었다. 실제론 더 낮게 나온 셈이다. 게다가 신생아 수도 지난해 역대 최저인 35만 8000명을 기록했다. 통계청은 2월 28일 "최악의 출산율 시나리오 수준으로 가고 있다"란 분석을 내놓았다. '최악'이란 단어에서 저출산에 대한 정부의 위기감이 엿보인다. 그런데 정작 저출산 해결의 열쇠를 쥔 청년들은 "저출산이 왜 문제인가"란 차가운 목소리를 냈다. 시사저널이 3월 2일과 7일 이틀에 걸쳐 만난 일부 청년들의 반응이다. 이들은 정부가 지원금을 주면 출산율이 오를 것이라는 데 회의감을 드러냈다. "'헬조선'의 고통을 자식에 물려주고 싶지 않다"는 의견에 대해서도 모두 동의했다(시사저널, 2018년 3월 7일자).

어떤 과학 분야에 대해 상대적으로 전문적인 지식과 실험실 지식을 갖지 못한 "커뮤니케이션 전문가"가 위험을 커뮤니케이션하기 위해서 꼭 필요한 이유는 무엇일까? 이는 또한 많은 과학자 혹은 실험실 전문가들이 의문을 제기하는 부분이다. 이는 과학에 대한 잘못된 전제, 즉 과학은 오랜 교육 과정을 거쳐 전문적인 식견을 갖춘 과학자만이 다룰 수 있다는 통념에서 비롯된다. 하지만 한 분야에 전문적인 식견을 갖추고 있는 사람이라고 하더라도 다른 분야에 대한 이해, 사회 맥락에 대한 이해, 문화적인 관점과 가치에 대한 이해가 함께하지 않는다면 일반인들과 자신의 분야에 대해서 커뮤니케이션하는 것조차 힘들 수 있다. 현실은 이보다 더 복잡한데, 현실의 과학 이슈는 보통 전공 분야를 벗어나서 융합된 성격을 보여주기 때문에 자신의 분야만 잘 알고 있다고 해서 종합적인 시각에서 일반 사람들과 커뮤니케이션할 수 있는 것은 아니다. 어차피 위험 이슈가 발생하면 자신의 전문 분야를 벗어나서 발언해야 하는데, 그런 경우에는 사실상 상식 수준에서 말할 수밖에 없다. 복잡다단한 현대 사회에서 모든 위험 현상에 대해 명쾌하게 말할 수 있는 전문가는 없다. 그렇다면 상식적인 선에서 과학과 전문 분야를 광범위하게 이해하고, 많은 분야의 과학자와 일반인을 연결해줄 수 있는 사람들이 필요해진다. 이런 사람들이 위험 커뮤니케이션을 담당하는 사람이다.

위험 커뮤니케이션 담당자가 꼭 필요한 이유는 또 있다. 인류에게는 지금까지 경험해오면서 축적한 위험 지식들이 상당히 많이 존재한다. 한 전공 분야를 파고든 과학자가 이렇게 축적되어온 많은 위험 지식을 소화하고 사회에 바람직한 방향으로 해석한다는 것은 어려운 일이다. 이것은 전공 지식의 문제가 아니고 인류가 쌓아온 지혜를 공유하는 방법에 대한 문제이다. 우리가 지금까지 겪어온 위험 이슈는 셀 수 없이 많다. 인류가 위험 이슈에 부적절하게 대응한 경우도 상당히 많다. 지금 생각해보면 에이전트 오렌지, 비소, 다이옥신, EDB ethylene dibromide,

보팔 화학물질 유출사고, 체르노빌 원자력발전소 폭발사고, 광우병, 에이즈AIDS 등 많은 위험 이슈들은 사람들의 부적절한 대응과 밀접하게 연관되어 있다. 우리나라만 하더라도 낙동강 페놀 오염, 가습기 살균제 사태, 메르스MERS 사태, 세월호 참사 등 수를 헤아리기 힘든 위험 사안이 우리 사회의 잘못된 대응과 관련되어 있다. 이렇게 많은 위험 사안들에 대해서 어떤 식으로 대응했으며, 어떤 문제가 있었고, 어떤 커뮤니케이션이 필요했으며, 어떻게 개선하는 것이 좋겠다는 후회와 제안은 앞으로 일어날 위험 상황에 많은 교훈을 준다. 세월호 참사가 있기 전인 1994년 에스토니아 국적의 배수량 15,000톤의 에스토니아호가 침몰하여 852명이 사망하는 사건이 있었다. 전시가 아닌 상황에서 20세기 가장 많은 사망자를 낸 해양사고로 기록되었다. 세월호와 에스토니아호 사건은 적재량 초과, 위기 상황에 대한 미흡한 대처 능력, 구조활동의 미숙함 등 유사한 점이 많은데, 이런 사건을 비교함으로써 얻을 수 있는 교훈들은 전공 분야에 대한 지식보다 더 중요할 수 있다.

위험 커뮤니케이션 전문가가 필요한 지점이 여기이다. 한 분야의 전문가가 알 수 없는 우리 사회를 관통하는 위험 문제의 핵심과 종합적인 대응 방안은 위험 커뮤니케이션 전문가를 통해서 제기될 수 있다. 위험 이슈의 발생에 대한 역사적인 공통점을 발견하고, 다양한 공중의 다양한 위험 인식을 고려하고, 사회적인 맥락과 문화적인 가치를 고려한 종합적인 대책을 세우기 위해서는 위험 이슈를 사회문화적으로 이해하는 것이 중요하다. 또한 위험 문제를 해결하기 위해서는 다양한 위험 인식을 가지고 각기 다른 대응책을 제시하는 위험 공중을 대화의 장으로 끌어내고 공론의 장을 통한 숙의 과정을 이끌어갈 사람이 반드시 필요하다. 위험에 대응하기 위해서는 각 분야의 전문가도 당연히 필요하지만, 위험을 사회적인 차원에서 바라보고, 서로 다른 인식을 조정하며, 지속가능한 합의를 이끌어내는 커뮤니케이션 전문가가 중요하다. 실무적인 측면에서도 위험에 대해 효과적으로 경고하고, 위험을 예방하며, 위험이 일어났을 때 적절하게 대응하기 위해서는 위험 커뮤니케이션이 필수적이다.

전문가와 일반인 관계의 민주화

일반인들의 위험 지식에 대한 이해를 막는 요인으로 주로 거론되는 것은 일반인들이 다가서기 어렵게 만들어진 전문 학술지, 난해한 해설로 가득 찬 보건 안내서, 미디어의 편견에 가득 찬 과학 보도 등이다(Gigerenzer & Gray, 2011). 하지만 무엇보다도 중요한 것은 전문가 중심의 위험 담론 집중이다. 서구 국가에서는 방어적인 치료defensive medicine라는 말이 유행인데, 이는 의사들이 일단 환자들에게 모든 치료 방법을 다 적용함으로써 차후에 벌어질 수 있는 환자들의 문제제기를 막아보자는 의도에서 행해지는 의료술을 의미한다. 대부분의 위험 논의에서 보면 이러한 방어적인 치료 차원의 접근 방법이 대세를 이룬다. 가장 적절한 방법을 찾아내기 위한 노력보다는 나중에 후환이 되지 않도록 모든 방법을 나열하고 대부분 적용해보는 식의 위험 대응이 전문가 위험 담론의 주를 이룬다. 그렇다 보니 모든 방법과 이론들이 나열되지만 정작 가장 효과적인 방법론에 대한 합의가 이루어지지는 못한다.

이러한 일이 발생하는 것은 전문가와 일반인 모두에게 문제가 있다. 전문가들도 자신이 모든 것을 알지 못한다는 것을 인정하고, 공론의 장에서 가장 최적의 해결책이 도출될 수 있도록 어느 정도 기여하겠다는 자세를 가지지 못하는 측면이 지적될 수 있지만, 일반인의 경우에도 모든 결정을 전문가에게 맡겨두고, 그것이 잘못될 경우에 누구의 책임인가를 지켜보겠다는 태도로 일관하기 때문에 사회 전체적으로 최적의 해결안이 도출되기가 매우 힘들게 된다. 현대 사회 위험 문제를 해결하기 위해서는 전문가와 일반인이 함께 파트너가 되어 위험 문제의 해결을 위한 방안들에 대한 합의를 이루어가는 것이 중요하다. 일방적으로 전문가들이 대책을 세우고 일반인들은 그것을 충실히 따라가면 된다는 수동적인 접근 방법으로는 아무도 예측하지 못한 형태로 일어나는 현대 사회의 위험에 대응하기 어렵다. 결국 전문가와 일반인의 관계가 민주화되는 것이 무엇보다 중요하다.

많은 과학 논의들이 시민의 삶과 동떨어져 있는 경우가 많고, 시민들의 생활 지식을 반영하지 못하는 경우가 대부분이지만, 우리 사회에서 과학자 혹은 전문가에 대한 의존은 절대적이라고 할 수 있다. 그 이유는 무엇일까? 과학이 자신들의 생활 속 위험에 대해서 속 시원한 대답을 주지 못하는데 왜 시민들은 과학자들에게 절대적으로 의존하는 것일까? 이는 아무래도 과학적인 사실이나 이슈들을 스스로 검증할 방법이 없기 때문에 별다른 이의를 제기하지 못하고 그냥 받아들이게 되었을 가능성이 높다. 예를 들어, 오존은 눈에 보이지도 않고, 냄새도 없다. 이제 내가 판단할 근거가 없는 상황에서 우리는 실험실의 과학자들에게 의존할 수밖에 없다. 그들이 위험하다고 하면 위험하고, 위험하지 않다고 하면 위험하지 않은 것이다. 미세먼지가 위험하다고 느끼는 이유는 언제나 눈으로 관찰할 수 있다고 모두가 착각하고 있기 때문이다. 하지만 실제 미세먼지가 위험하다고 판단하는 근거를 살펴보면, 실제로 체험하는 것과 상관없이 과학자들의 수치에 의존하는 경우가 대부분이다. 우리나라에서 초미세먼지(PM2.5)의 농도가 75㎍/m^{3}를 초과하면 "매우 나쁨" 수준이지만, 미국에서는 150㎍/m^3을 초과해야 "매우 나쁨" 수준에 해당한다. 결국 위험에 대한 판단은 과학자들이 설정한 기준에 의존하는 경우가 대부분이다.

하지만 과학자들이 옳지 않았거나 잘못된 판단을 했던 사례들은 차고 넘친다. 구소련 시절 체르노빌 원자력발전소 폭발사고에서 방사능 낙진의 이동 경로를 정확하게 예측했던 사람들은 과학자들이 아니고 그 지역의 양치기들이었다고 한다. 그들은 그 지역에 살면서 바람의 이동 경로를 누구보다도 잘 파악하고 있었던 것이다. 이런 살아 있는 경험 지식experiential knowledge은 많은 경우, 실험실 지식의 답답함을 넘어선다. 교과서 지식보다도 실제 생활에서 얻을 수 있는 생활 지식local knowledge이 실제적인 문제 해결에는 훨씬 더 유용할 수 있다. 이는 사실상 시민과학citizen science 논의와도 연결된다. 예를 들어, 4대강 사업의 적절성과 관련하여 과학자들의 실험실 연구도 중요하겠지만, 실제 4대강 유역에 사는 사람들이나 시민단체들이 생활 속에서 데이터를 모으고, 이를 데이터베이스화해서 좀 더 유의미한 결론을 도출하려고 한다면, 이런 경우에는 실험실 연구의 한계를 뛰어넘을 수도 있다. 어려운 이론과 기술적인 용어로 실험실 벽을 더 견고하게 쌓는 것보다는 이런 생활 지식에 과감하게 문호를 개방하는 것도 과학 문제를 풀 수 있는 유효한 방법이 될 수 있다. 또한 시민들이 쉽게 과학에 접근하고, 과학적인 방법론을 읽을 수 있도록 도와주는 것이 모든 문제를 과학자의 판단에 맡겨두는 것보다는 좀 더 성숙한 과학 문화를 형성하는 데 유익할 수 있다.

전문가 위주의 실험실 의존 커뮤니케이션은 실제로 우리 사회에 해악을 끼치기도 한다. 다음 기사에서 보는 것처럼 가습기 살균제 사건에 대해서 1심 재판부는 실험실 연구 결과에 따르면 가습기 살균제와 질환 간의 확실한 인과성이 없다는 점을 들어 가습기 살균제를 철저하게 관리 감독하지 못하고 사람들을 다치게 한 업체들에게 무죄를 선고했다. 실험실에 의존하는 커뮤니케이션은 실험 결과에 따른 인과관계에 과도한 강조점을 두기 때문에 인과관계가 확실하게 증명되지 못한 것은 맥락과 상관없이 배척하는 경향이 있다. 재판부의 경우도 실제 가습기 살균제로 인해서 많은 사람이 다치고 사망했지만, 실험실 인과관계가 확실히 증명되지 않았다는 이유만으로 무죄를 선고한 것이다. 실험실 의존 커뮤니케이션이 사회 곳곳에 영향을 미쳐, 결국 재판부의 의사결정을 왜곡시키는 심각한 결과를 불러왔다고 할 수 있다.

'가습기 살균제' 1심 무죄 … 법원 "인과관계 입증 안 돼"

SK케미칼과 애경산업이 만들어 판매한 '가습기 메이트'는 옥시의 '옥시싹싹'에 이어 두 번째로 많은 피해자를 냈던 제품입니다. 주요 성분은 CMIT·MIT입니다. 법원에서 유해성이 인정된 '옥시싹싹'의 PHMG·PGH와는 다른 성분입니다. 2018년 환경부는 가습기 메이트의 성분으로 인한 폐손상의 위험이 인정된다고 밝혔습니다. 옥시 제품과 성분이 달라도, 같은 질환이 나타났다고 설명했습니다. 하지만 법원의 판단은 달랐습니다. 1심 재판부는 업무상 과실치사 등의 혐의로 기소된 SK케미칼과 애경산업 전직 대표들에게 무죄를 선고했습니다. 현재까지 이뤄진 모든 연구에서 CMIT·MIT 성분과 폐질환이나 천식 사이에 인과관계가 입증된 적이 없다고 설명했습니다. 동물 실험의 결과가 있긴 하지만, 비현실적인 수준의 농도로 진행됐고, 이마저도 질환과의 관련성이 나타나지 않았다고 했습니다. 환경부가 피해를 공식 인정한 것은 '피해자 구제'를 목적으로 폭넓게 봤던 것일 뿐, 과학적으로 입증된 것은 아니라고 설명했습니다(JTBC, 2021년 1월 12일자).

과학의 민주화와 관련한 논의는 과학을 어떻게 볼 것인가의 문제와 연결된다. 과학을 순수한 과학의 문제로 보는 것은 의미가 없다. 결국 과학은 정치, 경제, 문화적인 맥락과 결합될 수밖에 없다. 예를 들어, 미세먼지 위험을 과학의 문제만으로 볼 수 있을 것인가? 미세먼지 위험은 언제나 정치적인 맥락, 경제적인 맥락, 문화적인 맥락과 얽히고설켜서 문제 정의를 기다리는 복잡한 환경과 마주하게 된다. 시민이 과학에 기여할 수 있는 길, 시민이 참여할 수 있는 길을 찾지 못한다면 과학의 문제는 영원히 실험실에만 갇혀 있거나, 시민들이 과학자들의 입만 바라보는 처지에 머물러 있게 될 것이다.

전문가들 간의 의견 불일치도 항상 문제가 된다. 눈에 보이지 않는 위험에 대해서 과학자 혹은 전문가들의 의견이 일치하는 경우는 매우 드물다. 이는 또한 과학자들이나 전문가들이 처한 상황이나 가치 체계에 영향을 받는 경우가 많다. 예를 들어 미세먼지만 하더라도, 실외 공기와 실내 공기의 위험성에 대한 의견이 모두 다르고, 심지어 미세먼지가 높을 때 마스크를 써야 할지 말아야 할지에 대한 전문가들의 의견도 다 다르다. 이렇게 의견 일치가 이루어지지 않으면 정보를 받아들이는 일반 사람들도 자신의 가치 체계에 맞게 정보를 선별하거나 가공해서 받아들이는 경우가 많게 된다. 그렇게 되면 눈에 보이지 않는 위험의 경우에는 정보를 보내는 사람과 정보를 수용하는 사람의 가치가 충돌할 수밖에 없고, 정보가 놓여 있는 맥락에 따라 각자에게 유리하게 만들어지거나 해석될 수밖에 없게 된다.

예전부터 현재까지 이어져 온 위험 커뮤니케이션은 위험이 눈에 확실하게 보이지 않는 경우가 많았기 때문에 과학자들이나 전문가들의 위험 판단에 의존하면서, 이러한 판단을 어떻게 효율적으로 일반 사람들에게 잘 전달할 수 있느냐에 초점을 맞췄다. 사람들마다 모두 다른 생각과 가치 체계를 가지고 있기 때문에 정보를 전달하는 과정에서 어떻게 효율적으로 전달할 수 있도록 목표 공중을 세분화할 것인가에 초점을 맞추는 경향이 뚜렷했다. 하지만 과학자와 전문가 사이에서도 합의된 정보를 도출하기가 어렵게 되었고, 진실이 객관적으로 존재하기가 힘들다는 것이 밝혀진 이상 모든 것을 전문가에게 의존하는 것은 어려운 일이 되었다. 특히 위험과 관련한 사회적인 의사결정 과정에서 시민들의 참여가 늘어나게 되었고, 전문가의 지식도 중요하지만 일반 사람들의 경험 지식도 중요하게 자리 잡으면서 위험 의사결정에서 공중의 참여가 필수불가결한 일이 되고 있다. 위험과 관련한 사회적인 의사결정 과정에서 사회가 쌓아온 문화, 가치, 상황적인 맥락, 시민들의 의식과 가치 체계, 사회의 민주화와 시민의 성숙도 등이 종합적으로 작용해야 한다는 것을 인지한다면 이제 위험 문제를 전문가의 손에만 맡겨두고 해결의 실마리를 찾기는 불가능하게 되었다.

과학과 시민, 과학의 민주화

과학자와 일반인의 경계를 강화하기보다는 경계를 허물고 보다 합리적인 문제 해결 방안을 도출하는 것이 중요한 시대가 되었다. 이러한 추세를 반영해서 과학과 시민의 관계를 새롭게 정립하려는 노력이 이루어질 필요가 있다. 이러한 노력은 몇 가지 접근 방법이 있어왔는데, 그것을 크게 분류해보면 얼마나 과학 논의에 시민의 참여를 권장할 것인가에 따라 구분할 수 있다. 한마디로 이러한 주장의 요지는 과학과 시민의 관계에서 시민의 역할을 늘리는 방향으로 과학의 민주화가 이루어져야 한다는 것이다.

지금까지 시민을 과학의 문제에 참여시키는 담론들을 보면 형식적으로 논의의 장을 만들어두고 일정한 자격을 갖춘 시민들만 참여시키거나, 시민들이 참여하더라도 보조적인 역할에 그치게 하는 경우가 많았다. 시민들이 참여하더라도 과학 담론에서 지식을 생산하고, 사실을 찾아내고 정의하는 역할은 과학자와 전문가가 맡아야 한다는 생각이 여전히 강하기 때문이다. 아직은 과학 지식을 생산하는 데 시민이 기여할 수 있다고 생각하기보다는 전문가에 의해서 주어진 과학 지식을 문외한의 시각에서 평가하거나, 맥락적인 설명력을 보충해주는 역할 정도에 그친다고 보고 있기 때문에 이런 일이 벌어진다. 예를 들어, 우리나라에서 최근 사회적인 합의의 수단으로 많이 사용되는 원자력발전소 건설을 둘러싼 공론조사나 국가기후환경회의에서 실시한 미세먼지 정책을 위한 공론조사와 같은 경우를 살펴보더라도, 위험 문제에서 시민이 지식의 생산에 기여할 수 있다고 생각하기보다는 과학자와 전문가가 생산하고 요약한 지식을 듣고 그것이 과연 우리 사회에 어떤 역할을 할 것인가에 대한 일반적인 평가를 내리는 역할에 그치고 있다. 진정한 의미에서 과학 지식 생산에 시민들의 참여는 제한되고, 보조적인 역할이나 과학 지식을 일반인의 시각에서 평가하는 역할에만 머물고 있다. 이러한 접근은 민주적이라고 할 수 있으면서도, 어떤 면에서는 상당히 권위적이다.

이러한 과학의 권위주의에 도전하는 관점이 시민과학citizen science이다(Irwin, 1995). 시민과학은 여러 가지 의미가 있겠지만, 과학 지식의 생산에서 시민의 독립성을 인정한다. 지금까지 과학 지식을 과학자와 전문가가 독점해온 것을 고려하면 이러한 시각은 매우 혁명적이다. 시민과학은 과학적인 지식 생산에 있어 전문가의 영역과 시민의 영역이 병행해서 존재할 수 있다고 본다. 어느 한쪽의 지식이 더 중요하거나,

더 주도적이라는 것은 의미가 없다. 중요한 것은 이러한 지식 영역이 함께 존재할 수 있으며, 상황에 따라 통합적인 시각을 만들어낼 수 있다는 것이다. 이런 시각에서 봤을 때, 과학자와 전문가들이 미리 만들어준 프레임 속에 시민이 참여해서 듣고, 보고, 배우는 정도의 교류는 의미가 없다. 진정한 과학과 시민의 교류는 시민이 만들어내는 과학 지식의 독립성을 인정하고, 상황에 맞게 과학자들의 지식과 시민들의 지식을 통합해가는 것이다.

예를 들어, 우리나라의 경우는 과학자와 전문가 중심의 위계 담론이 우세하기 때문에, 시민들이 찾아낸 지식, 시민들의 경험으로 발견한 과학적인 사실들을 인정하지 않거나 무시하는 경우가 대부분이다. 우리 사회를 떠들썩하게 했던 생리대 위험과 관련한 위험 담론을 지켜봐도 시민들이나 시민단체들이 직접 경험과 독립적인 수단으로 만들어낸 지식은 무시하기 일쑤이고, 식품의약품안전처의 전문가들이 만들어낸 실험실 결과만을 위험 판단에 사용한다. 이렇게 되면 일반인들의 문제제기는 무기력한 외침이 될 수밖에 없다. 가습기 살균제의 경우에도, 얼마나 많은 사람들이 가습기 살균제 사용 과정에서 뭔가 이상한 점이 있다는 것을 느꼈을지는 분명하게 알 수 없지만, 만약 우리가 일반인들이 가지는 의문과 경험으로부터 지식을 쌓거나, 자신들의 독립적인 지식 형성 작업을 통해서 얻어낸 어떤 결론을 존중하는 시스템을 가지고 있다면 많은 위험으로부터 우리를 지켜낼 가능성이 높아지게 된다. 실제로 사람들이 제기한 의문과 경고가 현실에서 구현되는 경우를 우리는 얼마나 많이 봐왔는가?

따라서 시민과학은 시민들의 지식 생산을 인정하는 시각이다. 과학자와 전문가의 담론은 보편적이고 일반적이며 추상적일 수 있지만, 지역적이고, 맥락적이며, 경험적이라고 할 수는 없다. 과학자와 전문가에게 어떤 원칙을 설정하는 문제와 기본적인 배경 정보를 결정하는 권한을 준다고 하더라도, 지역에 따라, 생활 맥락에 따라 위험의 정도를 결정하고, 행동 범위를 결정하는 데에는 시민들의 지식이 통합적으로 작용되는 것이 바람직하다. 앞서 예를 들었듯이, 식품의약품안전처가 MSG의 사용에 아무런 건강 위험이 없다고 판명하더라도, MSG가 많이 들어간 식품을 먹고 머리가 아프거나, 너무 많은 MSG는 몸을 아프게 할 수 있다는 판단은 시민의 맥락적인 지식으로서 존중받아야 한다. 과학자와 전문가가 결정했으니 시민들이 따라야 한다는 시각은 권위주의적이기도 하지만 지식의 측면에서 정확하지도 않다. 세상 어디에 모든 상황, 모든 시간, 모든 장소에 항상 적용될 수 있는 과학 지식이 있을 수 있을까?

결국 종국의 의사결정 과정에 가면, 과학자와 전문가의 지식도 시민들의 맥락적인 지식과 결합될 수밖에 없다. 과학자들이 커피가 몸에 해롭다고 하면, 당신은 커피를 마시지 않을 것인가? 전문가들 입에서 계란이 몸에 해롭다고 하면 당신은 계란 섭취를 줄일 것인가? 그것은 결코 실험실 지식만으로 결정할 수 없다. 최근 미세먼지를 둘러싼 전문가 담론도 가지각색인데, 이런 일반적인 과학 지식에 비해, 지역에서 일하는 미세먼지 활동가들의 지식이 열등하다고 말할 수 없다. 오히려 이런 미세먼지 활동가들의 지식이 더 생활과 밀접하고, 맥락을 설명하는 데 더 적절한 경우가 많다. 과학자와 전문가들이 얼마 안 되는 전문 지식 교육을 빌미로 세상의 모든 지식을 관할하겠다는 오만을 버린다면, 문제는 의외로 쉽게 해결될 수 있다. 우리 사회는 위험 문제를 통제할 수 없는 과학자와 전문가들이 자신의 영역 지식을 폐쇄적으로 운용함으로써 문제를 키우는 측면이 강하다. 시민이 전문가의 입에 의존하지 않고, 과학 지식 형성에 능동적으로 참여한다면 많은 문제들이 해결될 수 있다. 시민과학은 그런 측면에서 우리 사회에 매우 필요한 접근 방법이다.

물론 과학이 민주화되거나 대중화되는 것이 모두 좋은 결과를 가져온다고 할 수는 없다. 과학이 대중화되면 일반인들이 과학적인 판단에 대해서 개인적으로 너무 많은 자만심을 가지게 되어 전문가의 목소리에 귀를 기울이지 않거나, 스스로 잘못된 판단을 하고 그것에 만족하는 경향을 보일 가능성이 커진다(Scharrer, Rupeiper, Stadtler, & Bromme, 2017). 과학의 민주화를 지나친 과학의 세속화와 동일시할 필요는 없다. 과학을 민주화한다는 것은 전문가의 입장이 존중받는 가운데서, 동등하게 일반인들이 의견을 제시할 수 있는 공론의 장을 형성한다는 것을 의미하는 것이지, 전문가와 일반인의 권력 다툼이나 구분 짓기를 의미하지는 않는다. 한 분야의 전문가들이 위험 의제를 이끌어가게 되면, 다른 분야의 전문가들은 일반인의 입장이 되는 것과 마찬가지로, 전문가와 일반인의 지나친 구분 짓기보다는 모두가 과학 의제의 논의 과정에 참여할 수 있고, 자기 의견을 제시할 수 있는 환경을 만들어나가는 것이 중요하다. 이 과정에서 전문가와 일반인의 논의가 활성화되어, 전문가의 의견에 대한 일반인의 이해가 더 높아진다면 그것도 바람직한 일이다. 과학의 민주화가 어느 한쪽의 자만심을 낳아서는 안 될 일이다.

그렇다면 전문가는 어떻게 커뮤니케이션을 해야 할까?

전문가가 행하는 교훈적인 혹은 한쪽을 가르치려고 드는 커뮤니케이션은 실패하기 쉽다(Meyer, 2018). 그러한 커뮤니케이션 형태는 과학이 하나의 진실을 가지고 있을 때나 가능한 것이지, 다양한 의견을 내포하면서 정치적인 합의를 필요로 하는 사안에는 어울리지 않는다. 이러한 형태의 커뮤니케이션은 일반인들을 과학에 대해 미성숙한 존재들로 간주하면서, 비과학적인 방법론에 젖어 있는 사람들을 무지에서 구출해야 한다는 사명감으로만 불타오를 뿐, 실제로 우리 사회에서 일어나는 불확실한 일들을 해결할 수 있는 길을 제시하지는 못한다. 오히려 실험실 연구 결과에 의존하다 보면 사회 맥락과 동떨어진 결론을 도출하거나 전문가들을 아집에 빠뜨려 다양한 방법론을 무시하는 결과를 불러오기도 한다.

전문가와 일반인을 구분하려는 이분법적인 사고는 궁극적으로 과학과 비과학이라는 적대적인 관계를 만들어내고, 의문을 제기하거나 다른 의견을 제시하는 사람을 몰아세우거나 악마화하는 경향을 보인다. 하지만 과학은 그 자체로 불확실하고, 과학 커뮤니케이션은 다양한 의견을 수렴하여 사회적인 합의를 이루어내야 한다는 점에서 과학 문제에 있어 과학/비과학이라는 대립적인 시각을 가지는 것은 문제 해결에 도움이 되지 못한다. 따라서 전문가의 과학 커뮤니케이션은 과학적인 것을 전문가들이 독점해야 한다는 사고에서 벗어나서 사회적인 다원주의를 인정하고, 서로 다른 시각 속에서 문제의 해답을 개방적이고 포용적인 자세로 탐색해야 한다.

전문가들이 일반인들을 향한 위계적인 태도에서 벗어나기 위해서는 좀 더 문제 해결을 위한 실용적인 자세를 유지할 필요가 있다. 따라서 자신이 알고 있는 한 가지 가정에 기반해서 결과를 단정적으로 해석하는 것은 피해야 한다. 여러 관점과 실제 경험 지식이 존재할 수 있기 때문에, 실험실에서 생산된 지식을 현실에 그대로 적용하는 것은 곤란하다. 단 하나의 진실은 존재할 수 없으며, 사회적인 맥락에 따라서 알려진 지식도 다르게 적용될 필요가 있다(Nowotny, Scott, & Gibbons, 2013).

또한 과학자를 포함해서 전문가들은 불협화음, 반대 의견, 비판 등이 오히려 민주주의를 성숙시킬 수 있다는 신념을 가지고 풍부한 공론장을 형성하는 데 힘을 기울일 필요가 있다. 물론 이러한 공론장은 전문가 독점이 아니라 전문가가 일부가 되는 공론장이다. 현실에서 이러한 공론장을 찾기는 매우 어렵다. 코로나19와 관련한 공론장을 보더라도 대부분 전문가 중심으로 이루어지고 있으며, 전문가 중에서도 특정 분야의 전문가들이 대부분의 감염병 담론을 이끌어 간다. 이런 경향이 굳어지면, 다른 의견이나 상이한 해결 방법은 비과학적인 것으로 비난받기 쉽고, 문제 해결에 도움을 줄 수 있는 아이디어들도 묻히게 될 가능성이 높다.

코로나19만 하더라도 전문가들 중심의 대책 마련과 수치 중심의 발표가 코로나19 대응에서 중요한 역할을 한 것은 사실이지만, 실제로 효과적인 커뮤니케이션인가에 대해서는 한번 생각해볼 필요가 있다. 사람들은 은연 중에 과학이라는 권위 아래 뭉쳐서 질병을 물리치고 인류의 진보를 이뤄낼 수 있다고 믿고 싶어하지만, 과학과 과학자들이 모든 답을 제시해줄 수는 없다. 과학자를 포함한 전문가들이 모든 문제에 대한 해답을 알려주고, 일반인들은 수동적으로 참여하는 시대는 팬데믹 문제를 해결하는 데 도움이 되지 않는다. 거리두기 문제만 하더라도 시간이 좀 더 걸리더라도 시민들을 참여시켜 지속가능한 방안을 마련하는 것이 더 바람직하다. 코로나19를 해결하기 위해서는 좀 더 시민들의 참여가 적극적일 필요가 있다.

좋은 위험 커뮤니케이션은 시민을 이해하고, 시민의 참여를 독려할 수 있는 커뮤니케이션이다. 2019년 기후 변화 이슈에 대응하기 위해 시민의 참여를 유도했던 옥스포드 기후변화시민회의Oxford Citizens Assembly on Climate Change와 리즈 기후변화시민배심원회의Leeds Climate

Change Citizens Jury가 좋은 사례이다. 시민의 참여를 독려하는 커뮤니케이션은 인간적인 실제 사례를 통해서 모두가 위험을 간접 경험할 수 있게 하면서, 위험 대응에 대한 심리적인 거리를 줄이고, 지역사회 중심의 조직을 활성화하여 시민들 스스로 문제를 해결할 수 있는 역량을 마련해주는 커뮤니케이션이다. 이런 점에서 본다면 우리나라 온실가스 문제를 해결하기 위해 전문가와 이해관계자 중심으로 이루어진 탄소중립위원회의 활동은 많은 문제점을 안고 있다. 시민들이 어떤 생각을 하고 있으며, 어떤 것을 필요로 하는지 물어보는 지점에서 위험 커뮤니케이션은 시작한다. 결국 좋은 위험 커뮤니케이션은 과학 자체의 권위에만 매달리는 것이 아니라 시민의 참여를 이끌어내는 커뮤니케이션이다.

5장

危險
不通
社會

위험 커뮤니케이션에서 메시지 효과는 자의적이다

사회에 많은 문제를 야기하는 위험 사안에 대해 위험 커뮤니케이션 메시지를 통해서 즉각적인 반응이 나오고 문제를 해결할 실마리를 찾을 수 있다면 더할 나위 없이 좋겠지만, 대부분의 경우에는 그렇게 흘러가지 않는다. 사람들은 메시지에 잘 주목하지도 않을뿐더러, 메시지를 자신의 구미에 맞게 어떻게든 유리하게 해석하고, 당장에 닥칠 불편함을 거부하면서, 사회적으로 별 도움이 되지 않는 방향으로 행동한다. 아래 기사처럼 코로나19의 경우도 마찬가지이다. 현실에서 사람들은 위험 커뮤니케이션에 그렇게 주목하지 않는다.

홍대 헌팅 포차는 이태원 쇼크 비웃었다 "걸릴 사람은 걸려요"

9일 오후 10시. 서울 마포구 홍대입구역은 젊은이들로 발 디딜 틈 없이 북적였다. 2번 출구 앞에는 지인을 기다리는 이들 20여 명이 삼삼오오 모여 있었고 홍대 어울림마당로에는 보슬비에도 '불토'를 즐기려는 이들의 발걸음이 이어졌다. 이날 서울시는 이태원 클럽발 신종 코로나바이러스 감염증(코로나19) 추가 확진자 27명을 발표하며 방역에 고삐를 조였지만 현장에선 이런 지침이 무색할 정도로 활기가 넘쳤다. 홍대 클럽과 '헌팅 포차', '감성 주점' 등이 밀집해 있는 잔다리로는 오후 11시가 넘어가자 그야말로 불야성을 이뤘다. 한 유명 헌팅 포차 앞에는 입장을 기다리는 손님 50여 명이 길게 줄을 섰다. 가게 안에 있는 대다수가 마스크를 벗거나 턱에 걸친 채 이야기를 나누고 있었고 중간중간 담배를 피우러 나가는 이들은 마스크를 벗고 출입문을 오갔다. 포차를 방문한 최모(20)씨는 "친구 생일파티를 하

러 왔다. 물론 합석을 하면 코로나 감염 위험이 1% 정도는 늘겠지만 우린 합석도 안 했고 믿을 수 있는 친구들끼리 모여서 괜찮다"고 했다(중앙일보, 2020년 5월 10일자).

코로나 사태를 맞아 정부에서 사회적 거리두기를 강조하고 있지만 정부의 조치를 많은 사람들이 따르지 않고 있다. 특히 위 기사에 나오는 것처럼 젊은이들 사이에는 이런 정부의 조치를 비웃기라도 하듯, 사회적 거리두기를 무시하는 행위들이 이어지고 있다. 분명 정부의 규범적인 메시지가 잘 먹혀 들지 않는 상황이 지속되고 있다. 이는 젊은 사람들이 느끼는 친구들 간의 압력peer pressure, 자신들은 괜찮을 것이라고 느끼는 낙관적인 편향, 혹은 위험한 일을 통해서 스스로의 정체성을 확인하려는 젊은이 특유의 욕구 등이 복합적으로 작용한 결과이다. 젊은 사람들 사이에서는 친구들 사이에 겁쟁이가 되기보다는 위험을 감수하는 멋있는 사람이 되고 싶은 욕구가 자연스러울 수 있다. 규범적으로 하지 말아야 할 행동을 제시한다고 해서 사람들이 다 잘 따르는 것이 아니다. 따라서 사람들을 설득하는 커뮤니케이션은 이 모든 영향 요인들을 고려해서 좀 더 지혜로워질 필요가 있다. 단순히 하나의 이론을 교조적으로 적용해서는 풀 수 없는 복잡한 사회 맥락과 심리적인 변수들이 있다는 것을 인정해야 한다.

위험 상황을 예방하거나 효과적으로 대응하기 위해서 많은 메시지들이 사용되지만 실제 생활 속에서 그런 설득 메시지가 성공하는 경우는 매우 드물다. 이론에 기초해서 제작되지 않은 메시지는 개선의 여지가 있지만, 검증된 이론에 기초해서 만들어진 메시지가 별 효과를 발휘하지 못할 때는 문제점을 찾기가 애매한 경우도 발생한다. 이처럼 위험 커뮤니케이션 과정에서 메시지 효과는 자의적이고, 고도의 창의력

“당신은 기후 변화가 사람들의 건강, 안전, 번영에 얼마나 위험하다고 생각하십니까?”

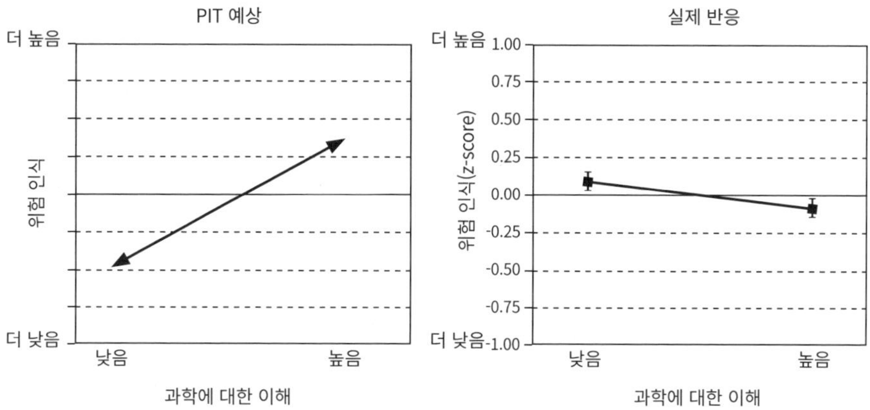

그림 5-1. 과학에 대한 이해 정도가 위험 인식에 미치는 영향에서 공중의 비이성적인 행위 가설PIT의 예상(첫 번째 그래프)과 실제 반응(두 번째 그래프)의 차이
출처: Kahan, Peters, Wittlin, Slovic, Ouellette, Braman, & Mandel(2012)

을 요구한다. 어찌 보면 이론과 현실이 일치하지 않는 것이 아니라 이론을 현실에 적용하는 과정에서 너무 무리하게 일률적으로 적용하려고 한 것은 아닌지 살펴볼 필요가 있다. 이론이 현실에 적용될 때는 같은 모습으로 적용되지 않는다.

그림 5-1은 공중의 비이성적인 행위 가설public irrationality thesis, PIT의 예상과 실제 현실에서 나타나는 결과를 보여준다(Kahan, 2013; Kahan et al., 2012). 첫번째 그래프는 공중의 비이성적인 행위 가설에 따라서 과학에 대한 이해가 떨어지면 위험에 대한 인식이 떨어지고, 수치에 대한 이해를 포함해서 과학에 대한 이해가 올라가면 위험 인식이 높아지는 것으로 예상한다. 하지만 이것은 이론의 예상이고, 실제로 두 번째 그래프처럼 실증적으로 조사를 해본 결과를 살펴보면, 가설의 예상과 반대의 결과가 나타나기도 한다. 기후 변화에 대한 사람들의 이해가 높

아지더라도 사람들의 위험 인식은 높아지지 않는다. 오히려 결과를 보면 기후 변화에 대한 사람들의 위험 인식은 낮아진다. 이런 현상은 단적으로 이론이 현실에 적용될 때는 좀 더 많은 요인에 대한 고려가 필요하다는 것을 보여준다. 이론은 그대로 현실에 적용될 수 없고, 여러 영향 요인을 살펴서 맥락에 맞게 변형되어서 적용되어야 한다.

긍정적인 메시지와 부정적인 메시지 효과의 배신

우리가 많이 쓰는 위험 커뮤니케이션 메시지 이론들은 심리학 이론을 배경에 두고 개발된 것들이 많은데, 이런 이론에 기초해서 실제 메시지를 디자인한 다음, 연구에 적용해보면 잘 맞지 않는 경우가 대부분이다. 이러한 연구 결과의 불일치는 이론이 현실에 적용될 때의 어려움을 적나라하게 보여준다. 따라서 일관성 없는 연구 결과에도 불구하고 특정 이론을 현실에 무리하게 적용하는 것은 효과도 없을 뿐만 아니라 쓸데없이 자원을 낭비할 가능성을 높인다. 예를 들어, 이론적으로 보면 위험 상황을 예방하는 데 있어 부정적인 결과를 묘사하는 메시지가 긍정적으로 성취할 수 있는 것을 보여주는 메시지보다 더 효과적이어야 하지만, 사실 많은 관련 연구들을 살펴보면 부정적인 메시지가 더 설득 효과가 높다는 것이 일관되게 입증된 경우는 많지 않다.

우리가 가장 많이 사용하는 메시지 전략이 이익과 관련된gain-framed 묘사 메시지 혹은 손실과 관련된loss-framed 묘사 메시지를 대비시키는 것인데, 이와 관련해서는 예상 이론prospect theory 등 많은 이론과 연구 성과들이 축적되어 있다(Kahneman & Tversky, 1979). 이익과 관련된 묘사는 위험 상황을 긍정적인 측면, 즉 무엇을 얻을 수 있는가의 측면에서 묘사하지만, 손실과 관련된 묘사는 위험 상황을 부정적인 측면, 즉 무엇을 잃을 수 있는가의 측면에서 묘사한다. 예상 이론은 사람들이 이익과 관련된 묘사 메시지를 접하게 되면 위험을 회피하려는 경향을 보이고, 손실과 관련된 묘사 메시지를 접하게 되면 위험을 수용하는 경향을 보인다고 주장한다. 사람들이 무엇인가를 얻게 되면 그것을 지키기 위해 위험을 회피하고, 무엇인가를 잃게 되면 그것을 보충하기 위해 위험한 것을 마다하지 않는 속성은 당연한 것처럼 느껴진다. 도박판을 생각해보라. 돈을 따면 지키고 싶지만, 돈을 잃으면 계속 도박을 해서 만회하고 싶어진다. 물론 이런 일들이 패가망신으로 이어지게 되겠지만.

예상 이론을 보건 위험 상황에 적용하면 다음과 같은 가설이 생성된다. 이익과 관련된 묘사 메시지는 질병을 예방하는 상황에서 더 설득적이고, 손실과 관련된 묘사 메시지는 질병을 검진하는 상황에서 더 설득적이다(Salovey, Schneider, & Apanovitch, 2002). 이런 가설이 생성될 수 있는 이유는 간단하다. 질병을 예방하고자 하는 상황은 햇빛이 많은 날 자외선 차단제를 바르는 것처럼 어떤 직접적으로 위험한 일과 관련되어 있지 않다. 따라서 사람들은 이것을 이익과 관련된 상황으로 인식하기 때문에 이익과 관련된 묘사 메시지가 더 효과적으로 작용한다. 이익과 관련된 묘사 메시지는 위험 회피, 즉 피부암을 예방하기 위해서 자외선 차단제를 바르는 행위를 자극한다. 반면 질병을 검진하고자 하는 상황은 건강검진에서 암 검사를 하는 것처럼 직접적으로 상당한 위험과 관련되어 있다. 건강검진에서 어떤 결과가 나올지 아무도 예상할 수 없지 않은가? 우리가 건강검진을 받으면서 얼마나 긴장하는가를 생각해보면 간단하다. 사람들은 이런 상황을 손실과 관련된 상황으로 인식하기 때문에 손실과 관련된 묘사 메시지가 더 효과적으로 작용한다. 예상 이론의 가정대로 예상해보면, 손실과 관련된 묘사 메시지는 위험을 수용하는 행위, 즉 검진을 받는 행위를 자극한다. 따라서 자외선 차단제를 바르는 것이 좋다고 설득할 때는 자외선 차단제를 발라서 생기는 이점을 강조하는 것이 유리하고, 건강검진을 권유할 때는 건강검진을 받지 않았을 때 생기는 부정적인 결과들을 강조하는 것이 효과적이다.

이런 이론은 보기에도 멋있고, 간명하며, 풍부한 현실 적용 가능성을 제시한다. 하지만 이와 관련한 연구 결과들이 일관성을 가지는 경우는 드물다. 연구 결과들을 모아서 효과를 분석한 메타 연구에서도 분명한 연구 결론이 도출되지 않았다(O'Keefe & Jensen, 2007, 2009). 예방 행동과 관련한 연구에서 이익과 관련된 묘사 메시지의 설득 효과가 확실하게 도출된 것은 치과 위생과 관련된 연구들이다. 그 외의 건강 행동에 대해서는 이익 묘사 메시지의 더 나은 설득 효과가 유의미하게 도출되지 않았다. 검진 행동에 대한 손실 관련 부정적인 메시지의 설득 효과도 유사한 결과를 보였다. 손실 관련 묘사 메시지가 다른 메시지보다 더 나은 설득 효과를 보인 것은 유방암 검진과 관련된 사례들뿐이다. 그 외의 검진 행동에 대해서 손실 관련 묘사 메시지가 더 유리하다는 확실한 증거는 발견되지 않았다.

정립된 가설들이 모든 상황에 적용될 수 있다면 얼마나 좋겠는가? 하지만 현실은 그렇지 않다. 실험실의 연구 결과도 제각각이지만, 이를 넘어서 실험실에서 행해진 결과들을 현실에 적용하는 데는 많은 제약이 따른다. 사회과학에서는 특히 재현 불가능성이 종종 문제가 되는데, 이는 변수에 영향을 줄 수 있는 사회문화적인 맥락이 너무나 다양하기 때문이다. 예를 들어, 치아 건강과 관련한 연구에서는 치아를 건강하게 유지했을 때 얻을 수 있는 이점을 강조함으로써 사람들의 행동 의지를 강화할 수 있지만, 예방 접종 주사를 맞는 행위 같은 경우는 이점을 강조하는 메시지가 설득 효과를 발휘하기 어려울 수도 있다. 사람들의 입장에서 예방 접종 주사를 맞는 행위는 이익과 관련된 상황이 아니라 손실과 관련된 상황이라고 느낄 수도 있기 때문이다. 초등학교 때 예방 주사와 관련한 공포를 경험한 사람들에게 예방 접종 주사는 당연히 무서운 손실 상황이다. 코로나19 백신의 경우도 마찬가지이다. 사람들의 심리적인 반응은 각양각색이고, 사회 맥락도 사람에 따라 다르게 해석된다.

그렇다면 이론은 현실에서 아무 쓸모가 없는 것일까? 그렇지는 않다. 메시지 프레임의 효과에 대해 희망을 놓지 않는 사람들은 메시지의 효과를 일괄적으로 적용하기보다는 상황 맥락에 맞게 적용하는 방법에 대한 논의를 활발하게 이어가고 있다(Latimer, Salovey, & Rothman, 2007). 최근 들어 많이 논의되는 것은 메시지를 받아들이는 사람들이 어떤 식으로 상황을 자기 나름대로 해석하는지가 중요하다는 점과 메시지가 가져올 결과에 대해 얼마나 민감하게 반응하는지가 중요한 요소로 평가받고 있다는 점이다. 이는 예방 주사 예와 유사하다. 사람들이 예방 주사를 이익의 상황으로 받아들일 것인지 손실의 상황으로 받아들일 것인지는 개인의 해석에 달려 있다. 또한 예방 주사를 맞아서 감기를 예방할 수 있다는 것을 큰 이익으로 느낄 것인가에 대해서는 개인마다 민감성이 다를 것이다. 메시지가 어떤 식으로 받아들여질 것인가는 전적으로 개인의 해석에 달려 있다. 메시지 프레임의 효과가 없는 것이 아니라 개인에 따라 다르게 반응하는 것이다. 따라서 개인의 다른 반응을 현실에서 고려한다면 메시지 효과는 높아질 수 있다.

실험실에서 이루어진 결과들이 현실에 적용되지 않는 것은 걱정스러운 일이지만, 달리 생각해보면 더 많은 변수들을 고려해서 상황에 맞는 메시지를 사용할 수 있는 이론적인 확장성은 여전히 남아 있다. 따라서 받아들이는 사람들의 인식 요인을 고려하고 상황 맥락에 맞게 이론을 수정하여 사용한다면 메시지 효과를 높이는 것도 충분히 가능하다. 사실 더 큰 문제는 이론을 현실에 그대로 적용하려는 사람들이다. 실험실의 결과는 해석의 문제를 안고 있을 뿐만 아니라 실험 장소, 구도나 참가자 등이 현실과 유리된 경우가 많다. 연구자들은 대부분 저널에 실리기 위해서 결과의 유의함 혹은 유의미성을 강조하는데, 결과의 유의미성을 나타내는 p-값(<0.5, 즉 0.5보다 작은 p값이 나오면 통계적으로 의미가 있다는 표현을 쓴다)이 적정한 결과만을 보고하다 보니 얼마나 많은 유의미하지 않은 결과들이 있었는지에 대해서는 알 수 없는 상황을 초래한다. 예를 들어, 저널에 게재된 이론과 관련된 유의미한 결과가 10편이었다면, 사실 유의미하지 않은 결과가 나왔던 연구가 100편일 수도 있다. 유의미하지 않은 결과가 나온 연구를 실패한 연구로 간주하는 분위기 속에서는 저널에 게재되지 않은 많은 연구들의 결과를 가늠하기는 불가능하다. 물론 유의미하지 않은 결과도 중요한 결과이고, 일반적으로 모든 결과를 같은 비중으로 보고해야 한다고 주장하지만, 저널을 살펴보면 대부분 유의미한 결과에 더 큰 비중을 두고 있다는 것을 쉽게 눈치챌 수 있다. 이런 상황에서 실험실 이론 검정의 문제는 현실 적용 가능성이 아니라 실제 이론 결과의 반복 가능성이 더 큰 문제가 된다.

금연 캠페인을 통해 본 이론과 현실의 조화 필요성

이론은 어떤 식으로 이용되어야 할까? 적용 결과가 혼란한 상황에서도 이론을 통해서 대체적인 경향성을 파악하는 것은 무엇보다 중요하다. 예를 들면 이익과 관련된 메시지보다는 손실과 관련된 메시지의 민감성이 더 높다라든지 혹은 위협의 정도가 너무 높으면 사람들이 필요 이상의 공포를 느끼게 되고, 이러한 공포를 소화할 능력이 없으면 오히려 메시지를 외면하게 된다는 것 등은 이미 이론을 통해서 검증되기도 했지만 일반적으로 수용할 만한 경향성이다. 이러한 이론적인 경향성은 현실 세계에 일반적으로 적용하는 데 무리가 없다. 이러한 일반적인 경향성마저 무시하는 위험 커뮤니케이션 메시지는 성공할 확률이 낮다고 할 수 있다. 하지만 동시에 이러한 일반적인 경향성을 무조건 현실에 동일하게 적용하는 것은 실패를 부를 확률이 높다.

이론의 현실적인 적용과 관련하여 많은 고민이 필요한 분야 중 하나가 금연 캠페인이다. 2000년대 들어서 금연 캠페인은 담배의 해악을 이성적으로 강조하는 메시지를 많이 사용했는데, 최근에 와서는 공포 메시지를 사용하여 감정적인 반향을 불러일으키려는 빈도가 늘어나고 있다. 2016년 12월 23일부터 시행된 담뱃갑 경고그림 제도와 더불어 흡연 위험성에 대한 공포심을 자극하여 금연 행동으로 유도하고자 하는 전략을 많이 사용하게 되었다. 이러한 공포 메시지의 효과에 대해서 우리나라 금연 캠페인을 주관하고 있는 한국건강증진개발원의 보도자료에 따르면, 공포 메시지를 접한 흡연자 중 "금연을 고려하게 됐다"는 응답이 56%에 달하는 것으로 나타났다. 수치상으로 보면, 매우 효과적인 메시지가 사용되었다는 것을 알 수 있다.

하지만 19세 이상 성인 남자의 흡연율은 15년 39.4%, 16년 40.7%, 17년 38.1%, 18년 36.7%로 큰 변화를 보이지 않고 있다. 성인 여자 흡연율은 2015년 5.5%, 2016년 6.4%, 2017년 6%, 2018년 7.5%를 보여 정체 혹은 약간 상승하는 경향을 보여주고 있다. 최근 전자담배 흡연율이 크게 늘어난 것을 감안하면 흡연율 감소는 정체기에 접어들고 있다고 할 수 있다. 과도한 공포 메시지의 사용이 실제적인 행동 변화로 이어지지는 않을 수도 있음을 보여준다. 공포 메시지의 사용이 사람들의 관심을 끌 수는 있지만 받아들이는 사람이 그것을 소화할 동기나 능력을 가지지 못한다면 오히려 역효과를 가져오기 쉽다(Evans-Polce, Castaldelli-Maia, Schomerus, & Evans-Lacko, 2015). 또한 공포 소구를 통해서 흡연자에 무조건 사회적인 낙인을 찍는 것은 흡연자의 반발을 불러와서 오히려 역효과가 생기는 경우도 발생한다. 따라서 무조건 공포의 강도를 높이는 접근 방법은 이론의 일반적인 경향성을 반영하지 못하는 것이다. 공포를 통해 얻어낸 주목 효과를 실제적으로 예방 행동과 연결시키기 위해서는 흡연자에 대한 이해, 사회맥락적인 영향 요인, 문화적인 배경을 충분히 고려한 메시지 전략을 구성하는 것이 필요하다.

금연 캠페인에는 공포 프레임 외에도 여러 가지 메시지 전략들이 사용된다. 그런 의미에서 2019년에 새롭게 시행된 보건복지부의 금연 캠페인("깨우세요, 우리 안의 금연 본능")은 사람들이 가진 금연 본능을 일깨우는 긍정적인 메시지를 사용한다는 측면에서 이전과 다른 참신한 시도라고 하겠다. 우리나라 금연 캠페인 역사상 가장 성공했던 메시지는 2002년 폐암으로 사망한 전설적인 코미디언 이주일 씨가 직접 금연 캠페인 광고에 출연해서 자신의 경험을 이야기하면서 흡연자들에게 금연을 진솔하게 당부했던 말이었다. 어떤 거창한 메시지보다도 사람들의 마음을 울리는 메시지는 자신의 경험을 담담하게 사람들과 공유하려는 메시지다. 고 이주일 씨의 금연 캠페인으로 인해서 2001년 60.9%였던 성인 남성 흡연율이 2005년 51.6%로 뚝 떨어졌다.

> **담배 맛있습니다. 그거 독약입니다. 저도 하루에 두 갑씩 피웠습니다. 하 이제 정말 후회가 됩니다. 1년 전에만 끊었어도 말입니다(콜록콜록) … 흡연은 가정을 파괴합니다. 국민 여러분, 담배 끊어야 됩니다(고 이주일 씨가**

출연했던 금연 광고 메시지).

정말 간단한 메시지이지만 고 이주일 씨의 진솔한 모습이 메시지의 울림을 더해주었다. 이러한 증언형 광고도 메시지를 하나의 내러티브로 구성함으로써 사람들에게 좀 더 실질적으로 다가갈 수 있고 위험을 좀 더 가까이에서 실감할 수 있게 하는 효과를 준다. 2016년에도 실제 흡연으로 구강암에 걸린 일반인이 등장해서 흡연의 폐해를 증언하는 광고를 다시 시도했는데, 이때도 상당한 광고 효과를 거둔 것으로 알려져 있다.

금연 캠페인이 성공하기 위해서는 무조건 흡연의 공포에만 매달려서는 안 된다. 장기적인 관점에서 공포를 통해 주의를 환기시키고, 직접 행동으로 이어질 수 있는 메시지 전략을 함께 사용하는 것이 필요하다. 흡연자를 낙인 찍기보다는 금연을 실천할 수 있는 의지를 만들어주는 것과 함께 담배를 피우지 않는 사람은 흡연 상황으로 접근하지 않도록 자기 효능감을 높여주는 것이 중요하다. 금연 캠페인은 메시지를 통한 충격만으로는 부족하고, 실천으로 옮길 수 있는 행동 단서들을 함께 제시하는 것이 중요하다. 또한 모든 요소들을 장기적인 관점에서 캠페인 구성 요소로 설정하고 단계별로 효과를 점검하면서 실천해나가는 것이 필요하다.

우리나라 금연 캠페인은 메시지 전략상의 문제점과 함께 캠페인이 이루어지는 행정 절차적인 문제도 수정될 필요가 있다. 보건복지부에서 시행하는 금연 캠페인을 살펴보면, 1년 단위로 예산이 배정되다 보니 장기적인 커뮤니케이션 캠페인을 실행할 시간이 부족하고, 1년 단위로 단발적으로 아이디어를 쥐어짜서 광고를 만들고 실행하다 보니 캠페인을 연결하는 장기적인 효과에 대한 안목이 부족하다. 이런 준비

시간의 부족은 장기적으로 커뮤니케이션 정책을 입안하기 어려운 공무원 사회의 관행과 예산 집행 시스템의 문제와도 밀접하게 관련되어 있다. 또한 금연 광고 캠페인을 집행할 보건복지부 담당자들이 낮은 전문성을 가지고 있는 것도 문제이다. 실무 책임자들은 금연 캠페인과 관련한 전문성을 얻을 때 정도 되면 다른 자리로 옮겨가는 경우가 대부분이다. 또한 공무원은 1년 단위로 업무 성과를 평가받아야 하는 상황이다 보니, 마땅히 장기적인 관점에서 바라봐야 할 금연 캠페인이 단기적인 목표 달성에 경도될 수밖에 없다. 금연 캠페인이 지금보다 좀 더 효과적으로 운용되려면 장기적인 관점에서 지속할 수 있는 캠페인을 입안해서 실행할 필요가 있고, 그것을 뒷받침할 행정적인 시스템이 마련되어야 한다. 이러한 정부 주도 커뮤니케이션 캠페인의 문제점은 다른 정부 부처의 경우도 대동소이하다고 할 수 있다.

사실상 메시지 전략만으로 금연 캠페인이 성공할 수는 없다. 금연 캠페인을 집행하는 것은 많은 압력단체들과 싸워야 하는 일이다. 커뮤니케이션이 단순히 광고 메시지일 수 없는 이유이다. 아래는 2015년 12월 29일 한국일보에 게재된 한국담배판매인회중앙회 회장이 “새 금연 광고의 문제점”이라는 기고문에 낸 내용 중 일부분이다.

> **흡연을 하면 특정 질병이 발병할 확률이 높아진다는 것은 일반적인 사실이지만, 흡연을 하면 반드시 질병에 걸린다고 무작정 단정하는 것은 과장이다. 햄버거 같은 패스트푸드를 먹으면 비만이 될 확률이 높아진다고 말하는 것이 아니라 반드시 먹은 사람 모두가 비만이 된다고 하는 것과 같은 논리이기 때문이다. 사법부의 판단 역시 이번 금연 광고가 잘못됐다는 사실을 뒷받침한다. 지난해 4월 대법원은 “흡연과 폐암 발병 사이에 인과관계가 인정되지 않는다”며 흡연이 반드시 폐암을 일으킨다고 단정할 수 없다**

> 고 판시했다. 그럼에도 불구하고 이번 광고는 사실을 있는 그대로 표현하지 않고, 흡연은 곧 질병이라고 소비자들에게 유포하고 있는 것이다. 또한 이 광고는 소비자가 '담배를 구입하는 행위'는 질병을 사는 것과 같다는 주장과 함께 흡연자가 담배를 구입하는 행위를 죄악시하는 방법으로 소매인의 영업을 심각하게 방해하고 있다. 흡연자들에게 지나친 흡연을 삼가라고 말하는 것이 아니라 담배 자체를 구입하지 말라고 설득하는 것으로 이는 법이 허용한 담배 소매인들의 영업을 과도하게 침해하고 있기 때문이다(한국일보, 2015년 12월 23일자).

과학적인 사실을 증명하는 것은 어려운 일이다. 아무리 압도적으로 인과관계가 검증되더라도, 소수의 다른 의견을 가진 과학적인 사실들이 존재할 수밖에 없다. 따라서 금연 커뮤니케이션 캠페인이 성공하려면 광고 메시지를 만드는 것에 그치는 것이 아니라 좀 더 많은 우군을 모으고, 이익단체들의 반격에서 금연의 당위성을 지켜내는 것이 중요하다. 2008년부터 효력을 발휘하고 있는 국제적인 담배규제기본협약FCTC에 따라 우리나라도 담배 가격 인상, 금연구역 확대, 담뱃갑 경고그림, 청소년 금연 대책, 편의점 담배광고 대책, 담배회사 마케팅 대응, 전자담배 및 향 첨가 담배 대책 등 국제 기준의 담배 규제 및 금연 정책을 시행하려고 노력하고 있다. 이런 정책적인 노력들이 성공하기 위해서는 여론이 금연 정책을 적극적으로 지지해주어야 한다.

대부분의 건강 이슈에서 커뮤니케이션 메시지가 성공하기 위해서는 메시지 자체의 효과도 중요하지만 광범위한 공론의 장에서 비롯되는 우호적인 여론 형성에 초점을 맞추고 통합적인 전략 하에서 메시지가 작성되는 것이 중요하다(Zoller, 2005). 2016년 12월 23일부터 처음으로 시행된 담뱃갑 경고그림에 대한 이익단체들의 반대는 상상을 초월할 정도로 거셌다. 한국담배판매인회중앙회는 경고그림에 대해 대다수 국민이 혐오감을 느낀다는 조사 결과를 발표하기도 했고, 담배회사의 유사 로비 기관들이 경고그림의 적용을 제한적으로 하거나 그림의 크기를 줄이기 위해서 엄청난 로비 활동을 했다. 이런 난관을 뚫고 마침내 담뱃갑 경고그림을 채택할 수 있었던 것은 대다수 국민이 정책을 지지해주었기 때문이다. 결국 금연 커뮤니케이션 캠페인은 충격적인 광고 메시지를 사용하여 사람들의 이목을 끄는 것도 중요하지만, 실제적으로 흡연율을 낮추기 위한 종합적인 대책과 그것을 밑받침하는 일관된 커뮤니케이션 메시지가 조화를 이룰 수 있어야 한다. 따라서 금연 메시지는 메시지 자체의 효과와 함께 종합적인 정책 방향성과 궤를 같이하면서 광범위한 공중을 대상으로 우호적인 여론이 형성될 수 있도록 장기적인 안목을 가지고 만들어지는 것이 중요하다.

메시지 효과를 가로막는 심리적인 거리

메시지의 사용은 양날의 칼이다. 잘 사용하면 위험을 줄이거나 예방할 수 있지만, 잘못 사용하면 위험을 사회적으로 확산시키거나, 비이성적인 대응에 나서게 할 수도 있다. 위험과 관련한 메시지에서 가장 많이 차용되는 방법인 수치, 이야기, 그림의 사용도 마찬가지이다. 앞서 설명했듯이, 이론적인 접근이 모든 해답을 가져다주지는 않는다. 현실은 너무 복잡하고, 사람들의 심리는 각양각색이기 때문에 하나의 이론, 하나의 모델로 현실의 문제를 푼다는 것은 어려운 일이다. 특히 사람들이 가지는 환경적이고 심리적인 차이를 고려하는 것이 필요한데, 이는 위험 사안을 받아들이는 사람들의 인식이 자신이 처한 상황에 따라 각자

다를 수 있음을 고려한 것이다. 사람들은 위험에 대한 감정, 태도, 사회적인 규범, 자기 효능, 가치 기준, 신념, 목표 지향성, 습관, 능력, 지식 등 많은 면에서 모두 다르다. 위험 커뮤니케이션과 관련한 연구들도 감정에 대한 고려, 사회적인 신뢰의 문제, 공중의 참여 의도 등에 초점을 맞추는 경향이 뚜렷해지고 있다(McComas, 2006). 이러한 사람들의 위험에 대한 다른 인식 중에서 가장 쟁점이 되는 것은 위험에 대해서 느끼는 사람들의 심리적인 거리이다.

보통의 경우, 사람들은 위험을 피하는 데 동기화되어 있다. 하지만 어떤 위험에 대해서는 심히 무관심하다. 기후 변화의 경우가 대표적인 경우이다. 『하버드 비즈니스 리뷰』에 난 논문에 따르면(Markman, 2018) 네 가지 이유가 있는데, 첫째, 기후 변화 이슈는 단기적인 편익과 장기적인 편익에 대한 상대적인 인식과 관련되어 있다. 평범한 사람들의 입장에서는 장기적인 편익을 실현하기 위해서 단기적인 편익을 포기하기는 쉽지 않다. 미래의 기후 변화에 대응하기 위해 현재 내가 누리는 편리함을 포기하기가 쉽지 않은 것이다. 아마 일반적으로 사람들이 이런 경향을 보이지 않는다면 사회의 많은 문제들이 해소될 수 있을 것이다. 둘째, 기후 변화 위험은 영향력이 일관되게 일어나는 일이 아니라 비선형적인 영향력을 보이기 때문에 사람들이 영향력을 가늠하기가 쉽지 않다. 처음에는 그 영향력이 미미해 보이다가 점점 더 시간이 지날수록 영향력이 급속도로 커지는 위험은 사람들 입장에서는 무시하기가 쉽다. 처음의 미미한 영향력에 안도해서 계속 축적되어가는 위험을 눈치채지 못할 가능성이 크기 때문이다. 이러한 예는 흡연이나 다른 생활 습관 질병에서 많이 찾아볼 수 있다.

셋째, 기후 변화 이슈는 대부분의 사람들에게 심리적으로 거리가 먼 위험이다. 해석수준 이론construal level theory에 따르면, 사람들은 심리적으로 멀게 느끼는 사안에 대해서는 추상적으로 생각하는 경향이 있으며, 심리적으로 가깝게 느끼는 사안에 대해서는 구체적으로 생각하는 경향이 있다. 기후 변화는 사람들에게 심리적으로 멀리 떨어져 있는 사안이기 때문에 추상적인 위험으로 받아들여지고, 구체성이 부족하기 때문에 무시해도 되는 위험이라고 생각하기 쉽다. 마지막으로, 미래는 언제나 현재보다 우선순위에서 밀린다. 미래에 어떤 일이 실현될 가능성은 항상 열려 있기 때문에 사람들은 그런 불확실성에 미래를 맡겨버리는 경향이 있다. 특히 기후 변화 이슈는 회의론자들이 존재하기 때문에 사람들의 입장에서는 위험을 과소평가할 수 있는 이유들을 손쉽게 찾을 수 있다.

여기서 가장 주목해야 하는 요인이 세 번째와 네 번째 이유와 관련된 심리적인 거리psychological distance 개념이다(Trope & Liberman, 2010). 어떻게 보면 모든 요인들은 이 심리적인 거리와 밀접하게 연결되어 있다. 사람들이 심리적으로 멀게 느껴지는 위험에 대해서 판단을 미루고 현재나 가까운 편익에 집중하는 것은 어찌 보면 자연스러운 현상이다. 우리나라 사람들의 경우에도 행동의 즉각적인 결과에 관심을 많이 가지는 사람들일수록 기후 변화를 심리적으로 먼 거리에 있는 사안이라고 느끼고, 이런 방식으로 심리적으로 먼 사안이라고 느끼는 사람들은 기후 변화의 위험을 감소시키려는 대응 행동에 무관심한 것으로 나타났다(함승경 · 김혜정 · 김영욱, 2020). 이러한 결과는 심리적인 거리가 사람들의 위험 사안에 대한 시각을 결정하며, 예방 행동 의도를 결정한다는 것을 보여준다. 위험 사안에 대해 심리적으로 거리를 느끼는 사람들은 위험을 추상적으로 생각하기 때문에 자신이 위험과 직면하고 있다는 사실을 눈치채지 못하거나 외면한다.

그렇다면 크고 확실한 재앙이 될 것이 분명한 기후 변화 위험에 대해서 어떤 커뮤니케이션이 이런 사람들의 심리를 바꿀 수 있을까? 이를 위해서는 미래에, 멀리 떨어진 위험이 사실은 가깝고, 구체적인 위험이라는 것을 설득할 필요가 있다(Spence, Poortinga, & Pidgeon, 2012; Mayer, 2018). 기후 변화로 인한 재앙은 아주 멀리 있는 것처럼 느껴지지만, 기후 변화로 인한 폭염, 이상기온 등은 우리들 생활 속에서 느껴지는 위험이다. 단지 이것을 기후 변화와 연결시키지 않을 뿐, 기후 변화 현상들은 이미 우리 생활 깊숙이 자리잡고 있다. 그것을 실생활에서 인식하는 것이 무엇보다 중요하다. 흡연도 마찬가지이다. 당장 사람들이 폐암으로 사망하지는 않겠지만, 현재에도 흡연 때문에 나타나는 미세한 건강상의 변화들은 많다. 아주 재앙적인 최종 결과를 강조하기보다는 쉽게 생활 속에서 나타나는 현상들을 강조함으로써 오히려 위험을 피부로 느낄 수 있게 만드는 메시지를 사용하는 것이 좋은 커뮤니케이션 전략이다.

그래도 기후 변화를 예방하기 위한 행동에 나서기를 주저하는 사람이 있다면 직접적이고 실제적인 예를 들어서 설명하는 것이 필요하다. 만약 어떤 사람이 기후 변화가 일어날 확률이 낮기 때문에 그런 통계에 기초해서 행동에 나설 수 없다고 한다면, 역으로 어떤 일이 일어날 확률이 어느 정도 되었을 때 당신의 건강에 위험을 줄 수 있는 요소를 막기 위해 행동에 나설 것인가를 물어보는 것이 중요하다. 많은 기후 변화 회의론자들은 자신들이 믿고 싶은 통계를 믿으면서 기후 변화가 확실히 일어날 위험은 아니라는 것을 강조하는데, 자신이 암에 걸릴 확률이 반반이라고 할 때도 그 위험을 무시할 수 있는가를 물어본다면 다른 관점에서 위험을 바라볼 수 있게 된다. 하물며 기후 변화는 대부분의 과학자들이 합의를 본 확실한 미래 세대 재앙이다. 위험에 대한 심리적인 거리의 문제는 결국 선택의 문제를 우리에게 안겨준다. 사람들이 현재의 편익을 위해 미래 세대의 재앙을 방치한다면 그것도 하나의 선택이 될 수 있다. 하지만 사람들이 이런 선택을 하는 것이 얼마나 심각한 일인가를 알지 못하고 결정된다면 그것은 결국 커뮤니케이션의 실패로 귀결될 것이다. 효과적인 위험 메시지는 이런 심리적인 장벽을 뚫고 나올 수 있어야 한다.

효과적인 메시지를 위한 조언

위험 커뮤니케이션과 관련하여 많은 유형의 프레임과 접근 방법이 있지만, 가장 많이 인용되는 메시지 접근 방법으로는 이야기로 풀어서 설명하는 내러티브narrative 메시지와 시각적인 단서를 통해서 설득 효과를 높이는 비주얼visual 메시지가 있다. '말하다'라는 의미의 라틴어에서 유래한 내러티브는 흔히 스토리텔링이라고 불리는 커뮤니케이션 형식을 말한다. 어떤 사안을 이야기 형식으로 풀어서 쓰는 것으로 사실에 대해 추상적으로 기술하기보다는 어떤 이야기 주체가 겪은 삶의 경험에 바탕을 두고 구체적으로 서술된다. 시각적인 비주얼 메시지의 영향과 관련하여 속칭 '메라비언의 법칙The Law of Mehrabian'이라고 알려져 있는 것처럼, 사람들은 일반적으로 시각적인 정보를 통해서 반 이상의 이미지 단서를 받아들이고, 이에 반해 언어를 통해서 받아들이는 단서에 대해서는 아주 미약하게 반응한다(Mehrabian, 1971, 1972). 즉 사람들은 말로써 설득하는 것보다는 보여지는 시각적인 정보에 의해서 훨씬 더 많은 정보를 받아들인다는 의미이다. 따라서 어떻게 시각적인 단서를 제시하는가에 의해 커뮤니케이션 효과가 결정되는 경우가 많다. 만약 말하는 내용과 시각적인 커뮤니케이션 단서가 일치하지 않는다면,

사람들은 말의 내용보다는 시각적인 커뮤니케이션을 더 압도적인 단서로 받아들일 것이다. 예를 들어, 행복한 내용의 이야기를 울면서 한다면, 사람들은 슬픔을 지배적인 감정으로 받아들이게 된다.

기후 변화의 위험성을 표현한 가장 효과적인 메시지를 들라고 한다면 줄어드는 얼음 면적과 기온의 변화로 고통을 겪고 있는 북극곰 가족의 이야기일 것이다. 어떤 수치나 전문가의 경고보다도 북극곰 가족의 이야기가 사람들에게 다가오는 이유는 무엇일까? 그것은 아마 이야기가 우리 모두를 현실로부터 벗어나서 이야기의 세계로 전이시키는 효과가 있기 때문일 것이다. 이러한 효과를 "전이transportation 효과"라고 하는데, 전이 효과는 감정적인 반응을 불러일으킬 뿐만 아니라 불신을 잠시 제쳐두는 효과를 가진다(Dillard, Ferrer, & Welch, 2018). 즉 어떤 사안이 이야기로 전달된다면, 그 사안을 논리적으로 따져보려는 마음보다는 감정적으로 동화되거나, 그 이야기를 믿어보려는 사람들의 의도가 강해진다는 뜻이다.

이러한 이야기 형식에 대한 호의적인 태도는 메시지에 대한 반발심을 최소화하기 때문에 발생하는 것이다. 사람들은 본능적으로 이야기에 주목하는 경향이 있으며, 이야기에 빠져드는 성향이 있다. 그것은 아마 태초의 인간이 이야기라는 원형 속에서 성장해왔기 때문일 것이다. 우리나라에서 행해진 연구에서도 내러티브 메시지의 효과가 증명되었다(김영욱·함승경, 2016, 2017). 메르스MERS 감염 위험 상황에서 사람들은 내러티브 메시지에 의해서 전이 효과를 거쳐 감정적으로 동화되는 반응을 보였고, 위험 인식도 높아지는 것으로 나타났다. 특히 내러티브 메시지의 효과는 문화적인 특성과도 관련되어 있었는데, 평등주의 성향이 높은 사람들은 내러티브 메시지를 통해서 이야기에 등장하는 인물과의 동일시를 이룸으로써 그 사람들을 이해하고, 피해자들을 부정적으로 보고자 하는 태도가 줄어드는 것으로 나타났다. 평등주의 성향을 가질수록 사람을 동등하게 이해하고자 하는 욕구가 더 강하기 때문에 내러티브 메시지에 대한 감응도 더 커졌다고 추론해볼 수 있다. 이러한 연구 결과들은 우리나라 사람들에게도 내러티브 메시지들이 효과적이며, 인간을 이해하고자 하는 시선을 가지는 데 좋은 영향을 주고 있다는 것을 보여준다.

하지만 내러티브 메시지가 위험 커뮤니케이션에서 좋은 결과만을 가져오는 것은 아니다. 내러티브 메시지의 문제점은 정확도와 관련해서 발생한다. 이야기는 어떤 이슈를 수용하거나 이해하는 것과 관련해서는 뛰어난 효과를 발휘하지만, 위험 사안과 관련한 정확한 정보를 전달하는 데 유용하다고 말하기는 어렵다. 예를 들어, 언론 기사를 구성하면서 예방 접종을 하고 부작용을 겪은 사람의 수가 아주 미미하면, 그 기사의 내용은 예방 접종을 하고 이상이 없었던 사람을 중심으로 서술되면서 부작용을 겪은 사람의 경우를 아주 예외적인 것으로 다루는 것이 맞다. 하지만 많은 언론은 부작용을 겪고 고생하는 특정인을 이야기 형식으로 풀어서 다룸으로써 기사를 읽는 사람들에게 잘못된 위험 인식을 안겨주는 경우가 많다. 이렇게 부분적인 예시를 통해서 전체를 잘못 판단하는 일은 위험 인식에 대한 오류와 깊이 관련되어 있다 (Zillman, 1999). 특히 위험 사안과 관련한 내러티브 메시지는 미디어를 통해서 의제를 설정하거나 공적인 장에서 여론을 환기시키는 데는 효과적으로 작용할 수 있지만, 너무 감정적인 소구에 치중함으로써 의제를 지속적으로 이끌어가는 데 한계를 가질 수 있다. 이야기에 대한 감정은 다른 이야기가 나오면 금방 잊히는 경우가 대부분이다.

수많은 위험 사안들이 언론에 등장했다가 사라져버리는 것도 이야기에 너무 의존하기 때문에 생기는 현상일 수 있다. 예를 들어, 언론이 노인의 고독사 문제를 다루면서 어떤 한 고독사 사건을 집중 조명해서 다룬다면, 사람들의 주목을 끌거나 동정심을 자아내는 데는 성공할 수 있지만, 고독사 문제가 가지는 사회 구조적인 문제를 조명하는 데는 취약해질 수밖에 없다. 아래는 고독사 관련 한 내러티브 기사의 예를 보여준다.

> **나 혼자 간다 … 심각한 중장년 고독사**
>
> **이웃들의 기억 속에 A(52·여)씨는 흐릿하게만 남아 있었다. A씨가 아무도 모르게 홀로 숨진 사실 역시 2주가 지나서야 알려졌다. 그마저도 같은 건물 2층을 타고 넘어온 코를 찌르는 악취 때문이었다. 수년 전 당뇨 합병증으로 다리 절단 수술을 받은 장애인이자 기초생활보장 수급자였던 A씨는 지난달 20일 서울 관악구의 한 다세대주택에서 발견됐다. 발견 당시 뼈가 보일 정도로 시신의 부패가 진행돼 있었다. 그가 홀로 살게 된 건 15년 전쯤 가정폭력을 일삼던 남편과 이혼한 뒤부터인 것으로 알려졌다. 이후 다른 가족도, 특별히 친한 지인 등과의 돈독한 연결망 없이 홀로 살았고, 갑작스레 외로운 죽음을 맞았다. 그보다 한 달 앞선 7월에는 탈북자인 40대 여성과 6살배기 아들이 관악구의 한 임대아파트에서 숨진 채 발견됐다. 사망한 지 약 2개월 만이었다. 지난 6월 부산 사상구에서는 60세 남성이 사망한 지 1년 만에 백골 상태로 발견됐다**(서울신문, 2019년 9월 8일자).

전형적인 노인 고독사 관련 기사들은 내러티브 기사의 형태를 띠고 있는데, 이런 기사들은 잠깐의 동정심을 끌어내는 역할을 수행할 뿐 사실상 구조적인 모순 해결과 연결되기는 어렵다. 노인 고독사 문제를 해결하기 위해서는 정확한 통계 작성과 실태 파악, 사회적인 노인 커뮤니티의 형성, 국가 복지 시스템의 전면적인 재검토 등과 같은 좀 더 복잡한 구조적인 문제 해결을 위한 동기 부여와 해결 방법 제시가 요구된다. 따라서 감정적인 동조가 이러한 지속적인 문제 해결 접근과 연결되기 위해서는 내러티브 메시지가 만들어준 관심을 좀 더 복잡한 사고와 행동으로 연결하는 커뮤니케이션이 중요해진다. 내러티브 메시지가 관심을 끄는 목적으로 이용될 수는 있지만 사회 위험 문제 해결을 위해서는 좀 더 구체적인 메시지와 함께 연속적으로 이루어져야 하는 이유가 여기에 있다.

한편 내러티브 메시지는 사람들이 위험 사안에 대해서 가지고 있는 심리적인 거리감을 줄이는 데 효과적으로 사용될 수 있다. 아프리카 기아 어린이들을 돕기 위해 사용되었던 한 캠페인이 그 예가 될 수 있다. '지구 천사Global Angels'라는 한 NGO 단체는 길을 지나가는 사람들 앞에서 쓰러지거나, 쇼핑봉투를 쏟아서 곤란을 겪는 사람을 캠페인 활동에 실제로 등장시킨다. 지나가는 사람들은 곤란을 겪고 있는 그 사람을 도와주거나 기꺼이 도움의 손길을 내민다. 그 순간에 쓰러져 있던 사람이 "저를 도와주는 마음으로 굶어 죽어가는 아프리카 어린이들을 도와주세요"라는 메시지가 쓰인 종이를 내민다. 이 캠페인이 의도하는 것은 사람들이 가지고 있는 보편적인 측은지심을 환기시키려는 것이다. 모든 사람이 위험이 닥친 사람을 돕고 싶은 마음을 가지고 있다. 하지만 아프리카 어린이들에게 그런 마음이 들지 않거나 막상 실행에 옮기지 못하는 이유는 그런 위험이 너무 멀리 있다고 생각하기 때문이다. 자신에게 관련이 없거나 심리적으로 멀다고 느끼면 사람들은 죄책감을 느끼지 못하고 안락한 현상을 유지하는 결정을 내리고 만다.

윤리철학자 피터 싱어Peter Singer의 책, 『물에 빠진 아이 구하기The Life You Can Save: Acting Now to End World Poverty』에 나오는 아래 이야기의 질문도 같은 맥락이다(Singer, 2009).

당신은 출퇴근길에 작은 연못가를 지난다. 날씨가 더울 땐 아이들이 연못에서 물놀이를 즐기곤 한다. 겨우 무릎 정도 깊이의 연못이다. 날도 추운 오늘, 그것도 이른 아침 시간에 연못에서 물장난하는 아이를 보고 당신은 의아한 생각이 든다. 연못에 가까워지자 그 아이가 아주 어린아이라는 것을 알게 된다. 아이는 똑바로 일어서지도 못한 채 허우적거리느라 연못 밖으로 혼자 걸어 나올 수 있는 상황이 아니다. 부모나 돌봐주는 사람이 있는지 주위를 살펴봤지만 아무도 없다. 아이는 이제 물 밖으로 고개를 내밀고 있기도 힘든 상황이 됐다. 당신이 그 아이를 물 밖으로 꺼내주지 않는다면 아이는 물에 빠져 죽을 것이다. 물속에 들어가는 일이 위험한 일은 아니다. 어렵지도 않다. 하지만 며칠 전에 구입한 새 구두가 물에 젖어 신을 수 없게 될 것이고, 양복도 진흙으로 엉망이 될 것이다. 아이를 물 밖으로 구출해 부모에게 인도한 후 옷을 갈아입고 출근을 한다면 직장에 지각할 것이 뻔하다. 당신은 어떻게 할 것인가?

대부분의 사람들은 이때 아이를 구하는 결정을 할 것이다. 이 질문이 의미하는 것은 분명하다. 당신이 가진 측은지심이 작동된다면 어려움에 처한 사람을 그대로 보아 넘기기는 힘들다는 것이다. 전략적인 차원에서 이제 다른 질문을 해야 한다. 이 사례와 함께, 당신이 물에 빠진 아이를 구하는 마음으로 왜 아프리카의 죽어가는 아이들을 도와주지 못하는지 질문해볼 수 있다. 같은 사안에 대해 다른 행동을 하는 당신의 결정을 재고해달라고 요청하는 것이다. 죽어가는 아이를 살리는 행동을 연못에 빠진 아이의 경우에는 하면서, 왜 다른 경우에는 하지 않는지 생각해보게 하는 것이다. 우리가 효과적인 커뮤니케이션을 한다는 것은 사람들이 가지고 있는 측은지심을 일깨워서 위험 사안에 대해서 심리적으로 가깝게 느낄 수 있도록 만들어주는 것이다. 내러티브 메시지가 이렇게 사람들의 심리적인 거리감을 줄이는 데 이용된다면 위험을 실질적으로 줄이는 데 상당한 효과를 발휘할 수 있다.

위험 커뮤니케이션에서 많이 사용되는 것이 그림이나 도표 등을 사용한 비주얼 메시지이다. 특히 도표나 그림은 요약적으로 생생하게 사실을 보여주기 때문에 사람들의 즉각적이고 감정적인 반응을 이끌어내는 데는 안성맞춤이다. 특히 도표를 사용해서 시각적으로 보여주는 것은 메시지의 수용도나 이해도를 높이는 데 매우 효과적이다. 또한 그림이나 사진으로 보여주는 것은 감정적인 반응을 이끌어내면서 정보의 설득력을 높이는 데 좋은 효과를 발휘한다.

그렇다면 왜 시각적인 메시지가 더 효과적인 것일까? 보통 시각적인 메시지들은 분명한 예시를 보여주기 때문에 사람들이 가져야 하는 인지적인 노력을 줄여주는 효과가 있다. 또한 예시를 통해 보여주기 때문에 화자가 의도하는 메시지의 의미를 오차 없이 보여줄 수 있다. 하지만 시각적인 메시지가 분명한 의미를 담은 예시를 제시하기 때문에 효과적이라는 해석은 일차원적이다. 시각 메시지를 통한 설득에 있어서 오히려 어떤 확정된 규칙이 없는 시각적인 애매함이 설득적인 효과를 배가할 수 있다는 점이 더 강조될 필요가 있다. 이를 "시각적인 문법의 불규칙성syntactic indeterminacy"이라고 하는데, 스스로 보는 사람이 인과관계를 연결하거나, 비교, 대비, 유사성을 찾아내어 의미를 해석하는 과정 속에서 제시된 메시지의 효과가 높아지는 경우가 많다 (Messaris, 1997).

우리나라의 많은 시각 메시지들이 가지지 못하는 부분이 이런 부분인데, 너무 직접적으로 사물을 보여주거나, 전하고자 하는 메시지를 너무 뚜렷하게 전달하는 데만 신경을 쓰다 보니 메시지를 받아들이는 사람들의 상상력을 도리어 제한하거나, 참여 욕구를 오히려 사전에 차단시키는 경우가 많다. 위험을 감소시키거나 예방하기 위한 시각 메시지도 마찬가지이다. 분명한 위험 정보를 전달하는 것이 목적이 아니고 태도 변화와 설득에 초점을 맞춘다면, 직접적으로 위험을 시각적으로 표현하기보다는 그 의미를 스스로 찾아내고, 고민하고, 동기를 부여해주는 시각적인 메시지들이 더 효과적일 수 있다. 즉 위험의 결과를 그대로 보여주는 시각적인 메시지보다는 위험의 결과를 스스로 예상해볼 수 있게 하는 시각적인 메시지가 더 효과적일 수 있다. 화재로 잿더미가 된 집을 보여주는 것보다는 화재로 잃을 수 있는 행복한 가정의 모습을 보여주거나, 흡연의 결과로 생긴 신체적인 결함을 직접적으로 보여주는 것보다는 흡연으로 잃게 될 소중한 것들을 암시적으로 보여주는 것이 더 능동적으로 위험을 인식하는 데 도움을 줄 수 있다.

정보 불충분성에 대한 인식과 메시지 예방 접종

위험에 대응하기 위한 메시지의 효과를 높이는 일은 매우 어렵다. 정보가 주어진다고 해서 사람들이 위험을 유인하는 행동을 자동적으로 바꾼다고 보기는 힘들다. 아무리 위험 정보가 많다고 하더라도 사람들은 새로운 측면에서 위험 사안을 바라보려고 노력하기 귀찮아하는 경우가 많다. 담배를 피우는 사람은 그냥 담배를 계속 피우고 싶고, 야식을 즐기는 사람은 그냥 야식을 계속 먹고 싶은 욕구가 더 강하다. 한 미국 연구에 따르면(Yang, 2012), 대학생들이 신종 플루 독감에 감염될 위험성이 가장 높음에도 불구하고 아주 소수만이 신종 플루 백신을 맞는 것으로 나타났다. 신종 플루가 유행할 때는 엄청나게 많은 정보들이 쏟아졌고, 신종 플루 주사가 신종 플루의 위험을 현저히 낮춰준다는 정보가 모든 매체를 통해서 전파되었다. 하지만 연구에 따르면 대학생들은 신종 플루와 예방 백신에 대한 정보를 의외로 적게 가지고 있었고, 실제 더 정보가 필요하다는 생각도 갖지 못한 것으로 나타났다. 많은 사람들이 위험 사안에 대해서 자신들이 정보를 많이 가지고 있다고 느끼지만 실제로는 위험 예방이나 감소에 필요한 충분한 정보를 가지지 못하고 있는 것이다. 따라서 사람들이 위험 행동을 바꾸는 데 있어 실제로 중요한 것은 얼마나 자신들이 정보를 가지고 있다고 느끼는가가 아니라 얼마나 정보가 불충분하다고 느끼는가이다. 스스로 정보가 충분하다고 느끼고 만족한다면 정보를 찾아 나서거나, 정보를 좀 더 체계적으로 처리하려는 노력을 할 가능성도 낮아진다. 이런 상황에서는 위험을 예방하거나 감소시키기 위한 행동에 나설 리 만무하다. 또한 대부분의 사람들은 현상을 유지하기를 바라기 때문에 자신이 충분한 정보를 가지고 있다고 생각해버리는 경향성을 보여준다.

그렇다면 어떤 상황에서 사람들은 정보가 불충분하다고 느낄까? 위험정보 탐색처리 모델risk information seeking and processing model, RISP에 따르면, 위험을 실제로 인식해서 스스로 감정적인 동요가 일어나야 하고, 다른 사람들도 모두 동의하는 사회적으로 필요한 행동이라는 느낌을 가지는 것이 중요하다(Griffin, Neuwirth, Dunwoody, & Giese, 2004). 즉 위험으로부터 생기는 감정적인 반응과 사회 규범 차원의 인식이 중요하다. 이 과정에서 정보원에 대한 신뢰나 자신의 수용 능력 등이 일정한 역할을 하겠지만, 중심적인 요소는 결국 스스로 정보가 불충분하다고 느끼는 동기가 있어야 한다는 점이다. 정보가 불충분하다고 느끼는 것은 현재 정보의 보유 정도와는 무관한 경우가 많다. 오히려 현재 정보를 어느 정도 보유하고 있다고 느끼면, 정보가 불충분하다고 느끼는 것을 방해한다. 따라서 성공하는 커뮤니케이션 메시지 캠페인이 되기 위해서는 스스로 합리적인 위험 대응에 나설 수 있도록 위험에 대한 정보가 부족하고 자신은 사회적인 기준으로부터 뒤처지고 있다는 것을 자극하는 메시지를 제작하는 것이 중요하다.

위험 커뮤니케이션 메시지 전략에서 기억해야 할 접근 방법 중의 하나가 접종 이론inoculation theory이다(Compton & Pfau, 2005). 접종 이론은 우리가 질병에 대비해서 예방 주사를 맞는 것처럼, 위험에 대해서도 예방 주사를 맞는 것이 필요하다고 주장한다. 예를 들어, 코로나19 예방을 위해 마스크를 쓰는 행위에 대해서 일부 사람들이 마스크 무용론을 주장하는 것을 예상할 수 있다. 따라서 이러한 반대 메시지에 사람들을 먼저 노출시킨 다음, 이를 확실하게 반박하는 과학적인 증거들을 제시함으로써 사람들에게 마스크를 착용해야 하는 이유를 설득하는 방법이다. 즉 약한 강도의 반대 의견 메시지를 먼저 제시한 다음, 이를 확실하게 반박하는 메시지를 제시함으로써 사람들의 반대 메시지에 대한 방어 능력을 제고하는 방법이다. 이는 우리가 예방 주사를 통해서 미리 병균을 경험함으로써 항체를 만드는 것과 유사한 방법이다. 접종 이론을 활용한 메시지를 사용하게 되면, 위험 사안에 대한 관심을 높이게 될 뿐만 아니라, 이미 한번 위험 대응을 간접적으로 경험해보았기 때문에 스스로 자신감을 가지고 대응할 수 있게 된다.

접종 이론을 활용한 메시지는 위험 커뮤니케이션 분야에서 다양하게 적용될 수 있는데, 특히 동료 간의 압력이나 주위 사람들의 권유로 위험 행동에 빠지기 쉬운 사람들에게 효과가 있다. 예를 들어, 동료들 간의 압력 때문에 담배를 피우거나 술을 마셔야 하는 상황에 놓인 사람들에게는 접종 이론을 통해 제작된 메시지를 통해서 어떤 식으로 그런 상황에 대응해야 할 것인가에 대해서 간접적인 경험을 할 수 있게 한다. 이러한 간접적인 경험은 실제 상황에서 위험에 강력하게 대응하는 데 큰 도움을 준다. 또한 젊은 사람들의 무분별한 성생활은 자신의 파트너로부터 받게 되는 부당한 압력의 결과로 강화될 가능성이 높다. 청소년들이 이러한 파트너 압력이 이루어지는 상황과 이를 타개하는 예방 메시지를 미리 접함으로써 실제 상황에서 부당한 행위를 거부할 힘을 갖출 수 있게 된다.

이런 예방 접종 메시지는 가정 폭력, 성추행 혹은 성폭행, 데이트 폭력 등 실제 사건이 일어났을 때 어떻게 대처해야 할지 당황하게 되는 위험이나 약물 중독, 도박, 폭음 등 자신의 통제력을 벗어나기 쉬운 위험에 대해서 사전에 경고할 수 있는 좋은 수단이 된다. 이와 함께, 현대 사회의 위험 사안은 갈등을 수반하는 경우가 많다. 예를 들어, 기후 변화의 경우에 대다수의 과학자들은 기후 변화의 존재에 대해서 인정하고 있지만, 일부 소수의 정치인들은 기후 변화의 존재를 부정하기도 한다. 이렇게 사안에 대한 인식과 관련하여 갈등이 조장될 가능성이 높은 경우, 미리 예방 접종 메시지를 사용하는 것이 위험 인식을 높이고 적절한 위험 대응 행동을 유도하는 데 도움을 줄 수 있다. 기후 변화에 대해서 일부 정치인들이 주장하는 반대 논거를 미리 제시하고, 이를 철저히 증거에 기반하여 논박함으로써 향후 기후 변화에 대한 논란이 발생했을 때 좀 더 흔들리지 않고 기후 변화의 위험성을 대변할 수 있게 된다.

효과적인 위험 메시지 제작을 위한 고려사항

위험 메시지를 소구하는 방법은 여러 가지가 있다. 가장 많이 쓰이는 소구 방법은 앞서 설명했듯이, 위험을 이익의 형태로 소구하는 방법과 손실의 형태로 소구하는 방법이다. 보통 사람들은 이익이 예상되는 경우에 이익이 좀 적더라도 손실이 확실히 배제된 것을 선택하는 경향이 있다. 이익 프레임에서는 위험 회피적인 선택을 선호한다. 즉 사람들은 보통 안전한 이익을 추구한다. 하지만 손실이 예상되는 경우에는 적은 손실이라도 확실한 손실이 예상되는 경우보다는 손실이 클 수 있더라도 일어날 손실이 줄어들 수도 있는 불확실한 경우를 선호한다. 즉 손실 프레임에서는 위험을 추구하는 선택을 선호한다. 도박에서 돈을 잃게 되면 더 큰 도박판에 뛰어드는 것과 같은 이치다.

유명한 예상 이론의 예를 살펴보면 사람들이 다르게 반응하는 이유를 더 명확하게 알 수 있다. 질병으로 사망할 가능성을 지닌 600명이 있다고 했을 때, 1) A 치료 방법은 200명을 확실히 살릴 수 있고, 2) B 치료 방법은 600명 전원을 살릴 확률이 3분의 1, 어느 누구도 살리지 못할 확률이 3분의 2라고 한다면, 사람들 대부분은 A 치료 방법을 선호한다. 하지만 질문을 다르게 해서, 1) C 치료 방법에서는 400명이 확실히 사망하고, 2) D 치료 방법은 어느 누구도 죽지 않을 확률이 3분의 1이고, 600명 모두 사망할 확률이 3분의 2라고 한다면, 사람들 대부분은 D 치료 방법을 선택한다. 여기서 중요한 것은 A, B, C, D 치료 방법 모두 같은 결과를 다르게 표현하고 있을 뿐이라는 것이다. A 치료 방법과 B 치료 방법의 비교에서처럼, 사람들은 누구를 살릴 수 있다고 이익 프레임으로 표현하는 상황에서는 A와 같은 확실한 위험 회피를 선호한다("200명을 확실히 살릴 수 있다"). 하지만 C 치료 방법과 D 치료 방법에서 비교하는 것처럼, 사람들은 누군가 죽을 수 있다는 손실 프레임으로 표현되는 상황에서는 D와 같이 손실을 줄일 가능성이 있는 위험 추구 선택을 선호한다("어느 누구도 죽지 않을 확률이 3분의 1이고, 600명 모두 사망할 확률이 3분의 2이다"). 이런 식으로 메시지 프레임은 상황에 따라 효과적인 위험 관련 메시지를 작성하는 데 응용될 수 있다.

이익과 손실 프레임은 장기 기증 제도와 같은 국가 제도 및 정책의 효과를 높이기 위한 메시지에도 적극적으로 이용될 수 있다. 그림 5-2는 메시지의 프레임을 어떻게 구성하는가에 따라서 어떻게 사회의 위험 문제가 해결될 수 있는가를 잘 보여준다(Bazerman & Tenbrunsel, 2012). 그림은 덴마크, 네덜란드, 영국, 독일 등 장기 기증률이 낮은 국가와 스웨덴, 오스트리아, 벨기에, 프랑스, 헝가리, 폴란드, 포르투갈, 스웨덴 등 장기 기증률이 높은 국가를 비교해서 보여주고 있다. 장기 기증률이 높은 국가와 낮은 국가의 차이는 장기 기증 기본 옵션의 차이에서 기인한다. 장기 기증률이 높은 국가는 장기 기증 불참 의사를 표시해야 하는 국가이고, 장기 기증률이 낮은 국가는 장기 기증 참여 의사를 표시해야 하는 국가이다. 즉 가만히 있으면 장기를 기증하게 되는 국가는 기증률이 높고, 가만히 있으면 장기를 기증하지 않게 되는 국가는 기증률이 낮다. 우리나라는 후자의 경우이다.

국가 정책의 경우에도 사람들에게 어떻게 메시지를 프레임하는가에 따라서 사람들의 반응은 달라질 수 있다. 장기 기증 참여 의사를 표시하는 것은 긍정적인 메시지로 프레임된 것이고, 장기 기증 불참 의사를 표시하는 것은 부정적인 메시지로 프레임된 것이다. 긍정적인 메시지 프레임 상황에서는 위험을 회피하려고 하기 때문에 장기 기증을 위험으로 받아들여서 거부 의사를 표현하기 쉽다. 하지만 부정적인 메시지 프레임 상황에서는 위험을 수용하기 때문에 장기 기증을 수용하는 경우가 많아진다. 물론 장기 기증 불참을 표시하는 나라의 사람들은 불참 의사를 표시하는 것 자체가 귀찮아서 그만두는 사람도 많을 것이다. 하지만 이를 달리 표현하면, 좀 더 위험한 상황이 올 수 있더라도 사람들에게 손쉽게 행동으로 옮길 수 있는 방법을 제시하는 것이 매우 중

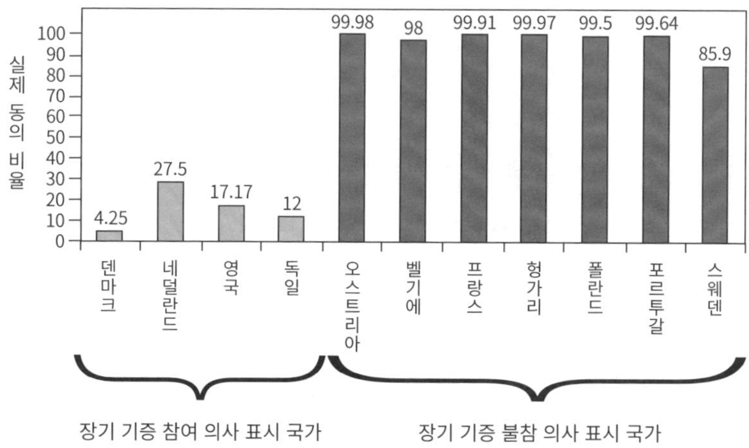

그림 5-2. 메시지 프레임에 따른 국가별 장기 기증 동의 비율
출처: Bazerman & Tenbrunsel(2012)

요하다는 것이다. 장기 기증 불참을 표시해야 하는 나라에서 그냥 장기 기증을 선택하는 경우는 위험이 더 있더라도 그냥 내버려두려는 심리, 즉 위험을 수용하려는 심리가 더 커진다는 것을 의미한다. 쉽게 접근할 수 있고, 자신의 시간을 희생하지 않고도 실행할 수 있는 방법이 있다면, 조금 늘어나는 위험을 수용할 수 있다는 것을 위험 커뮤니케이션 담당자는 이해할 필요가 있다.

메시지를 소구하는 방법은 다양하다. 또 다른 대표적인 소구 방법이 감정적인 소구와 이성적인 소구이다. 감정과 이성적인 접근의 효과와 관련해서는 많은 연구 결과들이 있지만, 주로 감정이 이성에 앞서서 작용한다는 주장과, 이성이 감정에 앞서서 작용한다는 주장이 혼용되고 있다. 감정과 이성은 동전의 양면과 같은 관계이고, 어느 한쪽이 더 중요하다고 하기는 어렵다. 하지만 메시지 소구는 사람들이 처한 상황에 따라서 감정적인 소구와 이성적인 소구의 효과가 달리 나타나는 경우가 많다. 특히 위험 사안에서는 감정적인 소구 방법이 많이 쓰이는데, 대표적인 것이 공포를 이용하는 공포 소구와 유머를 이용한 유머 소구이다.

사회적인 위험을 줄이기 위해서 공포 소구를 많이 쓰기는 하지만 공포 소구가 항상 효과적인가에 대해서는 이견이 많다. 공포 소구가 위험 사안에 대한 위험성을 환기시키는 효과는 절대적이지만, 위험을 줄이거나 예방하기 위한 행동을 보장한다고 하기는 어렵다. 예를 들어, 2016년 12월부터 시행된 담뱃갑 경고그림의 효과와 관련하여 그 효과가 줄어들고 있다는 보고가 이어지고 있다. 이러한 효과 감소는 공포 소구의 부작용을 잘 보여준다. 사람들은 처음 공포스러운 메시지를 접하면 어느 정도의 주목은 하지만, 곧 그것을 회피하려는 속성이 늘어난다. 공포를 대면해서 행동을 바꾸려고 하기보다는 단순하게 공포 메시지를 회피해버리는 것이다. 예를 들어, 고속도로에서 사용하는 졸음 운전 예방 메시지("졸음 운전은 살인 행위입니다" "깜박 졸음! 번쩍 저승!" "졸면 죽음!") 같이 공포와 충격 요법에 의존하는 메시지들이 효과를 가질 수 있는지는 의문이다. 짧은 시간에 지나가는 메시지일수록 쉬운 메시지 처리 프로세스를 사용할 가능성이 높아진다. 하물며 공포스러운 메시지라면 회피하고 싶은 욕구는 더 커진다.

공포 소구도 지혜롭게 사용할 필요가 있지만, 유머 소구의 경우 또한 위험 커뮤니케이션에서 조심할 필요가 있다. 고속도로 졸음 운전을 방지하기 위해서 쓴 메시지 중에도 유머 소구를 사용한 경우("졸면 뭐하노? 사고 날낀데, 차라리 쉬다 가지!!" "천하장사도 당신의 눈꺼풀을 들 수 없습니다.")가 있는데, 이런 경우에도 주목을 끌 수는 있지만 실제 행동으로 이어질 수 있을지는 의문이다. 하지만 공포 소구에 비해서 회피 욕구는 낮춰주고, 반발심을 줄여주어서 실제 행동을 가로막는 장벽은 낮춰준다는 면에서 유머 소구의 쓰임새는 상당하다고 할 수 있다. 고속도로 졸음 운전을 예방하기 위한 메시지에서는 일단 주목을 끈 다음에 그것이 행동으로 이어질 수 있는 메시지와 연결되는 것이 중요하다. 어떤 식으로든 사람들의 관심을 획득하고, 실제 행동 요령을 친절하게 알려주는 메시지("졸리면 → 창문 열기 → 휴게소 쉼터 휴식")와 연결시켜주는 것이 필요하다. 사람들이 쉽게 회피하는 메시지보다는 의식을 일깨워서 계속 생각하게 하고, 쉽게 행동으로 연결할 수 있게 만드는 메시지가 가장 효과적인 메시지이다.

위험을 유머로 표현하는 것은 문화적인 수용성에서도 차이가 있다. 우리나라 같은 경우는 위험을 유머의 대상으로 표현하는 것이 익숙하지 않기 때문에 사람들의 반발심을 불러올 가능성이 높다. 예를 들어, 뉴욕 지하철공사에서 안전과 관련한 내용을 유머 소구 동영상으로 표현해서 많은 찬사를 받은 적이 있는데, 이런 위험에 대한 유머 표현들이 우리나라에 도입되었을 때 같은 반응을 받을 것이라고 예상하기는 어렵다. 특히 동서양을 통틀어서, 감정적으로 깊게 연관된 쟁점들, 예를 들어 에이즈AIDS, 음주 운전과 같은 주제에 대해 유머 소구로 위험 메시지를 표현하는 것은 효과를 거두기가 어렵다. 유머 소구는 제한적으로 사람들의 관심을 끄는 데 사용되는 게 좋다. 그런 다음 사안에 대한 이해와 동조를 위해 차분한 메시지 전략이 이어서 나와주는 것이 필요하다. 어떤 위험 사안에 대해서 높은 관심을 가지고 심각하게 고민하는 사람들이 커뮤니케이션의 주 타깃 공중이라면 유머 소구를 되도록 자제하는 것이 필요하다.

한편 위험 커뮤니케이션에서 많이 사용하는 죄의식을 자아내는 죄의식 소구guilt appeal나 사회적인 의미를 강조하는 사회 소구social appeal도 사람들의 반응을 염두에 두고 기획되거나 집행될 필요가 있다. 어떤 위험 행동에 대해 죄의식을 불러일으키거나 사회적인 불이익을 강조하는 메시지는 개인의 입장에서 매우 부담스럽기 때문에 의식 속에서 붙잡아두려고 하기보다는 회피하고 싶은 욕구가 훨씬 더 강해질 수 있다. 이런 경우 죄의식을 강조하는 메시지는 심한 반발reactance을 불러일으킬 수 있다. 죄의식 소구를 사용하더라도 근원적이고 도덕적인 죄의식을 자극하기보다는 생활 속에서 실천을 통해 죄의식에서 벗어날 수 있는 방법을 제시하는 것이 더 효과적일 수 있다. 사회적인 편익과 사회 내에서 자신의 정체성을 강조하는 사회 소구 또한 너무 무리한 기준을 제시하기보다는 사회 구성원들이 대부분 행하고 있는 모습을 보여줌으로써 스스로 사회가 제시하는 실제적인 기준이 무엇인가에 대해서 생각해보게 하는 메시지가 규범 일변도의 메시지보다 효과적일 수 있다. 예를 들어, "기후 변화를 예방하기 위해서 이런 일들을 반드시 지켜야 한다"고 말하기보다는 "많은 사람들이 기후 변화 예방에 도움이 되는 이런 일들을 하고 있다"라고 말하는 것이 더 효과적일 수 있다.

위험 정보를 받아들이는 데에는 메시지도 중요한 역할을 하지만, 사람들이 어떤 성향을 가지고 있느냐가 큰 영향을 미친다. 사람마다 정보를 받아들이는 정도가 다르기 때문에 사람들이 가지고 있는 속성들을 잘 살펴볼 필요가 있다. 지금까지 알려진 사실은 사람들은 동기와 능력에 따라 다른 정보 처리를 한다는 것이다. 예를 들어, 어떤 위험 사안에 대해서 많은 관심을 가진 사람이라면 자세한 정보 중심의 메시지가 더 유리할 것이고, 평소에 위험 사안에 대해서 관심이 적은 사람이라면 일단 사안에 대해서 관심을 끌 수 있는 메시지가 더 유리할 것이다. 또한 사람들에 따라서 낙관적인 편견이 높은 사람도 있고, 제3자 효과, 즉 언론 등을 통해서 전달되는 메시지가 다른 사람들에게는 영향을 많이 주지만 자신에게는 그렇지 않다고 생각하는 사람들도 있다. 이런 사람

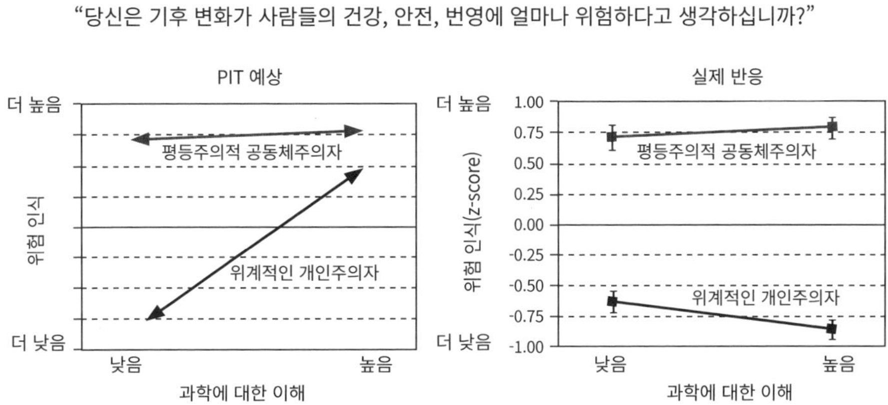

그림 5-3. 과학에 대한 이해 정도가 위험 인식에 미치는 영향에서
공중의 비이성적인 행위 가설PIT의 예상(첫번째 그래프)과
실제 반응(두번째 그래프)의 차이와 문화적인 성향의 효과
출처: Kahan, Peters, Wittlin, Slovic, Ouellette, Braman, & Mandel(2012)

들에게 매스미디어 광고 등을 통한 일방적인 메시지 전파는 효과가 없을 가능성이 높다.

위 그림 5-3은 앞선 그림 5-1의 결과에서 문화적인 성향을 추가된 변수로 고려했을 때 어떤 결과가 나타나는가를 보여준다. 앞선 그림 5-1의 결과에서 이론적인 예상과 실제 반응이 달랐다는 것을 설명했다. 하지만 사람들을 문화적인 성향에 따라 평등주의적 공동체주의자와 위계적인 개인주의자로 나눈 다음에 연구를 다시 진행했을 때는 문화적인 성향에 따라 다른 결과가 나오는 것으로 나타났다. 즉 그림 5-3에서 보는 것처럼, 평등주의적 공동체주의자들은 이론적인 예상과 실제 반응이 비슷하게 나타났지만, 위계적인 개인주의자들은 이론적인 예상과 실제 반응이 반대의 결과를 보였다. 즉 그림 5-1에서 이론의 예상과 실제 반응이 다르게 나타난 것은 위계적인 개인주의자들의 성향이 작용한 결과였던 것이다. 이런 결과는 우리가 일상생활에서도 쉽게 접할 수 있다. 환경을 생각하고 다른 사람을 생각하는 공동체주의자들은 기후 변화에 대한 위험 인식이 대체로 높지만, 개인의 성공을 지향하는 개인주의자들은 과학에 대한 이해가 높아지더라도 자신의 편익을 우선적으로 생각할 가능성이 높다고 할 수 있다. 우리가 메시지를 적용할 때도 이렇게 받아들이는 사람들의 성향이 다르다는 것을 고려하지 않는다면, 실패할 메시지가 만들어질 가능성이 높다.

수용자에 대한 이해와 함께 가장 효과적인 메시지를 위한 다른 화두는 수용자의 참여 유도이다. 정보를 전달하는 사람의 공신력과 창의력도 중요하지만, 수용자의 관심을 끌고 실제적인 참여를 유도할 수 없다면 그것은 실패한 메시지이다. 예를 들어, 남아공 비영리단체 Safety Lab And Blikkiesdorp 4 Hope의 손씻기 캠페인 같은 경우, 비위생적인 환경에 노출된 아이들이 비누를 쓰게 하기 위해 비누 속에 장난감을 넣어 손씻기를 유도함으로써 70퍼센트의 질병 감소율을 보이는 대성공을 거두었다. 이런 캠페인은 메시지 자체의 힘도 중요하지만, 그것이 실제 참여와 연결될 수 있는 아이디어를 가졌기 때문에 성공할 수 있었다. 따라서 어떤 창의적인 메시지도 수용자의 참여를 이끌어내지 못한다면 실패한 메시지에 불과하다. 효과적인 위험 커뮤니케이션 메시지를 위해서 반드시 필요한 것 두 가지를 든다면 수용자에 대한 이해와 실제적인 참여 유도라고 할 수 있다.

자의적인 메시지 문제를 둘러싼 고민

위험 커뮤니케이션 메시지가 항상 같은 효과를 발휘하는 것은 아니며 개인에 따라 메시지의 효과가 달라질 수 있다는 것을 논의했다. 이러한 자의적인 메시지 효과와 함께 우리가 고려해야 할 또 하나의 문제는 위험 커뮤니케이션에서 메시지가 개인의 행동 변화에 초점을 맞추면 맞출수록 위험을 일으키는 사회 구조적인 문제는 축소되고 모든 책임을 개인에게 떠넘길 가능성이 농후해진다는 점이다. 2016년 서울 지하철 구의역에서 스크린도어 고장을 점검하던 19세 비정규직 청년이 안타깝게 사망하는 사건이 있었다. 이 사건이 처음 일어났을 때, 서울메트로는 개인의 안전 부주의에 책임을 돌림으로써 많은 사람들의 공분을 샀다. 안전을 강조하는 위험 예방 메시지들은 지나치게 개인에게 책임을 돌리는 경향이 있다. 사람들이 조심하지 않았기 때문에, 사람들이 너무 성과에 매달렸기 때문에 위험이 발생한 것이라고 주장한다. 이런 메시지 속에서 불합리한 원하청 도급 관계, 비정규직 일자리의 불안 문제, 효율을 중요시하는 신자유주의적인 사회 분위기의 문제 등 실질적으로 이 사건의 배경이 되었던 문제들은 외면당하기 쉽다. 위험 메시지가 위험을 개인화하는 데 집중하기보다는 어떻게 사회 전체를 함께 변화시킬 수 있을 것인가 고민하는 것이 점점 더 이기적이고 개인 차원에서 인식되는 위험 환경을 바꾸는 데 도움을 줄 수 있을 것이다.

개별적이고 눈앞에 보이는 사안에 효과적인 메시지보다 사회 구조의 문제를 건드리는 메시지가 더 필요할 때가 있다. 보건 위험 문제와 관련한 근본원인 이론fundamental cause theory에 따르면 사람들의 사회·경제적인 위계에 따라 위험은 불공평하게 적용된다(Polonijo & Carpiano, 2013; Phelan & Link, 2013). 결국 위험의 영향은 사회 계층과 밀접하게 관련되어 있고, 근본적인 사회 구조에 변화를 주지 않는다면 위험에 따른 양극화는 더 심해질 수밖에 없다. 기후 변화로 지구가 모두 공멸하기 전까지 누가 더 고통받을 것인가에 대해서 생각해보라. 폭염이 기승을 부릴 때 누가 가장 피해를 입는지 생각해보면 답은 자명해진다. 문제는 전체 사회의 구조를 바꾸지 않고서는 위험에 대한 대응도 임기응변에 불과할 것이라는 점이다. 코로나19와 관련해서도 사회적인 양극화가 더욱 심해져가고 있을 뿐만 아니라, 중대재해기업처벌법, 택배노동자 사망사고 등 우리 사회도 위험 문제의 근본적인 원인이 안전에 대한 개인의 부주의가 아니라 개인을 안전하게 만들지 못하는 사회의 무관심에 있다는 여론이 늘어나고 있다. 이런 차원에서 위험 메시지의 제작에 있어, 개인에게 너무 책임을 돌리기보다는 사회의 구조적인 문제에 천착하는 태도를 함께 가지는 것이 무엇보다 중요하다고 하겠다.

위험 메시지와 관련하여 한 가지 더 생각해볼 문제는 관행적으로 사용되고 있는 위험 메시지의 정당성과 관련된 문제이다. 우리가 일상에서 마주하는 위험 메시지들이 과연 과학적으로 검증된 것인지, 아니면 관행적으로 옳다고 생각해서 아무 생각 없이 따라하는 것은 아닌지 한 번 생각해볼 필요가 있다. 위험 커뮤니케이션에서 관행적으로 사용되는 메시지들이 아무 검증 없이 반복해서 사용됨으로써 문제를 악화시키는 경우가 발생할 수 있다. 아래 기사에 나오는 우리가 흔히 알고 있는 "식후 30분 후 복용"이라는 복약 지도도 한 예이다.

약 복용 '식후 30분' → '식사 직후' … 의료계 복약 기준 변경

언젠가부터 약국에서 조제약을 구매할 때 "식사 후 30분 지나면 드세요"라는 안내가 사라졌다. 대신 "밥 먹고 바로 드시면 된다"는 말을 흔히 듣게 됐다. 30일 의료계에 따르면 지난 2017년 9월 서울대병원에서 '식사 후 30분'이었던 기존 복약 기준을 '식사 직후'로 변경한다고 밝힌 후 다른 병원들도 이를 따랐다. 그동안 대부분의 복약 기준이 식후 30분으로 돼 있어 환자가 시간 준수에 대한 부담을 갖거나, 약 복용 자체를 잊어버리는 경우

가 종종 있었기 때문이다. 당시 김연수 서울대병원 신장내과 교수는 "외국에서도 식후 30분 복약 기준을 적용하지 않고 있는 점을 고려했을 때 식사 직후로 변경해도 환자에게 무리가 될 사안은 없을 것으로 판단했다"며 "오히려 약 먹는 사실을 잊지 않고 제때 챙길 수 있으므로 복약 지도에 큰 도움이 될 것으로 예상한다"고 전망했다. 권예리 약사의 저서 '이 약 먹어도 될까요'에 따르면 애초에 '식후 30분' 기준이 도입된 데에는 특별한 이유가 없었다(연합뉴스, 2020년 6월 30일자).

위험 메시지들 중에서 "식사 후 30분"처럼 관행적으로 아무 생각 없이 사용되어온 것은 없는지 한번쯤 점검해보는 것이 필요하다. 지진이 일어났을 때 무조건 밖으로 뛰어나가서는 안 되듯이, 위험의 순간에는 관행적으로 알아왔던 것이 더 큰 피해를 가져올 수도 있다. 야생 버섯을 채취하는 시기에는 많은 사람들이 화려하지 않은 버섯은 먹어도 된다, 식용 버섯은 꺾었을 때 진물이 나온다 등등의 잘못된 속설로 목숨을 잃기도 한다. 위험 메시지를 건성으로 받아들일 때 치명적인 결과가 나올 수 있는 것이다. 그래서 위험이나 위기를 잘 관리하기 위해서는 공론의 장을 거쳐 잘 합의된 대응 요령을 커뮤니케이션하는 것이 필요하고, 그러한 위험 대응 요령이 현재의 상황에 맞는지 끊임없이 업데이트하고 당사자들에게 훈련시키는 것이 중요하다. 한번 만들어져서 선반 위에서 먼지를 쓰고 있는 대응 요령들은 아무 의미가 없다. 위험 메시지는 현실에 적용가능한지 끊임없이 시험하고 점검하지 않는다면 오히려 더 큰 위험을 불러올 수 있다.

마지막으로 위험 커뮤니케이션 메시지 실행에서 중요한 점은 메시지 수용자의 역할이다. 메시지 수용자로서 사람들은 항상 비판의식을 가지고 메시지를 받아들이는 것이 중요하다. 위험 커뮤니케이션 메시지들도 이런 주체들의 자율성을 충분히 인정하면서 기획되어야 한다. 모든 사람들에게 무비판적으로 따르기만 하면 된다는 식의 초보적인 메시지가 효과적이라고 할 수 없다. 사람들의 비판적인 사고를 이끌어내는 메시지, 사안에 대해서 생각해볼 기회를 제공하는 메시지가 오히려 더 효과적일 수 있다. 완벽한 위험 메시지는 있을 수 없고, 그것이 틀릴 수 있다는 비판의식만이 잘못된 판단을 미연에 방지할 수 있다. 안타까운 일이지만 가습기 살균제가 처음 나왔을 때, 누군가 광고 문구의 문제점을 인식하고 다시 한번 검증해보려는 노력을 했다면 참사를 막을 수 있었을지도 모른다. 물론 절대 소비자의 잘못이라는 말은 아니다. 지금도 쉽게 고칠 수 있고, 편하게 편익을 창출할 수 있다는 위험 커뮤니케이션이 넘치고 있다. 결국 위험 메시지에는 그것을 사용하는 사람들의 긴장감이 항상 함께하지 않으면, 더 큰 문제로 되돌아올 수 있다.

6장

危險
不通
社會

위험 수치 표현이 위험에 대한 오해를 부른다

위험을 수치로 표현하는 것만큼 중요한 일도 없다. 사람들은 수치를 통해서 위험을 가늠하고 위험이 자신에게 미칠 영향을 예상한다. 하지만 수치는 읽는 사람이 오해할 가능성이 있다. 명확하고 정확하게 제시되지 않는다면, 읽는 사람마다 다르게 위험을 해석할 수 있고, 위험의 정도에 대해서 오해할 수 있다. 위험을 수치로 표현할 때는 수치로 표시할 수 있는 수단들을 최대한 효과적으로 이용하고, 그러한 수치를 합리적으로 해석해서 위험에 대해 판단할 수 있게 도와주는 것이 중요하다. 그러한 위험 판단에 도움을 줄 수 있는 수치는 크게 보면 위험의 양quantities, 확률probabilities, 농도concentrations로 구성된다(Covello, Sandman, & Slovic, 1988). 이런 수치들이 적절하게 구성되어서 사람들의 판단을 도와주기 위한 완전한 정보로 사용되지 않는다면, 오히려 수치는 말하는 사람의 목적을 위해서 사용되거나 많은 사람들의 오해를 불러올 수 있다. 예를 들어, 단순히 우리나라에서 유방암 환자가 작년과 대비해서 몇 퍼센트 늘어났다고 기술하는 것보다는, 우리나라의 유방암 환자 수는 작년에 비해 몇 명이 늘어났으며(양), 우리나라에서 검사 수 대비 유방암이 진단되는 비율은 몇 퍼센트이며, 이는 작년보다 얼마나 늘어났고(확률), 우리나라에서 검사 수 대비 유방암이 진단되는 비율을 고려해서 우리나라에서 유방암이 왜 더 위험한 질병이 되고 있는지 설명하는 것(위험 판단)이 중요하다. 위험 수치에 대한 정보는 사람들이 오해할 수 있는 수준에서 제시되어서는 안 되며, 보통의 일반 사람이 위험에 대해서 판단하는 데 도움을 줄 수 있는 완전한 정보를 제시해야 한다.

언론에서 찾아보는 수치 왜곡과 불완전한 정보

'치사율 60%' 신종 감기 바이러스에 세계 긴장

사우디아라비아 7명 감염, 6명 사망. 요르단 2명 감염, 모두 사망. 영국 3명 감염, 1명 사망. 지금까지 신종 감기 바이러스에 감염된 사람은 전 세계를 통틀어 모두 15명, 이 가운데 9명이 사망했습니다. 치사율 60%입니다. 치명적인 신종 감기 바이러스의 등장에 세계보건당국이 긴장하고 있습니다. 신종인 만큼 백신도 치료 약도 없습니다. 어떻게 사람에 감염됐는지도 확인되지 않고 있습니다. 다만, 중동 국가에서 감염이 시작됐다는 점, 그리고 사람끼리 전염된다는 사실만 확인했습니다(SBS, 2013년 3월 13일자).

'유사 사스' 환자 절반 사망 - 英서 첫 사망자

19일 영국 보건국HPA은 버밍엄 퀸엘리자베스 병원에서 입원 치료를 받던 자국민 사스 유사 환자가 지난 16일 면역 기능 악화로 사망해 영국에서 처음으로 신종 코로나 바이러스 질환 사망자가 나왔다고 밝혔다. 지난해 중동 및 파키스탄 지역에서 처음 발견된 신종 바이러스 질환 사망자는 이로써 6명으로 늘어났다. 국가별로는 사우디아라비아 3명, 요르단 2명, 영국 1명이다. 지금까지 정식 보고된 환자 12명 중 절반이 사망한 셈이다. 이번 사망 환자는 중동 및 파키스탄 지역을 여행한 뒤 바이러스에 감염돼 치료를 받고 있는 사람의 아들이다(문화일보, 2013년 2월 20일자).

위 두 기사는 신종 코로나 바이러스가 위험한 감염 질병이라는 것을 확실하게 보여주고 있다. 하지만 언론이 수치를 사용하여 감염 질병의 위험 상황을 묘사할 때 좀 더 신중할 필요가 있는데, 이런 기사들이 위험을 과장해서 보여줌으로써 공포를 과도하게 조성한 경우에 해당한다. 첫 기사는 병원에 입원한 15명 중 9명이 사망함으로써 치사율(사실은 잘못된 표현)이 60%라고 설명하고 있고, 두 번째 기사는 병원에 정식 보고된 12명 중 6명이 사망함으로써 감염된 사람 중 절반이 사망했다고 설명하고 있다. 하지만 이런 치명률은 과장된 측면이 있다. 신종 코로나 바이러스에 감염되었지만 병원에 가지 않은 사람이 있을 수도 있고, 단순 감기로 오인하여 치료받은 사람도 있을 수 있다.

신종 코로나 바이러스에 감염되어 병원에 입원할 정도로 심각한 사람이 15명이고 이 중에 9명이 사망했다고 해서 치명률이 60%라고 하는 것은 과장이다. 정확하게 말하면 심각한 증상을 겪은 사람들 중에서 60%가 사망한다고 봐야 하고, 보다 중요한 것은 얼마나 전염성이 강한가 하는 부분이다. 심각한 증상이 생기면 사망한다고 하더라도 만약 전염성이 없다면 큰 위험이 된다고 할 수 없기 때문이다. 감염병에서는 치명률보다는 전염성이 더 위험의 기준이 되어야 하는 경우가 많다. 메르스의 2차 감염률이 현저히 낮은 것을 고려하면, 그 당시에 우리가 객관적으로 메르스의 위험을 인식하고 있었는지는 의문이다. 2009년 우리나라와 세계를 강타했던 신종 플루는 지금 와서 보면 치명률이 0.07%였다. 일반적인 계절 독감이 0.1%인 것을 고려하면, 큰 위험을 지닌 감염 질병이라고 보기 어렵다. 하지만 정부는 매일 감염 확진자 수와 사망자 수를 중계했고, 언론은 신종 플루에 대한 공포를 자극하는 기사를 쏟아냈다. 시간이 지난 후 집계된 통계를 보면, 신종 플루와 연관된 사망자는 연간 263명이었고, 일반적인 계절 독감으로 사망한 사람은 10배가 많은 2,369명이었다. 언론이 존재하지 않는 공포를 과장하고, 정부가 위험 과장에 기름을 부은 것이라고밖에는 달리 설명할 수 없다. 아래 기사는 2009년 신종 플루가 바꾼 우리의 일상을 묘사하고 있다. 과연 이것을 위험에 대한 우리 사회의 이성적인 대처라고 할 수 있을까?

재채기 한 방에 날아간 전어 · 김치 · 흥타령 축제 …

3일 오후 1시 서울 용산구 D 찜질방 입구. 이곳에선 세정액으로 손을 씻고 체온을 확인한 손님만 안으로 들여보냈다. 찜질방 관계자는 "신종 플루로 인한 손님들의 불안감을 줄이기 위해 나름대로 조치를 취하고 있다"고 말했다. 신종 플루에 대한 우려감이 커지면서 사람이 많이 모여 있는 곳을 무조건 피하게 되는 강박증을 가진 시민들이 늘어났다. 광진구민 스포츠센터에 다니는 대학원생 김혜림 씨(25)는 "신종 플루로 스포츠센터에서 운동하는 것도 위험할 거 같아 쉴 계획"이라고 말했다. 회사원 김태환 씨(35)는 지하철을 이용하다 신종 플루 감염이 걱정돼 최근 자가용으로 출근을 시작했다. PC방을 찾는 손님들도 물수건으로 마우스나 키보드를 닦고 이용하고 있다. 사소한 증세에도 신종 플루 검사를 하는 일반인들이 늘면서 의료비용도 필요 이상으로 지출되고 있다. 종합병원에서 신종 플루 검사를 하면 20만 원 안팎의 비용이 들어간다. 10만 원대인 전자체온계는 초등생 자녀를 둔 학부모들의 폭발적인 수요로 동이 나고 있다. 초등생 자녀 2명을 둔 김모 씨(37 · 경기 과천시)는 "아이들 등하교 때 체온을 재지 않으면 불안해 비싸지만 구입했다"고 말했다. 일부 시민들은 음주 단속마저 거부하고 있다. 울산남부경찰서 관계자는 "'신종 플루 때문에 음주 측정기에 입을 댈 수 없다'며 측정을 거부하는 운전자들이 부쩍 늘어났다"고 밝혔다. 신종 플루 치료제 '타미 플루'가 인터넷에서 밀거래되는 일도 벌어져 경찰이 수사에 나섰다(동아일보, 2009년 9월 4일자).

언론 보도에서 문제가 되는 것은 수치를 잘못 인용하거나 해석하는 것에 그치지 않는다는 점이다. 만약 완전한 정보를 사람들에게 주는 데 실패한다면 그것이 더 심각한 피해를 가져올 수 있다. 아래 기사에서 보듯이 우리나라 언론이 가장 많이 저지르는 실수는 증상만을 이야기하고, 더 이상 그것과 관련된 심층 정보나 해결 방법을 알려주지 않는다는 것이다. 아래 "새 학교 증후군"과 관련한 기사에는 새 학교의 공기 중 유해 물질로 인해서 신체상의 증상들이 나타나고, 마침내 기준치의 3배가 넘는 발암물질 수치가 검출되었다고 보도하고 있다. 하지만 정작 중요한 것은 이러한 수치와 연관하여 얼마나 실제적인 건강 피해를 가져올 수 있는지 다각도로 설명하는 것이지만, 그런 설명은 이어지지 않는다. 기준치의 3배가 넘는 발암물질이 나왔다면 당연히 그것이 얼마나 해로운 것인지 알려주어야 한다. 또한 기존에 지어진 새 학교에서 발암물질 흡입을 예방하기 위해서는 어떤 조치가 필요한지에 대해서도 설명해주어야 한다. 공포를 조장하는 잘못된 수치가 대부분 문제이지만, 이처럼 증상만 있고 구체적인 대응 방법은 없는 완전하지 못한 정보의 폐해도 그에 못지않게 크다. 그럼 기존에 지어진 학교에서 공부하는 학생은 괜찮다는 것인가, 아닌가?

"학생 건강 위험" '새 학교 증후군' 심각

지은 지 갓 1년 된 서울의 한 고등학교입니다. 교실과 도서실의 공기 성분을 측정해봤습니다. 페인트 같은 화학물질에서 배출되는 발암물질인 포름알데히드 수치가 0.33PPM.기준치인 0.1의 3배가 넘습니다. 학생들이 교실에서 공부를 하는 동안 유해 물질이 섞여 있는 공기에 그대로 노출돼 있다는 이야기입니다. [계단 쪽으로 가면 페인트 냄새가 많이 나서 역해요. 머리가 좀 아프고요.] 서울시 교육청이 신축 학교를 중심으로 전국 초중고

55곳을 조사한 결과 환경 유해 물질이 기준치를 초과한 학교가 절반을 넘었습니다. 포름알데히드와 톨루엔, 부유세균 등 하나 같이 심각한 환경 유해 물질들입니다. [서병성/산업의학 전문의: 이런 유해 물질에 노출이 되면 눈, 코, 목 등 점막에 자극 증상과 천식이나 아토피 피부염일 경우는 악화될 가능성이 있습니다.] 교육당국은 앞으로 학교 신축 때 친환경 건축자재를 사용하고 신축 후에도 개교를 늦추는 방식 등으로 유해 물질에 대처해 나가겠다고 밝혔습니다. 그러나 지난 3년 사이 전국에 새로 지어진 학교만 1백여 곳, 새 학교 증후군에 무방비로 노출돼 있는 이들 학교 학생들에 대한 대책 마련이 시급합니다(SBS뉴스, 2005년 3월 9일자).

다음 기사는 전형적으로 보도자료를 기사로 기술함으로써 수치가 가지는 의미를 전혀 전달하지 못하는 사례이다. 경기도 보건환경연구원에서 배포한 보도자료만을 재료로 기사를 작성하다 보니 정작 사람들이 알고 싶어하는 정보가 들어 있지 않다. 바른 기사라면 우선 미세먼지와 초미세먼지를 구별하는 이유를 설명해야 한다. 미세먼지와 초미세먼지의 대기환경 기준이 어떻게 설정된 것인지, 환경 기준이 어떤 의미를 가지는지도 설명이 필요하다. 미세먼지가 줄어든 원인은 무엇이고, 앞으로 어떤 경향을 보일 것인가에 대한 설명도 필요하다. 전반적으로 보도자료를 그대로 따라서 쓴 기사는 다른 중요한 정보 소스, 예를 들어 세계보건기구WHO, 질병관리청, 미세먼지 전문가 등에 수치의 의미를 비교하거나 물어보는 절차를 의도적으로 혹은 귀찮아서 생략한다. 이러한 수치의 나열은 과학에 대한 국민의 심리적인 거리감을 멀게 할 뿐 아니라 미세먼지에 대한 시민들의 전반적인 이해를 높이고 지식을 전달하는 데에도 도움이 되지 못한다.

경기도 작년 미세먼지 오염도 7년만에 최저 … 초미세먼지는 기준치 초과

경기도 보건환경연구원이 28일 공개한 '2018년 경기도 대기질 평가보고서'에 따르면 2018년 도내 연평균 미세먼지(PM-10) 농도는 44μg/㎥로 2011년 이후 가장 낮았다. 대기환경 기준(50μg/㎥ 이하)을 충족한 것도 2012년 이후 처음이었다. 연평균 미세먼지 농도는 2011년 56μg/㎥, 2012년 49μg/㎥, 2013년과 2014년 54μg/㎥, 2015년과 2016년 53μg/㎥, 2017년 51μg/㎥를 보였다. 연평균 초미세먼지(PM-2.5) 농도 역시 지난해 25μg/㎥로 2015년 측정 시작 이후 가장 낮은 수준이었다. 다만, 초미세먼지 농도는 2016년 28μg/㎥, 2017년 27μg/㎥보다 감소했으나 대기환경 기준(15μg/㎥ 이하)을 여전히 초과했다. 월별 오염도는 미세먼지의 경우 11월(62μg/㎥)과 1~4월(56μg/㎥)이 가장 높았고, 초미세먼지의 경우 1월과 3월(37μg/㎥), 11월(36μg/㎥)이 최고치를 보였다(매일경제, 2019년, 7월 28일자).

연구 결과를 취사 선택하거나 학술적인 근거 없이 정해진 방향으로 해석하는 것도 문제이다. 언론 보도의 문제점 중에는 정해진 방향으로 기사를 작성하기 위해 수치들을 근거 없이 인용하는 경우가 대표적이다. 다음 JTBC 기사는 미세먼지가 얼마나 건강에 해로운가를 보여주기 위해서 상관없는 연구의 결과들을 무리하게 끌어온 경우이다(장재연, 2019). 원래 학술 저널에 게재된 연구 내용은 실험을 통해서 실내 흡연이 외부 환경 기준을 훨씬 넘어설 정도의 미세먼지를 일으키는 위험한 행위라는 것을 증명하고, 새로운 바이오 연료를 이용한 디젤 엔진이 상대적으로 미세먼지를 줄일 수 있다는 것을 보여주는 것이었다(Invernizzi et al., 2004). 이 연구를 보면, 새로운 연료를 사용한 디젤 엔진은 엔진 가동 후 한 시간 만에 미세먼지(PM10)는 44마이크로그램(μg/m^{3}), 초미세먼지(PM2.5)는 31마이크로그램(μg/m^{3})까지 올라갔지만, 담배를 피우는 것은 첫 한 시간 만에 미세먼지(PM10)는 343마이크로그램(μg/m^{3}), 초미세먼지는 319마이크로그램(μg/m^{3})까지 올라갔다. 이 연구 결과에서 JTBC는 미세먼지 농도를 단순 비교했는데, 서울의 미세먼지 농도(162μg/m^{3})가 바이오 연료를 사용한 디젤차에서 발생하는 미세먼지 농도(44μg/m^{3})보다 3.68배 많다고 계산해서 3시간 40분이라는 수치를 추정한 것으로 보인다. 담배 연기와 비교한 경우는 수치 추정의 근거도 부족하다. 연구의 목적, 연구 대상, 비교 수단이 완전히 다른 상황에서 이런 뉴스 기사는 과학적인 근거를 전혀 가지지 못한다. 수치 비교의 근거가 부족한 것도 문제이지만, 실내 흡연의 위험성을 보여주는 연구가 서울시 미세먼지의 위험성을 보여주는 근거 연구로 둔갑된 것도 매우 당황스러운 해석이다. 또한 서울의 미세먼지 농도를 실험 결과에서 나온 실내 미세먼지 농도와 비교한 것이라면, 이것은 더구나 실내와 실외 상황을 비교하는 것이니 더욱 상식적으로 맞지가 않다. 많은 전문가들은 언론과의 인터뷰를 꺼리는 경우가 있는데, 대부분의 이유는 언론이 이미 방향을 잡아놓고 인터뷰를 진행하기 때문에 자신의 발언이 취사선택되거나 자의적으로 편집되는 경우가 많다고 생각하기 때문이다. 이런 불만을 언론은 심각하게 생각할 필요가 있다. 이런 식의 자의적인 접근은 결국 전문가의 외면을 자초할 뿐만 아니라 언론을 불신의 늪에 빠뜨린다.

1시간 마시는 미세먼지 = 디젤차 매연 3시간 40분

충격적인 내용인데, 요즘 서울에서 딱 1시간만 돌아다니면서 미세먼지를 마시면 디젤차 매연을 3시간 40분 동안 흡입하는 것과 똑같다는 연구 결과

입니다. 지난 25일 서울의 미세먼지 일평균 농도는 세제곱미터당 162마이크로그램이었는데요. 이 경우 성인 남자가 1시간 동안 마시는 양이 58마이크로그램입니다. 이게 어느 정도냐, 한 8평 정도 밀폐된 공간에 있다면요. 담배 한 개비의 연기를 1시간 24분 동안 마시는 것과 마찬가지고, 배기량 2000cc 디젤차가 방 안에 있다면 그 매연을 무려 3시간 40분 동안 마시는 것과 마찬가지입니다. 또 이 '마이크로'라는 단위가 익숙하지 않아서 그 위험성을 간과하기 쉬운데요, 보통 2.5마이크로미터인 미세먼지는 1세제곱미터당 1600만 개나 들어 있고, 1마이크로미터인 초미세먼지는 무려 2억 5000만 개나 들어 있습니다. 이러니 코털이나 섬모는 그냥 통과하고 우리 폐로 직진하는 게 당연하겠죠? 오늘도 미세먼지 상당하다고 합니다. 귀찮아 마시고 오늘 꼭 황사마스크 하시라고 오늘의 숫자, 3시간 40분 가져왔습니다(JTBC뉴스, 2014년 2월 27일).

잘못된 위험 수치 표현의 문제

수잔 코멘Susan G. Komen 박사가 주도한 유방암 조기 진단을 위한 검사의 중요성을 강조한 핑크리본Pink Ribbon 캠페인은 그 중요성과 필요성에도 불구하고 의학적인 사실과 관련하여 비판에 직면하기도 했다(Reimer, Jones, & Skubisz, 2015). 코멘 박사는 유방암 조기 진단의 중요성을 강조하는 캠페인 과정에서 "유방암으로부터 생존하기 위해서는 당신의 결정이 제일 중요하다"라고 하면서 "유방암 조기 진단 시 5년 생존율은 98%, 조기 진단이 안 되면 23%"라는 문구를 대표적으로 사용했다. 하지만 이런 통계치의 사용은 그 필요성에도 불구하고 별로 정보적이지도 않을 뿐만 아니라 말하는 사람의 신뢰도를 떨어뜨려서 궁극적으로 부정적인 영향을 줄 수 있다.

유방암 진단 효과에 대한 통계는 일단 비율로 표시되는 그룹이 분명하게 정의될 필요가 있다. 어떤 그룹의 어떤 사람을 대상으로 한 통계인지 분명하게 기술되어 있지 않으면 메시지 전체의 신뢰도는 떨어질 수밖에 없다. 하지만 이 통계에서 가장 문제가 되는 것은 생존율을 통계 수치로 비교하기 위해서 사용했다는 점이다. 5년 생존율의 문제점은 진단의 시간을 일찍 잡게 되면 생존율이 높아질 수밖에 없다는 것이다. 예를 들어, 일군의 사람들을 대상으로 만약에 67세에 진단해서 유방암을 발견하고 치료해서 70세에 그들이 사망한다면 그들의 5년 생존율은 0%이다. 하지만 그들을 57세에 진단해서 유방암을 모두 발견하고 치료해서 70세에 사망했다면 그들의 5년 생존율은 100%가 된다. 물론 이것은 극단적인 예이기는 하지만 이처럼 진단을 통한 생존율은 사망하는 시점이 같더라도 얼마든지 과장될 수 있다. 생존율은 진단의 시점을 당기면 늘어날 수밖에 없다. 암을 좀 더 일찍 발견하게 되면 그 사람의 목숨을 구할 수 있는 것처럼 느끼는 것은 선행기간 편견lead time bias이 작용한 것이라고 할 수 있다.

생존율에는 치료하지 않아도 암이 진행되지 않아서 생존할 수 있는 사람들이 포함되어 있을 가능성이 높다. 즉 가짜 질병pseudodisease이 포함될 가능성이 높기 때문에 생존율 통계는 왜곡될 수밖에 없다. 대표적인 질병이 갑상선암이다. 최근의 연구 결과를 보아도 갑상선 초음파 진단이 사망률을 낮추지 못하고 있을 뿐만 아니라, 불필요한 초음파 진단이 이루어져서 갑상선암 과진단이 일어나고 있다고 보고하고 있다(Jun et al., 2020). 우리나라의 경우 2000년 이후 갑상선암의 증가율이 다른 암 평균과 비교해서 획기적으로 늘어났다(그림 6-1과 6-2 보건복지부 중앙암등록본부 2000년대 자료 참조). 하지만 그림에서 보듯이 그 늘어난 정

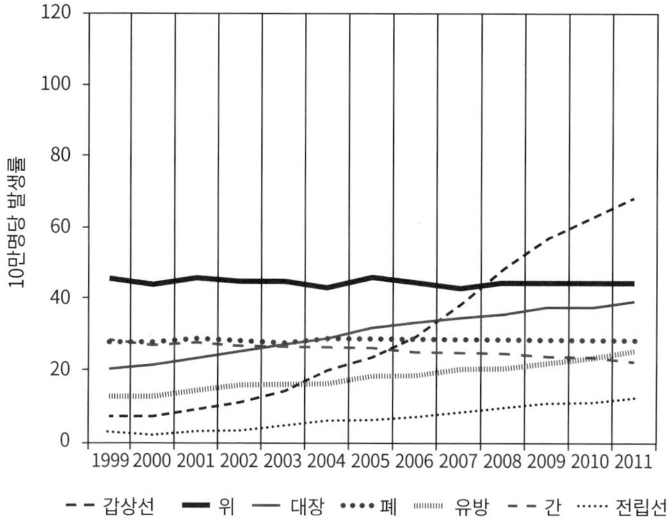

그림 6-1. 주요 암의 연도별 발생 비율(1999~2011년)
출처: 보건복지부 중앙암등록본부 통계

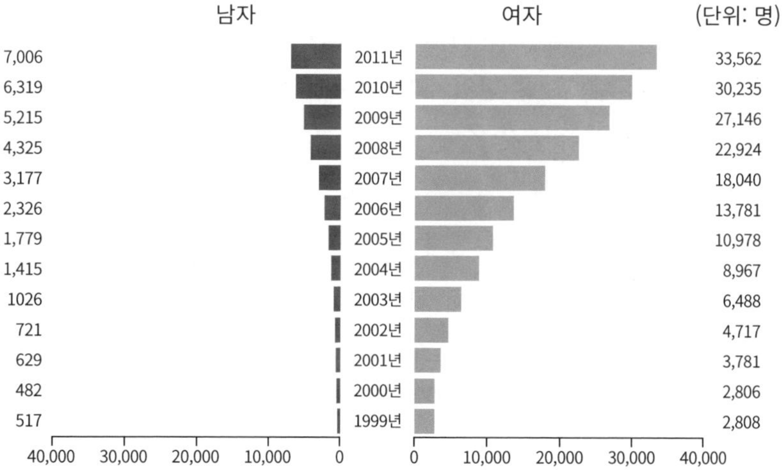

그림 6-2. 갑상선암의 연도별 발생(1999~2011년)
출처: 보건복지부 중앙암등록본부 통계

도가 너무 비정상적이다. 이는 의료계에서도 반성의 목소리가 나오고 있을 정도인데, 이러한 과잉 진료에 따른 의료비의 증가와 환자 본인의 불편은 사회 문제가 되었을 정도이다. 조기 진단으로 생존율은 늘어나고 있지만, 사망률의 변화는 거의 없다는 사실이 문제의 심각성을 보여준다. 우리나라는 인구 10만명당 사망률 0.5~0.7명을 오랫동안 유지해오고 있다. 이 말은 조기 진단과 조기 수술의 획기적인 증가에도 불구하고, 사망률을 낮추는 데는 큰 진전이 없었다는 말이다. 사실상 이 정도의 사망률이 유지된다는 것은 조기 검진에 크게 노력할 필요가 없다는 의미로 볼 수 있다. 미국 질병예방서비스위원회도 이런 사실을 반영해서 증상이 없는 성인은 갑상선암 검진을 받을 필요가 없다고 권고하고 있다. 실제적인 효과를 알 수 없는 생존율을 통한 병원들의 겁주기 마케팅은 통계를 왜곡해서 사용하는 대표적인 사례라고 할 수 있다.

코멘 박사의 핑크리본 캠페인 사례로 돌아가서, 유방암 캠페인에 있어서 생존율을 통해서 통계를 과장한 것도 문제이지만, 이러한 통계의 과장이 질병의 책임을 너무 개인에게 돌린다는 것도 문제로 지적될 수 있다. 핑크리본 캠페인은 만약 유방암에 걸려서 죽게 되면 검진을 받지 않은 당신의 책임이라는 것을 은연중에 강조한다. “가장 중요한 요인은 당신의 결정”이라는 광고 문구는 질병의 책임이 개인의 게으름에서 비롯되는 것처럼 왜곡할 가능성이 있다. 이는 확실히 잘못된 것이다. 유방암 검진으로 인해서 받을 편익보다는 필요 없는 유방암 검진의 결과로 사람들의 삶이 더 불행해질 수 있다는 주장들이 나오고 있다. 실제로 유방암 검진을 받지 않는 것이 더 행복한 삶을 살 수 있는 방법이라는 실증 결과들도 나오고 있다(Gøtzsche, Jørgensen, Zahl, & Mæhlen, 2012). 유방암 검진을 받고, 암 환자가 되어 불행한 삶을 살 수도 있다고 생각하면, 아무 이상이 없는 상태에서 유방암 검진을 받는 사람만을 콕 집어서 지혜로운 사람이라고 할 수는 없다. 물론 조기 검진으로 생명을 구하는 사람도 있을 것이다. 생명을 구할 가능성이 있는 유방암 검진의 유용성을 폄하해서는 안 된다. 하지만 이러한 막연한 희망 때문에 조기 검진을 받지 않는 당신은 게으른 사람이라고 말할 정도의 과학적인 증거는 없다. 가장 중요한 것은 과장되지 않은 정확한 정보로 검진을 받을지 안 받을지 개인이 지혜롭게 결정할 수 있게 도와주는 것이다. 적어도 생존율 98퍼센트와 23퍼센트를 비교하면서 검진의 유용성을 주장하는 것은 잘못된 위험 커뮤니케이션이다.

또한 위험 통계의 사용에서 가장 걱정스러운 것 중 하나는 확률 혹은 비율probability을 사용하는 빈도가 실제 사례 수frequency를 사용하는 경우보다 너무 많다는 것이다. 기존 연구에서 인용했던 예를 하나 들어보자(Reimer, Jones, & Skubisz, 2015). 암 검진을 받아서 암이라는 판정을 받을 확률이 6.3%이고, 그것이 실제로 암일 경우는 21%이며, 암 검진에서는 암이 아니라고 나왔지만 실제로는 암일 확률이 6%라고 한다면, 암 검진에서 암이라고 판정을 받은 사람의 약 19%만이 진짜 암에 걸렸을 확률이 된다(6-3 A그림 참조). 이렇게 서술하면 이러한 수치를 이해할 사람이 얼마나 될까? 전문가의 시선에서 봐도 이렇게 확률 혹은 비율로 표현하면 이해하기가 상당히 어렵다. 반면 암 검진에서 1,000명 중에 63명이 암으로 판정받았고, 이 중에 13명이 실제로 암을 가지고 있는 것으로 나왔으며, 암이 아니라고 판정받은 937명 중에 56명이 실제로는 암을 가진 것으로 밝혀졌다면, 암 검진에서 암이라고 판정받은 사람들 중 약 5명 중 1명(13/13+56)만이 실제 암에 걸린다는 것을 예상할 수 있다(6-3 B그림 참조). 여기서 PPVpredictive positive value는 PSA(전립선 특이 항원) 테스트의 양성 예측치를 말한다. 즉 항원 테스트에서 양성이 나왔을 때 실제 암에 걸려 있을 비율을 의미한다. 이렇게

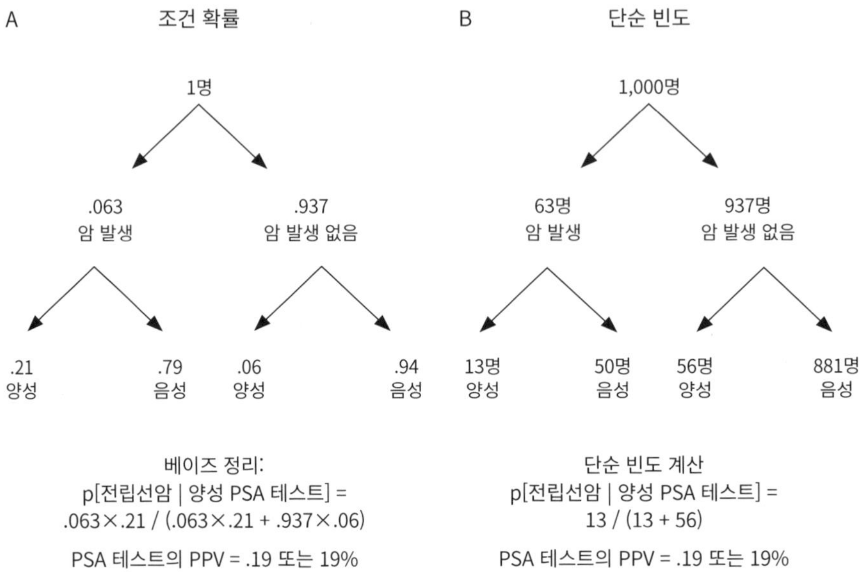

그림 6-3. PSA(전립선 특이 항원) 테스트의 PPV(양성 예측치)에 대한
두 유형(A그림: 조건확률로 표현, B그림: 빈도수로 표현) 표현 방법 비교
출처: Reimer, Jones, & Skubisz(2015)

사례 수로 표현하면 어떤가? 전문가와 일반인 모두에게 비율로 표현하는 것보다는 실제 사례 수를 가지고 표현하는 것이 훨씬 이해하기 쉽고 간단명료하다. 쓸데없이 비율로 표현하거나, 복잡하게 꼬아서 설명하는 경우에는 보통 사안을 왜곡하거나 상대방이 이해하지 못하게 하려는 의도가 숨어 있을 수도 있다.

암 검진이 소중한 생명을 한 명이라도 살릴 수 있다면 그 자체로 존중받는 것이 마땅하다. 하지만 확률적으로 큰 의미가 없는데도 과도하게 검진을 요구하는 행위도 합리적인 의료 행위라고 하기는 어렵다. 한 연구에 따르면(Schröder et al., 2009), 전립선암 검진을 받을 경우에 검진을 받지 않는 경우보다 사망률을 20% 정도 낮출 수 있는 것으로 나타났다. 이것을 좀 더 빈도수로 정확하게 설명하면 전립선암으로 인한 사망자를 한 사람 줄이기 위해서는 1,410명이 더 검진에 참여해야 하고, 그러한 과정에서 추가로 발견된 48명의 환자가 전립선암 치료를 받아야 하는 것으로 나타났다. 20%라는 수치에 비해 빈도로 표현되었을 때는 과잉 진료의 가능성이 좀 더 분명하게 드러난다. 한 명을 살리기 위해서 얼마나 많은 사람들이 검진을 받아야 하는가는 가치의 문제이고, 사회가 결정할 문제이다. 어느 결정이 더 옳다고 이야기하기는 어렵다. 여기서 보다 중요한 것은 통계 수치가 편견을 심어줌으로써 잘못된 판단으로 이끌 수 있다는 것을 항상 경계해야 한다는 것이다.

비율로 표현하는 것의 문제점은 또 있다. 보통 비율로 표현하는 수치에는 기준 집단이 생략되는 경우가 많다. 비율은 기준 집단에 따라서 다른 의미를 가지기 때문에 기준 집단을 생략하면 비율이 나타내는 의미를 정확하게 알기 어렵다. 우리가 쉽게 언론 보도에서 접하는 기사들 중에는 이렇게 근거 없이 비율로 표현한 기사들이 많다. 예를 들어, "청량음료 하루 두세 잔이면 조기 사망률 13% 증가"와 같은 기사에서 이러한 사망률 증가 비율은 어떤 집단을 대상으로 한 것인지, 조기 사망률에서 조기는 어느 시점을 말하는 것인지 불확실하다. 조기 사망률이 일반인을 대상으로 한 것인지, 60대 이상을 대상으로 한 것인지, 당뇨병 위험 집단을 대상으로 한 것인지에 따라서 그 의미는 완전히 달라진다.

통계 사용은 수용자들이 이해하기 쉽게 제시했을 때에만 의미를 가진다. 불분명한 통계, 이해하기 어려운 통계의 사용은 오히려 현실을 왜곡하고, 커뮤니케이션을 어렵게 만들 뿐이다. 다음 기사를 보면, 성인 상당수를 대상으로 해서 사망률이 높아졌다고 나왔지만, 기준 사망률이 어떻게 되는지 설명하고 있지 않다. 단순히 사망률이 17% 증가했다고 하면 그 증가분이 얼마인지 정확히 알기는 어렵다. 기사 내용에 따르면 가당 음료를 매일 2잔 이상 마시면 소화기 질환으로 사망할 위험이 59% 증가하고, 인공감미료가 들어간 음료는 매일 2잔 마시면 심뇌혈관 질환으로 인한 사망률이 52% 높아진다고 했는데, 이도 기준이 되는 수치에 따라서 그 증가율에 대한 인식이 달라질 수 있다. 극단적인 예를 들어, 사망률이 2%였는데, 3%로 증가하면 50% 증가했다고 표현된다. 사망률이 얼마에서 얼마로 변화했다고 표현하면 될 것을 이렇게 굳이 비율로 표현하는 것은 뭔가 심각성을 과장하고 싶은 의도가 있다고 의심해볼 수 있다. 쉽게 쓰는 통계, 누구나 이해할 수 있는 통계, 위험을 공정하게 파악할 수 있는 통계가 위험 커뮤니케이션의 기본이다.

"탄산음료 매일 2잔 이상 마시면 사망률 증가"

아일랜드 더블린대 닐 머피 박사 연구진은 청량음료 소비와 사망률 간 연관성을 알아보기 위해 유럽 10개국 성인 45만1743명을 평균 16년 동안 관찰했다. 연구는 콜라, 레모네이드 등 '가당음료(설탕 첨가)'와 다이어트 탄산음료 등 사카린과 같은 인공물질을 첨가한 '인공감미료 음료'를 대상으로 진행했고 과일주스는 포함되지 않았다. 그 결과, 매일 청량음료를 1잔(250㎖) 이상 마신 사람이 하루에 1잔 미만 청량음료를 마신 사람보다 사망률이 평균 17% 높았다. 가당음료나 인공감미료 음료 둘 다 건강에 악영향을 줬지만, 가당음료는 특히 소화기질환, 인공감미료는 심혈관질환 발병률을 높였다. 가당음료를 매일 2잔 이상 마시면 소화기질환으로 사망할 위험이 59% 증가했고 인공감미료가 들어간 음료를 매일 2잔 이상 마시면 심뇌혈관질환으로 인한 사망률이 52% 높아졌다(조선일보, 2019년 9월 6일자).

다음 기사의 경우도 비교적 연구 결과를 충실히 보도하는 의학 전문지인데, 기사만으로 정확한 위험을 추정하는 것이 쉽지 않다. 금연과 함께 적정 체중을 유지했을 경우 흡연을 계속한 환자에 비해 사망 위험도가 32% 줄어드는 것으로 나타났는데, 이런 경우에도 흡연을 계속한 환자와 금연한 환자의 사망 위험도를 각각 보여주면 더 이해하기가 쉬울 것이다. 우리나라 언론은 과학 연구에서 인용하는 수치를 너무 기사의 주장을 강화하기 위한 수단으로만 생각하고, 독자나 시청자들의 합리적인 의사결정을 돕기 위한 노력을 소홀히 하고 있는 것은 아닌지 돌아볼 필요가 있다.

> **당뇨병 환자 체중 관리 · 금연하면 사망률 32%↓**
>
> **당뇨병 환자가 체중 관리와 금연을 하면 그렇지 않은 경우에 비해 사망률이 32% 줄어든다는 연구 결과가 나왔다. 분당서울대병원 가정의학과 이기헌 교수 연구팀**(제1저자: 서울대학교 부속의원 가정의학과 조미희 전문의)**은 국민건강보험 빅데이터로 신규 당뇨병 환자에서 체중관리 및 금연과 사망률의 관련성을 분석해 『사이언티픽 리포트**Scientific Reports**』에 발표했다. 이번 분석 대상자는 2004년~2013년에 당뇨병으로 진단된 40세 이상 남성 17,204명. 당뇨병 진단 후 금연율은 27%로 매우 낮은 것으로 나타났다. 한편 금연과 함께 적정 체중을 유지했을 경우 흡연을 계속한 환자에 비해 사망 위험도가 32% 줄어드는 것으로 나타났다. 연구팀은 당뇨병에 걸렸어도 금연과 체중 관리를 하면 질환으로 인한 위험을 최소화할 수 있음을 보여주는 것이라고 설명했다**(메디칼트리뷴, 2018년 4월 4일자).

보통 언론에서 암 치료의 효과를 보여줄 때 사용하는 수치는 상대적인 생존율relative survival rate이다. 상대적인 생존율은 비슷한 인구 집단에서 예상되는 일반적인 생존율을 고려하여 실제 나타난 생존율을 보정한 수치이다. 이 말은 다른 질병으로 인해서 사망하는 효과를 모두 제거하고 암으로 인해서 발생하는 효과를 독립시켜 계산했다는 말이다. 주로 5년 생존율, 10년 생존율이라는 말을 많이 사용하는데, 이러한 수치를 사용하는 이유는 암이 치유된다는 개념은 부정확하기 때문에 치유율이라는 개념보다는 더 이상 발병하지 않고 유지된다는 의미의 5년 생존율, 10년 생존율이라는 개념이 더 합리적이라고 판단하기 때문이다.

하지만 보통 언론에서는 이러한 5년 생존율, 10년 생존율이라는 개념이 상대적인 생존율을 의미한다는 것을 분명하게 설명하지 않는 경향이 있다. 아래 기사를 예로 든다면, 2019년 국내 암 평균 5년 생존율은 70.4%라고 설명하고 있다. 여기서 생존율은 암에 걸린 모든 사람 중에 70.4%가 생존한다는 것을 의미하지 않는다. 암에 걸린 사람들 중에는 고령자가 많기 때문에 암 치료 중에 사망하거나 다른 질병에 의해서 사망하는 경우도 많을 것이다. 언론에서 사용하는 70.4%에는 이런 환자들이 포함되어 있지 않다. 따라서 정확하게 표현한다면, 다른 모든 조건을 포함시키지 않았을 때, 순수하게 암으로부터 5년 생존할 비율만을 계산해서 70.4% 정도라고 말하는 것이 옳다. 많은 언론들이 "암 환자 10명 중 9명이 완치된다"라는 표현을 쓰고 있는데, 이는 모든 암 환자 10명 중 9명이 완치된다고 사람들을 오해하게 할 가능성이 높다. 상대적인 생존율은 절대적으로 암 환자 10명 중 9명이 완치된다는 의미가 아니다. 언론 스스로 상대적인 수치와 절대적인 수치를 혼용해서 쓰게 되면 독자들이 위험 수치를 해석하기는 더더욱 어려워진다.

암환자 맞춤 치료 확대 … “10년 후 10명 중 9명 완치”

암 정복은 가능할까. 암 의학자들은 “섣불리 단정할 수는 없지만 가능하다”고 말한다. 2019년 국내 암 평균 5년 생존율은 70.4%다. 이 생존율은 매년 0.5~0.6%포인트씩 증가하고 있다. 이대로 가면 2030년경 암 5년 생존율은 90%에 이른다. 지금으로부터 10년 후가 되면 암 환자 10명 중 9명이 ‘완치’된다는 뜻이다. 암 의학자들은 “암의 진단, 치료, 수술 등 전 과정에서 빠르게 발전하고 있으며 그 결과 5~10년 후에는 암이 만성 질환 수준이 될 것”이라고 전망한다. 이런 미래가 가능한 것은 암 정밀 의료 덕분이다(동아일보, 2020년 2월 8일자).

위험의 감소나 증대를 상대적인 수치로 사용하는 것은 위험을 과장하거나 축소할 위험을 높인다. 상대적인 위험 감소와 절대적인 위험 감소 중에서 어떤 수치를 사용하는 것이 합리적인가를 따져보면 당연히 절대적인 위험 감소 수치를 사용하는 것이 옳다. 상대적인 위험 감소(1-컨트롤그룹과 실험그룹의 상대적인 비율)는 위험 감소의 정도를 왜곡할 가능성을 높인다. 하지만 절대적인 위험 감소(컨트롤그룹 비율에서 실험그룹 비율을 뺀 것)는 왜곡 없이 위험이 감소한 수치를 그대로 보여줄 수 있다. 예를 들어, 컨트롤그룹에서 10%가 감염되고, 실험그룹에서 5%가 감염되었다면, 상대적인 위험 감소는 50%가 되지만, 절대적인 위험 감소는 그대로 5%가 된다. 어느 수치가 더 위험 감소를 정확하게 보여주는가는 자명하다. 하지만 아래 기사에서 보는 것처럼 언론은 상대적인 위험 감소에 더 매력을 느끼는 경향을 보인다.

“HPV 백신, 자궁경부암 위험 최대 90% 가까이 줄인다”

자궁경부암 예방 백신인 인유두종 바이러스HPV: human papillomavirus **백**

신이 자궁경부암 위험을 최대 90% 가까이 감소시키는 효과가 있다는 연구 결과가 나왔다. 스웨덴 카롤린스카 의대의 페르 스파렌 역학·생물통계학 교수 연구팀[은] 10~30세 여성 167만2천983명의 11년간(2006~2017) 의료 기록을 조사 분석한 결과 이 같은 사실이 밝혀졌다고 헬스데이 뉴스HealthDay News가 1일 보도했다. 이 중 50여 만 명은 대부분 17세 이전에 HPV 백신(가다실)을 맞았다. 백신을 맞은 그룹에서는 19명(10만 명당 47명), 백신을 맞지 않은 대조군에서는 538명(10만 명당 94명)이 자궁경부암이 발생했다. 백신 그룹 중 17세 이전에 백신을 맞은 여성은 백신을 맞지 않은 대조군에 비해 자궁경부암 발생률이 88%, 17~30세 사이에 백신을 맞은 여성은 50% 낮은 것으로 나타났다고 연구팀은 밝혔다(연합뉴스, 2020년 10월 2일자).

이 기사의 위험 관련 수치를 살펴보면, 88% 감소 수치가 대표적인 수치가 아닌데도 제목을 "90% 가까이"라고 뽑은 것도 문제이지만, 내용을 분석하면 90%라는 수치는 부적절한 수치라는 것을 금방 알 수 있다. 현재 기사에 드러난 내용으로 보면, 백신을 맞은 그룹에서는 0.047%(10만 명당 47명), 백신을 맞지 않은 그룹에서는 0.094%(10만 명당 94명)가 자궁경부암에 걸렸다는 말이 된다. 그렇다면 정확하게 말하면 백신을 맞았을 때, 0.047%(0.094~0.047%) 정도 자궁경부암에 걸릴 위험이 감소한다. 하지만 이 기사에서는 상대적인 위험 감소, 즉 50%(1-0.047/0.094)를 감소 수치로 제시하고 있다. 그마저도 상대적으로 위험 수치가 가장 감소한 특정 그룹의 수치를 인용해서 88%가 감소했다고 제시하고 있다(그마저도 90%라고 반올림). 위험에 대한 감소나 증대의 정도를 제시할 때 상대적인 수치를 제시하면 위험을 축소하거나 과장할 확률이 높아진다. 이 기사의 경우에도 백신을 맞는다면, 백신을 맞지 않는 경우보다 자궁경부암에 걸릴 확률이 0.047% 줄어들고, 이 수치는 10만 명당 94명에서 47명으로 자궁경부암에 걸릴 확률이 줄어든다는 것을 의미한다고 표현하는 것이 더 정확할 것이다.

언론의 위험 수치 사용 기준과 위험 비교

언론이 위험에 대한 연구 결과를 다룰 때는 크게 두 가지 면에 신경을 써야 한다. 한 가지는 얼마나 통계적으로 유의한가 혹은 유의미한가하는 것이고, 다른 한 가지는 그러한 연구 결과가 실제로 발견될 가능성이 얼마나 되는가 하는 것이다. 얼마나 연구 결과가 통계적으로 유의미한가는 보통 p값이라는 수치로 가늠한다. 예를 들어, p값이 0.25라면 특정 연구 결과가 일어나지 않거나 우연히 발생할 확률이 25%, 즉 4분의 1은 된다는 말이다. 이런 경우는 통계적으로 유의미하다고 보지 않는다. 즉 통계적으로 유효하지 않다고 보아 기각하는 것이 바람직하다. 보통 통계의 세계에서 유효하다고 인정하는 실수 가능성의 비율은 5퍼센트이다. 즉 연구 결과가 유효하지 않을 확률이 100번 중에 다섯 번이라면 그냥 유의미하다고 인정해준다는 것이다.

여기서 통계의 세계를 실제 세계에 적용하는 데 있어 항상 조심해야 할 부분이 발생한다. 통계의 세계에서 유의미한 결과는 완벽한 결과를 의미하지 않는다. 어느 정도의 잘못된 긍정false positive을 무시하고, 통계적으로 유의미하다고 인정해주는 수준에 불과하다. 만약 p값이 0.06이 나왔다면 통계적으로 기각되어야 한다. 하지만 p값이 0.05 미만으로 나왔다면 통계적으로 인정된다. 우리는 단지 통계적으로 인정되는 기준을 정했을 뿐이다. 따라서 연구 결과가 통계적으로 인정된다고 해서 그것이 현실 세계에 무조건적으로 적용될 수 있다고 단정해서는 안 된다. 또한 이러한 통계적으로 유의미한 정도와 관련해서 우리가 명심해야 할 것은 많은 연구들이 통계적으로 유의미한 경우에만 연구 저널에 발표된다는 점이다. 언론이 연구 저널의 결과를 인용하면서 대단한 발견을 이야기하지만, 사실 얼마나 통계적으로 유의미하지 않은 결과들이 저널에 제출되지 않고 사장되었는지는 알 방법이 없다. 따라서 연구 결과를 해석할 때는 통계적으로 유의미한 결과라는 허점이 있는 기준과 학계의 관행에 의한 편향 가능성에 대해서 항상 주의가 필요하다.

또 한 가지 통계 결과를 읽을 때 주의해야 하는 것이 연구 결과가 실제로 발견될 가능성이 얼마나 되는가 하는 점이다. 만약 통계적으로 유의미한 결과가 나왔지만 실제로 그러한 결과가 발견될 가능성이 낮다면 그 연구 결과는 신뢰할 수 있다고 보기 어렵다. 이러한 문제는 주로 샘플 혹은 연구 참가자의 수에 기인하는 경우가 대부분이다. 황우석 줄기세포 논문 조작 사건에서도 연구에 사용된 난자의 수가 문제가 된 적이 있다. 2005년 『사이언스』 발표 논문에 사용된 난자의 개수는 185개 였는데, 그 이후 진상조사위원회의 발표를 보면 그보다 훨씬 많은 난자가 사용되었던 것으로 드러났다. 즉 샘플의 개수가 적다면 성공률도 높아지고, 연구의 신뢰도 또한 높아진다. 하지만 샘플의 수가 실제로는 훨씬 더 많았다면 연구의 신뢰도는 떨어질 수밖에 없다. 물론 이 사례는 연구 사기에 가깝지만, 그만큼 샘플의 수가 연구 결과에 미치는 영향이 지대하다는 것을 보여준다. 따라서 연구 결과를 해석할 때는 연구 샘플 수를 함께 고려하는 것이 매우 중요하다. 만약 연구 샘플의 수가 현저히 적은 연구 결과가 있다면 이러한 연구 결과는 좀 더 신중히 해석될 필요가 있다. 우리가 여론조사를 할 때도 참가자의 수가 적다면 전국적인 여론으로 해석하기 힘든 것처럼 현저히 적은 수의 연구 샘플을 이용한 연구 결과는 더 많은 샘플을 이용한 연구 결과가 나오기까지 결정을 유보해야 하고, 연구 결과의 실제 영향력power을 좀 더 낮춰서 해석하는 것이 필요하다.

언론에서 위험과 관련하여 가장 많이 사용하는 수치로는 발생률incidence rate, 유병률prevalence rate, 이환율morbidity rate, 사망률mortality rate, 치명률fatality rate, 가능수명손실년수years of potential life lost, YPLL 등이 있다. 여기서 발생률은 새롭게 생긴 질병에서 발생한 환자의 비율을 의미한다. 보통 인구 10만 명에 대한 1년간의 새 환자 수를 계산한다. 유병률과 이환율은 비슷한 의미를 가지는데, 유병률은 일정 기간 동안 한 인구 집단 내에서 질병에 걸린 사람을 모두 포함하여 계산한다. 즉 발생률은 새로운 질병으로 새로 생긴 환자에 대해서 계산한다면, 유병률은 기존에 있었던 환자를 포함하여 모든 환자의 비율을 의미한다. 이환율은 유병률과 비슷한 의미를 가지지만 모든 질병으로 생긴 환자의 수를 종합해서 계산할 때 많이 사용한다.

사망률은 특정 인구 집단에 대한 사망자의 수를 의미하는데, 보통 1천 명당, 1만 명당, 10만 명당을 기준으로 계산한다. 이에 비해서 특정 질병에 걸린 환자를 대상으로 사망자 수를 계산하는 것을 치명률이라고 한다. 예를 들어, 신종 코로나 바이러스가 우리나라에 변종으로 발생해서 100명의 환자가 발생하고, 그중에서 10명이 사망했다면 치명률은 10%가 된다. 요즘 언론에서 치사율이라는 말을 쓰고 있는데, 이는 잘못된 표현이다. 그리고 치명률은 대부분의 경우 과장될 가능성이 높다. 예를 들어, 신종 코로나 바이러스로 100명의 확진자가 발생했고, 10명이 사망했다고 했을 때, 100명의 확진자는 불확실한 분모이다. 질병을 보유했지만 자가 면역으로 치료되는 사람도 있을 수 있고, 질병을 가지고 있지만 무증상인 사람도 있을 수 있다. 이런 경우에 단순히 치명률로 위험을 평가하는 것은 오류의 가능성이 높다. 특히 신종 코로나 바이러스처럼 비교적 증상이 가볍고, 자가 면역에 의해서 치료될 가능성이 높은 질병의 경우는 치명률이 과장될 가능성이 높다. 또한 사망자가 실제 발병 전 어떤 상태였는지, 의료 수준은 어땠는지, 적절한 조치가 이루어졌는지, 사회적인 대응 시스템은 갖추어졌는지에 따라 치명률은 변동될 수 있다. 따라서 치명률만으로 위험을 평가하는 것은 섣부른 측면이 있다. 여러 대안이 있겠지만, 가능수명손실연수도 하나의 대안이 될 수 있다. 보건 위험과 관련하여 가능수명손실연수는 사람들이 질병으로 일찍 사망하지 않았다면 살 수 있었던 평균 연수를 의미한다. 따라서 가능수명손실연수는 질병으로 죽은 사람의 수가 아니라 질병으로 잃게 된 손실연수를 계산한 것이다. 보통 질병으로 죽게 되는 낮은 연령층에 더 무게 중심을 둔 계산법이다.

위험 수치를 전문가가 아닌 일반인들에게 전달하는 것은 매우 어려운 일이다. 그래서 가장 많이 쓰이는 방법 중 하나가 위험을 일상적으로 알 수 있는 다른 위험과 비교risk comparison해서 표현하는 것이다. 하지만 위험을 비교하는 일이 전가의 보도처럼 사용되어서는 곤란하다. 특히 위험에 대한 불신이 팽배해 있는 공중을 대상으로 위험 비교를 사용하거나 반드시 어떤 목표를 달성하기 위해서 위험이 근거 없이 비교되어서도 안 된다. 위험 비교는 비교를 가능하게 하는 실증적인 데이터가 반드시 구비되어 있어야 하고, 중립적인 관점에서 사실 그대로를 표현하는 방법으로 사용되어야 한다.

위험 비교의 목적은 사람들이 위험에 대해서 정확한 판단을 하도록 도와주고 잘못된 정보에 의해서 형성된 오류를 바로잡아주는 데 있다. 그렇지만 위험 비교가 이런 목적보다는 위험을 축소하거나 위험성을 호도하려는 목적으로 사용된다고 인식되면 오히려 더 큰 부작용을 불러울 수도 있다. 예를 들어, 위험을 표현하면서 어떤 위험은 당신이 자동차를 모는 것보다 덜 위험하다라는 식의 표현을 많이 쓰는데, 이러한 위험 비교는 적절하지도 않을 뿐 아니라 관련된 사람들의 반발을 불러일으킬 가능성을 높인다. 어떤 특정 위험과 자동차를 모는 것의 관련성이 낮은 것도 문제지만, 자동차를 모는 것은 자발적으로 위험을 선택하는 것이지, 위험이 자신에게 주어지는 것이 아니다. 즉 선택적으로 자신이 결정하는 문제를 특정 위험과 비교하는 것은 오히려 위험에 대한 분노를 높일 가능성이 있다. 위험 비교는 과학적인 사실에 기반해야 하고, 관련된 위험 정보가 충분히 개방된 상태에서 이루어져야 한다. 위험 비교는 어디까지나 실증적인 결과를 일반 사람들에게 내놓는 것이고 위험 비교에 대한 수용 여부는 철저하게 공중의 판단에 맡겨두는 자세가 필요하다.

위험 비교가 너무 자의적으로 사용되고, 그 결과 사람들의 불신을 오히려 증폭시키는 경우가 많았는데, 이러한 우려를 반영하여 대표적인 위험 커뮤니케이션 학자들은 표 6-1과 같이 위험 비교 방법을 14가지로 나누고, 그러한 방법의 효과에서 선후를 나누었다(Covello, Sandman, & Slovic, 1988). 가장 확실한 위험 비교는 서로 다른 시간에서 동일한 위험을 비교하거나, 정해진 기준치와 비교하는 것, 같은 위험에 대한 다른 기관의 위험 결과를 비교하는 것이다. 즉 가장 합리적으로 위험을 수용할 만한지 판단할 수 있는 분명한 비교 방법을 의미한다. 예를 들어, 어떤 새로운 절차에 의해서 작년에 배출되는 유해 물질보다 올해는 유해 물질의 양이 40% 줄었다고 하면 그것은 확실하게 위험이 감소했다는 데이터가 될 수 있다. 또한 어떤 유해 물질에 대한 노출 정도가 환경부가 정한 기준보다 훨씬 아래에 있다고 하면 그러한 위험은 수용가능한 위험이 될 수 있다.

표 6-1. 위험 비교의 기준 설정

1위 위험 비교 (가장 좋은 방법)	• 두 다른 시점에서의 같은 위험의 비교 • 기준점과의 비교 • 같은 위험에 대한 다른 기관 수치들의 비교
2위 위험 비교 (괜찮은 방법)	• 위험을 행하는 것과 행하지 않는 것의 비교 • 같은 문제에 대한 다른 해결 방법들의 비교 • 같은 위험이 다른 지역에서 경험된 것과 비교
3위 위험 비교 (덜 괜찮은 방법)	• 특정 지역에서 평균화된 위험과 최악 위험 비교 • 위험의 특정 역효과와 전체 역효과의 비교
4위 위험 비교 (잘 사용하지 않는 방법)	• 위험과 비용 혹은 비용편익효과의 비교 • 위험과 편익의 비교 • 작업장 위험과 일반 환경 위험의 비교 • 같은 소스의 다른 위험들끼리의 비교 • 같은 질병에 대한 다른 원인들끼리의 비교
5위 위험 비교 (받아들여지지 않는 방법)	• 전혀 상관이 없는 위험의 비교 • 정당성이 부족한 비교

출처: Covello, Sandman, & Slovic(1988)

상황에 따라서 위험을 비교할 기준 수치가 존재하지 않거나 여러 시점에서 위험을 추적해온 데이터가 없다면 했을 때와 하지 않았을 때를 비교하거나 다른 지역의 데이터와 비교하는 방법 등도 사용될 수 있다. 물론 비교 방법이 애매할 때는 다른 위험 소스 간을 비교하거나 편익/비용 분석 등을 사용할 수도 있다. 하지만 이런 방법들은 사용될 수는 있지만 완전히 합리적인 위험 비교라고 하기는 어렵다. 위험 비교에서 제일 피해야 할 방법은 별 상관이 없는 위험을 비교하는 것이다. 공장에서 유출된 유독 물질과 흡연의 위험성을 비교하는 것은 공장 주변 지역주민의 불신을 자극할 뿐 아니라 통제할 수 없는 위험과 자발적으로 참여하는 위험을 동일선상에서 비교하는 것이다. 방사성 물질인 삼중수소의 위험성을 바나나와 비교한 아래 기사는 위험 비교가 얼마나 잘못 사용될 수 있는가를 잘 보여준다.

“월성원전 방사능 피폭? 멸치 1g 정도” 카이스트 교수 일침

국내 원자력·양자공학 권위자인 정용훈 KAIST 교수가 경북 경주 월성원전 인근 삼중수소 검출 의혹에 “당연한 것들을 이상한 것으로, 음모로 몰아가면서 월성과 경주 주민의 건강 문제로 확대시킨다”고 8일 지적했다. (중략) 정 교수는 자신의 페이스북을 통해 “월성원전에서 삼중수소가 많이 발생하는 것, 월성원전 경계가 주변 마을보다 삼중수소 농도가 높은 것, 원전 내부에는 경계보다 높은 곳이 있을 수 있는 것은 당연한 것”이라며 우리 주변과 몸에도 삼중수소가 있다고 했다. 그러면서 “월성 주변 지역 주민의 삼중수소로 인한 1년간 피폭량은 바나나 6개(섭취), 멸치 1g(건멸치 0.25g 정도 섭취), 내 몸이 자가 피폭하는 것의 500분의 1(하루치에도 미달), 흉부 엑스레이 1회 촬영의 100분의 1 정도”라며 “지금 (학계에서) 논의되는 수준에선 피폭이 있는 것과 암은 관련이 없다. 월성 방사능 이야기는 월성 수사 물타기하기 위한 것”이라고 덧붙였다. 정 교수는 뒤 이은 글을 통해 “월성 1호기를 조기 폐쇄시켜서 얻은 이득은 주민 최대 피폭이 연간 바나나 6개 피폭에서 3.4개 피폭으로 줄어든 것”이라며 “이 또한 평소 변동 폭이 있어 월성 1호기가 없어진 영향인지는 판단 불가하다”고 적었다(중앙일보, 2021년 1월 9일자).

일단 일반 사람들의 입장에서 원자력발전소에서 유출된 삼중수소와 자연 물질 속의 방사성을 비교하는 것은 상관이 없는 위험을 비교하는 것과 마찬가지이다. 사람들은 일상생활 속에서 방사성을 경험할 수 있지만 원자력발전소 주변의 사람들에게 삼중수소는 자신이 통제할 수 없는 추가된 위험이다. 이러한 추가된 위험은 기준치 이하로 있더라도 피하고 싶은 위험이다. 따라서 삼중수소 유출의 경우에 유출된 양이 정부 기관이 제시하는 안전 수준 이내에 있다는 것을 강조하거나, 일정한 시간을 거쳐서 안전하게 관리되고 있다는 것을 비교해서 보여줄 수는 있어도 바나나와 멸치 속에 들어 있는 칼륨의 피폭량과 비교하는 것은 지역주민이나 일반 국민들의 입장에서 보면 이해하기 힘들다. 이러한 비교 방법이 잘못된 것도 문제지만, 위험을 비교할 때 사람들을 대하는 커뮤니케이션 태도 문제도 지적될 수 있다. 어떤 익숙한 대상과의 비교를 통해서 상대방의 무지를 조롱하거나 자칫 잘난 체하는 것처럼 보이는 태도는 오히려 불신을 더 깊게 하고 위험 수용성을 높이는 데 방해 요인으로 작용한다. 과학기술적인 관점에서 삼중수소의 비계획적인 유출과 지하수 오염 위험, 삼중수소가 미치는 대사 과정에서 인체 영향력, 위험 기준치에 대한 과학적인 논쟁은 차치하고, 이런 류의 위험 커뮤니케이션 실패는 사람들의 위험 수용에 부정적으로 작용할 수밖에 없다.

불확실한 위험 수치의 지혜로운 사용

위험 수치를 잘못 제시하는 것이 일반인들이 위험에 대해서 오해하게 만드는 데 결정적인 역할을 하는 것은 사실이지만 이러한 위험 수치에 대한 오해는 전문가에게서도 비슷하게 발생한다. 일반인뿐만 아니라 전문가도 비슷한 실수를 하는 것이다. 한 연구에 따르면, 임상심리학자나 정신과 의사들에게 퇴원 후에 폭력적인 문제를 일으킬 수 있는 환자의 위험성과 관련한 실험을 한 결과, “100명 중에 10명이 위험을 일으킨다”고 메시지를 제시한 경우에 “10퍼센트의 환자가 문제를 일으킨다”고 메시지를 제시한 경우보다 더 환자를 퇴원시켜서는 안 된다고 응답했다(Slovic, Monahan, & MacGregor, 2000). 이는 아무리 전문가라고 하더라도 상대적인 비율로 제시된 것보다 빈도수로 제시된 숫자에 더 현혹된다는 것을 보여준다. 일반인들이 100개 중에 빨간 젤리 7개가 든 항아리가 10개 중에 1개가 든 항아리보다 더 빨간 젤리를 고를 확률이 높다고 생각하는 것과 비슷한 경우이다(Denes-Raj & Epstein, 1994). 100분의 7이 10분의 1보다 작지만, 빈도로 표현되면 더 큰 숫자에 현혹되는 것이다. 따라서 위험 수치를 잘못 제시했을 때 일어나는 문제는 전문가라고 해서 피할 수 있는 성질의 것이 아니고, 일반인과 전문가 모두에게 비슷하게 적용된다.

모든 보건 위험은 불확실하다. 질병이 발견되거나 위험성이 인지되더라도 그것을 역학조사 등을 통해서 확증하는 데는 상당한 시간이 걸린다. 흡연과 관련해서도 역학조사를 통해서 흡연과 건강 위험의 관련성을 밝히는 데는 상당한 시간이 걸렸다. 때로는 명백한 사안 같지만, 위험성을 증명하기는 매우 어렵다. 마찬가지로 가습기 살균제에 의한 피해자가 엄연히 존재하는데도 불구하고, 법원은 인과관계를 확실하게 증명할 수 없다는 이유로 무죄를 선고하기도 했다. 이런 상황에서 사회는 어떤 식으로 대응하는 것이 옳을까? 이와 관련해서는 어느 정도 선제적인 대응precautionary measures이 필요하다는 것이 일반적인 권고사항이다(Cohn & Cope, 2011). 미국에서 라이 증후군Reye syndrome이 문제가 된 적이 있다. 라이 증후군은 어린이들이 감기나 수두 등을 앓고 난 다음에 뇌와 간에 병변이 생기고, 구토, 발작, 의식 불명으로 이어지는 급속 진행 뇌 질환을 의미한다. 이 병은 바이러스성 질환에 걸린 아이들이 아스피린을 복용함으로써 발병하는 것으로 알려졌지만, 아스피린과 라이 증후군 간의 확실한 관련성을 밝히는 역학조사는 시간이 많이 걸렸다. 이에 미국 정부는 일단 어린이들의 아스피린 복용을 금지하는 선제 조치를 취했고, 라이 증후군의 발생 빈도는 현저히 떨어졌다. 아마 역학조사의 결과와 수치가 나올 때까지 기다리는 조치를 취했다면 수많은 아이들이 명확한 이유도 모른 채 죽어가야 했을지도 모른다.

정확한 수치도 중요하지만 맥락을 살펴서 수치를 해석하고 현실에 적용하는 것이 더욱 중요하다. 진행되는 위험이나 질환의 원인이 상당히 의심스러울 때 선제적인 대응을 하는 것은 매우 필요한 일이다. 하지만 여기서 조심해야 할 부분은 모든 위험에 대해서 최악의 상황을 가정하고 선제적인 대응을 하는 것이 항상 옳은 것은 아니라는 점이다. 특히 언론 보도에서 이러한 경향이 많이 나타나는데, 새로운 위험 요인이 나타나거나 새로운 질병이 발견되었을 때 가장 최악의 사태를 가정하고 선제적인 대응을 요구하는 경우가 많다. 하지만 선제적인 대응도 합리적인 수준에서 사람과 대상에 낙인을 찍지 않고, 단계적으로 실행하는 것이 중요하다. 위험은 풍선과 같아서 한쪽을 누르면 다른 한쪽이 부풀어오르는 경우가 생긴다. 급박한 위험에는 최대의 선제적인 대응이 필요하겠지만, 모든 위험에 최대의 선제적인 대응을 하는 것은 또 다른 위험을 만들어낼 수 있다는 것을 명심할 필요가 있다.

하지만 선제적인 대응이 과도한 경우보다는 마땅히 선제적인 대응이 이루어져야 함에도 불구하고 차일피일 미루는 위험들이 우리 사회에는 더 많이 존재한다. 선제적인 대응과 관련하여 우리 사회가 단지 증거가 명백하지 않다는 이유로 미루고 있는 위험은 없는지 세밀히 살펴볼 필요가 있다. 핸드폰 전자파의 위험성, 미세플라스틱의 위험성, 생리대의 위험성 등 확실한 수치 입증은 되지 않았지만 선제적인 조치가 필요한 부분은 연구 과정 중에라도 미리 조치를 취할 필요가 있다. 물론 이를 근거 없이 침소봉대하거나 공포 마케팅에 활용한다면 이 또한 너무 큰 사회적인 비용을 치러야 할지도 모른다. 결국 위험 인식에서 모든 고려 요인을 점검하고 이해관계자들의 의견을 광범위하게 듣는 것이 가장 중요하다. 위험은 사회적인 합의를 필요로 하는 생물 같은 존재이기 때문이다.

위험 관리 주체가 위험을 관리하거나 커뮤니케이션하는 일이 발전해온 과정은 몇 개의 단계로 나뉘게 되는데, 그것은 1) 정확한 수치의 확보, 2) 수치의 전달, 3) 수치가 의미하는 것에 대한 설명, 4) 유사한 위험의 수용 이력 제시, 5) 위험 수용의 이점 제시, 6) 공중을 위험 이슈와 관련하여 정당하게 대하는 것, 7) 공중을 위험 대응의 파트너로 인식하는 것이다(Fischhoff, 1995). 여기서 중요한 것은 위험을 커뮤니케이션하는 방법이 단순히 수치를 전달하거나 수치가 가진 의미를 전달하는 것에서 공중을 위험 이슈와 관련하여 정당하게 대하거나 심지어 위험에 대응하기 위한 파트너로 인정하는 것으로 발전해왔다는 점이다. 지금까지 정부나 관련 기관과 같은 위험 관리 주체나 언론에서는 단순히 수치를 전달하거나 수치를 공중에게 이해시키는 것이 의무라고 생각해왔다. 하지만 위험을 효과적으로 커뮤니케이션하기 위해서는 단순한 수치의 전달로 끝나서는 안 되고, 일방향성에서 벗어나서 위험과 관련하여 공중을 문제 해결을 위한 파트너로 끌어 안으려는 노력이 수반되어야 한다.

7장

危險不通社會

위험은 불확실하며 위험을 막으려는 행위가 오히려 위험으로 되돌아온다

위험 커뮤니케이션에서 불확실성은 숙명과도 같은 것이다. 신이 아닌 이상 위험의 진행 경로를 정확하게 맞추기는 불가능하다. 또한 위험에 대한 대응 방법에서 항상 정확한 해결 방법을 제시하기는 힘들다. 2020년 초 한국과 세계를 강타한 코로나19의 경우도 위험 커뮤니케이션이 얼마나 어려운지 보여주고 있다. 처음 발생 단계에서 어느 정도 방역이 성공하는 것 같을 때, 정부가 국민들은 이제 너무 두려워할 필요가 없다고 발표했지만, 곧바로 신천지 집단감염 사태가 대구·경북 지역에서 발생하면서 정부가 위험 확산을 부추겼다는 비난을 받게 된다. 하지만 만약 코로나19가 진정세에 접어들었을 때 정부가 아무런 안심시키기 커뮤니케이션을 하지 않고, 그런 커뮤니케이션 공백 상태에서 코로나19 사태가 그대로 종결되어버렸다면 비난의 화살은 아마 다른 쪽으로 향했을 것이다. 정부가 국민들을 안심시키려는 적극적인 커뮤니케이션을 하지 않아서, 우리나라 경제에 돌이킬 수 없는 위기가 찾아오게 되었다는 언론 기사로 도배되었을 가능성이 높다. 결국 위험 커뮤니케이션은 불확실성을 숙명으로 삼고, 그런 상황 속에서도 가장 최적의 커뮤니케이션을 찾아가는 과정이다.

불확실성은 어떤 상황에 대해 사람들의 확신이 현저히 떨어지는 경우를 말한다(Berger & Calabrese, 1975). 사람들은 불확실한 상황에서 자신이 상황을 통제할 수 없다는 사실에 불안감을 느끼게 된다. 따라서 위험과 불확실성은 동전의 양면과 같다(Lupton, 1999). 불확실성을 설명하기 위해서 위험이라는 개념이 생겼다고도 할 수 있다. 하지만 인간의 역사는 이러한 불확실성을 줄이기 위해 사투를 벌여온 시간이었고, 어느 정도 성과를 거두고 있다. 하지만 이 싸움은 결국은 질 수밖에 없는 싸움이다. 위험과 관련된 모든 변수를 고려하는 것은 불가능하고, 인간이 모든 위험의 진행 경로를 파악하는 것은 신의 영역에 도전하는 것이다. 그래서 인간이 불확실성을 받아들여야 하는 것도 숙명이라고 할 수 있다. 그런 극복할 수 없는 숙명 때문에 사람들은 불확실성을 더욱 싫어한다. 위험이 지니는 불확실성을 싫어하며, 불확실하게 말하는 위험 커뮤니케이션을 혐오한다(Fox & Weber, 2002).

위험 불확실성의 아이러니와 문제 해결

사람들은 미래에 일어날 일이 불확실하다고 하면, 현재의 위험에 대해서 어떤 조치를 취하는 것을 귀찮아하는 경향이 있다(Langford, 2002). 즉 불확실성은 확실하게 구성된 현재에 안주하고자 하는 심리를 강화한다. 예를 들어, 미세플라스틱이 인체에 해롭다는 것이 확실하지 않다면, 현재 내가 쓰고 있는 플라스틱 사용을 굳이 줄여야 할 것인가에 대해서 의문을 품게 된다. 불확실성이 현재의 행동을 유지하고, 변화를 거부하는 동인이 된다. 기후 변화의 재앙이 내 눈앞에 있지 않은 이상 나를 귀찮게 하는 행동 변화를 애써 외면한다. 하지만 불확실성이 사람들을 더 움직이게 하는 경우도 있다. 미래에 대한 불확실성이 현재에 안주하는 자신을 불안하게 만들어서 뭔가 변화를 위한 행동에 나서게 하는 경우도 있다(Morton, Robinovich, Marshall, & Bretschneider, 2011). 미세플라스틱이 인체에 직접적인 해를 미치는지 아직 확실하지 않다면, 지금이라도 뭔가 위험을 피할 수 있는 행동에 나서야 하지 않을까

하는 생각을 하게 된다. 폭염과 비정상적인 폭우를 겪으면서 뭔가 기후에 문제가 생겼다고 느끼면서, 어떤 행동에 나서야 한다는 생각을 가질 수도 있다. 따라서 위험의 불확실성은 위험 예방이나 감소 행위의 유발에 있어 매우 상반된 결과를 가져올 수 있다.

이러한 위험이 가지는 불확실성을 긍정적인 결과를 유도하는 데 이용하려면, 사람들이 가지는 불확실성에 대한 신념을 일차적으로 고려하는 것이 중요하다. 사실 과학의 세계는 불확실성의 세계다. 심지어 과학자들이 실험실에서 발견해낸 결과들도 불확실성에 기초하고 있다. 우리가 통계에서 많이 쓰는 유의도(p값)라는 통계치는 사실 불확실성에 대한 수치이다. 어떤 가정이 받아들여질 때 p값이 0.04라고 하면, 연구 가설을 수용하더라도 100번에 4번은 다른 결과가 나올 수 있다는 것을 알고 있으라는 의미이다. 따라서 과학은 불확실성에 기초하여 쌓아 올린 탑이다. 과학에 한 가지 답이 있을 수 없고, 불확실성은 끊임없이 인류의 진보를 이루어내는 동인이다. 기후 변화와 관련한 한 연구(Rabinovich & Morton, 2012)에서도, 과학이 불확실에 기초하고 있다는 것을 이해하는 사람들은 불확실성을 담은 메시지를 보고 나서도 기후 변화를 예방하기 위한 행동에 더 적극적으로 나선다는 것을 보여준다. 어떻게 보면, 불확실성의 문제를 긍정적으로 수용하는 것은 사람들이 이러한 불확실성을 우리 인생의 일부로 수용하면서, 보다 합리적인 결정을 하려고 노력하는가에 달려 있다고 할 수 있다. 따라서 위험의 불확실성을 긍정적인 행동 변화와 사회 변화로 유도하기 위해서는 사람들이 가지고 있는 과학과 불확실성에 대한 신념을 좀 더 이성적인 행동 변화로 유도할 필요가 있다. 왜냐하면 불확실성을 핑계로 문제를 외면해서는 안 되며, 불확실성 속에서도 가장 합리적인 해결 방안을 찾아내려는 노력을 게을리하지 않는 것이 위험 문제 해결에서 가장 중요한 덕목이기 때문이다.

불확실성 뒤에 숨어서 문제 해결을 미루는 것만큼 무책임한 일도 없다. 일본의 수은 중독 공해병인 미나마타병의 경우에도 과학적인 인과관계를 통해서 보상이 이루어지는 데 수십 년이 걸렸고, 그런 가운데 수많은 희생자들이 고통스러운 시간을 보내야 했다. 이러한 일은 수백 명의 사망자와 수천 명의 피해자가 발생한 가습기 살균제 사태에서도 그대로 재현되고 있다. 법원은 가습기 살균제와 인체 피해 간의 분명한 인과관계를 증명할 수 없다는 이유로 가습기 살균제 제조사의 무죄를 선고하기까지 했다. 과학적인 엄밀성이 오히려 가해자 입장에서 변명의 도구로 사용되고, 위험 문제 해결에 장벽으로 이용되는 것이다. 기후 변화 부정론자들의 논리나 담배 회사들의 주장도 이러한 과학적인 엄밀성을 무기로 불확실성을 자극하는 전략을 차용한 것이다.

기후 변화와 같이 우리가 안주하고 있는 현실의 근본 가정을 뒤흔드는 위험에 대한 인식은 특히 불확실성에 많이 좌우된다. 기후 변화를 귀찮은 개념으로 생각하거나, 산업의 발전을 방해하는 개념으로 생각하는 사람들에게 불확실성은 꽤 안전한 핑계거리를 제공해준다. 불확실한 일에 매달릴 것인가 아니면 당장 먹고사는 일에 집중할 것인가? 답은 항상 간단하다. 이것이 기후 변화 문제를 해결하는 데 가장 큰 걸림돌이 되고 있다. 물론 메시지를 통해서 이러한 문제를 해결하려는 노력도 있다. 그림 7-1의 결과를 보면 사람들이 기후 변화의 불확실성이 낮다고 볼 때는 부정적인 프레임의 메시지에 더 행동적인 반응을 보이지만, 기후 변화의 불확실성이 높다고 생각할 때는 긍정적인 프레임의 메시지에 더 행동적인 반응을 보인다(Morton, Rabinobich, Marshall, & Bretschneider, 2011). 예를 들어, 기후 변화가 불확실한 현상이라고 생각하는 사람들에게는 어떤 것을 잃게 된다(부정적인 손실 프레임)고 말하는 것보다는 어떤 것을 지킬 수 있다(긍정적인 이익 프레임)고 말하는 것이 더 효과적이라고 밝혀졌다. 확실히 메시지를 어떻게 사용하는가에 따라 사람들의 마음을 다르게 움직일 수 있고, 메시지의 효과가 어느 정도 있는 것이 분명하다. 또한 이런 메시지가 사람들의 효능감efficacy 혹은 자신감을 자극하는 것과 병행된다면 좋은 효과를 낼 수 있다.

하지만 이런 효과들이 항상 일관되게 적용되지 않는다는 데 문제가 있다. 많은 연구 결과들이 메시지 프레임 효과가 일관되지 않다는 것을 보여준다. 우리나라에서 행해진 연구도 보면, 사람들이 기후 변화에 대해서 불확실한 메시지가 주어졌을 때는 어떤 것을 잃게 된다는 손실 프레임이 더 효과적이며, 확실한 메시지가 주어졌을 때는 이익 프레임이 더 효과적이라는 것이 밝혀졌다(김경진 · 김영욱, 2017). 따라서 불확실

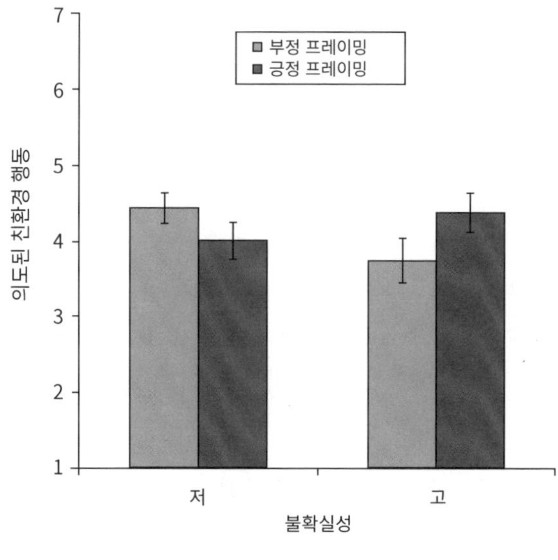

그림 7-1. 기후 변화를 예방하기 위한 행동에 대한 메시지 프레임과 불확실성의 효과
출처: Morton, Rabinovich, Marshall, & Bretschneider(2011)

성이 높은 상황에서 긍정적인 이익 프레임을 쓰는 것이 더 효과적인지, 아니면 부정적인 손실 프레임을 쓰는 것이 더 효과적인지 단정해서 말하기가 매우 어렵다.

지금까지의 관련 연구들을 살펴보면, 메시지를 이용해서 위험의 불확실성을 해결한다는 것은 매우 어려운 일이다. 어떤 유능한 위험 커뮤니케이터가 절묘한 메시지를 통해서 위험 문제를 해결할 수 있다고 생각한다면 그것은 오만이다. 하지만 앞의 연구들을 포함해서 여러 연구들을 종합해보면, 사람들이 스스로 뭔가를 이루어낼 수 있다고 느끼는 자기 효능감은 불확실성을 극복하는 데 도움을 주는 경향이 있다 (Grothman & Patt, 2005). 특히 우리 모두가 함께 힘을 합치면 위험 문제를 해결해나갈 수 있다고 느끼는 집단적인 효능감collective efficacy은 불확실한 위험 사안에 대해서도 문제를 해결하기 위한 방법을 만들어내는 데 결정적인 역할을 한다. 예를 들어, 기후 변화에 대한 불확실성 문제 제기도 공동체가 문제 해결을 위한 합의를 이루어내면 큰 문제가 되지 않는다. 아무리 사안이 불확실하다고 하더라도 공동체가 위험 문제 대처를 위한 합의를 이루어내면 문제 해결을 위한 동력을 어느 정도 확보할 수 있다.

특히 우리나라와 같은 집단주의 문화에서는 집단 구성원 모두가 참여해서 공평하게 문제 해결에 힘을 모으는 상황을 만드는 것이 위험 문제를 해결하는 데 가장 좋다. 미세먼지 위험에 대해 한국인을 대상으로 한 설문조사 연구에 따르면(Kim & Kim, 2019), 위험 문제를 모든 사람들이 공평하게 참여해서 다 함께 평등한 의식을 가지고 해결해야 한다고 생각하는 사람일수록, 미세먼지가 더 위험하다고 인식하고, 이러한 미세먼지 위험 인식이 현재의 정보가 불충분하다고 느끼면서 좀 더 정보를 탐색하거나 체계적으로 처리하게 만드는 것으로 나타났다. 이런 결과는 비록 미세먼지의 예를 든 것이기는 하지만 위험 문제를 해결하는 데 있어 사람들이 가지는 가치, 문화적인 성향 등이 중요한 요소임을 보여준다. 단순히 최적의 메시지를 찾는 것에 매몰되기보다는 사람들의 생각과 사회적인 맥락, 문화적인 성향 등을 고려한 해결책을 찾는 것이 중요하다.

위험 불확실성과 사회적인 합의의 필요성

일반적으로 과학은 불확실성을 기반으로 잠정적인 동의를 이루어내는 것이다. 불확실성의 문제는 확률의 문제이고, 현재 상황에 대한 문제이기도 하지만 미래 전망에 대한 문제이기도 하다. 과학의 불확실성에도 불구하고 사회의 확실성 요구는 점차로 더 커지기 때문에 과학 자체의 역량만으로는 위험 문제를 해결하기가 어렵다. 최근의 과학 관련 논의 또한 과학의 확실성은 언제든지 변화할 수 있다고 보고, 그러한 불확실성을 인정하는 데서 과학 논의가 시작되어야 한다는 주장이 늘어나고 있다. 베이지안Baysian 통계 접근도 사전에 가지는 기대와 일어날 가능성이 합쳐져서 이후의 기대가 형성된다고 본다. 즉 사전에 가지는 기대는 맥락, 상황, 경험 등 여러 가지 변수들과 결합될 수밖에 없다. 상황에 맞는 사실에 대한 합의는 결국 많은 사람들의 합의에 의해서만 가능하다. 최근의 시민과학 논의는 그러한 과학의 불확실성을 인정하면서 시민의 참여를 통해서 위험 문제를 해결하고자 하는 대안적인 성격을 가진다.

공동체가 위험에 대한 합의를 이루어내지 않는다면 위험에 대처하는 것은 매우 어려워진다. 따라서 위험 문제가 우리 사회에 닥쳤을 때,

위험의 불확실성에도 불구하고 사회적인 합의를 이루는 것이 무엇보다도 중요하다. 예를 들어, 미세먼지가 기승을 부리는 시즌에 마스크를 쓰는 것이 좋은가에 대해서는 전문가에 따라서 다른 의견을 가지거나 또는 국가별로 다른 정책을 시행하는 경우가 많다. 미세먼지에 대해서 완벽하게 통달한 전문가가 있어서 모든 관련된 의문에 답을 해줄 수 있다면 좋겠지만, 그런 전문가는 있을 수 없다. 대부분의 전문가라고 하는 사람들은 5년 남짓의 박사과정을 마치고, 자신의 전공 분야에서 일정한 경험을 쌓아온 사람들이다. 위험의 불확실성을 뛰어넘어 모든 것을 통달하기에는 짧은 시간이다. 하지만 우리 언론의 취재 행태를 보면, 위험 사안이 발생했을 때 그 분야의 권위자를 초대해서 정답 찾기에 골몰하는 경우가 많다. 이는 위험의 불확실성을 고려하지 않은 일차원적인 대응이다. 왜냐하면 위험에 대한 대응에서 단 하나의 정답, 단 하나의 사실만 존재할 수는 없기 때문이다.

결국 중요한 것은 위험에 대한 불확실성에도 불구하고 어떤 행위가 위험을 방지하는 데 더 도움이 되는가에 대한 사회적인 합의를 이루는 것이다. 만약의 경우, 위험의 불확실성으로 인해서 매우 잘못된 방법을 사용했다는 것이 추후 밝혀진다고 하더라도 그것은 사회 모두가 져야 할 책임이 된다. 물론 이러한 사회적인 합의를 이루기 위해서는 모두에게 개방된 공론장을 통해서 공정하고 충분한 커뮤니케이션이 이루어져야 한다. 위험에 대한 사회적인 합의가 정부나 기업, 혹은 이익을 가진 주체에 의해서 독단적으로 결정되어서는 안 된다. 충분한 토론을 거쳐 사회가 나아가야 할 방향을 정할 수 있다면 그것이 사회 차원에서 불확실성에 맞설 수 있는 가장 최선의 방법이 된다. 음지에서 비밀스럽게 결정된 위험 대처 방안에는 누군가의 이기적인 목적이 끼어들 수밖에 없다. 불확실성에 대한 최선의 대응은 결국 개방과 커뮤니케이션이다.

위험의 불확실성은 크게 보면 두 가지 경우를 가진다(Brugnach, Dewulf, Pahl-Wostl, & Taillieu, 2008). 특정 위험과 관련한 데이터가 부족하기 때문에 확실한 결론을 내릴 수가 없는 경우와, 위험에 대한 많은 데이터가 쏟아지지만 다른 주장을 하는 전문가들이 대립하는 경우이다. 데이터가 없는 것도 문제이지만 데이터가 많다고 하더라도 전문가들의 일치된 의견이 형성되지 않으면 불확실성이 높아질 수밖에 없다. 하지만 현실적으로 문제가 되는 것은 대부분의 전문가들이 과학적인 결론을 두고 일치하더라도 일부 전문가들이 결론에 동의하지 않고 다른 의견을 내놓는 경우이다. 과학계에서 무시할 수 있을 정도의 극소수 의견이라면 그것이 과학적인 결론의 발목을 잡게 해서는 곤란한다. 하지만 위험 사안과 관련해서 항상 이해관계자가 존재하기 때문에 소수의 의견이 마치 대립되는 학설이 존재하는 것처럼 부각되는 사례는 너무나 많다.

기후 변화가 대표적인 예이다. 거의 대부분의 과학자들이 기후 변화의 존재와 위험성에 대한 합의를 이루고 있지만, 몇몇 극소수의 이해관계자들과 과학자들이 기후 변화의 존재를 부정하고 있다. 이러한 주장들이 마치 대립되는 주장인 것처럼 잘못 인식되기도 한다(Washington & Cook, 2011). 이런 경우에는 위험 사안을 다룰 때 기계적으로 반대의견을 동등하게 다뤄주는 언론의 관행이 가장 문제가 된다. 이러한 언론의 잘못된 균형 잡기에 대해서 예시 효과exemplification effects는 그러한 문제점을 잘 설명한다. 언론이 위험 사안에 대해서 예시를 들어가며 설명하는 방식은 사람들의 위험 인식에 심대한 영향을 줄 수밖에 없다. 예를 들어, 위험이 발생할 확률이 90퍼센트이고, 발생하지 않을 확률이 10퍼센트라고 했을 때, 언론이 위험이 발생할 확률을 지지하는 전문가와 위험이 발생하지 않을 확률을 지지하는 전문가를 똑같이 기사 속에서 다룬다면 사람들의 위험 인식은 실제와는 다르게 왜곡될 수밖에 없다. 또한 자신이 믿고 싶은 것을 강화하려고 하는 사람들에게는 자신의 생각과 일치하는 의견만이 더 눈에 띌 가능성도 높다. 더 큰 문제가 되는 것은 기후 변화 부정론자climate deniers일수록 언론에 노출되는 정도가 찬성론자보다 더 많다는 점이다. 『네이처 커뮤니케이션즈Nature Communications』에 따르면 2000년부터 2016년까지 지구 온난화를 반대하거나 의심하는 학자, 기업인, 정치인이 찬성론자보다 50%나 더 많이 언론에 노출된 것으로 나타났다(Petersen, Vincent, & Westerling, 2019). 결국 언론이 위험 사안을 다루는 방식과 이로부터 형성되는 사람들의 편견이 위험 문제 해결을 위한 사회적인 합의를 더욱 어렵게 만든다.

위험의 불확실성과 언론의 고질병

많은 경우 위험의 불확실성과 관련하여 문제를 더 어렵게 하는 것은 언론이다. 우리나라 언론이 위험을 대하는 태도는 몇 가지 패턴이 있다고 할 수 있다. 우선 가장 문제가 되는 것은 "정답 저널리즘"이다. 학원에서 교육받은 세대의 영향인지는 모르겠지만, 위험 문제가 발생했을 때, 모든 문제에 대해서 하나의 정답을 제시해줄 수 있는 권위자, 정답 제시 전문가를 찾는 경향이 심각하다. 그러다 보니 굉장히 한정된 풀의 전문가들이 등장하게 되는데, 심지어 어떤 문제가 발생하면, 어떤 사람과 인터뷰하게 될지 예상이 가능할 정도이다. 하지만 위험 문제에 정답은 없다. 한 명의 가장 권위 있는 전문가를 통해서 문제 해결의 정답을 찾을 수 있다고 보는 것은 어불성설이다. 코로나19와 같은 감염병 사례에서도 한 명의 전문가를 초대해서 모든 의문에 대해서 질문하고 정답을 구하는 포맷의 콘텐츠가 상당히 많은데, 이는 심각한 전문가 의존 현상을 불러올 가능성을 높인다. 감염내과를 전공했다고 해서 마스크의 성능에 대해서 전문적인 지식을 가지기는 어렵다. 언론이 위험이 가지는 불확실성을 무시하고, 너무 섣부르게 확실성을 부여하려고 시도함으로써 위험 문제가 더욱 혼란스러워지게 되는 경향이 뚜렷하다. 코로나19 사태 동안 마스크의 성능과 백신의 효능에 대해서 전 국민이 겪었던 불안과 혼란은 사실상 하나의 정답에 의존하는 언론의 잘못이 크다.

위험 사안에 대해서 "꼬투리 잡기 저널리즘"이 성행하는 것도 위험의 불확실성을 키우는 측면이 강하다. 위험 사안을 보도할 때 가장 중요한 일은 전체적인 맥락을 파악해서 위험의 진행 과정을 전반적인 시각에서 전달해주는 것이다. 하지만 우리나라 언론은 조그만 실수나 비정상적인 일화에 몰두하는 경향이 심각하다. 언론이 가진 정부 비판 의무를 절대선으로 오해하는 경향과 함께, 언론 자체가 가진 정치적인 성향이 보도 기사에 반영되는 경우도 많다. 코로나19와 관련해서 중국인에 대한 입국 금지 주장, 마스크 구매와 관련된 소동, 중국 교민 국내 이송 및 격리 과정, 외국의 우리나라 사람에 대한 입국 절차 강화, 백신 구매 및 안전성 등의 이슈에서 보여준 우리나라 언론의 태도는 코로나19라는 위험이 가지는 불확실성을 개별적인 이슈와 연관 지어서 오히려 극대화하는 경향을 보여주었다. 이러한 언론의 보도 태도는 불확실한 위험에도 불구하고 사회가 대응 능력을 키우고, 문제 해결을 위한 역량을 모아가려는 노력에 아무런 보탬이 되지 않는다.

언론이 과학을 어떻게 볼 것인가는 매우 중요하다. 언론이 과학을 절대적인 진리를 추구하는 분야라고 이해한다면 위험의 문제를 합의가 불가능한 문제로 바라보게 된다. 반면 언론이 과학을 서로 다른 의견이 가능하고 갈등이 발생할 수 있는 영역이라고 본다면 일치하지 않는 과학적인 사실에 대해 어느 정도는 합리적으로 해석할 수 있다. 그림 7-2가 보여주는 연구 결과에 따르면, 사람들이 과학을 불확실성을 내포한 분야라고 이해할수록 기후 변화에 대해서 어느 정도 불확실한 상황이 있다고 하더라도 환경을 지키기 위한 합리적 행동을 더 하는 것으로 나타났다(Rabinovich & Morton, 2012). 즉 기본적으로 사람들이 과학의 문제를 논쟁이 필요한 분야라고 인식하게 되면 아무리 불확실한 상황이 주어지더라도 친환경적인 행위에 나서게 되는 것이다. 따라서 이런 상황을 고려한다면 언론이 평소에 과학을 어떤 시각으로 바라보는 것이 합리적인가에 대해서 사람들에게 설명하는 것이 필요하다. 그런 노력이 계속된다면, 어느 정도 불확실성이 존재하더라도 사람들은 다른 의견들 속에서도 보다 합리적인 선택지를 택하려고 노력하게 된다.

하지만 언론은 오히려 갈등을 키우고, 과학의 문제를 갈등의 문제로 변질시키는 경향이 있다. 기후 변화와 관련해서도 언론은 과도하게 중립적인 태도를 유지하는 경우가 있는데, 이는 대부분의 과학자들이 인정하는 지구 온난화의 존재보다는 기후 변화를 부정하는 소수의 사람들을 부각시키는 효과를 주기도 한다. 한 연구에 따르면(Zhao, Leiserowitz, Maibach, & Roser-Renouf, 2011), 사람들이 언론에 나오는 기후 변화 관련 기사를 정치적인 갈등의 문제로 인식하면 할수록 기후 변화 위험을 낮게 인식하는 것으로 드러났다. 기후 변화 관련 기사를 갈등의 문제가 아니라 환경의 문제를 다루는 것으로 생각하는 사람들은 기후 변화 위험을 상대적으로 더 인식했다. 언론을 통해서 위험의 문제가 주목받게 되는 것은 분명해 보인다. 하지만 언론이 어떤 논조를 취하는가에 따라서 이러한 주목이 위험 문제를 해결하기 위한 기반으로 작용할 수도 있고, 아니면 오히려 위험 문제를 무시하거나 사회적인

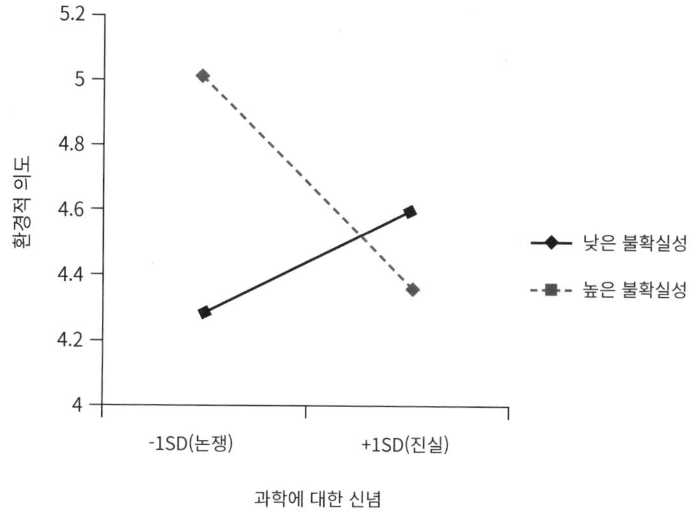

그림 7-2. 과학에 대한 신념과 메시지 불확실성이 환경에 우호적인 행동에 미치는 평균 수준

출처: Rabinovich & Morton(2012)

갈등을 더 증폭시키는 효과를 가져올 수도 있다. 위험의 불확실성에도 불구하고, 사람들의 합리적인 행동을 유도하기 위한 언론의 역할이 무엇보다도 중요한 이유가 여기에 있다.

위험의 불확실성과 죽음의 공포

코로나19와 같은 팬데믹은 위험의 불확실성을 극명하게 보여준다. 어떤 것도 확실하지 않으며, 어느 것도 사람들의 통제 안에 들어와 있지 않다. 이럴 때 사람들은 죽음의 공포와 마주한다. 위험의 불확실성이 가져다준 죽음의 공포에 직면한 사람들의 반응을 보여주는 이론이 공포관리 이론terror management theory이다(Greenberg, Pyszczynski, & Solomon, 1986; Greenberg, Solomon, & Pyszczynski, 1997). 코로나19에 대해서 죽음의 공포를 느낀 사람들은 일차적으로 당면한 위험을 회피하거나 위험에 대응하는 개선된 행위를 하려고 노력한다. 특히 위험을 물리칠 수 있다고 생각하고 자신감에 충만한 사람은 예방 행위에 더욱 심각하게 열중할 수 있다. 하지만 이런 의식적인 행위는 잠깐이고, 사람들은 죽음이라는 무의식의 세계로 점점 이동하는데, 이때는 좀 더 복잡한 일들이 일어난다.

일단 사람들은 죽음이라는 유한함 앞에서 언제나 공포를 느낀다. 영원히 살고 싶고, 영원히 세상에 남겨질 자신의 어떤 부분을 갈구한다. 이런 죽음의 공포 앞에서 사람들의 선택은 보통 자신의 존재를 영속시켜줄 대상, 집단, 종교, 네트워크 등에 집착하는 것이다. 즉 죽음의 공포 앞에서 사람들은 무의식적으로 자신과 비슷한 대상에 집착하고, 자신의 영속성을 방해하는 세력들에 극단적인 증오를 품게 된다. 코로나19 팬데믹이 진행되는 동안에 미국이나 유럽에서 인종 갈등이 심화되는 것은 죽음의 공포에 직면한 사람들의 자연스러운 반응이다. 자신과 비슷한 사람은 챙기고, 자신과 다른 사람은 배척한다.

이러한 극단적인 반응은 마스크 쓰기와 사회적 거리두기에서도 그대로 드러난다. 일부 사회에서는 마스크를 쓰지 않는 것이 자신과 유사한 사람들 간에 공유하는 신념을 지키는 일이고, 마스크를 쓰는 사람들은 외부자, 침입자로 인식된다. 또한 사회적 거리두기가 내부 집단의 단합을 막는 외부적인 규범으로 인식되기도 한다. 백신 접종 기피를 포함해서 코로나19 사태에 직면해서 미국에서 일어나고 있는 온갖 불합리한 일들, 이해할 수 없는 일들은 실상 죽음의 공포에 직면한 미국인들의 몸부림이다. 왜 이런 일들이 미국인에게 많이 일어나는지는 열악한 사회 자본에서 비롯되는 사회문화적인 문제로 추정할 수도 있지만 좀 더 실증적인 연구를 통해서 밝혀내야 할 부분이다.

죽음의 공포가 오히려 위험 행위를 더 자극하기도 한다. 예를 들어, 마스크를 쓰지 않거나, 사회적 거리두기를 하지 않는 위험 행위가 자신들의 문화적인 자존심, 정체성, 가치 등과 연결된다면, 이러한 위험 행위는 자신의 자존감을 높이는 행위로 인식되기 때문에 오히려 더 위험 행위로 이어질 가능성이 높다(Ben-Ari, Florian, & Mikulincer, 1999). 예를 들어, 난폭운전을 자신의 자존감과 연결시키는 사람들은 죽음의 공포가 오히려 난폭운전을 자극할 가능성이 높다. 흡연을 자신의 자존감과 연결시키는 청소년에게 흡연의 공포를 자극하는 메시지는 오히려 담배를 더 피우게 만들 가능성이 높다. 그들에게 흡연이 오히려 반항의 상징이 될 수 있기 때문이다.

코로나19 상황에서도 트럼프 대통령이 마스크 착용과 관련해서 개인의 자유를 강조함으로써, 코로나 사태 초기에는 마스크를 쓰지 않는 행위가 자신과 비슷한 사람들을 묶어주고, 정체성을 확인시켜주는 행위로 변질되어버렸다. 이런 상황에서는 마스크를 써야 한다는 커뮤니케이션은 오히려 마스크를 쓰지 않아야 한다는 집단 논리를 더욱 자극할 뿐이다. 따라서 마스크를 쓰는 행위와 미국인의 정체성은 아무 상관이 없다는 논리의 커뮤니케이션이 이루어져야 하는데, 이미 모든 사회의제가 정치화되어버린 미국 사회에서 이런 해결책을 제시하는 것은 정치적인 공격을 받을 가능성을 오히려 높인다. 위험이 죽음 상황을 만나면 극단적인 의견의 극화polarization를 낳고 사회 전체적으로 더욱 위험의 불확실성을 높이는 결과를 가져오게 된다.

위험은 다시 돌아온다

락스로 채소나 과일을 소독하는 것이 과연 몸에 이로울까, 해로울까? 아래 기사에서 보는 것처럼 채소나 과일 세척에 락스를 사용해도 되는지 안 되는지는 아직도 불확실성의 영역에 있다. 우리는 많은 경우에 위험을 제거하기 위해서 스스로 합리적인 방법을 찾아서 사용한다. 채소나 과일에 있는 농약을 제거하기 위해 식품용 락스를 사용하는 식이다. 하지만 현대 사회는 위험을 제거하기 위한 수단이 또 다른 위험으로 되돌아오는 사회이다. 즉 우리가 살고 있는 위험 사회에서는 위험의 불확실성이 위험의 재귀성과 대부분 연결된다. 우리는 위험의 불확실성을 넘어서, 위험을 제거하기 위한 수단들도 불확실성을 증폭시키는 사회에 살고 있다.

학교 급식 재료, '발암 논란' 락스로만 소독해라?

채소나 과일을 살균할 때 많이 쓰이는 염소계 소독제, 일명 식품용 '락스'는 발암성 물질을 유발할 수 있다는 우려 때문에 정부는 지난 2007년 오존수 등 다른 소독제도 함께 사용할 수 있도록 관련법을 개정했다. 하지만 정작 학교급식 현장에서는 여전히 '락스'만 사용하도록 규정돼 있어 학부모들의 불안감이 커지고 있다. 정부는 지난 2007년 채소, 과일 등의 신선식품을 살균·세척하는 데 사용하는 오존수, 차아염소산수, 이산화염소수를 학교 등 단체급식 현장에서 쓸 수 있도록 '식품첨가물 기준규격'을 개정했다. 일명 '락스'로 불리는 기존 염소계 살균제가 특유의 불쾌한 냄새를 내고 또한 소독과정에서 발암성 물질인 트리할로메탄이 발생한다는 이유에서였다. 하지만 2년이 지나도록 정작 학교급식소에서는 여전히 식품용 락스만 사용해 채소와 과일 등을 살균하고 있다(CBS노컷뉴스, 2009년

12월 9일자).

재귀성이라는 어려운 개념을 사용했지만, 사실은 우리 모두가 일상에서 경험하고 있는 것이다. 예를 들어, 코로나 바이러스가 창궐해서 집밖으로 나가지 않게 되면서 사람들의 우울증이 더 심해지는 것도 위험을 막기 위한 행위가 위험으로 되돌아오는 경우이다. 미세먼지가 심해진다고 집 안에서 창문은 닫고 공기청정기만 틀어놓고 있으면, 다른 공기 중 오염 물질의 농도가 높아져서 더 심각한 건강 위험이 발생할 수 있는 것도 마찬가지이다. 위험은 위험을 막기 위한 행위들이 오히려 더 사람들을 위험하게 하는 속성을 가지고 있다. 즉 위험을 막으려는 행위들이 다시 위험으로 돌아온다. 이것을 위험의 재귀성이라고 한다.

위험의 재귀성을 설명하기 위해 한 비극적인 이야기를 들어보려고 한다. 2001년 PHMG(폴리헥사메틸렌구아니딘)과 PGH(염화올리고에톡시에틸구아니딘)라는 문제의 성분을 넣은 가습기 살균제가 처음으로 우리나라에 소개된다. 그때까지 두 성분이 인체 피부에 해롭지 않다는 연구 결과는 있었지만 이것을 호흡기를 통해서 흡입해도 되는지는 아무도 몰랐다. 인체 안전성에 대한 과학적인 검증이 없는 가운데서도 관리감독을 소홀히 한 정부의 방치 하에 이윤만을 추구하는 기업들은 세계 최초로 우리나라에 가습기 살균제를 시장에 내놓게 된다.

"가습기는 조금만 청소하지 않아도 습도가 높아 세균이 쉽게 번식합니다. 가습기의 수증기는 직접 들이마셔야 하므로, 이 제품을 넣지 않으면 여러분은 세균을 들이마시는 것이나 마찬가지입니다"와 같은 광고 문구가 버젓이 사용되었고, 위험에 민감한 사람들은 이 새로운 제품에 환호했다. 이 신제품은 2011년 인체에 치명적인 위험성이 알려져 판매 금지에 들어갈 때까지 약 60만 개가 팔려나갔고, 이로 인해 수천 명의 사람들이 목숨을 잃거나 장애에 시달리는 결과를 낳게 된다. 인체 독성 실험을 소홀히 한 기업과 철저한 검증 없이 허가를 내준 정부의 잘못을 지적하는 것은 당연하지만, 사건을 좀 더 일반화해서 생각해보면 가습기 살균제 참사는 현대 사회에서 위험을 막기 위한 행위들이 오히려 더한 위험으로 다가올 수 있다는 것을 보여준다.

다른 나라에서 일어난 가습기 살균제 참사와 비슷한 사건으로 탈리도마이드 사건이 있다(정진호, 2017). 탈리도마이드는 1957년 독일의 한 제약회사가 진정제 및 수면제로 시판한 약인데, 이 약의 효능 중 입덧 치료 기능이 발견되어 이후 수많은 임산부들이 복용하기도 했다. 1961년 출산 기형에 대한 보고가 있고 나서 유럽에서는 바로 사용이 중지되었지만, 이미 수많은 임산부들이 복용한 뒤였고, 이 일로 인해 1만이 넘는 기형아가 태어나거나 죽었다. 현재까지도 수많은 탈리도마이드 피해자들이 고통을 겪는 것으로 전해지고 있다.

인류가 만들어낸 약들은 대부분 위험의 재귀성을 숙명처럼 지니고 있다. 많은 약들이 인류를 구원했다. 페니실린은 세균으로부터 많은 생명을 구했다. 하지만 모든 약은 독이 될 수도 있다. 인류를 구원하리라고 믿었던 약들이 인류를 배반한 경우도 많다. 항생제의 과다 사용은 슈퍼 박테리아를 만들어내어 인류를 위협하고 있으며, 모든 약들은 부작용을 가지고 있다.

어떤 좋지 않은 대상을 쉽게 없애거나 인간 행동의 변화 없이 완벽하게 깨끗한 환경을 유지하려고 한다면 이 또한 사달이 날 수 있다. 인류에게 환상의 살충제로 알려졌던 유기염소계 농약의 대표적인 물질인 DDT가 그 예이다(환경부, 2016). 2차 세계대전을 거치며 세계적으로 사용되었고, 처음 시판 과정에서 사용된 광고를 보면, 소금처럼 사람들에게 꼭 필요한 물질로 묘사되기도 했다. 그 당시 광고 슬로건이 "DDT is Good for Me!"였다. DDT의 살충 능력은 기존의 다른 살충제에 비해서 훨씬 뛰어났고 값도 저렴했기 때문에 많은 사람들의 환호를 받았다. 특히 부작용이 없다고 믿었기 때문에 많은 사람들이 피부에 직접 바르기도 했다. 하지만 레이첼 카슨Rachael Carson 등 많은 환경론자들이 DDT의 부작용과 생태 환경 파괴를 지적했고 결국 1970년대부터 사용이 금지되고 있다. DDT의 급성 독성은 강하지 않고 사람들에게 직접적으로 미치는 피해는 크지 않은 것으로 알려져 있지만, 환경에 미치는 영향은 어떤 물질보다도 장기적이고 치명적인 것으로 알려져 있다.

DDT와 비슷하게 CFC로 불리는 프레온가스도 처음에는 기적의 물질로 알려져 생활 곳곳에서 사용되었지만, 결국 오존층을 파괴하고 환경에 무서운 결과를 초래한다는 것이 알려져 대표적인 퇴출 물질로 지정되었다(환경부, 2016). 과학자들이 어떤 물질이나 위험에 대응하기 위한 방법을 개발해낼 때는 단기적인 문제 해결에 집중하는 것이 대부분이다. DDT와 프레온가스처럼 새로운 물질이 환경에 지속적인 영향을 미칠 것이라고 상상하기는 쉽지 않다. 하지만 위험을 해결하기 위한 방안은 위험의 재귀성을 가진다. 대부분의 경우, 어떤 쉬운 문제 해결책을 찾으려고 하면, 결국 부작용이 더 위험해질 수 있다. 따라서 위험 문제 해결을 위해서는 직접적인 문제 해결에 환호하기보다는 보다 장기적인 이해관계자 숙의 과정을 거쳐 면밀히 그 적용가능성을 점검하는 절차를 거치는 것이 현명하다.

위험을 막는 행위가 위험으로 되돌아오는 일은 비슷한 위험 상황을 통해서 반복되기도 한다. 코로나19의 유행으로 손소독제를 구하기가 힘들어지자 일반인들이 소독용 에탄올을 직접 구매해서 손소독제를 만들어 쓰는 경우가 많았는데, 이러한 행위는 피부병 등 심각한 부작용을 낳을 수 있는 위험한 행위이다. 위험이 생기면 근본적인 이유에 대한 고민 없이 위험을 바로바로 없애려는 심리가 근거 없는 소문에 취약하게 만든다. 이러한 심리가 결국 비슷한 맥락에서 위험의 재귀성을 부추긴다. 코로나19와 관련하여 락스를 10배의 물로 희석해서 통에 담은 다음 분무 소독제로 쓰는 경우도 있다고 하는데, 이런 방법은 가습기 살균제 사태를 통해 경험했듯이, 사람들이 직접 호흡기를 통해 흡입할 수도 있기 때문에 매우 위험하다.

전문가들 간의 의견 불일치가 위험의 재귀성을 만들어내기도 한다. 조지 부시George H. Bush 대통령이 서명한 1990년 미국의 청정공기법Clean Air Act 수정안은 산소 성분을 좀 더 추가한 재가공된 가솔린reformulated gasoline을 쓰도록 규제했다. 대기 오염을 막는 데 도움을 줄 것이라고 생각한 이 규제는 하지만 다른 위험을 일으키는 것으로 이후 밝혀진다. 산소 성분을 추가하여 재가공된 가솔린은 대기 오염을 막는 데는 어느 정도 효과가 있었지만, 물에 잘 녹기 때문에 땅 속으로 스며들어 심각한 토양 오염과 함께, 마시는 물을 심각하게 오염시켰다. 이처럼 위험 사회에서는 한 위험을 막기 위한 수단이 다른 위험을 일으킨다. 대기 오염 전문가에게는 획기적인 물질이었지만, 토양 오염 전문가에게는 심각한 위험 물질이었던 것이다. 최근에 논란이 끊이지 않는 미세플라스틱도 인체에 미치는 영향이 아직은 확실하게 알려진 것은 없지만, 어떤 위험을 내포하고 있는지 가늠하기는 정말 어렵다(Mohamed Nor, Kooi, Diepens, & Koelmans, 2021).

전문가들은 모두 자기 분야에서 심도 깊은 지식을 습득한 사람들이기 때문에 다른 분야와의 관련성에 대해서 무관심한 경우가 대부분이다. 신종 감염병이 발생했을 때, 보건 전문가들은 자발적인 자가 격리를 권유하지만, 이러한 자발적인 자가 격리가 사회와 경제에 미칠 영향에 대해서는 알기 어렵다. 심지어 같은 분야 내에서도 의견이 다른 경우가 많다. 한 위험이 발생했을 때, 그 위험을 막기 위한 노력이 다시 위험으로 되돌아오는 경우는, 전문가들이 충분히 다른 전문가들과 토론하고 위험성에 대한 객관적인 증거를 수집하려는 노력을 게을리했을 때 발생할 확률이 높아질 수밖에 없다. 전문가들 간의 위험 커뮤니케이션이 심각할 정도로 부족하고, 그것이 우리 사회의 위험을 증폭시키고 있다는 것은 분명해 보인다.

위험의 재귀성과 위험 사회 진단

위험을 어떻게 볼 것인가는 크게 자연을 통제할 수 있는 대상으로 보는가, 인간이 조화를 이루고 살아가야 할 대상으로 보는가 정도의 차이로 나누어볼 수 있다. 인간이 자연을 통제의 대상으로 보기 시작한 것은 서구 르네상스가 일어나면서 과학기술에 대한 무한한 신뢰가 자연을 통제할 수 있다는 오만으로 변해가는 과정 속에서 발생한 것이다. 이러한 경향은 실증주의적인 베이컨 류의 사고로 굳어지면서 인간의 자연 통제 행위를 당연한 것으로 받아들이게 되었다. 하지만 이런 자연 통제 사고는 문제점들을 내포하고 있는데, 그것은 인간이 모든 것을 이해할 수 있다는 자신감과 함께 무지의 오만을 낳을 뿐 아니라, 인간의 개입으로 일어나는 자연의 변화를 실제로 알기 어렵게 만든다는 것이다. 현대 사회 위험에서 가장 특징적인 점은 그것이 재귀적이라는 것인데, 앞서 설명했듯이 재귀적이라는 말은 위험을 막기 위해서 만들어내는 방편들이 오히려 더 위험할 수 있다는 의미이다. 가습기 곰팡이를 막기 위한 살균제가 그랬고, 각종 살충제, GMO 논란이 그렇다. 현대 사회의 위험은 재귀적이고, 그것은 인간의 자연 통제가 얼마나 허상인가를 실제로 보여준다.

위험 사회에서 위험의 재귀성이 늘어나는 것은 과학기술에 대한 지나친 의존과 인간의 개발 욕구 때문이다. 2020년 여름은 물난리로 전국이 어지러웠다. 하지만 4대강 사업을 무리하게 펼쳤던 주체들은 4대강 사업을 더 확대했더라면 물난리가 생기지 않았을 것이라는 궤변을 늘어놓고 있다. 강을 더 긁어내고, 물그릇을 더 키웠으면 둑이 넘치지 않았을 것이라는 논리이다. 이러한 근대적인 위험 대응 사고, 즉 어떤 위험에 대비해서 과학기술을 투입하고 국토를 인간의 필요에 따라 개발하면 위험에서 벗어날 수 있다는 사고가 위험 사회를 더 심화시킨다. 물난리는 멋대로 물길을 막고 뭔가 인위적인 구조물을 축조함으로써 심화되는 것이지, 자연 상태를 되도록 존중하고 개발과 자연의 조화를 위해 노력해서 심해지는 것은 아니다.

위험 사회를 근대의 시스템으로 해결하려는 아이러니를 해결하지 않고서는 위험의 재귀성 문제를 해결하기는 어렵다. 위험 사회는 아무도 위험의 실체에 대해서 정확히 알 수 없고, 위험에 대해서 모두 제각각 의견을 가지고 있기 때문에 결국 모든 이해당사자들이 참여하여 위험에 대한 합의를 이루어내는 수밖에 없다. 결론적으로 근대 시스템만을 고집해서는 위험을 관리할 수 없다. 미세먼지가 그렇고, 광우병이 그렇고, 기후 변화가 그렇듯이 사람이 살아가는 방식을 바꾸지 않고, 결국에는 과학기술이 모든 문제를 해결해줄 것이라는 근거 없는 믿음은 마침내 되돌릴 수 없는 재앙을 인류에게 안겨줄 것이다. 문제의 핵심은 위험의 재귀성을 이해하고 위험 문제의 쉬운 해결이라는 유혹에서 벗어나야 한다는 점이다. 인간의 행위가 변하지 않고서도 해결할 수 있는 위험 문제는 없다. 따라서 손쉬운 해결 방법이 가져올 부작용에 주목하지 않는다면, 위험 문제의 지속가능한 해결은 요원할 수밖에 없다. 다음 기사에서 보는 것처럼 플라스틱 또한 인류에게 위험을 손쉽게 해결해주는 방법으로 각광받았지만, 손쉬운 해결 방법은 언제나 부작용을 숨기고 있다. 최근 연구(Everaert et al., 2020)에서 보면, 우리나라 서해가 지중해와 더불어 세계에서 미세플라스틱 오염이 가장 심각한 것으로 드러나 충격을 주고 있다. 위생이라는 차원에서 각광받아온 플라스틱이 금세 또 다른 위험으로 우리 곁에 다가와 있는 것이다.

기후 변화라는 막장의 카나리아

인간의 삶을 뒤바꾼 획기적인 발명품이 다 그렇듯 처음에는 플라스틱의 좋은 면만 보였다. 플라스틱(나일론)으로 만든 낙하산은 연합군 공수부대가 유럽 본토에 상륙해 나치 독일을 제압하는 데 혁혁한 공을 세웠다. 당구를 귀족 놀음에서 전 세계인이 즐기는 스포츠 게임으로 바꿨듯이 비행기 여행 역시 대중화하는 마술을 부렸다. 비행기 중량을 줄이고 제작비를 떨어뜨렸으며 연료 소비를 획기적으로 줄인 덕분이다. 식품을 공기 같은 가벼움과 점착성으로 감싸 신선도를 높였다. 에어백, 인큐베이터, 헬멧, 그리고 인공 심장까지 모두 플라스틱이 없었다면 세상에 나오기 힘들었을 물건이다. 하지만 손쉬운 포장재로 사용되면서 플라스틱은 타고난 어두운 면을 드러내기 시작했다. 40% 이상의 플라스틱 제품이 단 한 번만 쓰이고 버려지는 운명에 처했다. 신문지와 종이봉투를 밀어낸 비닐봉지가 일하는 평균 시간은 고작 15분이다. 커피 전문점이나 던킨 도넛, 피자헛 등에 수북이 쌓여 있는 빨대나 젓개야말로 플라스틱 제품 가운데 단연 신흥 강자라고 할 수 있다. 두 번도 사용하기 힘들 이 두 제품의 생산량은 폭발적으로 늘어나 전체 플라스틱 쓰레기의 7.5%를 차지할 지경에 이르렀다(시사인, 2018년 7월 20일자).

현대 사회 위험의 문제를 하나로 정의하기는 쉽지 않다. 위험의 유형도 너무나 다양해지고 있다. 근대적인 의미에서 위험은 좋지 않은 상황이 일어날 확률과 어떤 일이 일어났을 때의 충격을 동시에 고려한 개념이지만, 산업 사회를 거쳐오면서 이러한 개념은 거의 실종되었다고 보아야 한다. 현대 사회 위험은 분명하게 눈으로 목격하기 힘들 뿐만 아니라 어디에나 숨어 있고, 언제든 나타날 수 있다. 예를 들어, 유전자 가공식품의 위험에 대해서 우려하는 목소리가 높지만, 이에 대한 분명한 위험성을 정의하기는 쉽지 않다. 위험 자체에 대한 정의도 다를 뿐만 아니라 학자마다 위험성에 대한 의견도 다르게 나타난다. 하지만 만약 유전자 가공식품의 위험성이 심각해진다면, 그 피해가 어떨지는 상상하기조차 쉽지 않다.

현대 사회가 안고 있는 위험은 또한 자기증식적인 측면이 강하다. 가습기 살균제 참사만 하더라도 가습기의 물때를 없애기 위한 살균제가 사람을 상하게 하는 새로운 위험으로 대두된 경우이다. 현대 사회는 위험을 없애기 위한 수단들이 다시 위험으로 등장하면서 전체 사회의 위험 총량을 증폭시키는 방향으로 발전해간다. 원자력발전소가 그렇고, GMO가 그렇다. 우리 사회 담론에서 위험을 손쉽게 없애기 위한 대부분의 방편들은 더 큰 위험으로 돌아올 가능성이 높다. 우리가 익히 알고 있는 황소개구리 일화도 그런 류이다. 현재의 위험을 없애기 위해 외부의 더 큰 위험을 아무 생각 없이 들여오는 경우가 많다.

단기적이고 기능주의적인 목적론에 사로잡힌 사람들은 결국 더 위험한 기능을 도입하게 되고, 사회는 점점 더 아비규환으로 빠지게 된다. 현대 사회 위험은 또한 장소와 시간을 초월한다. 어디에서나 일어날 수 있고, 언제나 발견될 수 있다. 특히 전지구적으로 연결된 위험은 국지적인 문제 해결을 어렵게 한다. 지구 온난화와 기후 변화의 문제를 개별 국가에서 해결할 수도 없을 뿐만 아니라, 중국에서 넘어오는 미세 먼지는 우리가 어찌할 수 없기 때문이다. 현대 위험 사회가 가지는 특징은 아이러니한 측면들도 있다. 위험의 문제가 편재되어 있고, 전지구적으로 일어난다는 말은 위험이 오히려 평등하게 분배된다는 의미도 가진다. 국가 간 경제 불평등에도 불구하고 산업 사회의 필연적 산물인 위험 문제는 지구상의 어느 누구도 피해갈 수 없다. 위험 문제에 대처하는 빈부격차의 불평등은 언제나 존재하겠지만, 존재론적으로 위험 문제는 모두에게 평등하게 인식된다.

현대 위험 사회에 대한 우울한 진단과 이를 해결하기 위한 방안은 광범위한 이성의 회복과 성찰적인 근대화의 필요성으로 모아진다. 산업화 시대의 발전 신화는 대부분 엄청난 생채기를 남기고 있다. 물질적인 부에 대한 욕망이 복지국가 건설에 대한 기대를 압도하고 있으며, 기술과 경제 발전에 대한 기대는 오히려 위험에 대한 전반적인 통제 가능성을 낮추는 데 기여하고 있다. 위험 사회에 대한 성찰은 과학기술의 신비화를 경계하는 것이다. 또한 지금까지 사회에 존재하는 위험 문제를 손쉽게 해결할 수 있다고 설파해온 산업 사회 논리가 더 이상 통하지 않는다는 것을 의미하며, 위험 문제를 해결하기 위해서 정치와 기술-경제의 분리를 복원하려는 노력을 의미한다. 정치와 기술-경제의 분리를 복원한다는 의미는 더 이상 기술의 발전이 모든 문제를 해결할 수 있다는 논리를 정치적인 이념과 일방적으로 섞어서는 안 되고, 기술의 발전이 가져올 부작용을 정치적인 공론장을 통해서 통제해나가야 한다는 것을 의미한다. 산업 사회 논리는 더 이상 위험으로부터 우리를 지켜줄 수 없으며, 근대화에 대한 새로운 성찰과 기능적인 목표 추구에 대한 반성만이 위험 사회로부터 우리를 지켜낼 수 있다.

위험 사회에 대응하기 위한 방안에는 기술-경제 위주의 발전 방향에 대한 성찰과 함께 개개인 모두가 위험 문제에 대해 자각을 갖는 것이 필요하다. 이러한 자각을 갖게 된 개인들이 모여 세력을 만들고 사회 발전 방향에 대해 영향력을 발휘하는 것이 중요하다. 또한 전 세계적인 공중의 연대를 통해서 보다 결집된 힘이 될 수 있도록 노력해야 한다. 예를 들어, 기후 변화 문제를 해결하기 위해서는 성찰적인 개인들의 수가 늘어나서 전 세계적으로 문제 해결을 위한 의지를 모아야만 한다. 위험 사회 대응을 위한 이러한 방안들이 조금은 공허해 보이는 측면도 있지만 미디어 환경의 급격한 변화는 이런 변화를 실질적으로 이끌어 낼 수 있는 작은 기회를 제공하고 있다. 소셜미디어를 통해서 파편화되었던 개인들이 힘을 모으고, 사회 문제를 해결하는 경험들을 점점 더 축적해나가고 있으며, 새로운 연대의 형태와 방법을 모색하고 있다.

위험의 재귀성에 대응하는 방법

사람들은 위험에 대해서 잘 모르기 때문에 처음에는 사전에 조심하는 태도를 취한다. 현대 사회 위험의 속성을 생각하면 그것은 마땅한 조처이다. 하지만 문제는 어느 정도 시간이 지나고 위험에 조금 익숙해지면 위험에 대해서 확실하게 위험하다는 증거가 나오지 않으면 그 위험을 무시하려는 경향을 보이게 된다. 이것을 팡글로시안 원칙panglossian principle이라고도 한다. 즉 사람들은 처음에 위험에 대해 가졌던 조심스러웠던 태도를 버리고, 위험하다는 것을 끊임없이 증명하라고 요구하기 시작한다. 이것이 위험에 대응하는 현대 사회의 문제라고 할 수 있다. 광우병 논란이 그랬고, 반도체 공장 백혈병 논란이 그랬다. 반도체 공장에 근무하는 근로자의 이상 증상이 다른 공장에 비해서 이상할 정도로 많이 나타난다면 그러한 위험에 대해서 위험하지 않다고 증명할 의무는 반도체 공장이 가져야 한다. 하지만 우리 사회는 피해자들에게 그것이 위험하다는 것을 완벽하게 증명할 것을 요구한다. 그 위험 자체에 대해서 사회 전체가 무시하기 시작하는 것이다. 광우병 논란도 마찬가지이다. 광우병이 실제 유럽과 북미에서 발생했고, 피해가 있었다면 우리나라가 그것에 대해 조금은 과도하게 조심스러워하는 태도를 가지는 것은 당연하다.

하지만 그것을 경험하면서 위험이 눈에 띄게 나타나지 않거나, 나를 불편하게 하지 않는다면 (또한 그 위험이 특정한 사람에게만 해당되는 것이라면), 그 위험을 무시하면서 낙관적인 전망에 사로잡히게 된다. 단지 그것이 불편하지 않다는 이유 때문에 위험은 무시된다. 사람들은 미국에서 수입된 쇠고기에 광우병이 일어나지 않았다는 것만으로 우리가 미국산 수입 쇠고기에 부과했던 조심스러운 조치들이 필요 없었다고 말하기 시작한다. 그것은 과연 정당한 것일까? 우리는 정말 모든 위험을 이해하고, 조심스러운 태도를 필요 없는 행동이라고 말할 수 있을 만큼 완벽한 과학기술을 가지고 있을까? 유럽에서 광우병으로 죽어간 사람들은 특수한 사례였다고 하기 힘들 것이다. 현대 사회의 위험 문제에 합리적으로 대응하기 위해서는 조금은 과도하다고 느껴지는 조치들을 유지하면서, 좀 더 보수적으로 위험에 대응하는 것이 필요하다. 가부장적인 사고를 가지고 무조건 위험을 판단하면서, 확신에 찬 발표를 일삼는 우리 정부가 위험 인식에서 꼭 반성해야 할 부분이다. 일본 방사능에 대한 편서풍 논란이 그랬고, MSG 위험성에 대한 섣부른 발표가 그렇다. 위험에 관한 한 너무하다 싶을 정도의 조심성이 우리에게 다시 요구되는 시점이다.

위해danger는 전통 사회의 자연적인 위험과 운명적으로 조우하는 것을 의미하지만, 위험risk은 근대성을 내포하고 있는 개념이다. 전통 사회의 위해와 비교해서 위험은 인간이 뭔가 관리하려는 의지를 보이는 개념이라고 할 수 있다. 현대 사회의 위험은 외부적인 위험external risk과 만들어낸 위험manufactured risk으로 구분해볼 수 있다(Giddens, 1999). 외부 위험은 자연적으로 일어나는 위험을 의미하며, 인간은 그것을 운명적으로 받아들인다. 하지만 만들어낸 위험은 인간이 만든 위험이다. 인간이 오랜 경험을 통해서 실체를 파악했거나 대응 방법을 생각해본 위험이 아니기 때문에, 현대 사회의 만들어진 위험은 베일에 싸여 있는 위험이라고 할 수 있다.

요즘 우리가 겪고 있는 대부분의 위험은 이러한 인간이 만들어낸 위험이다. 이러한 위험은 원자력, 생활 속 화학물질, 광우병, 조류독감, 미세먼지, 코로나 등 끝이 없다. 사실 외부적인 위험은 상대적으로 모두에게 공평하게 다가온다. 하지만 만들어낸 위험은 그 영향 면에서 공평하지 않으며, 대응 과정에서도 가진 자와 못 가진 자의 불평등이 심화된다. 현대 위험 사회에서 만들어낸 위험은 위험의 실체도 모호할 뿐만 아니라, 불공정한 사회를 심화시키는 역할을 한다. 따라서 현대 위험 사회에서 위험은 객관적으로 존재하는 대상이 아니라, 사회문화적인 이데올로기를 내포한 개념이다(Lupton, 1993). 위험은 가진 자들이 기존의 권력을 강화하기 위해서 사용할 수도 있고, 사회적인 약자들을 통제하기 위한 수단으로 사용하기도 한다. 때때로 위험은 정치적으로 반대 세력을 공격하기 위한 수단으로 사용되기도 하고, 자신의 업적을 내세우기 위해서 부풀려지기도 한다. 따라서 위험이 가지는 사회문화적인 측면, 즉 이데올로기 내포 기능을 이해한다면, 위험이 가지는 주관성을 인정하고, 위험 커뮤니케이션을 통해서 위험에 대한 정의와 대응 방법에 대해 사회적인 대화를 지속할 필요성은 분명해진다. 그렇지 않으면 현대 사회 위험은 오히려 사회적으로 바람직하지 못한 방향으로 정치적으로 이용될 가능성이 크다. 한편 불확실성에 기반을 둔 위험 커뮤니케이션이 성공적으로 실행되기 위해서는 커뮤니케이션 주체에 대한 신뢰가 중요한 선결 조건으로 대두된다. 신뢰할 수 없는 사람의 말은 불확실성을 더 심화시키기 때문이다. 위험의 불확실성을 극복하기 위해서는 위험 사안을 다루는 전문가들의 신뢰 회복이 우선이다.

전문가들이 불신을 극복하고 신뢰를 회복하는 방법

위험 커뮤니케이션 센터Center for Risk Communication를 운영하고 있는 빈센트 코벨로Vincent Covello 박사의 연구에 따르면, 위험 상황에서 전문가의 신뢰도를 결정하는 요인들은 듣기, 배려, 공감 50%, 능력, 전문성 15~20%, 정직, 개방성 15~20%, 헌신, 전념 15~20% 정도로 구성되어 있다(Covello & Peters, 1996). 재미있는 것은 듣고 관심을 가지며 공감하는 능력이 신뢰도의 반을 차지한다는 점이다. 특정 분야에 대한 전문성은 15~20% 정도밖에 차지하지 않았다. 전문성 외의 요소들은 사람들에게 어떤 유형의 사람으로 인식되는가에 달려 있다. 결국 전문가를 신뢰하는 부분도 전문성이나 능력이 아니라 어떤 방식으로 커뮤니케이션하면서 자신의 진정성을 보여줄 수 있는가에 달려 있다. 원자력 방사능의 위험성을 설명하면서 얼토당토않은 예를 들어 비교하거나, 커뮤니케이션 과정에서 위험을 무시하고 생명을 경시하는 태도를 보인다면 아무리 학문적으로 우수한 사람이라고 하더라도 신뢰하기 어렵다.

이것은 결국 지식을 어떻게 볼 것인가의 문제와 연결되는데, 지식을 절대적인 진리의 문제로 본다면 아마 커뮤니케이션의 효용성에 대해서 부정하는 전문가들이 많을 것이다. 하지만 지식을 상대적인 인식과 합의의 문제로 바라본다면, 지식을 공유하는 문제도 커뮤니케이션과 연결될 수밖에 없다. 예를 들어, 기후 변화의 위험은 많은 과학자들에게 진리의 영역이다. 하지만 문제는 이에 반대하는 과학자들도 소수 있고, 이를 믿지 않는 사람들도 꽤 있다는 것이다. 이런 상황에서 기후 변화 위험을 확신하는 과학자들이 자신들의 연구 데이터를 인용하면서 확신에 찬 주장을 한다고 해서 기후 변화를 부정하는 사람들이 그 데이터를 신뢰할 수 있다고 생각하지 않는다. 결국 기후 변화를 부정하는 사람들을 끌어안기 위해서는 부정하는 이유를 들어주고, 모든 연구 결과를 알기 쉽게 설명하려고 노력하며, 현 연구 상황에서 기후 변화의 위험을 믿을 수밖에 없는 이유에 공감을 얻기 위해서 노력해야 한다.

하지만 대부분의 과학자들은 이런 절차가 중요하다고 믿지 않는다. 내가 가진 실험실 데이터가 정확하고, 확실한 현상을 증명할 수 있는 자료들이 존재하는데, 왜 불필요한 설득 커뮤니케이션 과정을 거쳐야 하느냐고 반문하기 일쑤다. 하지만 현재의 과학적인 진실이 얼마 지나지 않아 뒤집혔던 사례들을 생각한다면 아무리 소수라고 하더라도 반대편의 목소리를 귀담아 들어주고, 그들과 현 상황에서 가장 합의 가능한 문제 인식을 공유하려고 최선의 노력을 다해야 한다. 저자는 위험 커뮤니케이션을 전공하다 보니 과학자와 전문가를 만날 기회가 많은데, 그들과의 대화 대부분에서 이러한 커뮤니케이션 결핍 현상을 목격한다. 심지어 미세먼지를 국가적인 프로젝트로 연구하는 사람들 중에도 대놓고 국민들이 미세먼지에 대해서 너무 많이 알아서 문제가 발생한다고 말한다. 국민들은 전문가들이 전달해주는 최소한의 진실만 알면 되고, 너무 많이 알게 되면 정보의 과부하가 생겨서 오히려 정책 집행에 방해가 된다는 것이다.

이러한 전문가 중심 인식은 우리나라 과학자들 대부분이 가지는 커뮤니케이션의 효용성에 대한 애매한 인식과 상통한다. 많은 전문가들은 실험실의 진리가 중요할 뿐 다른 사람들과 공감할 필요성을 잘 느끼지 못한다. 하지만 누가 자신의 말을 들어주지도 않고, 자신의 생각과 최소한이라도 공감해주려는 노력을 하지 않는 사람들을 신뢰할 수 있겠는가? 이대로라면 과학자들과 전문가들은 국민들의 신뢰를 얻는데 어려움을 겪을 수밖에 없다. 대부분의 과학자들은 국민들이 낸 세금으로 연구하고 있다는 인식을 할 필요가 있다. 국민들과 공감하지 못하고, 신뢰를 얻어내지 못하면 어떤 위험 문제도 해결할 수 없다. 좀 냉혹하게 말하면, 이제 엘리트 의식은 폐기 처분해야 할 시대가 왔다.

신뢰를 형성하는 것은 대단히 어렵다. 렌과 레빈(Renn & Levine, 1991)은 신뢰를 구성하는 요소를 복잡성에 따라 유형별로 나누었다. 신뢰는 다섯 차원의 요소를 가지는데, 그것은 메시지, 개인, 조직 인식, 조직 행위, 사회·정치적인 환경 차원이다. 아무래도 메시지 차원의 신뢰에 비해서 개인, 조직, 사회로 범위가 확대되어 갈수록 신뢰의 고려 요소들은 복잡해질 수밖에 없다. 우리가 여기서 간과해서는 안 되는 부분은 메시지나 개인적인 감흥 차원에서만 신뢰를 이야기해서는 지속가능한 신뢰를 형성하기가 힘들다는 것이다. 신뢰가 유지되고 강화되어가기 위해서는 조직화된 노력이 필요하고, 그것이 행동으로 지속적으로 보여질 필요가 있다. 한번 눈길을 끄는 메시지와 개인적인 매력만으로 유지되기가 힘든 것이 신뢰이다. 단순히 매력적인 문구 하나와 일회성 이벤트로 신뢰가 쌓아질 수 있다고 생각해서는 곤란하다. 전문가 입장에서도 개인의 노력을 모아서 조직화를 이루고, 지속적인 메시지를 생산하고, 이를 보여주는 행위들을 축적함으로써 지속가능한 신뢰를 쌓아갈 수 있다. 예를 들어, 우리나라에서 식품의약품안전처의 신뢰성에 대한 의문이 자주 제기되면서 미국 식품의약국FDA에 비해서 너무 국민들의 신뢰가 떨어진다는 비판의 목소리가 많다. 식품의약품안전처가 국민의 신뢰를 회복하기 위해서는 불확실한 위험 사안을 다룬다는 숙명적인 과제를 정확히 인식하고, 정치적인 이해관계로부터 독립해서 위험의 불확실성으로부터 국민을 지키겠다는 헌신적인 자세를 반복해서 보여주는 것이 무엇보다도 중요하다. 외압에서 벗어나서 메시지, 이미지, 조직 행위가 지속적인 정체성을 만들어낸다면, 결국 국민 신뢰도 회복할 수 있다.

많은 위험 사안은 이미 불신distrust을 전제로 한다. 불신은 크게 보면 상대방에게 헌신, 능력, 배려, 예측가능성 등이 결여되어 있다고 느낄 때 발생한다(Kasperson, Golding, & Tuler, 1992). 대부분 위험 커뮤니케이션은 불신을 고려하면서 진행되는 것이 필요하다. 상대방의 불신이 전제가 되면, 일반적인 커뮤니케이션은 효과를 발휘하기가 힘들다. 아래 기사에서 보여주는 개 구충제의 암 치료 효과를 둘러싼 논란도 기본적으로 전문가에 대한 불신에 뿌리를 두고 있다.

의사보다 유튜버를 믿는 사회 … 의료 불신이 낳은 구충제 열풍

구충제를 만병통치약인 듯 이야기하는 온라인 영상이 극성이다. 개 구충제 '펜벤다졸'이 말기암을 치료한다는 이야기부터, 사람용 구충제 '알벤다졸'을 먹으면 고질인 비염이 몇 시간만에 낫는다는 주장까지 나왔다. 시중 약국에 구충제 품귀 현상도 이어지고 있다. 구충제 '열풍'은 말기암 환자들의 '불안'과 현재 의료 시스템에 대한 '불신'이 근본 원인이라는 게 전문가들의 시각이다. 과거와 달리 온라인을 통해 상당히 의료 정보를 손쉽게 접할 수 있다는 것도 적잖은 영향을 줬다. 그러나 나름 의학적인 근거가 있다는 해석도 있다. 구충제의 치료 작용 원리가 특정 말기암이나 비염 치료 원리와 크게 다르지 않다는 주장이다(뉴스1, 2020년 1월 4일자).

개 구충제의 암 치료 효과와 관련한 논란에서도 드러나듯이, 사람들은 전문가의 말을 믿기보다는 시중에 떠도는 말들에 의존하거나 인터넷에 난무하는 의학 정보에 매달리는 경향이 있다. 하지만 이를 일반인들의 무지의 산물이라고 단정하거나 이해력의 부족이라고 규정하는 것은 잘못된 것이다. 위 기사에서도 드러나지만 소문과 불신이 범벅이 된 정보는 어느 정도의 사실도 함께 포함하고 있으며, 전문가들의 소수 의견도 의사결정에 참조되기 때문이다. 이러한 현상은 정확한 사실에 대한 무지보다는 전문가에 대한 불신에서 더 기인한다. 백신 맞기를 주저하는 이유를 탐색한 연구를 보면, 사람들이 백신 접종을 꺼리는 것은 백신에 대한 지식과 이해력이 부족해서라기보다는 백신 당국과 의료진에 대한 불신이 그 바닥에 깔려 있기 때문이라고 설명한다(Goldenberg, 2019). 결국 대부분 위험 커뮤니케이션에서 문제는 무지가 아니라 불신이다.

따라서 데이터와 증거에만 기반해서 사람들을 계몽하려는 커뮤니케이션 활동으로는 불신에 기반하고 있는 사람들을 위험 예방 행동으로 이끌 수 없다. 그렇다면 그러한 불신은 어디에서 기인하는 것일까? 많은 경우 전문가 혹은 과학자들이 이해관계와 연결되어 있거나 공공의 이익보다는 개인적인 이익을 추구한다고 느낄 때 불신이 더 커지는 경향이 있다. 백신 접종 관련 논의에서도 사람들이 불신의 눈초리를 보내는 것은 백신 접종이 혹시 제약사의 이윤과 결부된 것은 아닌지 의심하기 때문이다. 이러한 불신이 어디에서 오는가를 알아내는 것이 무엇보다 중요하다. 분명한 것은 일반 공중이 전문가의 말을 불신한다는 점이다.

따라서 전문가의 입장에서 일반 공중의 불신을 줄이는 것이 효과적인 커뮤니케이션과 위험 대응 효과를 달성하기 위해서 무엇보다도 중요하다. 불신을 줄이기 위해서는 전문가의 입장에서 위험이 가지는 불확실성을 인정하는 것이 필요하다. 전문가는 모든 것을 알고 있고, 확실한 해결책을 가지고 있기 때문에 신뢰할 수 있는 것이 아니다. 사람들은 전문가들이 위험이 가지는 불확실성을 인정하면서도 그러한 정보에 대해 사람들과 적극적으로 대화하려는 태도를 가지고 있다는 것을 알게 됨으로써 신뢰할 수 있게 된다. 신뢰는 상호 존중하고 개방적이며 정직한 관계를 형성할 때만 쌓을 수 있다(Larson et al., 2011). 전문가들은 무언가를 가르치려는 자세가 아니라 위험 문제에 대해서 공통의 목표를 설정하고 사람들과 함께 개방적으로 문제를 풀어가려는 자세를 가지는 것이 필요하다. 사람들은 비록 완전히 정리되지 않은 위험 이슈가 남아 있더라도 정보 개방과 함께 공중의 이익을 위해서 헌신하는 전문가를 원한다. 따라서 전문가들은 자신의 이익을 추구하거나 이해관계에 얽혀 있다는 인상을 주지 말아야 한다. 사람들의 불신을 줄이고 신뢰를 회복하기 위해서는 어려운 실증 자료와 전문 지식을 통한 설득도 중요하지만, 사람들의 마음을 먼저 얻겠다는 자세가 가장 중요하다. 다시 말해서 전문가들도 과학이 가지는 불확실성을 스스로 인정하고, 사람들과의 진솔한 대화를 통해서 위험 문제를 함께 해결하겠다는 자세를 가져야 한다.

불신은 커뮤니케이션에서 가장 큰 장애 요인이다. 불신을 고려한 커뮤니케이션에서 왕도가 있는 것은 아니지만, 일반적인 원칙은 세울 수 있다(Kasperson, Golding, & Tuler, 1992). 우선 전문가의 인식과 일반인의 인식 차이를 좁히려는 노력이 필요하다. 일반 사람들의 입장에서는 위험 이슈에서 안전이 가장 중요한 고려사항인데, 이러한 우려를 고려하지 않고 어느 정도의 위험은 감수할 만하다는 식의 소통을 하게 되면 불신은 더 깊어질 수 있다. 안전에 대한 우려를 공유하면서, 주어진 범위 내에서 가장 최선의 안전장치를 수립하려고 노력하고 있다는 점을 강조하는 것이 필요하다. 개방적인 정보 공개와 항상 사람들의 편에서 있다는 태도를 유지함으로써 전문가와 일반인이 같은 목적을 향해 가고 있다는 공감대를 형성하는 것이 중요하다.

이러한 일반적인 원칙이 세워지면, 과거에 있었던 경험에서 비롯되는 불신을 해소해줄 필요가 있다. 이전에 정부가 공언했던 약속을 지키지 않은 경우에, 아무리 새롭게 약속을 해도 그것은 사람들에게 공염불로 비칠 것이다. 과거부터 축적된 경험에서 비롯되는 불신에 대해서는 진솔한 사과와 수정 행위corrective action를 통해서 그러한 일이 다시는 일어나지 않을 것이라는 확신을 주는 것이 중요하다(김영욱, 2008). 부정적인 기억이 완전히 상쇄될 수는 없지만, 새로운 희망을 품어볼 수 있도록 진정성을 담은 커뮤니케이션을 하는 것은 가능하다. 한편 공정성의 문제도 대두된다. 다른 사람들에 비해서 더 큰 피해를 입는 사람이나 지역이 있다면 이는 불신을 조장할 가능성이 커진다. 과정과 결과에서 모든 사람들이 공정한 대우를 받는 것이 중요하고, 만약 불공정한 대우가 일어난다면 그것을 적절하게 보상해주고, 편익을 제공해주는 것도 필요하다. 이러한 과정에서 자발적으로 사람들이 결정권을 갖게 하는 것도 요구된다. 일정한 편익을 줄 테니 양보하라는 식이 아니라, 최종의 결정권과 선택을 사람들이 가질 수 있게 하는 것이 중요하다. 결국 불신을 회복하는 커뮤니케이션은 정보 개방, 진정성 있는 대화, 결정권의 이양 등이 적절하게 이루어졌을 때만 가능하다.

지금까지 위험은 불확실하고 그러한 불확실성이 재귀성과 연결되어 위험 사회를 심화시킨다는 것과 함께, 이러한 문제를 해결하기 위해 커뮤니케이션 주체, 특히 전문가의 신뢰성을 회복하는 것이 중요하다는 것을 설명했다. 이러한 논의는 결국 성찰적인 근대화를 위한 커뮤니케이션 역할 논의와 연결된다.

과학의 불확실성을 대하는 우리의 태도

현대 과학은 불확실성에 기초하고 있다고 해도 과언이 아니다. 포퍼(Popper, 1962)는 과학의 증명이라는 것은 모래성과 같다고 했다. 과학이 만든 진리는 결국 다른 진리에 의해서 수정될 뿐이다. 어떤 과학적인 진리도 완전하지 못하며, 현재의 진리가 미래에도 진리가 된다는 보장은 없다. 우리가 겪고 있는 수많은 과학 사안들은 이러한 불확실성에 기초해 있다. 광우병, 유전자 변형식품, 미세먼지, 기후 변화, 코로나19에 대해서 수많은 과학적인 증명들이 난무하고 있지만, 이는 현 시점에서 옳다는 것이지 앞으로도 계속 옳다는 말은 아니다. 그렇다면 불확실한 위험들은 어떻게 해야 하는 걸까? 불확실성이 조금이라도 남아 있으면 행동으로 옮기면 안 되는 것일까?

만약 과학적인 결과가 실험실이나 학술 저널에 머문다면 과학이 불확실한 것은 문제가 되지 않는다. 하지만 현대 위험 사회에서 과학의 불확실성은 모두의 삶에 영향을 미친다. 예를 들어, 코로나19에 대해서 세계보건기구WHO의 마스크 효용성에 대한 발표가 부정에서 긍정으로 바뀌는 시기 동안 얼마나 많은 사람들이 감염의 위험에 빠졌을까 상상해보면 알 수 있다. 따라서 불확실성은 이미 주어진 것이고, 이런 불확실성에도 불구하고 위험은 우리 모두에게 심대한 영향을 미치기 때문에 적극적인 대응에 나서는 것이 필요하다. 하지만 그 대응 방법은 기존의 전통적인 접근 방법으로부터 벗어나야 한다.

현대 위험 사회에서는 아무도 위험으로부터 벗어날 수 없으며, 위험에 관한 한 상대적으로 평등하다. 울리히 벡(Beck, 1986/1997)이 말한 대로, 위험 사회는 아무도 과학과 기술의 발전이 우리에게 어떤 영향을 끼칠지 이해하지 못한 채로, 과학과 기술의 발전에 몸을 맡기는 사회이다. 위험 사회는 과학과 기술이 만들어낸 위험manufactured risk에 둘러싸인 불확실한 사회이며, 이 불확실성은 결코 과학과 기술의 진보에 의해서 풀 수 있는 성질이 아니다. 하지만 아직도 우리 사회는 위험 문제를 과학과 기술의 문제로 보려는 전통적인 사고에 사로잡혀 있으며, 과학과 기술의 한계를 인정하지 않고 여전히 과학과 기술이 만들어낸 위험 속에서 길을 잃고 헤매고 있다.

그렇다면 어떻게 해야 할까? 이 불확실성의 위험 사회에서 인류는 어떻게 대응해야 할까? 해답은 우리가 그 불확실성을 인정하는 데서 찾아야 한다. 코로나19에 대한 우리의 대처는 새로운 백신과 치료약의 개발에 중점을 두고 있다. 위험 사회의 문제를 과학과 기술의 문제로 보고, 과학과 기술의 진보에 의해서 위험 문제를 풀 수 있다고 상정하는 것이다. 하지만 새로운 백신과 치료약이 상용화된다고 해서, 변종 코로나 바이러스를 모두 막아낼 수 있다고 전망하기는 어렵다. 기후 변화의 문제로 온 세계가 자연 재앙을 겪고 수많은 사람들이 죽고 있는데, 그 문제를 직접적으로 해결하기 위한 과학기술을 이야기하는 것만큼 어리석은 일은 없다. 우리가 할 일은 과학의 불확실성을 인정하고, 조금이라도 겸손해지는 것이다. 과학과 기술이 우리에게 가져온 문제를 해결하기 위해 새로운 과학과 기술을 이야기하는 것만큼 어리석은 일도 없다. 위험 문제를 해결하기 위해서는 위험 사회의 불확실성을 인정하는 것이 중요하다. 이러한 인정 속에서 과학과 기술이 이끌어온 위험 문제 해결 패러다임의 변화를 모색해야 한다. 인류가 새로운 방향성을 모색하기 위해서는 과학과 기술의 문제에 많은 사람들이 참여하고 토론함으로써 위험 문제를 해결하기 위한 풍부한 시민 공론의 장을 형성하는 것이 중요하다. 따라서 많은 사람들의 참여와 대응 방법에 대한 사회적인 합의를 이끌어내기 위해서도 위험 커뮤니케이션의 힘이 어느 때보다 절실해진다.

모든 사람은 불확실성 속에서 산다. 아침에 자고 일어나면 계란은 몇 개 먹어야 할지, 커피는 마셔도 되는지, 미세먼지가 있는 날은 창문을 열어야 할지 닫아야 할지 수많은 결정을 내려야 한다. 하지만 아무것도 확실한 것은 없다. 우리가 직면하는 위험은 우리가 만들어낸 위험이고, 이 위험에는 수많은 주장과 학설이 난무한다. 게다가 위험에 대한 결정은 온전히 개인에게 맡겨져 있다. 실상 위험에 둘러싸여 있지만, 우리가 위험에 대한 논의를 할 수 있는 기회를 가지기는 매우 어렵다. 위험은 어떤 결정과 연관된 개념이고, 이 결정은 사람들에게 매우 불확실한 미래를 안겨준다. 그런데도 사람들이 정부나 어떤 권위가 제시하는 것을 항상 따라야 하고, 결정에 대해 자율성을 확보할 수 없다면 이는 위험 사회를 더 심화시킬 뿐이다. 계란을 몇 개 먹는 것이 좋을지도 공개된 정보에 의해서 스스로 결정할 수 있어야 하고, 내 주변에 있는 공장이 어떤 화학물질을 쓰고 있는지 공개적으로 알아야만 합리적인 위험 결정을 할 수 있다. 결국 위험 커뮤니케이션은 위험 결정을 사람들에게 다시 돌려주려는 시도이고, 불확실성 속에서 인간성을 회복하려는 새로운 시도라고 할 수 있다.

현대 위험 사회에서 위험을 만들어낸 주체는 분명히 존재하지만, 그 주체를 특정해서 책임을 지우는 것은 매우 힘들다(Giddens, 1999). 위험 사회를 주창했던 울리히 벡은 그것을 조직화된 무책임성organized irresponsibility이라고 불렀다. 기후 변화, 미세먼지, 코로나19에 대해 누구의 책임을 묻는다는 것은 어려운 일이다. 최근 몇몇 선진국에서 기후 변화와 관련하여 집단소송이 이루어지고 있지만, 이는 상징적인 행위일 뿐 실제로 누군가를 특정해서 책임을 지우기는 애매하다. 결국 현대 사회 위험은 모두가 책임을 져야 한다. 불확실한 위험이라고 모두가 손 놓고 있다가는 인류에게 재앙이 닥칠 것이 뻔하다. 불확실하기 때문에 책임성을 논할 수 없다가 아니라 불확실하기 때문에 모두가 책임감을 느끼는 것에서 문제 해결의 실마리를 찾아야 한다.

불확실한 위험은 또한 위험에 대한 인식이 모두 다를 수 있다는 것을 인정하는 데서 시작해야 한다. 위험을 보는 시선은 모두가 다를 수 있기 때문에 이러한 차이를 극복하기 위해서 끊임없이 대화하고, 일정한 합의를 이루려는 노력을 꾸준히 해야 한다. GMO를 예로 들면, GMO에 대한 위험 인식이 모두 다르기 때문에 그냥 내버려두자는 태도가 아니라, 위험에 대한 합의를 이룰 수 있도록 사회 구성원 간에 끊임없이 대화하고, 일정한 합의가 이루어지면 그것을 지키려는 노력을 사회 구성원들이 함께 하는 것이 중요하다. 물론 사실은 수정될 수 있고, 대응 방법도 상황의 변화에 따라 달라질 수 있다. 중요한 것은 위험의 주관적인 속성을 인정하는 것이며, 사회 구성원들이 위험에 대한 관심과 대응 방법을 공유할 수 있는 합리적인 커뮤니케이션 수단을 찾아내는 것이다. 이러한 주관적인 속성과 합의 과정을 묶어서 위험의 정치성이라고 명명할 수도 있겠다. 위험은 그 주관성과 함께 정치성을 회복할 때 문제 해결 방법을 찾을 수 있다.

독점에서 유대로, 일방적 커뮤니케이션에서 참여적 커뮤니케이션으로, 대중 매체를 통한 전달에서 소셜 미디어를 포함하는 통합적인 미디어 교류로, 도구적 합리성에서 성찰적 근대화로, 전문가 중심에서 시민의 참여를 통한 합의의 창출로 변화할 수 있다면, 위험이 가지는 불확실성에도 불구하고 우리 사회는 좀 더 위험 문제를 기민하고 지속가능하게 해결하는 보다 성숙한 사회로 거듭날 수 있을 것이다.

8 장

危險
不通
社會

위험은 상업적으로 이용된다

『우리는 TV 쇼닥터에게 속고 있다』라는 책을 보면, 위험이 어떤 식으로 상업화되고 있는가에 대한 단면을 엿볼 수 있다. 건강 정보를 알려주는 미디어 프로그램에 의사들이 나와서 아사히베리, 브라질너트, 노니, 오메가3, 유산균, 루테인, 밀크씨슬 등 건강 기능식품들을 알려주고, 이것이 부족하면 건강이 위험해질 수 있다고 위협하는 경우가 다반사인데, 이런 쇼닥터들이 나와서 기능식품의 효능을 설명하고 나면, 어김없이 옆 홈쇼핑 채널에서는 바로 그 기능식품을 판매하고 있다. 이런 일들은 비일비재해서 이제 이런 마케팅의 굴레에서 벗어나기가 힘든 사회가 되고 있다. 이런 현상은 총체적인 위험 프로모션 환경이 우리 생활을 에워싸고 있다는 것을 보여준다. 건강이 나빠질 수도 있고, 이것만 먹으면 좋아진다는데, 안 먹고 버티는 사람은 강심장이다. 우리는 일상적으로 위험을 느끼고 있으며 위험과 함께 살아간다. 하지만 위험을 상업화하고, 그것을 통해 이윤을 챙기려는 사람은 위험을 필요 이상으로 확대하고, 그 해결 방법을 지나치게 간략화함으로써 마케팅을 위한 최적의 환경을 조성한다. 하지만 이 세상에 식품 하나로 해결될 수 있는 건강 위험이 어디 있겠는가?

의심의 상인들

위험을 이용해서 자신의 이득을 챙기는 사람들은 대부분 과학적인 사실을 의심하게 하는 전략을 많이 사용한다. 이러한 의심의 상인들 merchants of doubt은 일반적으로 과학계에서 합의된 사실에 대해서도 반박하는 주장을 함으로써 과학적인 사실 자체를 의심하게 만드는 것을 목적으로 한다(Oreskes & Conway, 2011). 즉 뻔한 사실에 대해서도 의심을 만들어내는 것이 이 사람들의 목적이다. 하지만 이들의 전략은 과학적인 사실을 과학적인 검증을 통해서 반박하는 것이 아니라, 전혀 과학적인 근거가 없는 유사과학적인 접근 방법을 사용해 자신의 주장을 뒷받침하기 위한 자료를 생성해내고, 그것을 이용해서 어떤 형태로든 의구심을 갖게 하는 것이다. 이들은 매우 효과적으로 일을 하기 때문에, 흡연의 유해성, 산성비의 심각성, 오존층 파괴, 심지어 지구 온난화도 의심의 대상으로 만들어낸다. 이러한 주장들은 자신들과 신념 체계를 공유하는 미디어들과 결합하여 확대 재생산되고, 서로 주장의 근거를 주고받으면서 몸집을 키워나가게 된다. 예를 들면, 트럼프 대통령이 기후 변화를 부정하는 발언을 하면, 그것을 보수적인 매체인 폭스 뉴스 Fox News가 다루게 되고, 다시 트럼프 대통령이 폭스 뉴스의 보도 내용을 인용하는 식으로 서로 인용하면서 주장을 더 그럴듯하게 만들어간다. 우리나라의 경우도 어떤 사람이 페이스북에 어떤 주장을 하면, 언론이 그것을 보도하고, 다른 사람들은 언론에 난 것을 다시 인용해서 소셜미디어에 올리는 식으로 이슈가 확대된다. 이런 주고받기식 근거의 연결이 얼토당토않은 의심을 만들어낸다.

의심의 상인들의 목적은 과학적인 사실을 흔드는 것이다. 담배회사의 지원을 받는 과학자들은 흡연과 질병의 관련성에 대해서 조금이라도 의심할 수 있는 거리를 만들어낸다. 이러한 의심을 생성하는 것이 목적이라는 점에서 기후 변화 부정론자들도 마찬가지이다. 과학적인 사실을 부정하는 사람들은 보통 다섯 가지의 유형으로 나누어볼 수 있다(Washington & Cook, 2011). 음모론을 만들어내는 것, 가짜 전문가를 내세우는 것, 정확한 예측의 불가능성을 확대 해석하는 것, 약간의 논리적인 결함이라도 파고드는 것, 그리고 마지막으로 일부 필요한 주장만 가져다 쓰는 것이 그것이다. 이러한 전략을 사용해서 의심의 상인들은 조금이라도 약한 고리가 생기면 그것을 이용하거나 약한 고리가 없다면 엉터리 자료를 사용해서라도 약한 고리를 만들어낸다. 그들의 목적은 싸움에서 이기는 것이 아니라 싸움을 진흙탕 속에 빠트리는 것이다.

> **인간 활동이 원인이 되는 기후 변화에 대해 반박하기 위해서 기후 변화 부정론자들은 넓게 축적된 과학 연구의 합의된 지식 체계에 도전하는 매우 이례적이고 검증되지 않은 연구 논문들을 일상적으로 선택한다. 또한 기후 변화 부정론자들은 종종 그들의 주장을 뒷받침하지 않는 다른 증거들은 무시하면서 매우 한정적인 데이터들에 초점을 맞춘다. 때때로 그들은 전체 데이터나 그래프의 일부만을 발표하기도 한다(Oreskes & Conway, 2010). 대부분의 기후 변화 부정론자들이 하는 주장은 이렇게 유리한 일부 데이터 인용하기cherry-picking 기술을 활용한 것이다(Washington & Cook, 2011, p. 51).**

『천국과 지구Heaven and Earth』라는 책을 보면, 기후 변화 부정론자들의 논리가 잘 나타난다(Plimer, 2009). 이 책은 거의 기후 변화 부정론자들의 바이블과 같은 책인데, 내용을 살펴보면 과학적으로 증명되지 않은 사실을 사용하여 논지를 펼치거나, 기후 변화의 심각성을 보여주는 많은 부분들은 애써 외면하면서 기후 변화가 일어나지 않고 있다는 것을 보여주는 일부 자료에만 의존해서 자신의 주장을 펼친다. 특히 과학계에서 동료 간의 검증을 거쳐 학술지에 게재된 수많은 결과들보다는 자신의 주장을 뒷받침할 수 있는 기관의 자료에 의존하는 경향을 보인다. 이런 전략들이 노리는 것은 의심의 형성이다. 의심이 생기면 과학적으로 합의된 사실들에도 자신이 편한 대로 믿을 수 있는 핑계거리가 생긴다.

위험 문제와 관련하여 사람들이 가지는 속성은 자신이 가진 생각을 바꾸기를 두려워한다는 것이다. 사람들은 자신이 살고 있는 방식과 신념을 바꾸고 싶어하지 않는다. 기후 변화로 인해서 내 삶의 방식이 변해야 하거나 내가 불편을 감수해야 한다고 하면 어떤 사람이 그것을 좋아하겠는가? 기후 변화 부정론자들, 즉 의심의 상인들은 그런 부분을 파고든다. 기후 변화가 일어나는 것이 과학적인 합의가 이루어진 것이 아니라는데, 혹은 과학적인 논쟁의 대상이 되고 있다는데 굳이 내가 가진 삶의 방식을 바꿀 필요가 있을까라고 생각하게 된다. 이런 주장들이 권위 있는 기관이나 재단의 이름으로 포장되어 전파되면 사람들은 더욱 의심에 무게를 두게 된다(Beder, 2011). 결국 의심의 상인들은 인간의 안이함을 파고든다.

> **신자유주의의 옹호자라고 할 수 있는, 기업의 지원을 받는 싱크탱크들은 기후 변화에 대한 정부의 대응이 가지는 효과성과 적절성에 생채기를 내기 위한 기업의 캠페인 노력을 이끌어가는 필수적인 구성원으로 자리잡고 있다. 탈규제와 정부의 간섭을 줄이기 위한 그들의 의제는 지구의 온실가스를 줄이기 위한 정부 규제를 피하려는 기업의 이해관계 및 욕구와 잘 맞아떨어진다. 이런 지향점 하에서, 그들은 마케팅, 설득 기법을 활용하고, 신뢰도를 높이기 위해 미디어 접근 권한을 사용하며, 혼란을 퍼뜨리기 위해 몇몇의 기후 변화 부정 '전문가'들의 목소리를 확대 재생산한다(Berder,**

2011, p. 126).

위험의 상업화

위험에 대한 사람들의 안이한 인식은 서로 반대의 결과를 가져오기도 한다. 기후 변화와 같이 자신의 행동을 변화시켜야 하는 위험에 대해서는 반대의 주장에 주목했던 것과 마찬가지로, 일상생활에서 위험에 대한 인식이 크지 않았던 사안에 대해서는 일방적인 위험 주장을 수용하는 행위로 연결되기도 한다. 즉 위험에 대한 판단을 일부의 사실에 대한 주장이나, 과학적으로 검증되지 않은 사실에 바탕을 둔 주장에 의존함으로써 종합적인 판단을 하지 못하는 상황이 초래된다. 이것은 의심의 상인들이 쓰는 전략이 위험을 축소시키는 것에 이용될 뿐만 아니라 위험을 확대 재생산하는 데에도 이용될 수 있다는 것을 보여준다. 즉 위험의 존재에 대해서 의심을 하게 하거나, 이와는 반대로 일상의 안전에 대해서 의심을 하게 한다. 따라서 위험을 둘러싼 선전 전략은 어떤 상황이든지 조작하는 것이 가능하다.

위험의 상업화는 의심의 상인들이 쓰는 전략들이 위험을 상품화하고 이를 통해 이윤을 획득하고자 하는 적극적인 행위에 활용되는 것을 의미한다. 여기서 한 가지 주목할 것은 위험을 개인화해서 받아들이게 만드는 것은 위험을 축소하거나 확대하는 모든 과정에 적용된다는 점이다. 위험의 존재에 대해서 부정하는 주장을 자신의 삶을 변화시키기 힘든 사람들이 핑계로 사용했던 것과 마찬가지로, 위험의 상업화는 위험 해결 방법을 지극히 개인적인 차원에서 모색하게 만든다. 예를 들어서, 미세먼지가 문제가 되고, 그 위험성이 확대된다면 미세먼지를 줄이기 위한 방법을 찾아야 하지만, 그러한 근본적인 방법에 주목하기보다는 일단 나와 내 가족들이 어떻게 미세먼지의 위험으로부터 벗어날 것인가에 더 주목하게 만든다. 그렇게 하다 보면, 생활 속에서 미세먼지를 줄이기 위한 노력에 투자하기보다는 공기청정기를 방마다 놓아두는 것으로 만족하게 된다. 위험 사회에서 우리가 위험을 극복하기 위해서는 산업 사회 정서에 기반을 두고 행해지는, 과학기술을 통한 위험의 즉각적인 해결에 매달리기보다는, 위험을 성찰적인 시각에서 바라보고 자신의 행동을 바꾸는 개인들이 늘어나고, 이것이 집단적인 영향력을 만들어내야 한다. 하지만 위험의 상업화는 사회의 변화보다는 위험에 대한 개인적인 대응에 의존하게 만들고, 상업적이고 물질적인 대응을 통해서 사회의 근본적인 변화를 외면하게 만든다. 아래 기사는 우리 사회가 상품을 통한 위험 문제 해결에 얼마나 매달리고 있는가를 여실히 보여준다.

> **'미세먼지 극성'에 공기청정기 · 마스크 등 관련 상품 불티**
>
> **농도 짙은 미세먼지가 연일 극성인 가운데 공기청정기와 마스크 등 미세먼지 관련 상품 판매가 급증한 것으로 나타났습니다. 대형 유통업체인 이마트는 지난달 20일부터 이달 3일까지 미세먼지 관련 상품 매출을 집계한 결과, 지난해 같은 기간보다 공기청정기는 249%, 마스크는 345% 각각 증가했다고 밝혔습니다. 2년 전인 2017년 같은 기간과 비교할 경우 공기청정기는 14배, 마스크는 7배까지 매출이 늘었다고 이마트 측은 설명했습니다**(MBC, 2019년 3월 4일자).

이 기사에서처럼 미세먼지 때문에 공기청정기뿐만 아니라, 에어프라이어, 빨래 건조기, 세안제, 먼지 제거기 등 온갖 관련 상품들의 쏟아지고 있다. 한 쇼핑몰은 24만 개 관련 제품을 묶은 미세먼지 테마관을 열고 미세먼지 관련 상품들을 따로 마케팅하기도 했다. 이쯤 되면 위험이 얼마나 상업화되고, 실제적인 상품화와 관련되어 있는지 짐작할 수 있다. 위험은 새로운 수요를 창출한다. 위험하다고 하는데, 그것을 막기 위한 소비를 참을 수 있는 사람들은 많지 않다. 우리가 잘 알고 있는 매슬로우의 5단계 욕구설은 생리적 욕구, 안전 욕구, 사회적 욕구, 존경 욕구, 자아실현 욕구로 이루어져 있다. 보통 마케팅에서 새로운 수요를 창출한다고 하면, 사회적 존경, 자아실현 욕구 등 심리적인 욕구를 자극하는 것을 의미한다. 생리적인 욕구와 안전에 대한 욕구는 너무나 기본적인 욕구이고, 현대 사회에서는 보통 이미 충족되고 있기 때문에, 그것보다는 새롭게 상품의 이미지를 브랜딩branding하거나 자존감을 높일 수 있는 심리적인 욕구를 자극하여 상품을 마케팅한다.

하지만 위험과 관련한 상품화는 인간의 기본적인 욕구와 관련되어 있다. 굳이 노력하지 않아도 수요가 창출된다는 말이다. 예를 들어, 미세먼지가 위험하다는 것이 알려지면, 공기청정기가 왜 필요한가를 굳이 설명할 필요도 없이 새로운 수요는 자연스럽게 창출된다. 인간은 생존을 가장 중요한 진화의 본능으로 간직하고 있다. 그렇다 보니 이런 마케팅 기법이 확대 적용되어, 생존을 저해하는 위험과 관련이 없는 대부분의 상품 마케팅 활동에서조차도 해당 상품을 위험의 감정과 연결시키려고 노력한다. 이 상품을 쓰지 않으면 사회에 소속될 수 없거나, 비웃음을 살 것이며, 패배자가 될 수 있다고 끊임없이 설파한다. 심리적인 욕구도 결국은 위험에 대한 안전의 욕구와 연결시키려고 노력하는 것이 현대 마케팅 활동이다. 이런 지경에서 실제로 생리적인 욕구와 안전의 욕구를 위협하는 위험은 상품화의 가장 중요한 대상이 될 수밖에 없다.

자본주의 소비 문화의 핵심이 기존에 없었던 수요 창출을 통한 끊임없는 이윤 착취에 있다면, 미세먼지 관련 상품들은 다른 어떤 상품보다 극적인 수요 창출 과정을 보여준다. '공포'와 '위험'만큼이나 수요 창출과 직결되는 감정도 없다. 하지만 위험이 진짜 어느 정도로 존재하는가에 대해서 일치된 의견은 없는 듯하다. 미세먼지는 발암물질로 지정됐지만, 그건 아주 고농도의 미세먼지를 장기간 흡입했을 때의 이야기다. 수요와 창출의 법칙을 생각한다면 앞으로 미세먼지 외에 또 다른 새로운 위험이 한국 사회에 나타날 수밖에 없다. 그것은 아마 오존이 될 수도 있고, 라돈이 될 수도 있으며, 외계인이 들여온 치명적인 바이러스가 될지도 모른다. 그럼 그때는 집에 오존 차단기, 라돈 검출기, 새로운 바이러스를 막는 우주복을 구비해야 할지도 모른다. 목숨이 걸린 문제라는데, 가격이 대수겠는가?(김영욱, 2019).

진부한 위험과 새로운 위험의 필요성

위험에 대한 인식도 변화한다. 위험은 상대적이기 때문에 다른 위험이 등장하면 기존의 위험은 힘을 잃는다. 예를 들어, 코로나19가 등장하면서 미세먼지에 대한 위험 인식은 많이 줄었다. 많은 과학자들은 앞으로 기후 변화 위험이 지구를 지배할 것으로 예상한다. 기후 변화 위험에 아마 우리가 가지고 있는 대부분의 위험이 수렴될 것이다. 위험에 대한 인식이 변화하는 시점은 대부분 기존의 위험 상품이 소진되는 시점과 어느 정도 일치한다. 왜냐하면 한 위험이 일정 기간 사회를 지배하게 되면, 사회 구성원들은 그 위험에 적응하는 단계를 거치게 되고, 위험에 대비하기 위한 상품을 어느 정도 구비하게 된다. 이런 상태가 되면 새로운 위험이 등장한다. 기존의 위험이 없어지거나 약해졌기 때문이 아니라, 새로운 위험이 상품화를 위해서 필요해지고, 이러한 상품화가 심화될수록 언론과 사람들의 관심은 새로운 위험으로 옮겨갈 것이기 때문이다.

대부분의 사람들은 새로운 것에 좋든 싫든 열광한다. 새로운 위험을 알리고 강조하는 것이 잘못되었다고 말하기는 어렵다. 분명 우리가 신경을 쓰지 않는 사이에 우리를 위협하는 위험들이 존재하게 되는 것은 분명하고, 그것을 깨닫게 되는 것은 다행한 일이다. 하지만 이러한 위험 인식이 상품화와 연결되면 사회적으로 바람직하지 않은 방향으로 위험 인식이 이용된다는 것이 문제이다. 위험에 대해서 정확한 진단을 내놓고, 전체 사회의 운영 체계를 변화시켜 위험을 근본적으로 해결하려 하기보다는 위험의 원인을 외부로 돌리면서, 상품을 통해서 개인적으로 해결하려는 심리를 자극한다. 새로운 위험을 강조하는 사람들은 근본적인 원인이나 사회의 변화 노력에는 큰 관심이 없기 때문이다. 외부적인 위험 귀인과 개인적인 문제 해결이 상품화 과정을 떠받치는 두 축이다.

마케팅 활동은 보통 기존의 상품을 진부하게 만드는 것에 초점을 맞춘다. 진부화를 주도하는 것은 보통 나아진 기능을 통해서 기존 상품의 기능이 더 이상 참신하게 보이지 않게 만들거나, 심리적으로 유행에 뒤처지게 해서 매력을 떨어뜨리는 행위이다(송재도, 2017). 현대 소비 사회는 항상 불만족한 상태의 사람들을 대상으로 상품 살포가 이루어지는 사회이다(Bauman, 2007). 상품은 주어지지만 상품으로부터 만족을 유지할 수는 없다. 유행이나 공유하는 맥락을 통한 진부화는 기능적인 요소와는 아무 상관이 없다. 다만 심리적으로 진부해 보이고, 흥미가 없어지는 현상이다. 이러한 진부화는 비즈니스 사이클이 빨라지고, 사람들의 관심을 잡아두는 일이 점점 더 힘들어짐에 따라 더 빈번해지고 있다. 마케팅을 지속적으로 주도해야 하는 입장에서는 새로운 상품을 만들어내는 것이 생존의 문제와 직결된다.

> 2009년에 출간된 논문에서 이미 'three-six-one'을 가전업계의 특성으로 설명하고 있다. 새로운 특성, 기능 등을 도입하는 데 3개월, 판매를 통해 원가를 회수하는 데 6개월, 초과 재고를 소진시키는 데 1개월이 걸린다는 의미이다. 가전업계의 제품 수명 주기를 10개월로 보는 것이다. 이는 하나의 기업 단위에 해당하는 말이고 산업 차원에서는 그야말로 신제품이 쏟아져 나온다. 이런 변화의 시대에 적응해야 하는 기업들의 어려움이 크다는 하소연을 자주 접하게 된다(송재도, 2017, p. 143).

위험도 상품화되기 때문에 새로운 위험 상품을 만들어내는 것은 기업 입장에서도 생존의 문제와 직결된다. 사실상 위험 사회를 더욱 심화시키는 데에는 위험을 통해 이익을 실현하려는 기업들의 역할이 크다(Beck, 1992). 위험 상품도 하나의 상품이기 때문에 결국은 진부해질 수밖에 없다. 빠르게 변화하는 사회에서는 소비자의 주목을 끌기 위해서 안전의 문제도 새롭게 구성되지 않으면 안 된다(Bauman, 2007). 사람들은 금세 위험에 익숙해질 것이고 위험 상품의 마케팅은 한계에 봉착한다. 이때는 새로운 위험이 필요해진다(Lewis, 2014). 보통 상품의 경우에 새로운 상품이 잘 팔리기 위해서는 기존의 상품보다 기술적인 진보를 이루거나, 심리적인 차별성을 가져야 한다. 하지만 위험은 새로운 위험이라는 사실만으로 훨씬 더 위험해 보이고 사람들의 주목을 쉽게 끌기 때문에 사람들이 기존에 가지고 있던 가치 체계를 변화시키기 위한 별도의 노력이 필요하지도 않다. 우리 사회에 아직 새롭게 제시되지 않은 위험이 도처에 널려 있다. 위험 마케팅을 하는 입장에서는 기존의 위험이 진부해질 때 새로운 위험을 통해서 사람들을 환기시키고, 새로운 위험 상품 판매로 자연스럽게 연결할 수 있다. 이러한 위험의 진부화 과정은 위험 쟁점을 정치적으로 이용하는 정치권이나 위험 관련 상품 개발과 이익 제고를 연결하는 기업 등 위험과 관련하여 이기적인 목적을 이루려는 모든 조직에 비슷하게 적용될 수 있다.

한편 위험의 상업화가 가져오는 또 다른 문제는 위험과 관련하여 계층간 불평등을 더 심화시킨다는 것이다. 위험 사회의 위험은 모두가 대상이 된다는 면에서 역설적으로 평등하다. 하지만 위험에 대한 대응에서는 평등하지 않다. 모든 사람에게 골고루 위험이 주어지지만 그것에 대처할 능력이 되지 않는 사람들은 사회로부터 더 도태될 수밖에 없다. 일례로, 『타임』지 2020년 8월 12일자 기사("Kenya Is Trying to End Child Marriage. But Climate Change Is Putting More Young Girls at Risk")를 보면 기후 변화로 인해서 케냐에 기근이 찾아오고, 이로 인해서 어린 여자아이들을 지참금을 받고 결혼시키는 일이 흔해지고 있다고 보도하고 있다. 기후 변화로 인해서 가뭄이 찾아오고, 물 부족과 식량 부족을 겪게 된 사람들이 생존을 위해서 어린 딸들을 내다 팔고 있다는 것이다. UN 국제개발 기관의 관련 연구들에 따르면, 기후 변화로 인해 발생하는 가뭄과 기근 때문에 어린아이들을 결혼지참금을 받고 팔아 넘기는 사례들이 지속적으로 증가하고 있다. 기후 변화는 모든 사람들에게 영향을 미치지만, 어린이, 여성, 소외 계층, 저개발 국가에 더 큰 영향을 미친다. 위험의 상업화는 이러한 환경 불평등을 더욱 심화시킨다. 이런 일은 물론 잘사는 나라에도 일어난다. 1995년 7월 여름 미국 시카고에서 폭염으로 일주일간 739명이 사망했는데, 대부분의 사망자들은 에어컨이 없는 저소득층, 노약자들이었다. 계층간 부의 불평등이 위험의 불평등으로 이어진 것이다. 위험의 상업화는 위험에 대응할 자원을 가지지 못한 사람은 당연히 소외될 수밖에 없다고 부추긴다.

위험을 이용하는 미디어와 위험 상업화의 일상화

언론의 상업화는 괄목할 만하다. 현재 유일하게 작동하는 언론 비즈니스 모델은 광고를 통한 언론사의 수지 타산 맞추기다. 아마 광고가 없으면 많은 언론사는 제대로 운영되지 못할 가능성이 크며, 네이티브 광고, PPL, 협찬 광고, 브랜디드 콘텐츠 등 상업적인 장치와 언론의 긴밀한 결합은 세계적인 추세가 되고 있다(McChesney, 2000; Pickard, 2020). 이런 상황에서 언론은 기업의 눈치를 볼 수밖에 없고, 광고 효과가 유리해지는 조건을 은연중에 형성하려고 노력하게 된다. 언론이 광고를 많이 실어주는 부동산 부양 세력에 편향적인 기사를 양산하거나, 광고 공급을 원활하게 하기 위해 친기업적인 성향을 보이는 것은 당연한 일이다. 특히 우리나라의 경우는 언론사들의 뉴스 포털 의존이 두드러지기 때문에, 포털에서 클릭 수를 늘리기 위한 자극적인 기사에 주력하는 경향이 늘어나고 있다(한국언론진흥재단, 2019). 기사 클릭 수는 곧 광고 수입과 연결되기 때문에 언론사로서는 가장 신경을 쓸 수밖에 없다.

언론의 상업화와 맞물려 가장 사람들의 주목을 끌 수 있는 주제는 위험이다. 안전에 대한 욕구는 가장 기본적인 욕구이기 때문에 사람들의 시선을 자동적으로 끌게 되고 얼마든지 자극적인 보도를 생산해낼 수 있다. 또한 이익을 추구하고자 하는 세력과 언론의 상업적인 속성이 절묘하게 의기투합하는 영역도 위험이다. 언론은 위험을 통해 이익을 추구하는 기업의 광고를 유치할 수 있을 뿐만 아니라 위험 자체의 자극성으로 인해서 많은 주목을 이끌어낼 수도 있다. 위험을 이용하려는 기업과 정치 세력의 입장에서는 표면적으로 언론의 편집권 독립을 침해하지 않는 선에서 자신들의 이윤 창출에 우호적인 기사를 생산해내는 데에도 유리하다. 위험을 보도하는 한, 언론의 진정성을 의심하는 사람은 많지 않을 것이기 때문이다. 현대 위험 사회에서는 위험이 상품화되지만 실상은 위험 보도를 접하는 사람들도 수용자 상품audience commodity이 된다. 왜냐하면 위험 보도로 불러 모은 사람들의 노출 정도가 다시 광고주들에게 상품으로 팔려나가기 때문이다. 이러한 상품화는 사실상 언론과 기업의 구분을 없애고 사회 전체의 작동 원리가 상업화에 순응하게 만든다. 가히 위험은 모든 영역을 상품으로 묶으면서 개념들의 구분이 불분명한 유동적인 사회가 도래하게 만든다.

위험을 상업화하는 현상에서 하나 주목할 것은 이러한 현상이 일상화되고 있다는 점이다. 설득지식 이론persuasion-knowledge theory에 따르면, 사람들은 상대방이 자신을 설득하려고 한다는 것을 눈치채는 순간, 강한 거부감을 가지게 되고, 그것이 설득을 방해하게 된다(Friestad & Wright, 1994). 하지만 최근의 결과들을 보면 반드시 설득지식이 부정적으로만 작용하는 것은 아니며, 사안에 따라 사람들이 가지고 있는 기존 입장을 강화해주기도 한다(Isaac & Grayson, 2017). 위험 사안은 대부분의 사람들이 안전 욕구와 결부시켜 능동적으로 정보를 획득하고자 하는 사안이고, 위험을 빨리 해결함으로써 안전을 확보하려는 심리가 강하기 때문에, 위험에 대해 정보를 주고, 그 해결 방법을 제시하는 메시지에 대해서는 우호적인 시선을 가지게 될 가능성이 높다. 위험을 프로모션해서 관련 상품을 판매하려는 메시지라는 것을 사람들이 눈치챈다고 하더라도 위험이라는 사안의 특수성은 오히려 설득지식을 우호적으로 해석할 가능성을 높게 만든다.

미세먼지를 예로 들어보면, 공기청정기 등을 각종 미디어 콘텐츠를 통해서 프로모션하는 것이 위험을 강조해서 판매를 자극하려는 행위임을 사람들은 쉽게 눈치챌 수 있다. 하지만 사람들 입장에서는 위험을 제거하는 그 기능에 대한 신뢰가 더 크기 때문에 아무리 판매를 목적으로 프로모션이 이루어진다고 하더라도, 공기청정기 프로모션을 보고 나서 구매 욕구가 더 강해질 수밖에 없다. 그러다 보니 드라마 속에서 공기청정기가 무리하게 제품 배치(PPL)되고, 주인공들이 드라마 내용과 무관하게 공기청정기를 무리하게 프로모션하지만, 그것에 대한 설득지식과 상관없이 사람들의 구매 욕구는 높아지게 된다. 한 연구 결과에 따르면(그림 8-1), 미세먼지의 원인에 대해서 심각하게 생각해보지 않은 사람들의 경우에 프로모션으로 활용되는 기사라고 인지하면 할수록 오히려 미세먼지에 대한 위험 인식은 더 높아져 간다(김영욱 · 이현승 · 이혜진 · 장유진, 2015). 점선으로 표시된 사람들의 경우 그래프가 우측으로 높게 올라가는 것을 볼 수 있다. 이러한 연구가 의미하는 것은 위험에 대한 프로모션 활동은 사람들이 그것의 설득 의도를 얼마나 눈치채는가 정도와 상관없이 위험 인식을 높이고, 이렇게 높아진 위험 인식은 구매 행동과 연결될 수 있다는 것이다. 이는 우리 사회에서 위험을 프로모션하고 그로부터 이익을 챙기는 행위에 대해서 일상적으로 용인하고 있다는 것을 보여준다.

이러한 연구 결과는 위험의 상업화가 우리 사회 곳곳에서 얼마나 일상화되고 있는가를 잘 보여준다. 사람들은 어떤 현상이 상업적인 목적에 이용되더라도 메시지를 신뢰하려는 경향을 보인다. 이는 설득지식 이론과는 완전히 배치되는 것인데, 이제는 사람들이 상대방의 의도를 알게 되더라도 위험을 회피하려는 생각이 더 우세하기 때문에 프로모션 메시지를 따르게 되는 것이라고 해석할 수 있다. 하지만 다른 한

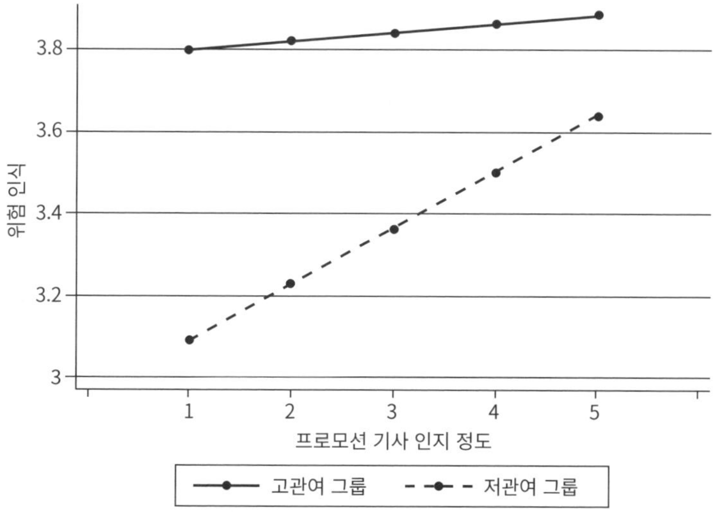

그림 8-1. 프로모션 기사에 대한 인식 정도가 위험 인식에 미치는 영향
출처: 김영욱·이현승·이혜진·장유진(2015)

편으로는 우리 사회가 너무 많은 광고 메시지와 프로모션 활동에 포위되어 있다 보니 사람들의 입장에서는 어떤 것이 프로모션 메시지이고 어떤 것이 진짜 메시지인지 구분하는 데 드는 노력과 열정이 아깝다고 생각하고 있다고도 볼 수 있다. 이제 우리 사회에서는 상업화되기 쉬운 위험과 상업화되기 어려운 위험으로 나뉘는 경향이 있다. 미세먼지는 상업화되기 쉽지만, 오존은 상업화되기 힘들다. 공기청정기로 미세먼지를 없앤다고 프로모션할 수는 있지만, 현재의 기술로는 오존을 막기 위한 오존청정기는 존재하지 않는다. 상업화될 가능성promotionability이 큰 위험만이 각광받는다. 상업화, 특권화와 연결될 수 없다면 그것은 위험도 아니고 위험으로서 사회적인 가치를 획득하기도 힘들다. 대개 사회적으로 인정받지 못하는 위험은 사회적인 약자 계급에게 불평등하게 분포된 위험이다. 영양실조는 사회적인 위험으로 취급받지 못

하지만 비만은 사회적인 위험으로 각광받는다. 영양실조는 돈이 되지 않지만, 비만은 돈이 되기 때문이다.

의료중심주의의 폐해

위험의 상업화는 의료중심주의medicalization와도 밀접하게 연결되어 있다. 위험을 상업화하는 것은 위험을 통해서 이익을 실현하려는 행위인데, 이런 행위의 근저에는 어떤 문제를 즉각적인 수단을 통해서 해결할 수 있다는 기능주의적인 신념이 깊숙이 작동한다. 특히 보건 문제와 관련하여 즉각적인 문제 해결을 원하고, 가부장적인 지시-순응 관계에 익숙해지면 의료중심주의가 번성할 수밖에 없게 된다. 보건 위험의 문제를 약이나 의료 행위 중심으로 상업화한 것이 의료중심주의이다. 의료중심주의는 의료의 영역에만 머물지 않는 보건 문제를 의료 중심으로만 해결하려고 하는 일반적인 현상을 의미한다(Conrad, 1992). 우울증 치료제인 프로잭Prozac이 시장에 처음 나왔을 때의 광고 문구는 빨래 세제 광고의 이미지와 함께 "당신의 우울을 말끔히 씻어버리세요!Wash your blues away!"였다. 우울증을 이 약으로 세탁할 수 있다고 속삭인 것이다.

사회의 모든 건강 문제를 약이나 의료 중심으로 해결할 수 있다는 사고가 의료중심주의이다. 정신적인 질환이나 우울증을 약으로만 해결할 수 있다고 한다면 우리 사회가 가진 근본적인 문제를 외면하고, 문제 해결을 위한 사회적인 노력을 폄훼할 가능성이 높다. 이런 현상들은 주의력 결핍 과잉행동 장애attention deficit hyperactivity disorder, ADHD, 자폐증 등 심리적인 요인들과 관련된 문제들, 미용이나 성형과 관련된 문제뿐 아니라 사회 전반적으로 모든 건강 문제를 약으로 해결할 수 있다는 부정확한 확신을 조장한다. 의료중심주의는 보건 위험을 의료 중심으로 해결할 수 있다고 주장하는 것과 함께, 보건 문제를 의료 중심으로 해결하기 위해서 필요 이상의 위험 공포를 자극하기도 한다(Skolbekken, 2008). 결국 의료중심주의의 문제는 보건 문제의 해결 과정에서 지나치게 의료 중심의 사고에 의존하게 되는 데 있다. 이는 지금까지 논의했던 전문가 중심의 위험 담론, 전문가에 맡겨두는 무관심과 가부장적인 차원의 위험 대처와 직접적으로 연관된다.

이런 의료중심주의적인 사고는 의료 행위가 질병을 치료하는 것이 아니라 사람들의 생활을 최적화하는 수단으로 영역을 확대하는 것을 포함한다. 예를 들어, 발기부전 치료제인 비아그라Viagra는 치료의 목적보다는 성적인 즐거움을 계속해서 유지하기 위한 사람들의 욕구와 밀접하게 연결되어 있다. 사람들이 의약품을 질병에 대한 대응 수단으로 제한적으로 생각하지 않고, 자신의 삶을 최적화하기 위한 수단으로 생각하면 할수록 의료중심주의 사고는 확산될 수밖에 없다. 새로운 수요는 의료 관련 회사의 마케팅과 결합하여 그 영역을 넓혀간다. 의료중심주의의 의료 영역 확대는 쉽게 눈에 띈다(Conrad & Bergey, 2014). 주의력 결핍 과잉행동 장애ADHD는 처음에 부산하게 행동하는 남자아이들을 지칭하는 말이었다가, 여자아이, 십대, 심지어 어른들에게도 적용되는 질병으로 확대되어 분류되고 있다. 실제로 미국의 경우 많은 청소년들이 이 질병으로 진단을 받고 있다. 고혈압, 당뇨, 대사증후군, 알코올중독, 우울증, 골다공증, 폐경 등 의료중심주의가 그 영역을 넓혀간 사례들은 쉽게 발견할 수 있다. 아래 인용문에서 보는 것처럼 심지어 자연스러운 노화 현상도 질병으로 간주되는 사회가 오고 있다.

통계적으로 일탈한 사례를 병적이라고 지칭하던 단계에서 시작해서, 이제는 통계적으로 정상적인 사안도 병적이라고 정의하는 시대로 발전해 가고 있다. 그렇게 함으로써 우리는 현대 사회가 노화를 비롯해서 일상적인 생활을 병적인 것으로 만드는 현실에 직면하게 된다. 오래 산다는 것이 인간이 성취해낸 진보의 업적이라고 생각하는 한, 노화는 역설적으로 더 오래 살기를 바라는 인간에게 가장 중요한 위험 요소로 자리잡고 만다 (Skolbekken, 2008, p. 21).

이런 상황에서 환자는 점점 더 소비자로 변모된다. 의료 행위는 소비자를 대상으로 하는 판매 행위로 변질된다. 의료 판매 행위는 소비자가 가지는 조그마한 불만도 놓치지 않고 상품화한다. 개인의 검색이 가능한 인터넷 시대는 그러한 상품화를 더 원활하게 한다. 예를 들어, 만성적인 피로는 과연 질병이 될 수 있을까? 그렇다. 우리 시대에 만성적인 피로는 약으로 치료해야 할 질병으로 분류되고, 이를 치료하기 위한 수많은 약들과 영양제들이 쏟아지고 있다. 의사와 환자가 질병에 대해서 이야기하고, 문제를 해결하기 위해 함께 힘을 합해가는 아름다운 그림은 이 세상에 존재하지 않는다. 보험사, 제약사, 실적이 중요한 대형병원, 정부, 의료장비회사 등등의 이해관계자들이 모두 뛰어든 의료계는 오직 의료중심주의와 의료 상품화만이 이 모든 시스템을 유지할 수 있는 수단이라고 설파하고 있다.

의료중심주의의 문제는 개인들에게도 많은 영향을 미친다. 특히 조그마한 증상이라도 두고 보지 못하고 즉각 해결하려는 심리가 강해지고, 그러다 보니 스스로 처방을 내리고 약을 먹는 경우가 늘어나게 된다. 얼마나 많은 영양제가 소비되고, 자가 처방에 의한 약물 사용이 어느 정도 늘어났는지 정확한 통계를 찾을 수는 없지만, 적어도 그런 분

위기가 조장되고 있다는 것을 보여주는 연구는 쉽게 찾을 수 있다(Conrad & Leiter, 2004). 주위를 둘러보면 스스로 약물로 신체를 조절하고 있다고 말하는 사람들의 수가 늘어나고 있다는 것을 쉽게 눈치챌 수 있다. 신체가 적응하고 스스로 해결할 수 있는 시간을 주지 못하고, 즉각적인 방편을 동원하는 경우가 많아지고 있다. 주의력 결핍 과잉행동 장애ADHD 같은 경우에도 생활 환경을 바꾸거나 가정에서 개선될 수 있는 부분을 찾는 것이 우선인데, 무조건 약을 처방받는 경우가 늘어나고 있다(Fairman & Curtiss, 2011). 이를 수동적인 환자들이 적극적이고 똑똑한 환자로 변화하고 있는 징후로 해석할 수도 있겠지만, 사회의 모든 문제를 질병으로 만들고 이를 즉각적인 의료 행위로 해결할 수 있다고 믿는 것은 근본적인 문제 해결을 어렵게 하고, 위험 문제를 너무 개인화하게 만든다.

물론 의료중심주의가 개인화되는 과정은 전문가 중심의 담론이 무너지고 개인들이 스스로 의료 정보를 탐색하고, 전문적인 지식을 구축하며, 의료인에 대한 지나친 의존에서 벗어날 수 있는 계기를 마련해주기도 한다. 이러한 현상은 온라인 환경이 개선되면서 점점 강화되는 경향이 있다. 사람들이 인터넷을 통해 스스로 정보를 탐색하는 경우가 많아지면서 전문가 의존 경향이 줄어드는 것이다. 하지만 이러한 온라인 정보 환경에서도 대부분의 신뢰할 수 있는 정보를 독점하고 있는 것은 의료 전문가들이고, 이들에 의해서 온라인이 새로운 의료 상업화의 진원지로 활용되고 있다는 점을 주목해볼 필요가 있다. 이런 점을 고려하면 온라인 환경이 비전문가가 참여하는 민주적인 토양을 의료 환경에 제공하고, 문제 해결 과정에서 일반 사람들의 의사결정 권한을 강화하고 있다고 보기 어려운 측면이 있다. 좋은 예로, 유튜버의 의료 담론은 거의 의료인들이 지배하고 있고, 저마다 가장 정확한 정보임을 내세우며 경쟁하고 있다. 의료인이 아닌 경우에는 질 낮고 신뢰할 수 없는 정보로 사람들을 현혹하는 경우가 대부분이다.

기술의 발전, 특히 바이오 기술의 발전은 개인들의 참여를 의료중심주의 측면에서 이용하거나, 의료 정보의 부적절한 이용을 강화할 가능성을 높인다. 바이오 기술의 발전은 점점 더 많은 사람들에게 자신의 건강을 체크하거나 모니터링할 능력을 제공할 수 있다. 하지만 이와 반대로 정부나 관계 기관들이 바이오 기술을 이용해서 사람들을 감시하고 통제하는 기능 또한 강화될 것이다. 이와 더불어 의료 전문가 집단과 의료 비즈니스업계는 어떤 식으로든 바이오 기술을 적용하여 상업화하고 이윤을 창출하려고 노력할 것이다(Conrad, 2005). 이 모든 이해관계자들의 적극적인 이윤 추구 행위들은 과학기술의 혁신이 의료중심주의로 나아가게 할 가능성을 더 크게 만든다.

앞으로 의료중심주의 현상이 과학기술의 발달과 함께 어떤 양상으로 흘러갈지는 짐작하기가 쉽지 않다. 한 가지 분명한 것은 많은 이해관계자들의 상업적인 이익과 결부되어 있기 때문에 앞으로도 이런 분위기가 강화될 것이라는 점이다. 특히 질병이 이제 병균의 문제가 아니라 세포의 문제로 나아가는 부분은 매우 우려되는 지점이다. 세계적인 배우 안젤리나 졸리의 유방암 자가 사전치료 사례에서도 논란이 되었듯이 유전자공학이 급속도로 발달하면서 이제는 자신의 유전자에서 위험을 스스로 진단한 다음, 질병의 요소를 사전에 찾아내어 치료하는 기술이 늘어나고 있다. 이러한 유전자 기술의 발전은 이전에는 없던 수요를 급속도로 창출하는 효과를 낸다. 또한 더 큰 문제는 이러한 기술이 개인의 의사결정권을 높여주는 듯한 인상을 줌으로써 과도한 기술 개발을 통한 상업적인 이익의 실현을 정당한 것으로 만들기도 한다는 것이다.

바이오 기술의 발전과 온라인 환경의 조성이 분명 개인의 의사결정 능력을 강화하는 측면이 있는 것은 사실이지만, 전체 사회적인 영향과 상업적인 분위기의 수용을 고려하면, 오히려 의료중심주의를 강화하는 측면으로 나아간다고 보는 것이 합리적이다. 의료 지식과 미디어를 이용하는 행태가 민주화되고 개인들이 의료 정보에 접근할 기회가 늘어나기는 하지만, 그것은 모두 의료 관련 이해관계자의 상업적인 이익에 봉사할 가능성이 높기 때문에 표면적인 미끼 요인에 불과할 수 있다. 정말 심각한 문제는 우리 사회가 의료 이해관계자의 상업적인 이익 추구에 대한 경계심을 무너뜨리고 자연스럽게 의료중심주의를 받아들일 수도 있다는 점이다.

뭐든지 가능하다고 설파하는 사회는 과학기술의 발전에 대해서 전반적인 공공성 위주의 담론을 쌓아가기보다는 무엇이든 상업화하고, 이를 위해서 사람들의 의식을 조정할 수 있게 되는 사회라는 의미가 더 크다. 외모와 정체성과 관련한 논의들이 의료기술의 발전과 함께 급속도로 상업화되고 있으며, 시험관 아기 등을 통해서 과거에는 상상하지 못했던 영역들이 의료기술의 영역에서 대중화되고 있다. 질병과 건강의 범위가 점점 중첩되어가는 세계에 살게 됨에 따라, 이제 우리 모두는 결코 의료중심주의에서 벗어나지 못하는 세계를 살고 있다. 이런 세계에서 상업적인 이익의 추구는 더 늘어날 것이고, 착취의 범위는 더 광범위해질 가능성이 높다. 예를 들어, 장기 이식 관련 기관의 발표에 따르면, 장기 이식이 광범위하게 실행되고 있지만, 장기를 공여하는 나라와 장기를 이식하는 나라의 구분은 더욱더 뚜렷해지는 것으로 나타나고 있다. 아시아와 남미, 아프리카의 빈국에서 대부분의 장기가 공급되는 현상은 우려되는 상황이다. 과학기술의 발달이 의료중심주의를 더욱 활성화시키면 결국 불평등과 착취는 늘어날 수밖에 없다.

사회문화적인 측면에서 의료중심주의가 더 큰 문제가 되는 것은 모든 보건 관련 문제들을 해결하는 담론들이 의료 전문가 중심의 전문가 담론으로만 흐른다는 점이다. 결핵 문제를 예로 든다면, 우리나라에서 후진국형 질병이라고 할 수 있는 결핵 문제가 해결되지 않고, 오히려 늘어나거나 정체되는 추세를 보이는 상황에서 의료중심적인 담론으로만 해결될 수 있는가에 대해서는 심각한 의문이 있다. 비활동성 결핵 환자들을 선별하고 모니터링하고 사전 치료하고, 활동성 결핵 환자들을 한 치의 물샐 틈도 없이 관리하고 치료하는 방안만으로 결핵 문제를 해결한다는 보장이 없다. 질병에는 사회문화적인 요인이 결부되어 있을 수밖에 없고, 노인 문제, 청소년 문제, 외국인 노동자 문제 등 다양한 요인들을 두루 살펴서 근본적으로 사회 전체가 함께 문제를 해결하려는 접근 방법을 모색하는 것이 중요하다. 의료중심주의가 우리 사회에 만연하게 되면, 보건과 관련된 광범위한 사회 문제를 해결하는 데 오직 원인에 대한 직접적인 처방만이 유효하다는 의식이 팽배하게 되고, 이는 지나친 전문가 중심 담론을 유도하게 되어, 오히려 사회 전체가 전문가들에게 책임을 미루고, 자신의 의무를 게을리하는 동기를 만들어내게 된다. 현대 위험 사회에서 주사 한 방으로 해결할 수 있는 문제는 많지 않다. 존재하지 않는 그 주사 한 방 신화에 우리 사회가 갇혀 있다는 느낌이다.

의료중심주의에 맞서는 자기 효능감의 역할

많은 위험 문제 중에서도 보건health 위험 문제는 특히 사람들이 어떤 식으로 대응하는가와 밀접하게 연관되어 있다. 보건 위험 문제를 해결하기 위해 커뮤니케이션을 사용하는 과정에서 메시지를 보내는 쪽에 더 강조점을 둬서 문제를 해결하고자 한다면 그것은 설득 메시지 중심의 문제 해결 방법이다. 하지만 최근에는 메시지를 보내는 쪽의 설득 의도와 메시지가 가지는 힘의 중요성보다는 메시지를 수용하는 쪽이 할 수 있다는 감정을 주체적으로 가지게 하고, 자신이 가진 건강 습관을 스스로 개선해서 자기를 관리할 수 있도록 만들어주는 데 더 주안점을 두고 있다. 이것은 아무래도 가부장적이고 일방적인 위험 커뮤니케이션이 사람들에게 주는 거부감이 반영된 측면이 있고, 메시지가 가지는 힘보다는 얼마나 개인들이 스스로 문제를 해결하려는 의지를 가지는가를 더 중시하는 사고를 반영한다.

의료중심주의에 맞서는 방법은 의료중심주의를 무너뜨리고 de-medicalization, 사람들 스스로 습관을 관리하고, 자신의 건강관리 방법을 찾아냄으로써 의료 행위에 의존하지 않더라도 건강한 상태를 유지할 수 있다는 것을 알려주는 것이다. 이와 함께 질병이라고 인식하는 것들에 대해서 과감하게 그것은 질병이 아니라는 사회적인 인식을 만들어가는 것이다. 예를 들어, 캐나다 청각장애인협회는 청각장애를 질병으로 보지 말고 건강한 사람으로 보자는 사회문화 캠페인을 오랫동안 펼쳐왔다. 청각장애는 의료중심주의에서 생각하면 반드시 고쳐야 할 질병처럼 인식되지만, 사실상 인류 최초의 언어는 몸짓 언어였다. 이런 시각에서 본다면 왜 청각장애를 질병으로 분류해야 하는지 의문이 들 수밖에 없다. 생각을 바꿔보면 우리 모두는 조금씩 장애 요인을 가지고 살고 있다. 이 장애를 모두 질병으로 분류하고 의료중심주의의 사고로 대처한다면 모두가 불행한 사회가 되고 말 것이다. 청각장애를 질병으로 볼 것이 아니라 다른 건강한 사람과 마찬가지로 약간의 불편을 가지고 있는 사람으로 보는 훈련은 사회 전체를 건강한 사회로 만들 수 있다. 의료중심주의의 극복은 우리가 평소에 가지고 있는 편견을 바꾸고 건강에 대한 시각을 새롭게 갖는 데서 시작할 수 있다. 그렇다. 우리 모두는 장애를 가지고 있다. 그래서 장애는 자연스러운 것이다.

장애 요인을 질병으로만 인식하고, 모든 것을 의료 행위로 해결하려는 의료중심주의의 폐해를 생각한다면 사람들 스스로 의료적인 수단에 대한 의존에서 벗어나는 것이 필요하다. 문제를 해결하기 위해서는 사람들이 스스로 건강한 상태를 유지할 수 있도록 효과적인 자기 관리 능력을 갖추는 것이 제일 중요하다. 이것은 결국 자신이 스스로 건강 습관을 형성하는 것과 연관되어 있다. 이를 위해서는 주로 어떤 기대할 수 있는 결과를 적절하게 제시하거나 목표를 달성하기 위한 촉진 요인들을 만들어주고, 방해 요인들을 제거해주는 것이 필요하다. 하지만 무엇보다도 제일 중요한 것은 스스로 해낼 수 있다는 자기 효능감 self-efficacy을 갖추는 것이다. 외부로부터 주어지는 공급 위주의 문제 해결이 아니라 스스로 문제를 풀어나갈 수 있다는 내면적인 자신감을 가지는 것이 중요한데, 그것의 핵심이 자기 효능감이다.

금연 캠페인을 예로 들면, 공포 메시지를 통해서 사람들을 설득하려는 접근보다는 스스로 담배를 끊겠다는 자신의 의지와 노력을 통해서 금연을 이루어냈을 때 더 효과가 지속될 수 있다. 특히 습관을 형성하는 것은 자기 스스로의 결정과 자발적인 의지에 의해서만 가능하다. 최근에는 뉴미디어의 도움을 받아서 스스로의 결심을 실행해나가는 데 도움을 줄 수 있는 미디어 도구들도 많이 개발되고 있다. 상호작용하는 기술의 힘과 사회 네트워크를 결합함으로써 습관 형성 과정에 보조적인 역할을 맡겨볼 수 있다. 특히 어린이의 경우는 인터넷 게임 등을 활용한 방법들이 매우 효과적이라는 연구들이 속속 발표되고 있다 (DeShazo, Harris, & Pratt, 2010; Huen et al., 2016).

미디어를 습관을 형성하기 위한 보조적인 수단으로 사용하는 것과 함께 미디어 프로그램을 건강 교육의 장으로 활용하는 경우도 효과적인 것으로 보고되고 있다. 이러한 미디어를 활용한 건강 교육entertainment education의 대표적인 사례는 1991년부터 시행되었던 탄자니아 라디오 방송국의 연속극 프로그램을 통한 에이즈 예방 효과 성공 사례이다. <시대와 함께 가자Let's go with the times, Twende na Wakati>라는 제목의 연속극은 결과적으로 탄자니아 전역에서 건강한 성관계를 도모하고, 콘돔 사용을 늘리는 데 결정적인 역할을 했다. 연구 결과에 따르면 이러한 효과는 사람들의 자기 효능감이 높아졌기 때문에 발생한 것이다. 따라서 일방적으로 설득하는 메시지 캠페인보다는 드라마와 예능과 같은 프로그램을 통해서 등장인물의 행위와 극적인 스토리를 간접 경험하게 하고, 스스로 뭔가를 할 수 있다는 자신감을 자연스럽게 가지게 하는 커뮤니케이션 캠페인이 건강 습관을 형성하는 데는 더 효과적이라는 것을 예상할 수 있다.

한편 자기 효능감 논의에서 우리가 놓치게 되는 부분이 사회적인 힘을 결집하는 부분이다. 개인적인 효능감은 때로 사회적인 문제를 해결하는 데 있어서는 무력해질 수 있다. 예를 들어, 환경을 보호하기 위한 캠페인에서 개인적인 효능감이 아무리 충만하더라도 전체 사회의 구성원이 함께 이 문제를 해결하기 위해서 나서주지 않는다고 생각한다면 개인적인 효능감도 힘을 잃고 만다. 기후 변화 대응, 미세먼지 줄이기, 플라스틱 사용 줄이기 등은 개인적인 효능감만으로는 문제를 해결할 수 없고, 사회 전체의 효능감이 늘어나야 한다. 이러한 사회 효능감은 건강에 영향을 미치는 정치, 사회, 문화적인 요인들을 바꾸는 집단적인 노력, 즉 사회 전체적인 노력을 의미한다.

집단적인 효능감이 높아지기 위해서는 사회 전체가 문제 해결을 위

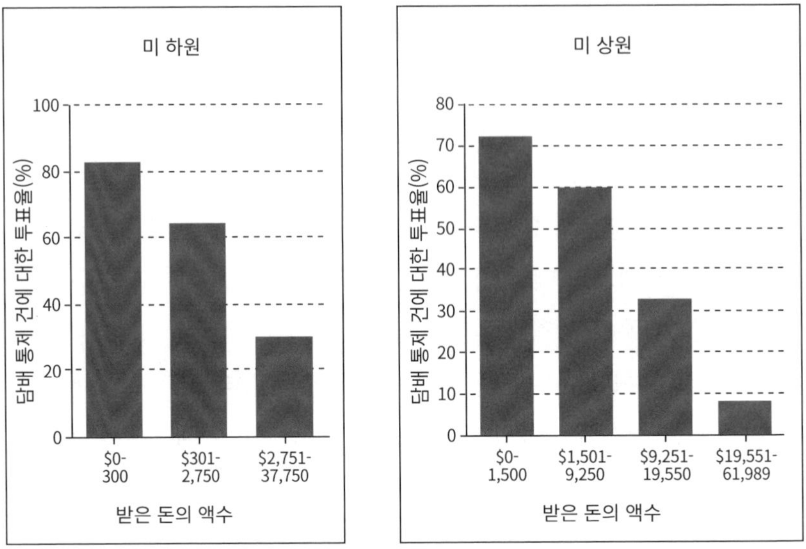

그림 8-2. 담배회사로부터 받은 정치자금 규모에 따른
미국 상하의원 담배 규제 투표 성향
출처: Bandura(2004)

해 한곳을 바라보아야 하는데, 그런 사회적인 합의를 이루는 것은 매우 어렵다. 특히 이익이 얽힌 집단들의 방해 전략은 상당히 집요하고 정교하다. 그림 8-2는 담배회사로부터 받는 로비 자금 금액에 따라 미국 상하원 의원들이 담배 규제에 얼마나 찬성했는가를 보여준다. 점점 줄어드는 막대그래프가 보여주는 것처럼 담배회사의 로비에 놀아나는 의원들은 확연하게 담배 규제에 대해 투표하지 않았다. 이러한 경향이 보여주는 의미는 명확하다. 전체 사회의 문제점을 해결하기 위해서는 사회 제도나 규제를 바꾸고, 사람들의 의지를 모아야 하는데, 사회에는 언제나 방해 세력이 존재한다. 이러한 방해를 뚫고 집단적인 효능감을 높이는 것도 결국 위험 커뮤니케이션의 사명이 될 수밖에 없다.

위험 문제를 해결하기 위해서는 개인의 노력도 중요하지만, 전체 사회가 한 방향을 바라보고 함께 노력하려는 의지가 모아져야 한다. 결론적으로 일반인을 포함해서 많은 사람들이 참여하는 공론의 장이 형성되고, 위험과 관련한 논의가 사회 구성원들 간에 충분히 이루어짐으로써 위험 논의의 민주화가 이루어지는 것이 위험의 상업화를 해결하는 첩경이다(Small & Mallon, 2007). 하지만 많은 경우 과학자들은 위험의 상업화에는 반대하지만, 위험에 대한 민주적인 논의 절차를 도입하는 것에는 찬성하지 않는다. 이러한 현상의 기저에는 일반 공중은 과학지식이 미천하기 때문에 과학자들과 함께 과학 문제를 논의할 자격을 갖추지 못했다고 보는 의식이 깔려 있다. 이러한 지식의 결핍에 기반을 둔 사고는 위험의 상업화를 방지하는 데 조금도 도움이 되지 않을 뿐만 아니라 과학에 대한 불신을 자초하게 된다. 위험의 상업화를 방지하기 위해서는 위험에 대한 지식의 독점이 사라지고, 개방적인 참여 구조를 통해서 누구나 다 위험에 대해서 자유롭게 논의할 수 있는 장을 만드는 것이 가장 중요하다.

9장

危險
不通
社會

위험은 대부분 언론에서 시작되고 증폭된다

언론이 감염병과 관련하여 과다한 공포감을 주는 용어를 사용함으로써 필요 이상으로 위험 인식 수준을 높이는 것은 그 예를 찾기가 어렵지 않다. 질병관리본부(현재의 질병관리청)는, 감염되면 머리가 작은 아이가 태어난다고 해서 언론이 사용하고 있는 '소두小頭성 바이러스'는 '지카 바이러스'로, '살인 진드기'는 중증열성 혈소판가소증후군SFTS 바이러스에 감염된 '야생 진드기'로, 또한 '슈퍼박테리아'는 '다제내성균'으로 지칭해줄 것을 권고했다(전지영, 2017). 언론은 공포감을 조장하거나 새롭고 흥미를 끄는 용어를 선택함으로써 사람들이 위험에 더 관심을 가지게 되기를 원한다. 언론의 존재 목적이 관심의 극대화에 있다 보니, 정확한 정보를 전달하거나 이성적인 대응책을 마련하는 데 도움이 되는 정보를 주는 일에 소홀해지는 경향이 있다. 이러한 감염병 보도의 문제점은 언론 보도 경향을 분석한 학술 연구에서도 그 심각성이 분명히 드러났다(김용, 2016; 박기수 · 이귀옥 · 최명일, 2014; 전지영, 2017; 진나영 · 정정주, 2018). 또한 백신 예방접종 등 전국민적인 노력이 필요한 사안에 대해 언론이 찬물을 끼얹는 일도 빈번히 발생한다. 독감 예방 주사와 관련한 인과성 없는 사망 기사가 접종율을 낮춘 일부터 현재 코로나 백신에 대한 공포 조장까지 언론의 부정적인 역할이 계속 이어지고 있다.

2015년 발생한 메르스MERS 관련 언론 보도도 살펴보면, 지나치게 공포감을 조장하거나 설익은 정보를 전달함으로써 사람들이 감염병에 이성적으로 대응할 수 없게 만든 경우가 많았다(김용, 2016). 우리나라 언론의 위험 보도를 보면 증상을 확대해서 알리는 데 강조점을 둘 뿐, 해결 방법을 제시하거나 이성적인 대응을 독려하는 것에는 큰 관심을 두지 않는 경향을 보인다. 메르스 사태에 대한 국내 언론과 해외 언론의 보도 행태를 비교한 논문을 보면(진나영 · 정정주, 2018), 우리나라 언론은 질병 자체의 뉴스 가치, 즉 공포나 불안을 강조하는 반면, 해외 언론은 좀 더 차분한 시각에서 다른 유사 감염병 사례와 비교하면서 질병의 상태를 분석하고 대응 방법을 탐색하는 기사가 많았다. 물론 다른 나라에서 발생한 감염병에 대해서 좀 더 침착한 태도를 유지하는 것은 당연하다고 할 수 있다. 하지만 국내 언론의 경우에는 정부의 늦은 대처, 정보 비공개 등에 대해서는 수용적인 태도를 보인 반면, 해외 언론의 경우는 정부의 대응 노력에 대해서 좀 더 비판적인 시각을 가지고 보도했다. 이런 연구 결과를 종합하면, 국내 언론은 차분해야 할 때 차분하지 않고, 흥분해야 할 때 흥분하지 않는 비정상적인 보도 행태를 보여준다고 할 수 있다.

> 국내의 경우 질병과 관련한 감염병에 대하여 극도의 불안감과 우려를 표하고 있는데 이는 질병이 발생한 국가일 뿐만 아니라 질병에 대한 은유적인 공포가 높기 때문으로 보인다. 이로 인해 메르스는 '치사율 40%에 달하는 무서운 병', '같은 공간에 있으면 바로 옮는 병', '걸리면 대부분은 죽는 병'과 같은 괴담과 루머가 더 빠르게 확산될 수밖에 없었고 국민들의 불안감은 증폭된 것으로 판단된다. 이에 비해 해외 언론은 메르스를 단지 질병의 하나로 다루고 있는데 이는 질병에 대한 은유적인 공포가 한국보다 낮기 때문이다. 따라서 해외 언론은 질병이 '백신'을 통해 예방, 치유할 수 있다는 보도 태도를 보였다. (중략) 해외 언론은 메르스를 단순한 별개의 질병으로 다룬 것이 아니라 기존에 국제적으로 유행했던 다른 질병을 함께 제

시함으로써 질병에 대처하는 다양한 방안과 국제 정세를 함께 다루고 있었다. 또한 국내 언론이 메르스 사태가 한국 최초로 발생한 대규모 감염 사례라는 점을 부각했다면, 해외 언론은 한국 메르스 사례에 따른 건강 상태 및 증후군이 어떠한 양상으로 나타나는지에 대한 관심이 높았다(진나영·정정주, 2018, p. 254).

지금 돌이켜보면, 2015년 메르스 사태가 사회적으로 확산된 것에는 언론의 잘못된 보도 행태가 한몫했다. 언론은 대개의 위험 사안에서 호떡집에 불난 것처럼 보도하지만, 대응 방법이나 심층적인 진단에 대해서는 소홀한 경우가 많다. 정부의 발표를 심층적으로 분석하는 일 없이 충격적인 프레임으로 가공해서 보도함으로써 위험 사안에 대해 차분히 대응할 사회적인 에너지를 미리 소진하는 경우도 많다. 다른 위험 사안에서도 언론의 자극적인 보도가 문제를 키우는 경우가 많은데, 특히 우리나라의 자살 보도는 심각한 수준이다. 아직까지 자살이라는 단어 자체를 너무 쉽게 사용하고, 자살의 방법을 세밀하게 묘사하거나, 자살이 나약한 정신적인 문제이고 당사자들에게 있어서 자살은 문제를 해결하기 위한 한 방편인 것처럼 묘사하기도 한다. 아직도 '일가족 동반자살'이라는 용어가 버젓이 언론에서 사용된다. 2004년 언론의 자살보도기준이 만들어지고, 2018년 자살보도권고기준3.0이 발표되는 등 변화를 위한 노력들은 이어지고 있지만, 여전히 언론이 자극적인 소재를 찾아 나서면서 자살에 기여하고 있다는 책임에서 벗어나기 어려워 보인다.

코로나19와 관련한 언론의 보도에서도 공포를 조장하는 행태는 전혀 나아지지 않았다. 한국기자협회가 2020년 1월 20일부터 3월 29일까지 70일간 종합일간지 10개 사와 경제지 8개 사의 관련 보도를 분석한 결과를 보면, 우리나라 언론들은 여전히 공포를 조장하면서 대응 방법에는 무관심한 태도를 보인 것으로 나타났다(최승영, 2020). 예를 들어, 종합 일간지 1면 톱 기사 제목으로 '하루 22명 감염 … 코로나 둑이 터졌다', '신천지 교회서 14명 '슈퍼 전파' … 대구 패닉' 등 공포를 조장하는 단어들을 빈번하게 사용했다. 또한 중국, 대구, 신천지 등의 대상에 대해 과도한 낙인을 찍고, 혐오를 직접적으로 표현하는 경우도 많았다. 증상으로부터 공포를 조장하지만 해결책에는 무심한 보도 행태가 우리 언론의 관행으로 자리잡았다는 느낌이다.

위험과 미디어의 영향

위험에 대한 대중의 인식을 높여주는 수단으로 대중매체의 영향력을 무시할 수 없다. 위험 사안에 대해 수많은 과학자들이 위험성을 경고하지만, 한 편의 영화나 드라마가 위험에 대한 대중의 인식 수준을 높여주는 데 더 효과적인 수단으로 작용하기도 한다. 기후 변화의 경우도 마찬가지인데, 수많은 과학자들의 위험 경고보다 더 효과적인 수단으로 작용한 것이 영화 <투모로우The Day After Tomorrow>(2004)였다. 이 영화는 기후 변화로 남극과 북극의 얼음이 녹으면서 미국이 멸망 직전의 상황까지 가는 과정을 그린 영화이다. 한 연구에 따르면, 사람들의 기후 변화에 대한 위험 인식 수준은 이 영화를 본 이후에 획기적으로 높아진 것으로 나타났다(Leiserowitz, 2004).

그림 9-1 A의 연구 결과 도표가 보여주는 것처럼 영화를 본 사람들의 기후 변화에 대한 위험 인식은 영화를 보지 않은 사람들에 비해서 통계적으로 유의미하게 높았다. 기후 변화로 인해 새로운 빙하기가 찾아올 것이라는 인식의 경우는 거의 2배 수준으로 높아진 것을 알 수 있

다. 이렇게 대중매체는 위험에 대한 인식 자체에도 영향을 주지만, 위험을 예방하기 위한 행동을 촉진하는 데에도 영향을 준다. 그뿐만 아니라, 기후 변화를 중요한 정책으로 인식하게 되어priming 위험을 예방하는 데 가장 적절한 정책이나 정치인을 지지하는 데에도 영향을 미친다. 그림 9-1 B에서 보는 것처럼 영화를 본 사람들은 상대적으로 기후 변화 예방을 위한 정책을 지지하는 민주당 계열 후보(존 케리)를 지지하는 비중이 높은 것으로 나타났다. 하지만 이 연구에서는 사람들이 가진 정

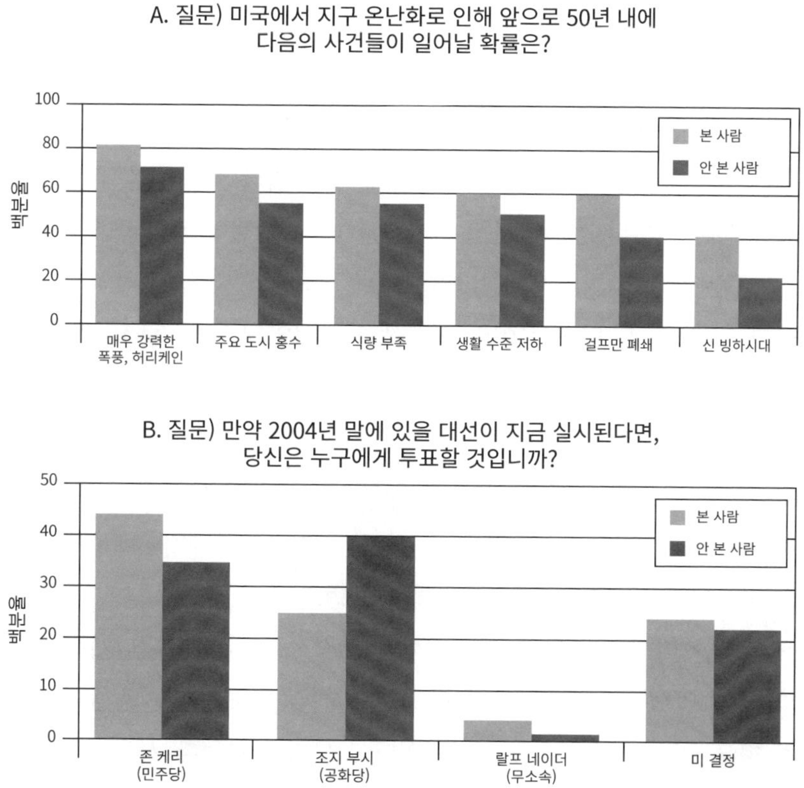

그림 9-1. 재난 영화 <투모로우>를 본 후 사람들의 인식 변화(2004년 6월 설문 실시)
출처: Leiserowitz(2004)

치적인 성향이 어떤 식으로 상호작용하는지는 나타나지 않고 있다. 일반적인 예상에 따르면, 자신이 보유한 정치적인 성향에 따라 기존의 태도를 유지하려는 성향이 바꾸려는 성향보다는 강한 것으로 알려져 있다. 미디어의 영향력이 정치적인 성향으로부터 자유로울 수 있는가는 또 다른 논의 주제가 될 수밖에 없다.

가장 드라마틱한 미디어의 영향을 보여준 사례가 영화 <죠스Jaws>(1975)에서 비롯된 상어의 공격에 대한 사람들의 위험 인식이다. 전문가들은 상어가 사람을 공격할 가능성을 매우 낮게 본다. 사람들이 해수욕장으로 차를 몰고 가다 사고가 날 확률보다 비교가 안 될 정도로 낮다는 것이다. 하지만 대중매체에서 묘사되는 위험은 과학자나 전문가들이 하는 말보다 엄청난 파급 효과를 가지는 경우가 많다. 실제 <죠스>가 상영된 이후, 상어의 공격에 대한 미국 사람들의 우려와 패닉 현상은 해마다 반복해서 일어나고 있다. 이빨을 드러내고 목젖까지 보여주는 상어의 이미지와 기억하기 쉬운 공포스런 배경음악의 조화는 실제 존재하지도 않는 상어의 공격을 일상적인 일로 만들어놓았다. 이런 부분에서 미디어의 영향력은 가용성 휴리스틱availability heuristic과 연결되는데, 다양한 자극과 쉬운 기억 재생으로 인해 미디어가 묘사하는 위험은 사람들의 위험 인식에 절대적인 영향을 줄 수밖에 없다. 부산 해운대에 쓰나미가 올 수 있다는 위험을 영화 <해운대>와 배우 하지원의 절규보다 어떻게 더 드라마틱하게 표현할 수 있겠는가?

하지만 미디어의 영향력에 대해서 확정적인 결론을 내리기는 어렵다. 앞서 말했듯이 사전에 특정한 정치적인 성향을 가진 사람들이 영화 한 편을 보고 자신의 태도를 바꾸었다고 보기는 힘들다. 사람들은 오히려 자신의 생각에 확신을 줄 수 있는 미디어 내용을 찾아 헤매는 경향이 있다. 또한 미디어의 영향력에 대해 사람들의 기본적인 입장은 자신에 미치는 영향보다는 사회 전체 혹은 다른 사람들에 미치는 영향을 과장하는 경향이 있다. 이를 비개인적인 영향 이론impersonal impact theory이라고 하는데(Tyler & Cook, 1984), 자신에게 미치는 영향력은 되도록이면 축소하려는 사람들의 의도에서 기인한다. 전체적으로 한번 정리해보면, 미디어의 영향력은 단기적으로는 확실해 보인다. 하지만 그러한 영향이 얼마나 지속적으로 이어지고, 기존에 사람들이 가진 생각을 근본적으로 바꿔줄 수 있는가에 대해서는 회의적일 뿐만 아니라 아직은 연구가 부족하다. 위험 커뮤니케이션이 효과적으로 이루어지기 위해서는 매스 미디어의 영향력을 어떻게 적절히 이용할 것인가에 대한 논의가 이루어져야 하겠지만, 미디어에만 의존해서는 근본적으로 문제를 해결할 수 없다는 것을 명심하는 것도 매우 중요하다.

미디어가 위험과 관련하여 문제가 되는 것은 위험의 무분별한 확산에 기여하거나 낙인stigma 효과를 만들어낸다는 점일 것이다. 위험이 미디어에 등장하면 자극적인 부분이 강조되고, 생각지도 못한 부수 효과들을 불러일으키는 경우가 발생한다. 이는 종종 낙인찍기와 기존의 편견을 강화하는 수단으로 사용되기도 한다. 소셜미디어의 발달로 미디어 내용에 대한 내부적인 점검 시스템이 사라짐에 따라 미디어가 만들어내는 위험은 이제 발전 경로를 예상하기가 힘든 통제불가능한 담론이 되어가고 있다.

또 한 가지 미디어가 위험과 관련한 인식에 미치는 영향은 위험 이슈 소유권과 관련한 것이다. 위험 이슈와 관련해서 어떤 정당이 이슈에 대한 소유권이 있는 것처럼 착각을 주고, 미디어가 이런 현상을 고착화시키는 경향이 있는 것은 분명해 보인다. 미국 사회의 예를 들면, 국가 안보, 테러 대응과 같은 이슈는 공화당이 선점한 이슈이고, 사회복지, 건강보험 등의 이슈는 민주당이 소유한 이슈라고 생각한다(Iyengar

& McGrady, 2017; Petrocik, Benoit, & Hansen, 2003; Iyengar, Valentino, Ansolabehere, & Simon, 1997). 이슈를 소유했다는 말은 사람들이 보통 이슈 소유권을 가진 정당들이 제시된 이슈와 관련한 문제들을 더 잘 해결할 수 있을 것이라고 생각한다는 의미이다. 우리나라의 경우도, 복지나 통일 문제는 진보 진영이, 안보와 경제 성장은 보수 진영이 더 유리할 것으로 생각하는 경향이 있다. 이런 이슈 소유권을 통한 인식의 고착화는 위험 문제를 너무 정치적인 해석으로 고정시키는 문제점을 가진다. 예를 들어, 북핵 위기를 해결하기 위한 진보 진영의 노력을 안보를 위태롭게 하는 행위로 보도하는 것은 안보의 문제에 진보 진영이 취약하다는 전제를 바탕에 두고 분석한 것이다. 위험 문제에서 고착화된 이슈 소유권은 결국 유연한 위험 문제 해결을 가로막는 장애물이 될 공산이 크다.

위험 보도의 문제점

위험 커뮤니케이션에서 미디어의 역할을 크게 두 가지로 나누라고 한다면, 하나는 얼마나 미디어에 많이 노출되는가 하는 문제이고, 다른 하나는 수용자의 해석 과정과 관련되어 어떻게 미디어에서 본 것을 자신들이 가진 세계관에 대입시킬 것인가 하는 문제이다. 사람들은 보통 미디어에서 가장 많이 본 이슈가 가장 중요한 이슈라고 믿는다. 또한 미디어가 묘사하는 방법에 따라 쟁점을 바라보고 해석의 창으로 삼는다. 때로는 어떤 사람이나 대상에 대한 평가를 할 때는 미디어에서 중요하다고 보도하는 이슈를 기준으로 삼아서 평가하기도 한다. 그만큼 위험 인식에서 미디어의 역할은 막중하다.

한 연구에 따르면(Heath, Kavanagh, & Raethompson, 2001), 1990년대 미국의 경우, 범죄율은 지속적으로 떨어지고 있었지만, 사람들이 미국에서 가장 문제인 것은 범죄라고 일관되게 주장하고 있는 것으로 드러났다. 관련 연구에 따르면, 사람들이 범죄가 가장 문제라고 느끼게 된 것은 범죄를 다루는 미디어 노출이 늘어났기 때문인 것으로 밝혀졌다(Hollis, Downey, del Carmen, & Dobbs, 2017). 이 연구에 따르면 범죄에 대한 심각성 인식의 증가와 미디어 노출의 증가가 통계적으로 유의미하게 관련되어 있는 것으로 드러났다. 즉 사람들은 미디어에서 범죄와 관련한 내용을 많이 접하면 접할수록 실제보다 범죄가 더 심각한 문제라고 생각하게 된다는 것이다. 미디어에서 어떻게 다루느냐에 따라서 사람들의 주관적인 위험 인식이 결정된다.

위험 관련 뉴스에서 가장 많이 보이는 언론의 실수를 크게 몇 가지로 정리해볼 수 있다. 이러한 논의는 앞선 장에서 살펴보았던 다양한 위험 커뮤니케이션 주제들과 직접적으로 연관되어 있다. 첫째, 가장 큰 문제는 위험 사안을 너무 과장하거나 단순화하는 것이다. 최대한 객관적이고 공정한 보도를 해야 할 의무를 가진 언론이 위험 사안을 화제로 만들기 위해 공포를 자극하거나, 너무 일방적인 측면으로 단순화시켜서 보도하는 경우인데, 이는 위험 사안의 해결에 아무 도움이 안 된다. 하지만 우리나라의 언론은 점점 수용자의 관심을 높여 클릭 수를 늘리는 방향으로 잘못된 진화를 함에 따라 이런 문제는 줄어들지 않을 것으로 보인다. 예를 들어, 코로나19 백신 접종과 관련해서 중요한 것은 백신 접종을 안전하게 진행해서 집단 면역을 달성하는 것이다. 접종의 안전성에 방해가 되는 요소가 있다면 당연히 보도하는 것이 옳다. 하지만 백신 접종의 일부 부작용을 과도하게 강조하거나 흔하지 않은 사례를 과장해서 보도하는 것은 스스로 언론의 공정성을 무너뜨리는 결과를 가져온다.

둘째, 위험 사안에 대해서 비판 기사 작성에 대한 강박을 무조건적으로 드러낸다는 것이다. 위험 사안이 발생했을 때 가장 중요한 목표는 위험 문제의 해결이다. 하지만 언론이 위험 사안에 대한 책임성을 지닌 정부나 기업에 대해서 비판적인 기사를 쏟아내는 데 집중함으로써 합리적으로 문제를 해결하는 데 방해가 되는 경우가 발생하기도 한다. 예를 들어, 어떤 위험 문제에 대해서 정부가 너무 정보를 신속히 개방하는 과정에서 우왕좌왕하고 있다는 사실에 언론이 초점을 맞춘다면 정부 입장에서는 위험 정보를 틀어막고 개방하지 않으려고 할 것이다. 완전히 확실해지고 우왕좌왕하지 않는 상황이라는 생각이 들 때만 정보를 개방한다면 이는 전체 사회의 문제 해결에 도움이 되지 않을 뿐 아니라 언론의 취재 활동에도 도움이 되지 않는다.

셋째, 언론은 위험에 대한 증상만을 이야기할 뿐 해결 방법에 대한 합리적인 방안을 제시하는 데 인색하다. 이는 언론의 빠른 보도 경향과 연결된다. 위험 사안은 사안의 특성상 증거에 기반하고 신중하게 보도하는 것이 원칙인데, 대부분의 기사에서 이루어지는 속보 경쟁을 위험 사안에 그대로 적용함으로써 사실의 확인이나 심층적인 분석 기사를 만들어내는 데 대부분 실패한다. 위험 사안에 대한 보도는 전문적인 수치들을 일반인의 시각에서 해석하고, 위험을 비교해서 보여줌으로써 사람들이 위험에 대해서 이해할 수 있도록 도와주어야 한다. 하지만 많은 위험 관련 기사는 공포를 조장하거나, 사람이나 대상에 대해서 낙인을 찍는 단어를 사용하거나, 일어날 수 있는 최악의 상황을 예상해서 보도하는 데 주저하지 않는다. 이런 보도는 위험에 대한 과도한 공포를 불러일으킴으로써, 사람들이 합리적으로 위험에 대응하는 데 오히려 방해 요인으로 작용할 뿐, 실질적인 문제 해결에 아무런 도움을 주지 못한다. 언론이 드러나는 증상만을 강조해서 언론사 간 속보 경쟁과 주목 경쟁에 돌입할수록 위험 문제는 계속 꼬일 수밖에 없다.

넷째, 위험 관련 기사에서 특정 전문가 의존과 정치적인 해석이 심해진다. 위험 기사를 공정하고 합리적으로 작성하기 위해서는 여러 정보 소스로부터 사실들을 취합해서 위험에 대한 합리적인 판단을 하는 것이 중요하다. 하지만 언론들은 오히려 가장 정답을 이야기해줄 수 있는 최적의 전문가를 찾아 나서는 경향이 있다. 이러한 특정 전문가 의존은 위험에 대한 왜곡으로 이어질 가능성을 높이게 된다. 적지 않은 전문가들이 자신들의 이익과 결부된 이야기를 하는 경향이 있고, 이럴 경우 위험의 특정 측면이 강조되거나 위험 정보가 왜곡되는 경향이 나타나기도 한다.

사실 전문가들이 그 방면에서 전문적인 지식을 갖추고 있는 것은 분명하지만, 그러한 전문 지식에 대한 오만이 사고의 원인이 되기도 한다. 광우병이 영국에서 처음 발견되었을 때도 전문가들은 한참 동안 동물에게서 사람으로 전염될 가능성이 없다고 역설했다. 또한 전문가들이 고의적으로 문제를 덮기도 한다. 가습기 살균제의 경우는 역학조사를 담당했던 전문가들이 인체 유해성을 고의로 감추는 비윤리적인 일을 벌이기도 했다. 또한 우리가 알고 있는 많은 사건 사고들도 소위 전문가로 불리는 사람들의 실수로 발생했다. 쓰리마일섬Three Mile Island 원전 폭발사고, 보팔Bhopal 화학공장 폭발사고, 도카이무라 원전 방사능 누출사고, 대구 지하철 화재사고, 세월호 참사 모두 그 분야 전문가들의 실수와 결합하여 일어난 사건들이다. 전문가들이 모든 위험에 대해서 알고 있고, 위험을 통제할 수 있다고 믿는 것은 환상에 지나지 않는다. 어떻게 보면 제어받지 않는 전문가는 더 위험할 수 있다. 이런 상황에서 언론이 전문가에 대한 환상에 힘을 보태는 것은 스스로 언론의 비판 기능을 상실하는 것이다.

전문가 의존 중에서 가장 위험한 것은 한 명의 전문가 소스에 의존하는 것이다. 이는 편향된 기사를 만들 가능성을 높인다. 예를 들어, 우리나라의 미세먼지가 대부분 중국에서 넘어온다고 믿는 전문가를 인용하여 우리나라의 미세먼지는 대부분 중국에서 온다는 기사를 쓴다면 당연히 공정한 기사라고 할 수 없다. 미세먼지에서 중국의 영향력에 대한 전문가들의 의견은 어림잡아서 20%에서 80%까지 다양하다. 이런 수치를 고려할 때, 한 명의 전문가 의견만으로 기사를 쓸 수는 없는 노릇이다. 또한 미세먼지 문제를 해결하기 위해서 환경공학을 전공하는 전문가에게만 의존할 수는 없다. 미세먼지를 줄이기 위해서는 법적인 규제, 심리적인 영향, 사회적인 맥락에 대한 이해, 커뮤니케이션을 통한 참여 유도 등과 관련한 많은 다른 분야 전문가들을 필요로 한다. 따라서 전문가를 인용할 때는 전문가 공론의 장에서 이루어지는 다양한 의견을 반영하고, 합리적인 추론이 가능하도록 기사를 작성하는 것이 무엇보다 중요하다.

다섯째, 마지막으로 위험의 불확실성을 무시하는 기사들이 난무한다. 위험은 불확실성을 필연적으로 동반한다. 대부분의 위험 평가는 범위로 표시하거나 확률로 표시할 뿐, 확실한 하나의 수치로 표현하는 것은 불가능하다. 하지만 언론들은 위험 상황에서도 확실성을 추구하는 경향을 보인다. 어떤 위험이 얼마만큼 위험하며, 어떤 식으로 전개될 것인가에 대해서 확실한 평가와 미래 예상을 내놓기를 요구한다. 하지만 위험에 대해서 확실성을 부여하는 보도 태도는 매우 위험하며, 잘못된 편견과 대응 방법을 양산할 가능성이 높다. 언론은 위험에 대해서 어떤 확실한 하나의 정보를 주려고 하기보다는, 다양한 의견과 시선을 보도하면서 그러한 다양성 속에서 확실성이 뚜렷한 것과 불확실성이 더 큰 것을 구별할 수 있도록 위험을 보도하는 것이 중요하다.

또한 위험에 대한 기사를 작성할 때 불확실성에 대해서 좀 더 심도 깊게 이해하는 것도 중요하다. 지금 보도하고 있는 위험은 현 시점에서 통용되는 임시적으로 합의된 지식에서 추론한 것에 불과하다. 위험하지 않다고 생각한 것이 나중에 어떤 위험으로 돌아올지 아무도 알 수가 없다. 따라서 언론은 위험을 보도할 때 위험이 가질 수 있는 불확실성에 대해서 항상 개방적인 태도를 보여주는 것이 중요하다. 위험에 대해서 소수의 의견이 있다면 그것을 반영해주는 것이 필요하고, 아직 확실한 증거가 없다면 그것을 모두 개방해서 밝혀주는 것이 좋다. 위험에 대한 확실성을 지나치게 강조하거나, 위험을 과도하게 과장하거나 축소한다면 사람들을 위험에 빠뜨리는 우를 범할 수 있다.

이를 위해서는 다섯 가지 태도를 명심해야 한다. 첫째, 너무 일방적인 주장이나 확실한 주장에 의문을 제기하는 태도를 가져야 한다. 둘째, 항상 대안적인 목소리에 귀를 기울이고, 소수의 주장도 존중하는 태도를 가지는 것이 중요하다. 셋째, 위험 문제가 가지는 복잡성을 이해하고, 문제를 단순화시키거나 화제성에만 집중하는 태도를 버려야 한다. 넷째, 일부 전문가들이 내세우는 주장에 경도되지 말고, 다양한 주장들을 수집해서 최대한 합리적인 범위를 찾으려는 노력을 하는 것이 중요하다. 마지막으로, 위험은 불확실할 수밖에 없다는 것을 인정하고, 현재 시점에서 가장 합리적인 결론일 뿐, 영원한 진실은 있을 수 없다는 것을 항상 인지해야 한다. 언론이 위험 이슈를 보도하면서 명심해야 하는 것은 과학적인 진실을 전달하는 것이 아니라, 사람들의 위험 의사결정을 도와준다는 것을 분명히 하는 것이다. 또한 언론은 절대적인 진실을 보도하는 것이 아니라, 정책적인 결정을 도와주는 역할을 할 뿐이다. 정책적인 결정은 선택의 문제이지 진실의 문제가 아니다. 결국 위험의 문제는 과학적 진실의 문제가 아니라 정책적인 선택의 문제가 되고, 이것은 일반 사람들이 위험에 대해서 얼마나 합리적인 추론을 할 수 있느냐에 달려 있다.

위험 보도에서 가짜 뉴스의 문제와 언론 환경의 개선

코로나19와 관련하여 문제를 부추기는 언론과 과도한 정보 유통을 지칭하며 세계보건기구WHO는 2020년 3월 11일 인포데믹infodemic이라는 용어를 처음 사용했다. 인포데믹은 사실에 기반을 두지 않은 정보들이 무분별하게 유통됨으로써 위험 이슈에 대한 사람들의 부정적인 인식과 감정을 자극하게 되는 현상을 의미한다. 팬데믹 시대에 무분별하게 증폭되는 정보는 올바른 대응을 저해하고 이성적인 위험 논의 과정을 어렵게 만든다. 이런 현상은 위험의 불확실성에 기초하고 있지만, 많은 부분에서 언론의 상업화와도 밀접하게 연관되어 있다. 언론은 수용자들의 관심을 끌기 위해서 자극적인 기사가 필요하고, 대부분의 위기와 재난 상황은 그러한 요소를 포함하고 있다. 즉 언론이 수용자의 관심을 상품화하여 광고주에게 판매하는 구조를 통해서 유지되는 한, 인포데믹 문제는 해결하기가 매우 힘들게 된다. 아래 기사는 코로나19와 관련해서 문제가 되었던 가짜 뉴스를 다루고 있다.

> **당신이 혹했던 '코로나 속보' … 따져 보니 가짜 뉴스**
>
> **4·15 총선을 앞두고 큰 논란을 부른 '정부가 코로나19 확진자 수를 줄이기 위해 검사를 막고 있다'는 허위 정보가 대표적 사례다. 단초가 된 건 지난달 말쯤 인천 소재 한 종합병원에 근무하는 심장내과 전문의 A씨가 페**

이스북에 올린 댓글이었다. 여기서 A씨는 "(정부가) 검사를 못 하게 하고 있다. 총선 전까지는 검사도 확진도 늘지 않을 것 같다"고 밝혔다. 당시만 해도 확인되지 않았던 A씨 주장은 지난달 30일 보수 성향으로 추정되는 한 페이스북 이용자 등이 "정부의 사악한 짓을 퍼트려 달라"면서 문제의 댓글 캡처 사진을 게재하면서 급속히 퍼지기 시작했다. 다음 날엔 구독자 100만 명이 넘는 보수 유튜브 채널 '신의한수'에 '의사 양심선언! 정부가 코로나 검사를 막고 있다!'는 제목의 영상이 업로드됐다. A씨의 댓글 내용은 기정 사실화됐다. 이후 페이스북에는 이 영상 링크와 함께 '충격, 정부가 코로나 검사를 막고 있다'는 취지의 글이 잇따라 게시됐다. 하지만 '검사 축소' 의혹은 지난달 31일부터 주요 언론들이 팩트 체크를 통해 '사실 아님' 판정을 내리며 일단락되는 듯했다. 그런데 끝이 아니었다. 총선 이틀 전인 13일, 일간지의 논설위원이 문제의 A씨 댓글을 인용하며 '정부의 확진자 조작설'을 다시 끄집어낸 탓이다. 이보다 10여 일 전, 같은 언론사가 기사를 통해 '사실이 아니다'라고 일축했던 허위 정보의 불씨를 되살려낸 것이다(한국일보, 2020년 4월 25일자).

특히 인터넷과 SNS 세상이 도래하면서 가짜 뉴스fake news와 오정보misinformation의 문제는 인포데믹 현상을 떠받치는 풍부한 토양을 제공하고 있다. 가짜 뉴스 문제는 철저하게 사실 규명하기fact finding 역할을 활성화시킴으로써 어느 정도는 해결할 수 있지만, 제일 좋은 방법은 아무래도 먼저 그런 문제가 발생하지 않도록 사람들을 단련시키는 것이다(Van Bavel et al., 2020). 유명한 커뮤니케이션 이론의 하나인 접종 이론inoculation theory을 이용해서 사람들에게 미리 가짜 뉴스를 노출시키고, 그것을 아주 강력하게 반박함으로써 가짜 뉴스에 대한 항체를 형성하게 하는 것도 하나의 방법이지만, 지속적으로 사실의 진위를 확인하거나 보도를 비교해서 거짓 정보를 판별하는 능력, 언론의 주장을 비판적으로 해석하는 습관, 다른 사람들과 정확성에 대한 집단적인 합의를 이루어내려는 노력 등 전반적으로 미디어 정보 해독력media literacy을 높이는 것이 무엇보다도 중요하다.

하지만 이런 가짜 뉴스 문제가 발생하지 않도록 사람들을 교육시키거나 효과적으로 대응하게 하는 것은 일정한 한계를 지닌다. 기본적으로 언론이 수용자의 관심을 상업적으로 이용하겠다는 태도를 버리지 않는다면 가짜 뉴스와 인포데믹 문제는 계속될 수밖에 없기 때문이다. 또한 가짜 뉴스가 한번 사회에 나오면, 그것을 바로잡는 정보가 나오더라도 가짜 뉴스가 더 강화되는 현상이 나타나기도 한다(Nyhan & Reifler, 2010). 그만큼 가짜 뉴스는 해결하기 어려운 문제이다.

가짜 뉴스의 문제가 언론의 문제로 국한될 수는 없지만, 적어도 언론이 제 기능을 한다면 많은 문제들이 해소될 수 있다. SNS를 통한 가짜 뉴스의 제작과 유통 또한 전통 언론들이 그런 현상에 부화뇌동하지 않는다면 문제가 지금처럼 확대되지 않을 것이다. 하지만 현재의 언론은 광고비에 의존하는 비즈니스 모델을 채택하고 있고, 이러한 구조 속에서는 사람들의 관심을 자극할 수 없거나 많은 수용자를 확보할 수 없다면 언론사 자체가 유지될 수 없다. 결국 가짜 뉴스와 인포데믹 문제는 우리 사회가 어떤 언론 시스템을 만들어내고, 사회적으로 건전한 언론 토양을 형성하기 위해 어떤 노력을 하는가의 문제로 직결된다.

현재의 언론이 채택하고 있는 광고 기반의 비즈니스 모델은 상업주의commercialism와 필연적으로 연결될 수밖에 없고, 민주주의 공론의 장을 형성하는 데 취약할 수밖에 없다. 위험에 대한 가짜 뉴스와 인포데믹 문제를 해결하는 일은 지금까지 메아리 없는 외침처럼 주장해왔던 언론인들의 윤리의식, 언론사의 자성, 언론 전문직의 책임의식 등으로는 해결될 수 없고, 결국 우리나라 언론이 채택하고 있는 광고 의존형 언론 시스템을 개선하는 것에서 찾아야 한다. 상업적인 언론 시스템을 허물고 공적인 언론 시스템을 만드는 일은 어려워 보이지만 불가능한 일은 아니다. 공적인 언론 시스템을 만드는 방안으로 사람들의 기부에 의존해서 재단을 설립하거나, 비영리 조직에 세제 혜택을 주는 방법, 아니면 아예 정부에서 공적인 지원책을 마련하는 것 등이 제안된다(Pickard, 2020). 이러한 제안의 취지는 언론이 다양한 외부의 압력으로부터 자유롭고, 상업적인 이윤에 목매지 않을 때 저널리즘 본래의 기능을 회복하여 위험에 대한 사회 차원의 이성적인 논의를 가능하게 하는 데 있다. 이렇게 되었을 때, 실질적으로 가짜 뉴스, 오정보, 인포데믹의 문제도 해결될 수 있다.

기존 언론의 공공성 문제와 함께, 인터넷과 SNS의 상업화도 심각한 문제이다. 인터넷의 경우, 몇몇 거대 자본들이 인터넷 공간을 독점하고 있고, 네트워크 파워를 통해서 광고 수익을 독점하고, 구독자 정보를 기반으로 마음대로 영업 이익을 극대화하고 하고 있다(Fuchs, 2015). SNS의 경우도 점점 더 구독자 수와 광고에 의존하는 형태의 수익 구조와 참여하는 사람들의 이익 실현을 위한 프로모션 경쟁을 통해서 유지되는 형태로 가고 있다. 유튜브의 비약적인 영향력 확대가 그런 경향을 대변한다. SNS는 소수의 자본이 독점적인 지위를 확대하고 있다는 면에서, 언론의 상업주의에 비해서 그 폐해는 더 심각하다. 따라서 인터넷을 공유지화하는 문제도 언론의 공공성을 제고하는 것과 함께 매우 중요한 문제이다(Curran, Fenton, & Freedman, 2016). 기본적으로 위험에 대한 가짜 뉴스가 판치고, 위험 정보가 과도하게 유통됨으로써 해결책 없이 사람들의 불안감을 자극하는 문제는 언론의 공적 시스템을 구축하고 인터넷의 사유화를 어느 정도 제어하려는 노력들이 없다면 해결하기 힘들다. 결국 위험의 문제는 언론과 언론 기능을 포함하는 SNS 등을 통해서 과거와는 다른 양상으로 복잡하게 재구성되지만, 언론과 인터넷의 초기 형성 과정에서 이루고자 했던 공공성을 실현함으로써 해결하는 수밖에 없다. 이제는 언론과 인터넷의 존재 이유를 되물어야 하는 시점이 다가왔다. 코로나19 보도와 환경 보도의 사례를 각각 들어 우리가 고쳐야 할 점을 좀 더 구체적으로 알아보자.

코로나19 언론 보도에서 배울 점

코로나19와 관련한 언론의 보도는 위험 보도의 문제점을 종합적으로 보여준다. 코로나19 관련 언론 보도에서 눈에 띄는 것은 언론의 정파적인 속성이 훨씬 더 강화되었다는 점이다. 또한 언론의 정파적인 보도가 사람들의 코로나19 위험 인식과 가짜 뉴스 인식에도 유의미한 영향을 미치는 것으로 드러났다(Calvillo, Ross, Garcia, Smelter, & Rutchick, 2020). 코로나19와 관련하여 가짜 뉴스의 문제는 심각하다. 가짜 뉴스와 관련하여 앞에서 예를 들었던, 코로나 검사 축소 의혹 제기도 처음부터 가짜 뉴스라는 것이 밝혀졌지만, 한 언론에 의해서 의도적으로 되살려지고, 이러한 명백한 가짜 뉴스를 통해서 총선에 영향을 미치려는 의도가 있었음이 드러났다. 정파적으로 유리하게 이용될 수 있다면, 가짜 뉴스도 불사하는 언론 환경이 우리나라에 조성되어 있는 것이다. 또한 이런 가짜 뉴스를 이용해서 정치권도 유리한 여론을 형성하려는 시도를 서슴지 않는다. 검사 축소 의혹에 대해서 야당은 가짜 뉴스 내용을 기정사실화하면서 정부에 대한 공격의 빌미로 삼기도 했다. 이런 가짜 뉴스 이용 행태는 진보, 보수 정파성을 뛰어넘어 비슷하다. 정파성의 영향에 대해서는 다음 장에서 다루게 되겠지만, 위험 보도가 언론의 정파성과 깊은 연관이 있다는 것은 부정할 수 없다. 이러한 과도한 정파성에서 벗어나지 못하다면 위험 보도가 우리 사회에 미치는 부정적인 영향은 계속 커질 것이다.

대부분의 언론과 유튜브 등 유사 언론이 코로나19를 이용한 공포 마케팅을 통해서 이익을 실현하려고 한다는 인상을 주는 경우가 많다(Ogbodo et al., 2020). 클릭 수를 높이기 위해 더 자극적인 기사, 갈등을 조장하고, 사람들의 원초적인 관심을 끌 수 있는 기사에 의존하다 보니, 감염병 보도준칙과 같은 원칙들이 전혀 지켜지지 않고 있다. 언론의 입장에서 감염병 보도와 관련하여 조심해야 할 원칙은, 치명률을 부풀리지 않는 것, 다른 언론 기사를 무비판적으로 베껴 쓰거나 인용하지 않는 것, 가장 최악의 상황을 예상해서 쓰지 않는 것, 수치 인용을 할 때는 가능한 모든 변수를 고려하는 것, 선제적인 대책을 제시하면서 위험을 부풀리기 위한 판단 근거로 사용하지 않는 것 등을 들 수 있다. 이러한 원칙들은 어떻게 보면 상식적인 수준에서 생각할 수 있는 것들이다. 하지만 이런 기본적인 요소들도 잘 지켜지지 않는 것이 우리 언론의 현주소이다. 아래는 감염병 보도와 관련하여 언론단체가 자체적으로 제정한 준칙 중 주의해야 할 표현을 정리한 일부 내용이다. 우리 언론이 이 정도 내용만이라도 기본적으로 지키는 것이 필요하다.

감염병 보도준칙 7조. 감염병 보도 시 주의해야 할 표현

가. 기사 제목에 패닉, 대혼란, 대란, 공포, 창궐 등 과장된 표현 사용

"국내 첫 환자 발생한 메르스 '치사율 40%'… 중동의 공포 465명 사망!"

""해외여행 예약 0건"…여행·호텔업계 코로나19 이어 '코리아 포비

아’ 악몽”

나. 기사 본문에 자극적인 수식어의 사용

“지난 2013년 한국 사회를 혼란에 빠트렸던 ‘살인 진드기’ 공포가 또다시 수면 위로 떠올랐다.”

“온 나라에 사상 최악의 전염병 대재앙을 몰고 온 메르스(중동호흡기질환) 의심환자가 또 발생했다.”

“‘코로나19’에 박살난 지역경제…“공기업 역할해라””

다. 오인이 우려되는 다른 감염병과의 비교

“야생 진드기 에이즈보다 무섭네…물리면 사망위험 커”

“전파력 메르스 ‘1000배’…홍콩독감 유입 땐 대재앙”

(한국기자협회 등 언론 3단체 제정 감염병 보도준칙, 2020년 4월 28일)

언론의 입장에서는 항상 사실과 증거에 기반해서 기사를 쓰는 것이 무엇보다도 중요하다. 학술적인 근거나 검증받은 데이터가 없다면 기사화하는 데 매우 조심해야 한다. 정확한 사실에 기반해서 기사를 쓰는 것이 제일 중요할 뿐만 아니라, 추측성 과장 기사는 지양해야 한다. 상황적인 맥락에 대한 중요한 정보를 빠뜨려서도 안 되고 합리적인 추론이 가능하도록 완전한 기사를 써야 한다. 불확실한 위험 정보에 대해서는 여러 소스를 통해서 크로스체크하는 것이 중요하고, 제약사를 포함해서 이해관계자들의 편견이 기사에 반영되어서는 안 된다. 또한 적절한 위험 비교를 통해서 위험의 정도를 일반인도 이해할 수 있도록 쉽게 보여주는 것이 필요하고, 속보 경쟁을 통해서가 아니라 위험에 대한 합리적인 공론장이 형성되게 함으로써 위험 문제를 사회 구성원 모두가 합심해서 해결할 수 있도록 돕는 역할을 수행해야 한다.

코로나19 보도와 관련하여 일반적인 보도 원칙이 지켜지지 않는 것과 함께 한 가지 더 눈에 띄는 것은 불확실성을 다루는 언론의 보도 태도이다. 위험 보도는 불확실성을 다루는 일이기 때문에 너무 확실성에 기반해서 비판적인 태도를 보이는 것은 예상치 못한 위험을 불러올 수 있다. 예를 들어, "정부 발표 우왕좌왕,' "발표 내용 매번 달라져" 같이 확실성에 기반해서 보건당국을 비판하는 기사를 쓰는 경우가 많은데, 이런 디테일에 대한 비판 기사보다는 위험이 심화되는 과정과 대응 방법에 기반해서 큰 그림에서 진행되는 상황을 평가하는 것이 필요하다. 작은 불확실성이나 잘못에 집착하는 기사는 보건당국이 정보를 틀어막거나 지엽적인 사실에 매달려 큰 그림을 보지 못하는 우를 범하게 할 수도 있다. 만약에 실패할 가능성이 있는 효과적인 방법을 검토 대상에서 제외해버린다면 이는 보건 위기 극복에 아무 도움이 되지 않는다. 언론의 입장에서는 보건당국이나 정부에 대한 비판적인 시각을 유지하는 것이 무엇보다도 필요하지만, 위험 문제 해결을 위한 동반자라는 입장을 함께 가지는 것도 중요하다. 한편 불확실한 위험 상황에 대해서 너무 확실한 메시지를 내놓는 일부 전문가들도 조심하는 것이 좋다. 매번 최악의 상황을 상정하면서 잘못된 예상을 내놓는 전문가에게 반복적으로 발언 기회를 주는 것은 재고할 필요가 있다. 위험 보도는 한 사람의 전문가보다는 여러 명의 전문가에게 다양한 의견을 청취하는 것이 언제나 유리하다. 위험 보도 중에서 문제가 가장 많은 부분 중 하나가 환경에 대한 위험 보도이다.

환경 위험 보도에서 고쳐야 할 점

우리나라 환경 위험 커뮤니케이션에서 언론이 잘못하고 있는 부분은 크다. 환경 위험을 보도하는 데 있어 가장 큰 문제는 상업적인 속성에 충실하다 보니 기본적인 뉴스 가치 측면만을 따져 부정적이거나 무서운 점을 강조하고 회의적인 세계관을 전파하는 경우를 들 수 있다. 또한 환경 위험 보도에 있어서는 역설적으로 민주화가 진작부터 이루어지고 있는데, 그것은 위험을 모두에게 적용될 수 있는 대상으로 만들어 버린다는 것이다. 모두에게 위험한 황사, 모두에게 위험한 자외선, 모두에게 위험한 인플루엔자가 이 세상을 온통 위험하게 만들고 있다. 환경 위험은 모두가 관심을 가질 사건으로 기사화된다. 이러한 사건 중심의 보도 태도는 사건의 근본적인 원인에 대해서 함구하고, 체계적인 접근을 어렵게 만든다. 위험의 증상을 보여주기는 하지만 근본적인 원인에 대해서는 함구하기 때문에 환경 위험 보도는 피상적인 수준에 머무는 경우가 대부분이다.

환경 위험 보도와 관련하여 또한 두드러지는 면은 위험의 개념을 너무 단순화하여 위험의 크기를 과장하는 것이다. 예를 들어, 황사에 의한 피해를 산정하면서, 어떤 것이 황사에 의한 피해인지 정확하게 개념화하지 않고 편의적으로 구하기 쉬운 숫자를 인용하는 경향이 강하다. 이와 함께 너무 쉽게 위험의 조류를 판단하고 곧 재앙이 닥칠 것처럼 섣부른 예상을 쏟아내는 경우가 많다. 환경 위험에 있어서는 한 가지 증거가 아니고 반론이 가능한 공론의 장을 형성하는 것이 더 중요하다. 언론이 너무 사안을 단순화하여 섣불리 결론을 도출하려고 하기 때문에 환경 위험에 대한 공론의 장을 형성하는 것이 매우 힘들다. 환경 위험에 대한 측정 결과 보도는 신중할 필요가 있다. 대부분의 실험 연구 결과는 연구 디자인 결함이 있기 마련이고, 사람들에게 직접적으로 바로 적용하기 어려운 경우가 많다. 기본으로 삼는 비교 수치를 이해하고, 다양한 연구 결과를 인용하는 것이 필요하다. 예를 들어, 언론에서 위험이 20% 늘어났다고 했을 때, 기본이 되는 수치가 0.1이라면 실제 수치는 0.12로 늘어난 정도에 불과하다. 정말 필요한 경우가 아니라면 굳이 20% 늘어났다고 과장할 필요는 없다. 또한 많은 연구 실험 결과들은 명확한 결과만을 강조할 가능성이 많기 때문에 연구 결과를 인용할 때는 맥락적인 요인을 고려해서 신중하게 보도해야 한다.

언론에서 환경 위험을 비교하는 문제도 심각하다. 위험 비교가 자의적으로 이루어져 위험이 필요 이상으로 강조되는 경우가 많은데, 이것은 비교 대상의 선정이 잘못되었기 때문에 그런 것이다. 위험 비교에는 농도, 확률, 크기 등 다양한 수치를 사용할 수 있다. 하지만 수치의 사용에서 가장 중요한 점은 받아들이는 사람들이 정확하게 이해할 수 있는가의 여부이다. 가장 좋은 위험 비교는 다른 두 시점에서 같은 위험을 비교하거나, 기준점과 비교하는 것이다. 물론 같은 위험에 대한 다른 기관의 수치를 비교하는 것도 괜찮다. 이처럼 위험의 비교는 타당성을 가져야 한다. 전혀 상관이 없는 비교를 하거나, 비교의 정당성이 약한 비교를 한다면 그것은 잘못된 것이다. 예를 들어, 만약 어떤 특정 환경 오염은 식품 첨가물보다 덜 위험하다고 말하면 이것은 매우 잘못된 비교이다. 환경 위험과 개인이 일상생활에서 겪는 위험은 위험의 비교 대상이 될 수 없다. 또한 어떤 특정 환경 오염은 운전하는 것보다 덜 위험하다고 말하는 것도 잘못된 것이다. 자발성, 익숙함, 통제 가능성 등 개인이 가지는 인식의 특성을 무시한 위험 비교는 잘못된 위험 비교이다. 위험을 비교할 때는 조직의 의도를 명확하게 개방하고, 다양한 의견을 수용하며, 위험의 크기만으로 일방적인 수용을 주장할 것이 아니라 위험 의사결정에 공중이 참여할 수 있도록 합리적인 수치를 제시해야 한다.

환경 위험 보도에서 또한 소홀하게 생각하는 점은 사회 규범적인 메시지를 과도하게 사용함으로써 사람들이 환경에 대한 쟁점을 규범적인 차원에서만 바라보게 만든다는 것이다. 환경 오염은 인류를 위해서 나쁘고, 환경을 보호하는 것이 우리들이 살아가는 의미라는 식의 메시지는 환경 문제를 스스로의 문제로 인식하지 않고, 심리적으로 멀리 떨어진 쟁점으로 인식하게 만든다. 기후 변화와 같은 연구에서도 사람들이 심리적으로 느끼는 거리는 위험의 인식과 예방 행동에 유의미한 영향을 미치는 것으로 나타났다(Spence, Poortinga, & Pidgeon, 2012). 환경 위험의 문제는 규범적으로 당연히 그렇게 행동해야 한다는 메시지보다는 당장의 내 생활에 불편을 끼칠 수 있는 긴박한 문제, 나에게 직접적인 손해를 끼칠 수 있는 개인적인 위험으로 인식하게 만드는 것이 중요하다. 이러한 위험의 개인화를 통해 심리적인 거리를 좁히는 것과 함께, 사회 구성원 모두가 힘을 합쳐 풀어야 하는 문제라는 사회적인 합의가 이루어질 수 있도록 환경 위험을 보도하는 것이 필요하다. 위험을 보도할 때는 객관적이고 공정한 시각을 잃지 않는 것도 물론 중요하지만, 사회적으로 보았을 때 위험 문제를 해결하는 데 도움이 될 수 있는 방향인가를 한 번 더 생각하고 기사화하는 것이 중요하다.

10장

危險
不通
社會

위험은 정치 성향으로 윤색된다

코로나19에 대한 여러 사회과학 차원의 접근이 필요하겠지만, 그중에서 가장 시급히 돌아봐야 할 문제가 위험과 정치의 관련성이다. 위험을 정치적인 시각에서 보게 되었을 때 가장 문제가 되는 부분이 위험에 대한 정치적인 양극화polarization 현상이다. 위험 때문에 정치적인 양극화가 일어나면 사회를 구성하는 유대감은 상실되고 결국 그것이 위험 문제의 해결에 심각한 영향을 주게 된다(Crimston & Selvanathan, 2020). 위험과 관련한 정치적인 양극화는 크게 두 가지 유형으로 나누어볼 수 있는데, 하나는 위험을 어떻게 볼 것인가와 관련된 태도 측면의 양극화attitudinal polarization이고, 다른 하나는 위험과 관련하여 자신과 다른 의견을 가진 사람을 무조건 싫어하고 배척하는 감정적인 측면의 양극화affective polarization이다(Van Bavel et al., 2020).

특히 문제가 되는 것은 감정적인 양극화인데, 한번 감정적인 양극화가 시작되면 상대방을 무조건 싫어하게 되고, 말하는 것을 믿지 못하게 되며, 상대방을 공격하는 가짜 뉴스에 빠지게 되어 전반적으로 위험에 대응하기 위한 사회적인 결속을 무너뜨리는 경향을 보인다. 아래는 코로나19의 정치화를 비판하는 저스틴 펜도스 박사의 『더 디플로맷The Diplomat』 기고문 "한국의 코로나19 발생에서 얻은 교훈: 좋은 놈, 나쁜 놈 그리고 못난 놈Lessons From South Korea's COVID-19 Outbreak: The Good, Bad, and Ugly"을 기사화한 것이다. 펜도스 박사는 예일대학교 세포생물학 박사로 기고 당시 부산 동서대 교수로 재직하고 있었다.

美예일대 박사 "코로나19 변수? 신천지 · 통합당"

펜도스 박사는 "일부 한국 언론은 문재인 정부의 코로나19 사태 수습에 대한 비판을 계속했다. 이런 비판들은 미래통합당 의원들이 주도권을 잡고, 정치적으로 편향돼 있다"라고 지적했다. '중국인 입국 금지'에서 '마스크 대란'까지, 보수 진영의 정부 비판 프레임 변화에도 의문을 제기했다. 펜도스 박사는 "중국인 입국 금지가 감염자 수를 약간 줄이는 데 도움이 됐을 수는 있지만 신천지가 훨씬 더 영향력 있다는 걸 안다. 그럼에도 비판은 꺼지지 않고 있다. 대신 마스크 부족 등의 화제로 넘어갔다"고 이야기했다. 결국 이런 무의미한 정치적 공격이 코로나19 방역에 오히려 방해가 된다는 분석이다. 그는 "지역 자원봉사를 하는 과학자로서, 나는 코로나19의 정치화에 매우 실망했다. 물론 미래통합당이 내 글을 읽고 반성할 것이라는 희망은 없다"며 "특히 미래통합당을 지지할 가능성이 높은 노년층은 문재인 대통령의 무능함을 구실로 SOP 절차에 비협조하면서 오히려 코로나19 감염 차단을 더욱 어렵게 만들고 있다"라고 꼬집었다(CBS노컷뉴스, 2020년 3월 11일자).

정치적인 성향이 위험과 관련한 의사결정에 미치는 영향은 지대하다. 사회 정체성 이론social identity theory에 따르면, 사람들은 '우리'와 '그들'을 구분짓는 경향이 있고, 자신이 속한 '우리' 집단에 대해 호의적으로 생각하고, '그들' 집단에 대해 비판적인 태도를 가짐으로써 자신에 대해 스스로 존중감을 높이려는 경향이 있다(Tajfel, 1978). 이러한 경향은 실제로 공포감이 높아지면 더 심화되는 경향이 있는데, 대부분의 위험 사안은 공포감을 높이는 경향이 있기 때문에 위험 인식에 대한 정치적인 성향의 영향력은 더 커질 수밖에 없다. 따라서 사람들은 자신과 정치적인 성향을 같이하는 사람들과 뭉치거나, 자신이 속한 집단을 위해서라면 비이성적으로 반응하는 경향을 보인다(Cohen, 2003).

이런 현상은 자신이 속한 집단의 가치를 고양하려는 동기적인 합리화motivational reasoning에 의해서 자연스럽게 나타난다. 하지만 내부 집단 편향in-group bias은 정치적인 성향에 따라서 다른 양상을 보이기도 하는데, 보통 보수의 경우는 체제에 순응하며 새로운 것을 받아들이지 않으려는 경향이 강하고, 진보적인 성향의 경우는 변화에 더 유연하고, 관습에 얽매이지 않으려는 경향을 보인다(Jost, Nosek, & Gosling, 2008). 보수와 진보 구분 없이 모두 다 자신이 속한 집단에 대한 편향을 보이지만, 보수가 좀 더 체제를 유지하고, 자신의 가치를 지키려는 노력에 적극적이라는 예상이 가능하다. 이러한 논의는 실제 연구에서도 나타나는데, 코로나19에 대한 정부 대응과 관련하여, 보수인 경우에 자기가 좋아하는 정보에 좀 더 선택적으로 접근하고, 자신과 비슷한 의견을 가진 사람을 지지하면서, 자신과 다른 의견을 가진 사람을 배척하는 의견 양극화 경향을 좀 더 뚜렷하게 보여주었다(김영욱·김혜정, 2020). 이러한 경향은 왜 보수 유튜버들의 콘텐츠가 더 극단적인 내용을 담고 있으며, 우리 사회에서 왜 합리적인 보수의 수가 줄고 있는지를 잘 설명한다. 위기의 순간에는 보수적인 성향이 더 팽배해지고 의견의 극단화가 더 심해지는 경향과 함께(Klein, 2007), 코로나19와 같은 전 사회적인 위험 문제는 대립된 가치관이 맞부딪치는 경우가 많기 때문에 정치적인 성향의 영향을 받지 않을 수 없다.

위험에 개입하는 정치 성향의 심각성

위험 문제에서 정치적인 성향이 문제가 되는 것은 메시지의 내용과 상관없이 자신의 정치적인 신념을 정책에 대한 이성적인 판단보다 더 우선시하는 경향이 있기 때문이다(Cohen, 2003). 많은 사람들은 어떤 정책적인 내용인가보다는 내가 속한 집단에 유리한 결과를 가져올 수 있는가를 판단의 기준으로 삼는다. 따라서 같은 위험에 대한 인식이라고 하더라도, 위험 인식의 정도는 대부분 정치적인 성향에 의해서 달라진다. 아래 감염병 관련 두 개의 기사를 비교해서 한번 살펴보자.

2015년 메르스 기사

여 "괴담 뿌리 뽑아야"…야 "괴담보다 메르스 잡아라"

여야는 31일 중동호흡기증후군(메르스) 확산에 대한 보건당국의 부실 대응을 질타하는 한편, 메르스 확산 차단에 정부가 총력을 기울일 것을 한 목소리로 촉구했다. 여당은 인터넷과 사회관계망서비스(SNS)상에서 유포되는 '메르스 괴담'에 대한 강력 단속을 주문한 반면, 야당은 "괴담이 아니라 메르스를 잡으라"며 정부의 '괴담 처벌' 방침을 비판했다.

박대출 새누리당 대변인은 이날 논평을 내어 "전문가들 사이에서는 초기 대응 실패가 아니냐는 지적도 나오고 있다"며 "보건당국은 메르스 감염경로를 철저히 차단하고 방역 체제를 전반적으로 재점검해야 한다"고 밝혔다. 또 박 대변인은' 메르스와 관련된 인터넷 유언비어까지 무차별 확산돼 국민들을 불안하게 만들고 있다"며 "독버섯처럼 자라는 인터넷 괴담도 뿌리부터 찾아내 뽑아내야 한다"고 주장했다.

이에 대해 김영록 새정치민주연합 수석대변인은 논평을 통해 "무사안일한 보건당국의 대처가 피해를 이렇게 확산시켰다는 생각을 지우기 어렵다. 보건당국의 한심한 메르스 대처는 정부에 제대로 된 컨트롤타워가 있기는 한 것인지 의문스럽게 한다"고 지적했다. 박수현 원내대변인은 정부가 '메르스 괴담' 유포자를 형사처벌하겠다고 밝힌 것과 관련해 "정부는 이번 사태의 책임을 국민에게 돌리지 말고 보다 확실한 대책을 내놓아 더 이상 국민들이 불안에 떨지 않도록 해야 한다"고 밝혔다(한겨레신문, 2015년 5월 31일자).

2020년 코로나19 기사

"괴담 차단"vs "방역 한계" … 與野, 연일 신종코로나 공방

정부의 신종코로나바이러스 감염증(신종코로나·우한 폐렴) 대응을 놓고 여야가 연일 공방을 이어가고 있다. 집권여당 더불어민주당은 코로나 바이러스보다 더 무서운 것이 불신이라며 가짜 뉴스와 괴담 차단의 필요성을 강조했다. 반면 한국당은 정부 방역이 한계 상황에 다다랐다고 비판했다.

민주당은 전날 정부가 관리대상을 중국 전역과 태국, 싱가포르 방문자 등으로 확대한 데 대해 적절했다고 두둔했다. 이해찬 대표는 7일 확대간부회의에서 "최근 동남아 방문 후 확진 판정을 받은 환자가 나왔는데 어제 정부가 중국 전역과 태국, 싱가포르 방문자도 관리대상으로 확대했다"며 "지역사회 확산의 가능성을 고려한 적절한 조치"라고 말했다. (중략) 반면 자유한국당은 정부의 대응은 여전히 국민에게 믿음을 주지 못하고 있다고 목소리를 높였다. 심재철 원내대표는 이날 원내대책회의에서 "질병관리본부에서는 접촉자들을 1대 1로 관리하라고 했지만 일선 보건소에서 확진자와 관련해 접촉자들이 폭주하고 있어 하루에 두 번 전화하기도 버겁다며 하소연하고 있다"며 "방역이 한계상황에 직면했다"고 힐난했다(이데일리, 2020년 2월 7일자).

첫 번째 기사는 2015년 메르스MERS 사태 당시의 기사이고, 두 번째 기사는 2020년 신종 코로나 사태에 대한 언론 기사이다. 두 기사는 내용과 형식 면에서 매우 비슷한 양식을 보여주는데, 바뀐 것은 여야의 명칭뿐이다. 2015년 메르스 사태 당시에는 당시 여당이었던 새누리당이 괴담과 가짜 뉴스의 심각성을 강조하면서 강력한 처벌을 주문하고, 야당인 새정치민주연합은 괴담에 책임을 돌리지 말고 보건당국이 더 확실한 대책을 내놓아야 한다고 비판하고 있다. 이러한 상황은 2020년 신종 코로나 사태에서는 그대로 역전된다. 이제 여당인 더불어민주당이 괴담과 가짜 뉴스를 비판하고 야당인 자유한국당은 정부가 잘못된 방역으로 한계상황을 스스로 만들고 있다고 비판하고 있다.

대부분의 경우, 국가 위기 사태는 위험의 진위 여부와 상관없이 상대 진영을 공격하기 위한 도구로 사용되는 경우가 많다. 이렇게 위험이 정치의 도구로 이용되면, 위험은 정치적인 해석에 의해서 윤색되고, 사회적으로 과도하게 확산되거나 축소된다. 위험의 사회적인 확산social amplification of risks에서 정치권이 중요한 역할을 한다. 다음 기사를 보면 위험이 정치적으로 윤색되고, 상대 진영을 공격하기 위한 도구로 사용되고 있다는 것을 여실히 보여준다. "중국 눈치 보기"라는 프레임을 만들어내고, 정부가 신종 코로나 대응과 관련하여 중국과의 관계 때문에 강력한 조치를 하지 못한다는 그럴듯한 논리를 만들어낸다. 위험은 보통 정보의 공백 사태를 불러온다. 특히 새로운novel 위험, 평소에 잘 경험하기 힘든 위험은 원인과 확실한 진행 경로를 예상할 수 없기 때문에 더욱 공포스럽게 느껴진다. 이러한 정보 공백 상태를 파고드는 것이 괴담이고 가짜 뉴스이다. 하지만 누가 괴담과 가짜 뉴스의 진원지인가를 생각해보면, 정치권에서 이미 괴담과 가짜 뉴스를 생산하기 위한 재료와 동기를 모두 제공하고 있다는 것을 쉽게 알 수 있다. 다음 기사도 괴담의 진원지가 어디인지를 여실히 보여준다.

한국당 "文, 시진핑 눈치 보느라 … 신종 코로나 방역 소홀"

자유한국당은 4일 "시진핑 중국 국가주석의 방한 시기가 문재인 정부와 당초 논의했던 3~4월에서 6월로 연기됐다"며 "혹여나 신종 코로나바이러스 감염증 발생 초기 중국 관련 조치가 미온적이었던 이유가 이 때문은 아니었는지 우려스럽다"고 주장했다. 한국당은 이날 논평을 내고 "문재인 정권 관심사는 오직 4·15 총선이고, '너절한 도덕성과 형편없는 실력이 드러난 불리한 국면을 전환하기 위해, 시 주석의 방한을 무리하게 추진하다 보니 신종 코로나 초기방역 조치가 너무도 부실했었던 것 아니냐'는 취지의 말들이 세간에서 나오고 있는 것"이라며 이 같이 지적했다. 한국당은 "박능후 보건복지부 장관이 '선제적이고 과감한 방역 대책'을 언급하고 정부 부처 공동 '주요 방역 대책'으로 중국여행 철수 권고가 발표된 그날 밤에는, 중국의 항의 때문인지 몰라도 대책이 두 번이나 뒤집혔다"며 "중국 '눈치 보기'였다면 망국의 신사대주의고 아니라면 문재인 정부의 극도의 무능이 드러난 셈"이라고 비판했다(동아일보, 2020년 2월 4일자).

이러한 위험의 정치화에서 더 큰 문제가 되는 것은 사람들이 메시지가 가지는 내용보다는 누가 말했는가에 따라서 자신의 태도를 전적으로 결정하고 있다는 점이다. 정책에 대한 수용과 발표하는 당 간의 관련성을 조사한 미국의 연구에 따르면(표 10-1), 사람들은 정책의 내용보다는 어느 당이 발표하는가를 더 중요하게 생각하는 것으로 드러났다(Cohen, 2003). 복지정책의 운용과 관련하여, 보수주의자들은 보수 정당이 어떤 정책을 발표하든지 찬성했고, 진보주의자들은 진보 정당이 어떤 정책을 발표하든지 찬성했다. 표 10-1을 참조하면, 보수주의자들은 보수 정당이 보편적인 복지를 옹호할 경우에도 매우 우호적인 태도를 보여주었고(평균값=6.13/7점 만점), 진보주의자들은 진보 정당이 긴축적

표 10-1. 정당의 정책 발표에 대한 사람들의 선호도 비교

	참가자 이념 성향			
	진보 성향 참가자		보수 성향 참가자	
집단 정보 조건	M	SD	M	SD
민주당 찬성				
보편적 복지	5.22	0.83	2.38	0.74
긴축적 복지	5.70	0.95	3.00	0.82
공화당 찬성				
보편적 복지	3.75	1.22	6.13	0.99
긴축적 복지	2.55	1.04	4.86	0.90

비고. 스케일은 1(매우 반대)부터 7(매우 찬성)

출처: Cohen(2003)

인 복지정책을 옹호하는 경우에도 상당히 우호적인 태도를 보여주었다(평균값=5.70/7점 만점). 보통 보수주의자는 보편적인 복지를 반대하고, 진보주의자는 긴축적인 복지정책을 반대한다. 이러한 상식과는 상반된 연구 결과는 사람들의 지지 정도가 어떤 정책에 대한 신념보다는 진영 논리에 의해서 좌우될 수 있음을 보여준다.

한 가지 더 이해할 수 없는 것은 이러한 지지율 정도가 자신들이 평소에 지지하는 정책을 발표할 때보다 더 높게 나타난다는 점이다. 즉 민주당을 지지하는 사람의 경우, 보편적인 복지(평균값=5.22)보다도 긴축적인 복지(평균값=5.70)에 더 높은 지지를 보여주었다. 이것은 무엇을 의미할까? 이러한 결과는 사람들은 자신들이 평소에 지지하는 정책보다는 자신들의 속한 정치적인 세력에 대한 충성도가 더 높다는 것을 의미한다. 즉 이러한 경향은 위험 문제를 푸는 과정에서 대화를 통한 이성적인 해결보다는 자신이 속한 정치 집단에 대한 충성도 경쟁으로

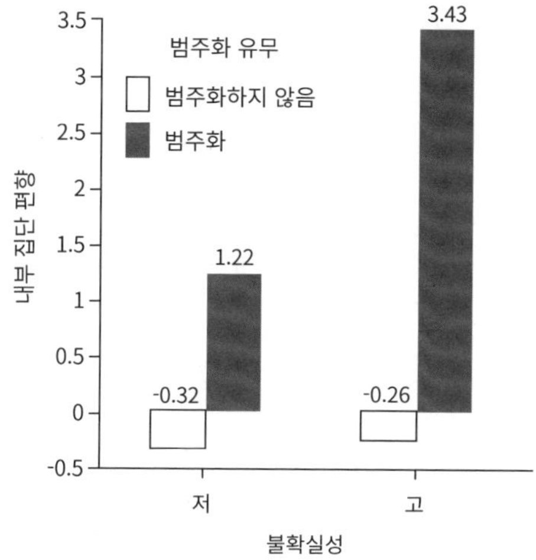

그림 10-1. 불확실성과 집단 정체성이 내부 집단 편향에 미치는 영향
출처: Hogg(2007)

이어질 가능성이 더 높다는 것을 보여준다. 그림 10-1에서 보여주는 것처럼, 사람들은 스스로가 어떤 집단에 속해 있다고 느끼게 되면, 자신이 속한 집단이 주장하는 것이 옳다는 쪽으로 편견을 가지고 되고, 이러한 편견은 위험 문제에 대한 이성적인 문제 해결을 어렵게 한다.

그림 10-1에서 확연히 나타나는 것처럼 자신이 어떤 집단에 속해 있다고 느끼는 혹은 범주화categorization하는 사람들(검은색 막대기)은 불확실성이 높은 상황에서 훨씬 더 자신이 속한 집단에 대한 편향in-group bias을 가지게 된다. 사회범주화 이론social categorization theory은 외부에 있는 어떤 집단에 자신을 범주화하게 되면 내적으로도 그것을 합리화하고 지지하려는 욕구가 생겨난다는 것을 보여준다. 이러한 현상은 또한 사람들의 입장에서 자신이 가지고 있는 어떤 불확실성을 없애려는 욕구와 맞닿아 있다(Grieve & Hogg, 1999). 예를 들어 코로나19 상황에서 마스크를 쓰는 것이 좋은가에 대한 불확실성이 대두된다고 했을 때,

자신이 속한 집단에서 마스크를 쓰는 것은 개인의 자유를 침해하는 행위라는 주장을 공유한다면, 스스로 자신이 속한 집단의 마스크 착용 반대에 동조함으로써 어느 정도 주관적으로 느끼는 불확실성을 제거할 수 있다. 많은 연구에서도 살펴보면 자신이 속한 내부 집단을 향한 편향이 강화되는 것은 상황이 불확실하게 인식될 때이다. 상황이 불확실하지 않으면 사회적인 집단 범주를 만들어 자신이 속한 내부 집단에 대한 편향을 강화하고자 하는 의도가 줄어든다. 우리가 겪고 있는 대부분의 위험 이슈는 불확실한 상황을 의미한다. 불확실한 원인, 불확실한 대응 방법, 불확실한 결과가 언제나 위험과 관련한 의사결정에서 사람들을 갈라놓기 쉽다. 결국 편 가르기와 위험 상황이 만나면 부정적인 결과들이 극대화될 수밖에 없다.

불확실한 위험 상황에 대한 인식과 정파적인 범주 인식이 만나 부정적인 결과를 가져오는 사례는 우리나라에도 많다. 위험 상황에서 사회적인 소속을 통해서 자신의 정체성을 찾고, 다른 생각을 가진 사람들과의 대립을 통해서 자기 효능을 확인하는 경향은 우려할 만한 수준이다. 이러한 정파적인 인식은 우리 사회의 갈등 요인으로 등장한 지 오래되었고, 새로운 미디어의 발전과 함께 점점 더 그 강도가 심해지고 있다. 한국 사회에 깊게 뿌리 내리고 있는 이러한 당파 중심의 사고, 자신이 소속된 집단을 통해서 자신의 정체성을 찾으려는 심리적인 동기, 집단에 대한 충성도가 메시지의 논증을 압도하는 분위기 등이 한국 사회의 위험 문제를 해결하는 데 가장 큰 걸림돌이 되고 있는 것은 분명해 보인다. 정파성에 따라 위험을 다르게 해석한다면, 위험 문제를 해결하기 위한 사회적인 결속을 만들어내는 것은 요원한 일이 되고 만다.

언론의 정파성

위험의 정파성에 불을 지피는 것은 언론의 정파성이다. 언론은 위험 사안을 정파적으로 해석하기 때문에 위험 문제 해결을 더욱 어렵게 만드는 경향이 있다. 미세먼지와 관련한 연구를 살펴보면, 미세먼지가 대부분 중국에서 온다는 보도는 보수 성향의 언론에서 더 많이 주장하는 것으로 나타났다(김영욱 · 이현승 · 장유진 · 이혜진, 2015). 미세먼지와 관련하여 언론의 보도가 사람들에게 유의미한 영향을 미친다는 것을 감안할 때, 보수 성향의 사람들은 이러한 언론 보도를 받아들일 가능성이 더 높다. 또한 중국이 미세먼지의 원인이라고 생각하게 되면, 정보가 불충분하다고 느낄수록 정보를 체계적으로 처리하고자 하는 의지가 줄어든다는 연구 결과도 있다(김영욱 · 이현승 · 이혜진 · 김혜인, 2017). 이는 중국이라는 외부 집단에 위험을 귀인할 경우, 스스로 위험에 대한 정보처리를 단순화시켜 심층적으로 위험에 대한 정보를 처리하려는 의지가 줄어든다는 것을 방증한다. 따라서 정파적인 언론 보도는 자신의 진영에 부합하는 논리를 제시함으로써, 사람들이 스스로 문제를 해결하려는 노력을 취하는 것을 방해한다. 진영의 논리에 사로잡히면 위험은 정치가 되고, 반대편은 토론의 대상이 아니라 타도의 대상이 되어버리고 만다.

위험 사안에서 한쪽 편의 손을 들어주거나 진영 논리에 경도된 보도는 모두에게 좋지 않은 결과를 가져올 수 있다. 그림 10-2 연구 결과 그래프에서도 드러나듯이(Nisbet, Cooper, & Garrett, 2015), 보수주의자들과 진보주의자들 모두 자신들의 의견과 반대되는 메시지에 대해서는 보다 더 강한 거부감을 보이며 저항하는 것으로 나타났다. 즉 보수주의자들은 기후 변화와 같은 진보적인 의제에 보다 더 거부감을 보였

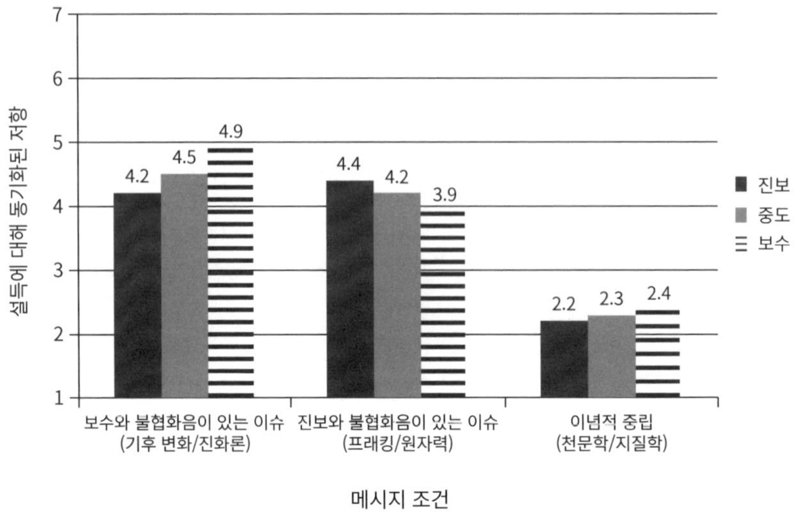

그림 10-2. 과학적인 메시지와 동기화된 저항의 관계에서 정파성이 미치는 조절 효과
출처: Nisbet, Cooper, & Garrett(2015)

고, 진보주의자들은 핵개발과 같은 보수적인 의제에 보다 더 거부감을 보였다. 이러한 결과는 당연하게 인식될 수도 있지만, 결과를 전체적으로 좀 더 자세히 살펴보면 중립적인 메시지에 비해 보수주의자와 진보주의자 모두 한쪽 의견을 옹호하는 메시지에 더 큰 거부감을 보이는 것으로 나타났다. 진보주의자의 경우 중립적인 메시지에 비해 진보적인 메시지에 더 부정적인 의사를 나타냈고, 보수주의자의 경우도 마찬가지였다. 결국 이런 경향은 한쪽의 편을 들어주는 메시지는 메시지를 전달하는 사람에 대한 부정적인 감정과 연결되고 이는 사회 전체적으로 모든 대립되는 이슈에 대한 불신의 골을 더 깊게 만드는 경향을 보여준다. 사람들이 위험 문제에 대해서 진지하게 고민하려고 하기보다는, 이쪽 저쪽 모두 싫다는 반응을 보일 가능성이 높다는 것이다. 이는 언론의 잘못된 역할이 위험 문제에 대해 여론을 왜곡하고, 사회 전체의

문제 해결 능력을 심각하게 떨어뜨릴 수 있다는 것을 보여준다.

언론은 클릭 수를 높이기 위해서 어느 한쪽 편의 이야기를 전면에 내세우거나, 양쪽의 갈등을 조장하는 기사를 쓰는 경향이 있는데, 이런 언론의 관행이 우리 사회의 갈등을 더욱 깊게 하고, 위험 문제를 합리적으로 해결하는 데 아무런 도움이 되지 않는다는 것이 현실 사례에서도 많이 나타나고 있다. 한 연구에 따르면(Zhao, Leiserowitz, Maibach, & Roser-Renouf, 2011), 기후 변화와 같은 기후 위험 사안에 대해서도 언론이 정치적인 쟁점으로 만들어서 보도를 하면 위험을 갈등 지향적인 쟁점이라고 생각하게 되고, 이러한 인식은 전반적으로 사람들의 위험 인식도 떨어뜨리고, 기후 변화에 대응하기 위한 정책에 대한 지지도 또한 떨어뜨리는 것으로 드러났다. 언론이 위험을 정치적인 쟁점으로 만들수록 사회 차원에서 위험에 대응하는 데 아무 도움이 안 된다는 것이다. 결과적으로 이런 관행이 거듭될수록 보수와 진보주의자 모두에게 부정적인 감정을 만들어낼 뿐만 아니라 전체적인 사회자본을 약화시켜 공동체의 문제 해결 능력을 현저히 떨어뜨리게 된다. 아래 기사는 코로나19 검진과 관련하여 총선을 앞두고 정부가 의도적으로 확진자 수를 낮추기 위해서 검사 요건을 강화했다는 가짜 뉴스에 대한 기사이다.

투표일 다가오자 '마술'처럼 환자 급감 … "공격적 검사해야"

인천의 한 종합병원에서 과장으로 일하는 중견 의사 B씨는 최근 SNS에 실명으로 마치 '양심선언' 하듯 글을 올렸다. "검사를 안 하고, 아니 못하게 하고 있다. 총선 전까지는 검사도 확진도 늘지 않을 것 같다. 코로나19 의심 환자 가이드라인(검사 대상을 지정하는 사례정의)이 개정되면서 이전에는 의사 소견에 코로나19가 의심되면 검사가 가능했는데, 지금은 CT(컴퓨

터 단층 촬영)나 X선에서 폐렴이 보여야 검사가 되고 그냥 하려면 16만원이 부담되기 때문에 노인분들은 대부분 검사를 거부한다. 요양병원에서 확진자가 나오면 병원을 처벌하고 손해배상을 청구하겠다고 (정부가) 엄포를 놓고 있다"는 것이 핵심 요지다. 내용이 충격적이라 의사 B씨에게 전화를 걸고 문자를 보냈지만, 당사자와는 연결되지 않았다. 전화를 받은 병원 직원은 "SNS 글은 의사분 개인 의견일 뿐이고 우리 병원은 상관없다. 예정대로 검사 다 한다"고 강조했다. 논란에 휩싸이는 것을 꺼리는 듯했다(중앙일보. 4월 13일자).

이 기사에서 언급되었던 내용은 다른 언론사의 팩트 체크와 정부의 해명을 통해서 모두 사실이 아닌 것으로 판명되었다. 이 기사가 기사로서 기본적인 요건을 갖추지 못했다는 것은 이미 기사 안에서도 나타난다. SNS에 글을 올렸다는 사람과 인터뷰도 하지 않고 그것을 직접 인용해서 기사를 쓴다는 것은 상식적으로도 말이 되지 않는다. 이런 언론의 글쓰기는 특히 반대편에 있는 진보주의자들에게 좀 더 큰 반발심을 일으킬 것이 분명하다. 하지만 보다 더 큰 문제는 사회 전반적으로 언론이 제시하는 모든 쟁점에 대해서 불신하게 되는 경향을 높이게 된다는 점이다. 언론이 이 정도 수준밖에 되지 않는다는 것을 깨닫는 순간, 보수와 진보주의자 모두 언론과 사회 전체를 불신하게 된다. 또한 더욱 무시무시한 일은 가짜 뉴스는 수정 기사를 제시해도 없어지지 않고 더 강화되는 역효과backfire effect 경향을 드러낸다는 점이다(Nyhan & Reifler, 2010; Peter & Koch, 2016).

코로나19의 진행 과정을 살펴보면, 위험 상황을 정치적으로 활용하거나 자신의 편익을 위해 이용하려는 세력이 너무 많다. 특히 정치 세력은 어떻게든 이번 사태를 자신에게 정치적으로 유리하게 만들어보려고 한다. 그 과정에서 언론의 정파 성향이 개입하여 위험 문제를 더욱 복잡한 정치 문제로 만들어버린다. SNS, 유튜브 참가자들도 마찬가지이다. 자신들의 이익을 위해서 공포를 조장하고, 아니면 말고 식 중계를 계속하고 있다. 이러한 언론 생태계는 점점 더 언론에 대한 전반적인 신뢰도와 우리 사회가 가지고 있는 문제 해결 능력을 떨어뜨리게 만든다.

위험 문제에 정치적인 성향이 미치는 영향

위험과 정치적인 이데올로기의 관련성은 여러 가지 설명이 가능하다. 우선 사람들은 집단이 주는 권위에 도전하는 것을 꺼릴 뿐만 아니라 집단에 순응함으로써 마음의 평안을 얻는 경향이 있다. 유명한 애쉬 Asch 동조 실험에서도 드러났듯이, 사람들은 기준 집단이 옳다고 하면 심지어 명백하게 틀린 사안에 대해서도 옳다고 판단하는 경향을 보인다(Asch, 1952; Tetlock, Peterson, & Lerner, 1996). 이는 자신과 신념을 공유한다고 믿는 집단의 의견에 순응함으로써 자신의 의미를 찾으려고 하는 사람들의 일반적인 경향과 상통한다. 특히 깊은 추론 없이 따라할 수 있는 의견이나 상징은 집단에 대한 순응을 좀 더 쉽게 만들어주는 경향을 보인다(Cohen, 2003).

이런 경향은 또한 자신의 정체성을 사회적인 집단에서 찾으려는 경향과 연결된다. 사회적인 동물들은 자기 혼자만으로 살아가기 힘들다. 자신이 소속된 집단을 통해서 자기를 규정하려고 할 뿐만 아니라 끊임없이 다른 집단과 비교함으로써 자신의 정체성을 강화한다(Hogg, 2007). 사람들은 자신이 속한 집단과 다른 외부 집단을 끊임없이 나누면서, 자신이 속해 있는 집단과 유사해지려고 노력하는 경향이 있다(Turner, 2010). 대부분의 경우 많은 사람들이 자신이 속한 집단과의 일체감을 통해서 불확실성을 줄이고 자신감을 회복하게 되는 경향이 있다.

그렇다면 왜 사람들은 집단에서 자신을 찾으려고 할까? 그 근본적인 이유가 궁금해질 수밖에 없다. 이러한 의문을 추적한 공포관리 이론terror management theory에 따르면, 사람들은 죽음의 공포에서 벗어나기 위해서 자신이 속해 있는 집단과 생각을 맞추어가려는 경향을 가지는데, 이는 자신이 공유하는 신념을 통해서 영원한 삶을 꿈꾸기 때문이다(Solomon, Greenberg, & Pyszczynski, 1991). 이러한 사고 체계는 자신이 육체적으로 소멸하더라도 자신의 신념은 영원히 살아남을 것이라는 기대를 의미한다. 하지만 이러한 경향의 문제점은 자신의 신념을 지키기 위해서 자신의 신념을 위협하는 다른 집단이나 사상을 극단적으로 싫어하는 경향과 연결된다는 점이다. 미국 뉴욕에서 9/11 테러 사건이 발생하고 나서 무슬림에 대한 혐오 범죄가 급속도로 늘어났는데, 이는 죽음의 공포를 느낀 미국 사람들이 자신들이 가진 기독교적인 가치를 위협하는 무슬림들에 대해서 극단적인 혐오감을 느꼈기 때문이다.

우리 사회 곳곳에서 어떤 공포 상황과 연결되었을 때 외부인에 대한 혐오가 늘어나는 현상을 자주 목격할 수 있다. 코로나19가 급속도로 확산되자, 중국인 입국을 전면 금지해야 한다거나, 외국인에 대한 무료 검진을 반대하는 여론이 상대적으로 강화된 것도 그 예이다. 미세먼지가 악화되는 일수가 늘어나면 모든 책임을 중국에 넘기려는 태도도 마찬가지이다. 이러한 외부인에 대한 혐오는 외부를 통제함으로써 집단 내부의 질서를 유지할 수 있다는 생각과 내부가 서로 결속함으로써 공포를 통제할 수 있다는 주관적인 차원의 신념에서 비롯된다(Berger &

Luckmann, 1966). 현실은 하나도 변하는 것이 없지만, 사람들의 생각을 통해서 현실은 구성되고, 공포는 방어된다.

어떤 위험이 닥쳤을 때 사람들이 내집단과 외집단을 구분하고, 내집단 결속을 통해서 자신이 가진 위험의 공포로부터 벗어나려는 속성을 가지는 것은 이해할 수 있다. 하지만 이러한 내집단 결속 경향이 모든 사람에게 똑같이 나타나는 것은 아니다. 정치적인 신념에 따라서 위험의 공포에 대응하는 방식이 다를 수 있는 것이다. 체계 정당화 이론 system justification theory에 따르면, 보수주의자들이 좀 더 자신이 살고 있는 세계를 유지하려는 욕구가 더 강해서 진보주의자들과 비교하면 비슷한 생각을 가진 사람들과 좀 더 결속하고, 집단 속의 합의를 중요시하며, 신념을 집단의 구성원들과 공유하려는 성향이 강한 것으로 드러난다(Jost et al., 2018).

보수주의자들이 이러한 경향을 보이는 이유는 여러 가지가 있겠지만, 진보주의자들이 자신이 살고 있는 세계에 도전하려는 경향을 보인다면, 보수주의자들은 자신이 살고 있는 세계를 지켜야 한다는 사명감에 불타고 있다고 해석해볼 수 있다. 보수주의자들은 자신이 살고 있는 세계를 유지하고, 마음이 맞는 사람들과 현실에 대한 공감대를 형성해서 위험의 공포로부터 벗어나려는 욕구가 훨씬 강하다. 코로나19와 관련해서 미국 사회에서 일어나는 여러 불합리한 일들, 예를 들어, 마스크 착용 거부, 백신 접종 반대 운동 등이 이러한 경향을 잘 보여준다. 이와 함께 보수주의자들이 전하는 메시지는 훨씬 간결하고 일관되며 명확하다(Jost, Ledgenwood, & Hardin, 2008). 예를 들어, 코로나19는 중국에서 만들어져서 세계로 퍼져나갔다는 메시지가, 코로나19가 어떻게 형성되었는지 확실하지 않으며 여러 가지 원인이 추정될 수 있다는 메시지보다는 공통된 세계관을 형성하는 데 훨씬 유리하다. 미세먼지도 마찬가지이다. 미세먼지는 중국에서 건너오는데, 진보 정권은 중국 정부에 아무 말도 못하기 때문에 문제를 해결할 수 없다는 것만큼 일관되고 간단한 논리를 찾기는 어렵다.

그러다 보니 위험 문제에서 보수 측이 좀 더 가짜 뉴스에 취약해지는 경향을 보이는 것은 당연하다. 보수 측의 사람들은 관계 형성의 동기가 더 크기 때문에 자신과 비슷한 생각을 가지고 있다고 느끼는 사람의 말에 좀 더 집중하는 경향이 있으며, 그러한 사회적인 네트워크를 유지하기 위해서 좀 더 적극적으로 공유하는 신념을 전달하는 경향을 보인다(Stern, West, Jost, & Rule, 2014). 편향된 언론이나 유튜브를 통한 가짜 뉴스에 보수주의자들이 좀 더 취약한 것은 이러한 개괄적인 경향성을 반영한다. 앞의 논의에서, 보수 언론과 유튜버를 통해서 총선 전에 정부가 코로나19 검사 수를 줄여서 확진자 수를 관리한다는 가짜 뉴스가 큰 논란이 된 적이 있다고 했는데, 이런 현상은 확실히 보수주의자들이 좀 더 가짜 뉴스에 취약할 수 있고, 그것을 재생산하는 동기 요인을 많이 가지고 있다는 것을 보여준다.

정치적인 성향에 따라서 서로 다른 미디어에 접속하고 위험에 대한 다른 메시지를 접하게 되면, 사회적으로 위험 문제를 해결하기 위한 지혜를 모으는 일은 어렵게 된다. 진보와 보수를 통틀어서 자신들이 보고 싶은 미디어만 보려고 하면, 서로 다른 의견이나 해석이 가능하다는 것을 이해하기 힘들다. 그래도 연구 결과를 보면, 사람들이 직접 대면해서 이야기를 나누는 경우에는 상대방의 의견을 듣고, 서로를 이해하려는 경향이 높아지는 것으로 드러났다(Minozzi et al., 2020). 자신이 좋아하는 미디어를 통해서 선택적으로 노출되는 것보다는 다른 의견을 가진 사람과 만나서 대화를 나누는 기회가 많아지면 위험 문제를 풀기 위한 중지를 모을 가능성이 높아진다는 뜻이다. 하지만 코로나19에서도 드러났지만, 이제는 비대면이 대세인 시대이다. 점점 더 사람들은 다른 사람들과 의견을 조정할 기회를 가지지 못하고, 자신의 기존 생각을 강화하는 미디어를 통한 선택적인 노출에 빠져들게 됨으로써 위험 문제를 해결하기 위한 사회적인 동력은 약화될 수밖에 없다.

보수와 진보주의자 모두 자신의 기존 의견을 강화하는 요인들에 끌리는 것은 사실이다. 그것은 권위에 대한 순응일 수도 있고, 공포에서 벗어나려는 몸부림일 수도 있고, 스스로의 정체성을 확인하려는 인간적인 욕구일 수도 있다. 하지만 위험과 관련하여 이러한 정치적인 이데올로기의 영향이 문제가 되는 것은 위험 문제에 대한 이성적인 합의를 어렵게 할 뿐만 아니라 자신이 속한 집단 바깥에 있는 사람들을 비난하고 낙인을 찍는 경향이 강화됨으로써 위험 문제를 해결하기 위한 민주주의 공론의 장 형성에 심각한 장애 요인으로 작용하기 때문이다.

위험의 정치화와 음모론

위험을 정치 성향으로 윤색하는 사람들은 잘 알려진 선전 전략들을 많이 사용한다. 주로 많이 사용되는 선전 전략은 음모론을 만들어내거나 의심을 생성해서 기존에 정립된 이론에 생채기를 내는 전략 등이다(Beder, 2011). 기후 변화와 관련된 부정론자들의 논리를 살펴보면 이러한 전략을 쉽게 이해할 수 있다. 과학에서 불확실성은 내재된 것임에도 불구하고 일부 결과를 인용하여 마치 아무것도 확실한 것은 없다는 듯한 인상을 만들어낸다. 이런 선전 전략은 위험이 정치화되면 매우 강력한 메시지로 자리잡는다. 앞서 설명했듯이, 위험이 정치화되면 비슷한 생각을 가진 사람들끼리 내부 결속이 강화되고, 이때 음모론을 이루는 선전 메시지들은 강력한 효과를 발휘한다. 어떤 측면에서 보면 이러한 선전 전략은 외부에 자신의 생각을 알리려는 의미와 함께, 내부 결속 용도로 사용된다고 보는 것이 합리적이다. 위험의 상황에서 사람들은 집단을 통해서 정체성을 형성해나가고, 선전 메시지는 이런 정체성을 공유하는 데 아주 좋은 수단이 된다.

이런 음모론과 선전 메시지들이 잘 먹히는 사람들은 주로 사회에 대한 전체적인 신뢰가 낮은 사람이나 스스로 사회에 잘 적응하지 못하고 있다고 느끼는 사람들이다(Bruder, Haffke, Neave, Nouripanah, & Imhoff, 2013). 한마디로 얘기하면 자기가 원하는 사회적인 정체성을 뚜렷하게 가지지 못한 사람들이다. 이런 사람들은 음모론이나 선전 메시지를 받아들이고, 동조하는 다른 사람들과 함께 내면화함으로써 자신이 채우지 못한 사회적인 정체성을 강력하게 형성한다. 따라서 음모론에 빠지는 사람들은 어떤 능력이 부족한 사람이 아니라 사회적으로 소외된 사람들이다. 음모론과 선전 메시지를 이용하는 사람들은 이러한 사람들의 소외 심리, 사회에 속하고 싶은 심리, 자신의 정체성을 찾고 싶은 외로움을 파고든다. 음모론의 폐해는 심각하다. 음모론에 빠지게 되면 실제로 비이성적인 위험 판단과 행위로도 연결되는데, 예를 들어 최근의 조사에 의하면 음모론을 믿는 정도와 코로나19 백신을 거부하는 행위에는 상당한 수준의 관련성이 있는 것으로 드러났다(Goldberg & Richey, 2020).

위험이 음모론에 휩쓸리는 것은 한 집단의 사람들이 자신들의 사회적인 정체성을 형성하고 지키기 위한 중심 주제가 필요하기 때문이다. 이렇게 음모론을 통해서 사람들이 사회적인 정체성을 확인하기 시작하면, 위험은 좀 더 정치화된다. 음모론으로 뭉쳐진 내부 집단은 외부 사람들을 적으로 생각하고, 타도의 대상으로 보기 때문에 모든 수단을 동원한 공격적인 행위를 서슴지 않는다. 실제로 코로나19와 관련해서도 많은 음모론이 나돌고 있다. 아래 기사를 보면 코로나19를 둘러싼 음모론도 첫해부터 상당히 위험한 수준에 와 있었다는 것을 알 수 있다.

> **"불순분자들의 테러"… 전광훈, '바이러스 테러' 음모론 재차 거론**
>
> 신종 코로나바이러스 감염증(코로나19) 집단감염이 발생한 서울 성북구 사랑제일교회의 전광훈 담임목사가 '바이러스 테러' 음모론을 또다시 주장했다. (중략) 이어 전 목사는 "사랑제일교회에서 대량의 바이러스 감염 사태가 있기 직전, 5명 정도의 제보자로부터 '바이러스 테러가 사랑제일교회 안에 숨어들어온다'는 제보를 받았다"며 "제보를 들었을 때 '아무리 악한 공산주의자나 주사파라도 그런 짓 할 수 있겠느냐'고 생각해 관심을 갖지 않았다"고 주장했다. 그러면서 "그런데 막상 이번 사건이 터지자 '이것은 반드시 외부 불순분자들의 바이러스 테러 사건'이라는 것을 느끼게 됐다"고 강조했다(세계일보, 2020년 8월 21일자).

왜 이런 황당한 주장들이 일부 사람들에게 받아들여지고 굳건한 믿음을 주게 되었을까? 사회 정체성 이론 측면에서 살펴보았을 때 우리 사회가 그만큼 소외된 사람을 양산하는 취약성을 가지고 있다고 설명할 수 있다. 이러한 상황을 전 세계로 확대해보면 상황은 더 심각할 뿐만 아니라 코로나19에 대한 온갖 음모론이 난무하고 있다. 이렇게 많은 음모론이 생성되는 것은 전 세계적으로 소외된 사람들, 스스로 사회 속에서 자신의 정체성을 찾을 수 없었던 사람들, 사회가 자신을 품어주지 않는다고 생각하는 사람들, 스스로 위험에 대한 통제감을 느끼지 못하는 사람들이 많다는 것을 반증한다(Hornsey, 2020). 위험이 정치화되고 사회가 음모론 속에 휩쓸리게 되는 것은 그만큼 그 사회가 병들어 있다는 증거이며, 주류에서 소외된 사람들이 많다는 것을 의미한다. 이런 상황에서 정치인들과 이해관계자들은 소외 계층의 심리를 자신의 정치적인 이해를 도모하기 위해 교묘하게 이용한다. 점점 더 사회는 갈라지고, 갈등을 풀고 서로 화합할 수 있는 여지는 계속 줄어든다. 위험의 정치화 문제를 해결하기 위해서는 우선적으로 소외된 계층을 양산하는 사회 구조적인 모순에 대한 고민이 우선시되어야 한다.

위험이 만들어내는 정치적인 성향의 영향력은 양극화를 만들어내고, 이러한 양극화는 사회적인 정체성 강화와 범주화 경향과 연결되어 있다. 즉 위험이 닥치게 되면 사람들은 점점 더 자기가 속한 집단과 외부 집단을 구분하려고 하고, 자기가 속한 집단의 속성이 우월하며 이러한 속성은 외부 집단과 차별된다고 생각한다(Hornsey, 2008). 이런 심리적인 과정을 거쳐 위험의 정치화는 결국 외부 집단에 대한 차별과 편견으로 연결된다. 코로나19 사태에서도 중국인을 포함해서 아시아인들에 대한 차별 행위가 서구 국가에서 일어나고 있다. 이러한 행위에는 중국인과 아시아인들을 잠재적인 위협으로 바라보는 서구인들의 의식이 스며들어 있다. 서구의 주도권을 유지하고 싶은 욕망이 코로나19라고 하는 위험을 핑계로 해서 표출되는 것이다(Huo, 2020).

이것을 이용하는 정치권의 움직임은 항상 실망스럽다. 미국의 트럼프 대통령은 코로나 바이러스를 중국 바이러스라고 부르면서 보수층의 결집을 유도했고, 이에 발맞추어 많은 증오 범죄가 발생했다. 우리나라도 예외가 아닌데, 은연중에 우리의 세계관을 서구와 유사하게 가져가려는 잘못된 욕망이 비슷한 편견을 낳고 있다고 추론해볼 수 있다(한자경, 2019). 보수 정치권의 중국인 입국 금지 주장과 보수 언론의 중국인 폄하 보도는 서구가 중국을 바라보는 시선을 우리 스스로 내면화한 것이다. 위험을 직면하게 되면 외부 집단에 대한 편견은 강화되고, 내부 집단 중심의 위험 해결 방법을 찾으려 하다 보니 합리적으로 위험에 대응할 수 있는 방안을 찾기는 더욱 어려워진다. 결국 위험 문제 해결은 편견이라는 벽에 가로막혀 한 발짝도 나아가지 못하게 된다.

위험의 정치화에 대응하기

위험이 정치화되면, 사안에 대한 과학적인 쟁점은 흐려지고, 정치적인 입장만이 난무하게 된다. 2020년 코로나19 발병과 관련하여 미국 사회는 마스크 대치mask showdown라는 사회 현상을 겪었다. 마스크를 써야 한다는 사람들과 마스크를 쓰지 않겠다는 사람 간의 갈등은 여전히 심각하다. 이는 보수와 진보라는 정치 성향, 트럼프와 반트럼프주의, 개인의 자유 등 정치적인 시각과 혼합되면서 미국 사회를 새로운 혼란으로 몰아넣고 있다. 마스크를 쓰는 것이 감염병 예방에 도움이 된다는 것은 세계보건기구WHO 등 권위 있는 기관의 조사와 방대한 양의 학술 연구를 통해서 이미 입증된 것이다. 인간 활동이 원인이 되어 지구 온난화가 오고 있다는 것은 대부분의 과학자들이 축적한 방대한 연구의 결과물이다. 이러한 과학적인 사실들에 정치가 더해지면, 억측, 편견, 자기중심주의가 판을 치게 되고, 합리적으로 위험 문제를 해결하려는 사람들의 노력은 무용지물이 되고 만다.

코로나19 사태에서도 드러났지만 정치적인 성향에 따라서 상대방을 공격하는 것은 일시적으로 정파적인 만족감을 줄 수는 있어도 사회적으로 문제를 해결하는 데 아무런 도움을 주지 못한다. 사회적인 결속에 구멍이 생기면 문제 해결은 점점 더 멀어져 간다. 그래서 코로나19와 같은 대규모 감염이 일어났을 때, 사람들이 혼자서는 문제를 해결할 수 없다는 것을 깨닫고, 정파적인 이익보다는 모두가 힘을 합쳐 미증유의 사태에 대응해야 한다는 자각을 하는 것이 무엇보다 중요하다. 사회적인 자본이 갖추어져 있고 문화적인 기반을 갖춘 나라들은 좀 더 빨리 대응할 것이고, 그러한 자각이 늦어지는 나라는 아주 힘들게 팬데믹과 싸워야 할 것이다.

이번 코로나19에서도 드러났듯이, 미국과 같이 개인의 자유를 중요시하면서 정파를 넘어서는 결속에 익숙하지 않은 사회는 팬데믹과 싸울 수 있는 사회적인 기반이 취약하다고 할 수 있다. 실증적으로 입증된 것은 아니지만 집단 우위의 사고, 이타적인 생각, 희생정신과 같은 가치들이 코로나19 시대에 힘을 발휘하고 있는 것은 분명해 보인다. 또한 정파적인 양극화에서 벗어나기 위해서는 정치적인 지도자들이 팬데믹과 관련하여 정파적인 이익보다 사회적인 결속을 이루기 위한 메시지를 내보내는 것이 무엇보다 중요한데, 이번 코로나19 사태에서도 드러나듯이 정치 지도자들은 팬데믹 시대에 오히려 정파성을 조장하는 경향을 보이는 것이 문제이다.

따라서 우리는 이미 보유하고 있는 문화적인 자산을 잘 살려가면서, 정파적인 이기주의에 빠지지 않을 방법을 고민하는 것이 필요하다. 미국의 경우에서도 드러났듯이, 폭스 뉴스를 비롯해서 정파적인 뉴스를 상품화함으로써 이윤을 창출하는 미디어가 늘어날수록 사회는 점점 더 정치적인 양극화에 빠지게 되는 경향을 보인다. 우리나라도 종편의 도입과 더불어 언론의 정파성이 점점 더 심해지고 있다. 가짜 뉴스를 걸러낼 수 있는 사회적인 시스템을 만드는 것도 중요하고, 정파적인 뉴스에 대응해서 사람들 스스로 비판적으로 언론 보도를 해석하는 능력을 함양하는 것도 중요하다. 지금과 같은 가짜 뉴스 홍수 시대에 팩트 체킹 시스템으로 가짜 뉴스를 걸러내는 것은 불가능하다. 그렇다면 가짜 뉴스를 스스로 걸러낼 수 있는 능력을 수용자들이 가지는 수밖에 없다. 하지만 우리나라 중·고등학교 과정에 언론 보도에 대해서 비판적으로 생각할 수 있게 하는 교과과정이 턱없이 부족한 것이 현실이다. 어떻게 SNS에 참여할 것인가를 가르치는 것보다, 어떻게 SNS에 넘쳐나는 정보들을 비판적인 시각에서 해석할 것인가를 가르치는 것이 더 중요하다. 사람들이 가지는 비판적인 능력과 함께 언론의 정파성을 어느 정도 제약할 수 있게 되면, 위험 문제 해결을 위한 공론의 장을 좀 더 확장해나갈 수 있을 것이다.

위험은 정부 단위에서 대응하는 경우가 대부분이기 때문에 정부의 위험 접근 방법이 매우 중요하다. 많은 위험 커뮤니케이션 문제는 정부의 대응과 관련되어 있다. 위험 이슈에 대한 정부의 대응 기조에서 가장 문제가 되는 것은 정보 비공개이다. 2015년 메르스 사태 당시 정부는 메르스가 발생한 지역과 병원을 밝히지 않았을 뿐만 아니라 메르스 사망자에 대한 정보도 공개하지 않음으로써 국민들의 불신을 샀다. 이러한 정부의 커뮤니케이션은 시민을 우매한 군중으로 보는 태도에서 비롯된 것인데, 현대 사회 위험 이슈 관리는 시민들의 적극적인 참여와 이해를 필요로 한다는 점에서 매우 위험한 접근 방식이다. 이러한 정보 비공개 원칙이 2015년 메르스 사태 이후 많이 개선되었고, 2020년에 발생한 코로나 사태에서는 정보 개방 원칙이 적용됨으로써 좋은 효과를 거두고 있는 것은 다행스러운 일이라고 할 수 있다. 다만 이러한 정보 개방 원칙이 정권의 성격과 무관하게 유지되는 것이 중요하다. 정부의 위험 커뮤니케이션은 정파성 개입을 차단하고, 항상 중립적인 시각을 견지하면서 문제 해결에만 집중하는 것이 중요하고, 위험 커뮤니케이션의 최고 원칙은 시민의 상황 이해에 바탕을 둔 자발적인 참여에 있다는 것을 명심해야 한다.

정부의 역할과 함께 개개인의 역할도 매우 중요하다. 불확실한 상황이 오면 사람들은 점점 더 자신이 가진 사회적인 정체성에 의존하려는 마음이 커질 수밖에 없다. 스스로 위험에 대해서 판단한다는 것이 두렵고, 그러다 보니 자신이 속한 집단의 결정을 편하게 따라가고 싶은 욕구가 커질 수밖에 없다. 이런 상황을 정치 지도자들은 자신들의 정치적인 이익을 위해서 교묘하게 파고든다. 위험이 닥쳤을 때, 불안감으로 인해서 정파적으로 생각하고 싶은 동기 요인들이 훨씬 강해지고, 이런 상황이 되면 정치적인 양극화는 피할 수 없는 상황이 되고 만다. 최근 한 연구에 따르면(Han & Kim, 2020), 자신이 꿈꾸는 미래에 대해서 스스로 확신을 가지거나 자신이 지켜야 할 가치에 대해서 자신감을 가지게 되면, 위험을 정파적으로 생각하고 태도를 양극화함으로써 다른 집단의 사람들에 대해서 편견을 가지는 것이 줄어드는 것으로 나타났다. 어떻게 보면 위험 정치화의 문제를 해결하는 것도 시민들의 힘에 달려 있다. 위험이 닥쳤을 때, 그러한 불안감을 외부의 다른 사람을 핍박하는 것으로 해결하기보다는 자신이 가진 인류애를 굳건히 하면서 사회 구성원 모두가 어떻게 힘을 합쳐서 문제를 해결해나갈 것인가에 집중하는 것이 중요하다. 결국 위험 문제의 해결은 정치화를 통한 분열보다는 공론의 장과 사회 결속을 선택하는 시민들의 지혜에 달려 있다.

에필로그

위험은 시민의 힘을 필요로 한다

위험 문제를 해결하기 위해서는 크게 세 가지 방법이 필요하다. 하나는 공학적인 접근engineering이고, 다른 하나는 교육education, 그리고 마지막은 법적 강제성enforcement이다. 이를 묶어서 3E라고도 한다(Rice & Atkin, 2012). 가장 중요한 것은 위험이 일어나지 않도록 안전장치를 강화하는 것이다. 만약 그것이 안 된다면 교육을 통해서 사람들이 위험한 상황에 빠지지 않게 하는 것이다. 이러한 자율적인 노력이 성공하지 못한다면 결국은 법적인 강제성이 동원되어야 한다. 일반적으로 공학적인 접근, 교육, 법적 강제성의 순으로 대책이 세워지지만, 위험 문제를 해결하기 위해서는 세 가지 방법이 유기적으로 구성되는 것이 필요하다. 위험 커뮤니케이션을 통해 문제를 해결하는 것은 교육의 영역과 밀접하게 연결되지만, 많은 경우 공학적인 접근 노력, 법적인 강제성 부여가 없다면 효과를 발휘하기가 힘들다. 예를 들어, 국민의 흡연율을 낮추기 위해서 커뮤니케이션 캠페인을 하는 것도 중요하지만, 금연보조제의 개발, 금연구역의 설정 등과 같은 노력이 중요한 역할을 할 것이다.

하지만 이러한 정책과 법률을 시행하기 위해서는 커뮤니케이션이 중요한 역할을 한다. 국가의 제도가 시행되거나 입법이 완성되려면 그것에 동의해서 힘을 실어주는 사람들의 숫자가 늘어나야 한다. 따라서 공학적인 접근, 교육, 법적 강제성이 최적의 결과를 내기 위해서는 커뮤니케이션을 통해서 국민들의 동의를 얻어내거나 참여를 이끌어내는 것이 무엇보다 중요하다.

전문가에 대한 의존 탈피와 사회적인 합의의 필요성

최근에 저자가 진행한 기후 변화와 관련한 전문가와 일반인 인터뷰 연구 결과에 따르면, 우리나라 전문가들과 일반인들은 기후 변화에 대해서 매우 다른 위험 인식을 가지고 있는 것으로 나타났다(한빛나라 · 김혜정 · 김영욱, 2020). 일반인의 경우 기후 변화의 원인에 대해서 사람의 책임이라고 보는 시각은 전문가에 비해서 약했다. 이는 기후 변화 위험을 추상적으로 바라보면서, 나의 책임이라고 생각하지 않기 때문에 나타난 현상으로 추정된다. 전문가들은 일반인들의 지식 부족을 질타하면서 비이성적인 위험 인식 경향이 있다고 개탄했다. 하지만 기후 변화 사안에 대해서 모든 전문가들의 의견이 일치하는 것은 아니다. 때로는 전문가들 사이에서도 전문 분야도 아닌 사람들이 전문가 행세를 하면서 여론을 호도하고 있다는 불만이 많이 발견되었다. 전문가라고 하는 사람들이 일반인의 무식함을 꾸짖었지만, 실상은 전문가들 사이에서도 의견의 일치를 보기는 힘들다는 것이다. 또한 일반인의 경우 인류 보편적인 시각에서 환경 보호를 추구하려는 의지가 높았고, 그것을 실현하기 위해서 비용을 감수하겠다는 의사를 적극적으로 보여주었다. 위험 문제 해결에서 전문가는 옳고, 일반인은 틀렸다는 시각은 매우 일방적인 단순화이다.

우리나라에서 위험에 대한 판단은 전문가에게 의존하는 경향이 뚜렷하다. 기후 변화와 관련한 인터뷰에서 가장 많이 발견된 것은 누군가 진짜 전문가가 있어서 기후 변화 위험에 대한 권위 있는 최종 판단을 해주었으면 좋겠다는 것이다. 아마 이러한 경향은 우리나라의 모든 위험 사안에 해당될 것이다. 하지만 이것은 환상에 불과하다. 소위 전문가라고 하는 사람들은 자기 분야의 전문가이다. 현대 학문 체계는 고대와 중세와는 달리 쪼개질 대로 쪼개지고 자신의 전문 분야라고 하는 것이 협소해질 대로 협소해져서 영역을 아우르는 범용 지식인을 만들어내기는 힘들다. 하지만 위험은 어떠한가? 위험을 이해하기 위해서는 물리적인 성질을 광범위하게 이해해야 하고, 사회, 경제, 문화적인 맥락도 함께 해석할 수 있어야 한다. 아주 협소한 자기 분야에 정통한 전문가의 입장에서 이런 광범위한 지식 체계와 맥락적인 상호작용을 이해하기는 어려운 일이다. 예를 들어, 환경 오염과 관련하여 실내 공기질을 전공으로 하는 연구자가 상층 대기의 국가 간 이동과 국가 간 영향력을 예측하기는 어렵다. 하지만 우리 사회는 전문가라는 라벨을 붙이면서 모든 것을 이해하는 범용 지식인을 허구로 만들어내는 경향이 있다.

특정한 위험 이슈에 정답을 말해줄 수 있는 완벽한 전문가는 존재하지 않는다. 예를 들어, 기후 변화가 인류에게 위험인가 아닌가에 대해서 무결점의 판단을 내리고 완벽한 대응 방법을 제시하는 전문가는 있을 수 없다. 하지만 전문가와 일반인을 통틀어서 한국 사회의 많은 사람들은 완벽한 전문가가 나타나길 희망한다. 이것은 불가능한 일이다. 미세먼지의 원인은 중국에서 넘어오는 오염 물질인가 아닌가에 대해서 말들이 많다. 저자의 경우에도 미세먼지와 관련한 연구를 진행하면서 각양각색의 주장을 하는 전문가들을 만나보았다. 이런 상황에서 한 명의 완벽한 권위를 가진 전문가가 이 문제에 대한 결론을 내려주기를 바라는 것은 연목구어이다.

또한 그것은 옳은 접근 방법이 아니다. 그러한 접근을 하려면 어떤 위험 사안에 대해서 모든 것을 완벽하게 이해하는 전문가가 있어야 하는데, 앞서 말한 현재의 학문 체계로 봤을 때 그런 일은 불가능하다. 결국 전문가들도 자기 영역의 일들은 이해하지만, 다른 영역의 일들은 교과서를 읽거나 다른 전문가의 주장을 참조한다. 따라서 위험 사안에 대해서 한 전문가가 쌓아 올린 지식 체계는 자신이 정통한 분야의 지식과 다른 전문가의 주장을 수용한 지식이 혼재되어 있다. 결국 전문가도 다른 전문가의 지식을 수용하는 일반인의 입장과 다르지 않다는 것이다. 이런 상황에서 한 사람의 완벽한 전문가를 기대하는 것은 이치에 맞지 않다.

그렇다면 어떻게 해야 할까? 결국 위험 이슈에 대한 판단은 관련된 전문가들과 일반인들이 함께 참여해서 합의를 이루어가는 수밖에 없다. 예를 들어, 기후 변화의 위험성에 대한 판단은 어느 권위 있는 전문가의 판단에서 나온 것이 아니라, 오랜 기간에 걸친 많은 연구자들의 성과를 집대성하고 관련된 사람들의 합리적인 합의 과정을 통해서 만들어진다. 기후 변화에 대한 판단과 예방 행동 요령도 기후 변화에 대한 정부 간 협의체IPCC를 통해서 195개국 회원국의 열띤 토론을 거친 다음 형성된다. 2018년 총회에서 승인된 「지구 온난화 1.5℃ 특별보고서」에 따르면 현재 지구는 산업화 이전 수준 대비 평균 약 1도 정도 상승했는데, 2100년까지 이를 1.5도 증가로 제한할 수 있다면, 2도 정도 상승하는 것에 비해서 기후 변화에 따른 많은 위험을 예방할 수 있을 것으로 보고하고 있다. 1.5도 제한의 필요성과 그 결과에 대한 예상은 수많은 과학자들의 연구 결과와 합의를 바탕으로 도출된 것이다.

하지만 이런 연구 결과와 합의에 동의하지 않는 사람들은 언제나 있다. 기후 변화를 부정하는 연구자들도 많지는 않지만 곳곳에 존재한다. 일명 기후 변화 회의론자climate change skeptics들은 기후 변화가 과장되었다거나, 정치적인 음모론, 불충분한 연구 결과, 미디어의 영향 등에서 기인한다고 주장한다(Mattews, 2015). 기후 변화를 부정하는 사람들의 주장은 크게 보면 기후 변화가 일어나지 않고 있다는 주장, 기후 변화는 사람이 만들어낸 것이 아니라는 주장, 혹은 기후 변화의 영향력은 미미하다는 주장으로 나누어볼 수 있다(Björnberg, Karlsson, Gilek, & Hansson, 2017). 현실적으로 보면 이익 집단과 결부된 극소수의 의견에 불과하다고 하지만 이러한 반대 의견이 존재하는 것은 분명하다. 따라서 위험에 대한 사회적인 합의를 이루어낸다는 것은 반대 의견이 존재하지 않는 완전무결한 결론을 도출해내는 것이 아니라 현 상황에서 대다수의 전문가와 사람들이 인정할 수 있는 사회적인 합의를 만들어내는 것이다. 그것은 새로운 연구 결과가 발견된다면 변할 수 있는 것이고, 언제든지 수정될 수 있다. 하지만 사회적인 합의를 거친다는 것은 현 상태에서 위험에 대해 사회 구성원 대다수가 인정할 수 있는 진단과 대응책을 내놓고, 모두가 그 책임을 분담한다는 의미를 담고 있다.

결국 위험은 사회적인 합의에 의해서 구성되고, 사회 구성원 모두는 합의를 도출하고, 그것을 준수할 의무를 가진다. 최고의 권위를 가진 지식인이 완전무결한 결론을 내놓은 사회는 더 이상 존재하지 않는다. 기후 변화와 같이 너무나도 명확한 위험 이슈에도 반대 의견은 항상 따라다닌다. 기후 변화를 부정하는 세력들이 사용하는 대부분의 전략은 담배회사들이 담배의 건강 위험성을 부정하기 위해 여론을 호도하면서 사용했던 선전 전략들과 일치한다. 어떤 이슈에 대해서든 반대 의견은 있다. 특히 그러한 찬반 이슈가 이윤과 결부되어 있을 때는 더욱 그러하다. 담배회사의 비밀 문건이 폭로되면서 담배회사의 후원을 받아 연구를 진행하고 담배회사에 유리한 연구 결과를 제공했던 전문가들이 드러난 것처럼, 기후 변화와 관련해서도 반대 진영의 논리는 이런 연구 스폰서와 연결되어 있을 가능성이 크다. 이러한 문제는 지식인의 사회적인 역할과도 연결되어 있다. 지금과 같이 연구 펀드가 없다면 연구를 진행하기가 힘든 상황에서 지식인이 독립적으로 연구 펀드와 무관하게 연구를 진행하는 것은 어려운 일이다. 따라서 지식인 한 사람의 의견, 한 권위 있는 지식인의 주장을 따르는 것은 오히려 위험하다.

현재 지식 생산 구조가 연구 지원 시스템과 긴밀하게 연결되어 있다는 것을 이해한다면 사회적인 합의의 필요성은 더욱 중대해진다. 사회적인 합의 과정을 거치지 않은 위험 판단은 위험하며, 어떤 외부 세력의 조작에 노출될 가능성도 커진다. 어떻게 합의를 이룰 것인가에 대해서는 다양한 방법들이 논의될 수 있다. 최근에는 공론 조사가 전가의 보도처럼 사용되기도 한다. 하지만 중요한 것은 논의의 구조가 승패 구조에서 탈피해야 한다는 것이다. 누가 옳고 누가 그른가를 판단하거나, 누가 이겼는지 결정하는 것이 아니라 대부분이 인정할 수 있는 합의를 창출하기 위한 가장 합리적인 공론의 장을 형성하는 것이 중요하다. 그런 의미에서 아직 우리나라에 잘 도입되지 않은 광범위한 대안적인 갈등 해결alternative dispute resolution, ADR 기법들을 도입하는 것도 필요한 일이다. 대안적인 갈등 해결 기법은 협상, 조정, 중재와 이를 활용한 모든 커뮤니케이션 기반 갈등 해결 접근 방법을 의미한다.

정부, 시민, 언론, 시민사회

위험 문제 해결을 위해서 정부가 보이는 태도 중에 가장 우려되는 것은 가부장적인 접근 방법이다. 많은 위험 사안에서 정부는 시민을 협의의 대상이 아니라 통제의 대상으로 보는 경향이 있는데, 메르스 사태가 일어났을 때 정부는 전형적인 가부장적 태도를 보여주었다. 메르스 사태가 발생했을 때, 전국의 경찰은 보건당국과 협의 하에 메르스 감염 격리자가 연락이 안 되는 경우가 생기면 휴대폰 강제 추적에 나서고, 자가치료 거부자의 경우 현행범으로 체포한다고 발표했다. 이런 접근 방법은 시민을 공공의 질서를 해칠 수 있는 잠재적 범죄자로 간주하고, 유언비어를 만들어내는 법질서 위반자로 치부하는 것이다. 메르스 사태가 확산된 것은 일차적으로 시민을 협의의 대상으로 생각하지 않고, 통제의 대상으로만 생각한 정부의 커뮤니케이션 방식에서 기인한다.

이러한 커뮤니케이션 실패의 기저에는 정부, 공무원, 병원, 전문가들의 오만함과 나르시시즘이 있다. 국민과 협력해서 문제를 풀기보다는, 내가 통제하고 국민이 따라오기만 한다면 가장 효율적으로 문제를 풀 수 있다는 시대착오적인 발상이 문제를 더 꼬이게 만든 것이다. 이러한 가부장적인 접근 방법은 코로나19 사태에서도 크게 나아지지 않았다. 신속한 진단 검사와 확진자 추적을 통해서 효율적으로 코로나19를 어느 정도 막아낸 것은 사실이지만, 시민의 사생활을 침범하는 문제와 시민을 잠재적인 범죄자로 바라보는 가부장적인 태도는 메르스 때와 비교해도 크게 나아지지 않았다. 전반적으로 코로나19 방역에 성공하고 있기 때문에 기능주의적인 성취에 취해서 우리가 간과하고 있는 부분은 지속가능한 시민의 참여라는 부분이다. 분명 대체적으로 코로나19

방역은 성공적으로 진행되었고, 효율적이었다는 부분에 토를 달 수는 없다. 하지만 장기적으로 시민의 참여를 기반으로 한 성숙한 시민사회를 형성하는 데 기여했는가에 대해서는 의문이 있다.

시민과 소통하는 과정에서 커뮤니케이션이 실패하는 원인은 무엇일까 생각해보면, 가장 큰 변수는 심리적인 거리이다. 사람들은 어떤 위험이 닥쳤을 때, 그것이 자신에게 닥친 일이라고 생각하지 않고, 심리적으로 멀리 떨어진 사안이라고 생각하는 경향이 있다. 언론에서 아무리 떠들어도, 그것의 영향력은 다른 사람에게 미치는 것이지, 자신은 위험과 상관없다고 낙관적으로 생각하는 것이다. 코로나19의 경우에도 아무리 위험성을 커뮤니케이션하더라도 젊은 사람의 경우는 이 질병이 자신과 관련되어 있다는 생각을 덜 하는 경향이 있다. 정부가 소위 단계별 거리두기 격상을 이야기하면서 거리두기의 필요성을 아무리 강조해도 홍대 거리와 신촌 거리에는 젊은이들이 넘친다는 언론 보도가 이어졌다. 위험에 대한 심리적인 거리가 멀면, 사람들은 귀찮은 예방 행동을 실행에 옮기지 않는다. 많은 사람들은 위험이 심리적으로 멀다고 생각하기 때문에 거리두기를 굳이 할 이유를 찾지 못하는 것이다. 이런 경우에 요즘처럼 규범적인 메시지가 통할 수 있을지 의문이다. 자신과 다른 사람을 위해서 거리두기를 해야 한다는 메시지는 심리적인 거리를 가지고 있는 사람에게는 효과가 없다. 이때는 좀 더 확실하게, 위험을 가깝게 느낄 수 있는 메시지를 써야 한다. 코로나19에 걸린 젊은 사람의 고통을 보여주거나, 코로나19를 옮겨서 자신의 할머니를 돌아가시게 한 사례 등을 연속적으로 보여주어야 한다. 우리나라 사람들의 경우에도 일단 심리적으로 가깝게 느끼지 않으면 어떤 메시지도 효과를 발휘하기 힘들다(김영욱 · 박단아 · 민혜민, 2018; Lee & Kim, 2020). 커뮤니케이션 캠페인 메시지는 시민들이 위험에 대한 심리적인 거리를 좁힐 수 있는 방향으로 기획되는 것이 우선이다.

위험과 관련하여 언론의 역할은 무엇보다 중요하다. 위험을 축소시키거나 확산시키는 것은 언론이 어떤 보도 태도를 보이는가에 달려 있다. 하지만 언론이 위험을 중립적인 입장에서 공정하게 다루기보다는 상업적인 이익을 실현하는 방향을 취함으로써 좀 더 눈길을 끌거나 공포를 확대시키는 쪽으로 위험 보도가 이루어지는 경향이 있다. 이는 사람들의 주목을 끌어야 광고 수입으로 이어질 수 있는 현재의 언론 비즈니스 모델의 한계이기도 하다. 또한 언론의 보도 관행도 위험을 객관적으로 보도하는 것과는 거리가 먼 경우가 많은데, 언론이 위험을 보도할 때 정보원을 인용하는 방법에서 실제 위험 사안이 가지는 속성과 무관하게 1:1 대칭 구도를 형성하려는 경향을 보이는 것도 위험을 확산시키는 이유가 되기도 한다. 이 외에도 언론의 보도 관행이 위험의 공정한 보도에 부정적인 영향을 미치는 경우는 많이 있다. 이러한 관행과 함께 위험 보도에서 가장 문제가 되는 것은 정치적인 성향의 문제이다. 언론이 위험을 정치적인 이데올로기와 연결시키게 되면, 위험의 문제가 정치화된다. 정치화된 위험 문제는 여론의 양극화를 불러오게 되고, 합리적으로 위험의 문제를 공론의 장을 통해 해결하는 데 아무런 도움을 주지 못한다. 이번 코로나19 사태에서도 드러났듯이, 언론이 위험을 정치화하기 시작하면 양 진영에서 서로 유리한 고지를 점하기 위한 수단으로 위험을 이용하려고 할 뿐, 합리적으로 문제를 해결하기 위한 진지한 논의들은 자취를 감추고 만다. 언론이 이런 현상에 동조하는 것은 심각한 자기부정이라고 할 수 있다.

위험 문제를 해결하기 위해서는 결국 시민사회의 힘이 강해져야 한다. 정부, 기업, 시민사회가 균형 있게 서로를 견제하면서 작동할 때 위험 문제도 해결될 수 있다. 하지만 우리나라 시민사회, 특히 시민단체들의 활동은 매우 선택적이다. 어떤 위험은 지나치게 많은 시민단체들이 개입하지만, 어떤 위험은 유난히 시민단체들의 외면을 받는다. 예를 들면, 미세먼지 위험의 경우에는 많은 시민단체들이 관심을 보였지만, 코로나19 사태와 같은 경우에는 이상하리만큼 시민단체들의 활동이 조용하다. 우리나라 시민단체들은 권위주의 정부에 대항하거나, 민주주의를 쟁취하기 위한 투쟁의 전통을 가지고 있기 때문에 전 시민이 합심해서 풀어야 할 보편적인 위험 사안에 대해서는 상대적으로 조용한 경향을 보이는 경우가 있다. 코로나19는 정부가 잘못하거나, 어떤 정책적인 결정을 바꾸어야 할 일이 아니고, 자연적으로 발생해서 모두가 고통을 겪는 일이기 때문에 시민단체로서 따로 투쟁할 필요가 없다고 느끼기 때문일 수도 있다. 이런 지점에 우리나라 시민단체의 한계가 있다고 본다.

현대 사회 위험 문제는 모든 시민이 함께 나서지 않으면 해결할 수 없다. 따라서 국가 주도의 위험 문제 해결은 한계가 있기 때문에 시민사회가 전면에 나서야 한다. 또한 현대 사회 위험 문제는 서로 밀접하게 얽혀 있기 때문에 하나의 위험만을 독립적으로 떼어내어 생각할 수 없다. 미세먼지 문제는 기후 변화와 관련되어 있고, 기후 변화는 인간의 지나친 활동이 만들어낸 비극이며, 이러한 인간의 환경 파괴 활동은 코로나19라는 감염병을 몰고 왔다. 어느 위험도 독립적으로 존재하지 않는다. 전체 시민이 나서서 위험에 관심을 가지지 않는다면, 근본적인 문제 해결은 요원하다. 위험 문제 해결에 시민사회가 좀 더 적극적으로 나서야 할 이유가 여기에 있다.

우리나라 위험 커뮤니케이션에서 고려할 점

우리나라의 위험 문화는 위계주의와 평등주의가 혼합되어 있다고 보아야 한다. 위험을 바라보는 시선은 매우 과학기술 만능주의적이고, 정부와 관료 중심이지만, 또한 한편으로 자연을 보호해야 할 대상으로 바라보면서 사회 전체의 이익을 지키는 수준에서 위험이 관리되어야 한다고 본다(Kim & Kim, 2019). 이러한 자연보호주의는 위험을 통제하면서 사회 발전을 이루어가야 한다는 전통적인 위계주의와는 대비되는 시각이다. 따라서 우리나라 사회는 이러한 위계주의와 평등주의의 팽팽한 긴장이 위험을 둘러싸고 함께 존재한다고 해석할 수 있다. 예를 들어, 그린벨트 해제와 같은 논의에서는 개발 논리와 보호 논리가 언제나 팽팽하게 맞선다. 따라서 우리 사회를 하나의 문화적인 범주로 일반화하기는 매우 어려워 보인다. 서양의 시각에서 발전된 이론이나 모델들을 우리나라 상황에 그대로 적용하는 경우가 대부분이지만, 결과는 만족스럽지 못한 경우가 많다. 이에 위험과 관련하여 체면이나 냄비 성향과 같은 한국적인 변수들을 적용해보려는 시도가 있었지만(강유진 · 김영욱, 2019; 김영욱 · 함승경, 2016), 아직 만족스러운 단계는 아니다. 그래도 우리나라 사회의 위험 문제를 이해하고 해결하기 위해서는 우리 고유의 변수와 이론을 찾으려는 노력이 앞으로도 계속될 필요가 있다.

우리나라 위험 커뮤니케이션에서 고려해야 할 상황을 몇 가지로 정리하면, “위험 확산의 낙인화”, “위험 정보의 일상화”, “의사결정의 편견화”, “공포 관리의 극단화”, “대응 체계의 냄비 성향화”를 들 수 있다(김영욱, 2014). 이러한 현상이 우리나라에서만 일어나는 독특한 현상이라고 말할 수는 없지만, 위험 커뮤니케이션을 진행하는 과정에서 고려해볼 만한 요소들이라고 할 수 있다. 일단 우리나라는 위험이 확산되면 그것이 낙인화와 연결될 가능성이 크다. 사람들이 가지는 평등주의 의식이 지역주의와 연결되어 있기 때문에, 위험에 대한 인식은 다른 지역과의 비교를 통해서 형성되는 경우가 많다. 이런 경우에 지역간 비교심리 때문에 대상화된 위험이 낙인으로 이어질 가능성이 더 높아지게 된다. 두 번째로, 위험 정보가 일상화된다는 것은 미디어에 대한 불신, 위험의 정치화 등과 연결된다. 우리나라 사람들의 경우, 위험에 대한 평가가 미디어의 정치적인 성향이나 정보원의 정치적인 이데올로기에 따라서 너무나 다르게 해석되기 때문에 정보의 홍수 속에서 너무 쉽게 위험 정보를 규정하고 무시하는 경우가 많다. 이는 우리 사회가 위험 정보를 공적인 정보로 다루기보다는 정치적인 목적을 위해서 이용해온 영향이 크다.

세 번째, 의사결정의 편견화는 가용성 편견availability bias과 밀접하게 연결되어 있다. 우리는 언론에서 많이 다루거나 사람들의 입에 많이 오르내리는 위험이 정말 위험하다고 믿는 경향이 있다. 이런 식의 편견은 눈에 띄는 위험, 미디어에서 많이 다루는 위험만을 위험이라고 믿고, 기후 변화와 같이 눈에 보이지 않지만 장기적으로 더 큰 위험을 줄 수 있는 사안을 무시하는 경향을 만들어낸다. 좀 더 체계적이고 과학적인 검증에 바탕을 둔 위험 평가를 하기 위해서는 인식의 편견을 극복할 필요가 있다. 네 번째, 공포 관리의 극단화는 위험의 정치화와 관련이 깊다. 우리나라는 위험의 정치화가 심해지면서, 자신이 속한 진영의 논리로 위험 문제를 바라보려는 경향이 깊어지고 있다. 이런 상황에서 오히려 진영의 이익을 지키기 위해 위험 행동을 수용하는 경우도 생기고 있다. 코로나19 사태의 경우에도 일부 사람들은 코로나 진단 검사가 정부에 의해서 조작된 것이라고 주장하면서 진단 검사를 거부하는 경우도 있었다. 심지어는 백신 공포를 자극해서 방역 정책에 지장을 초래하는 일도 생겼다. 공포가 심해지고, 이것이 정치적인 극단화와 연결되면, 위험 문제를 해결하기는 매우 어려워진다.

마지막으로 대응 체계의 냄비 성향화를 들 수 있다. 냄비 성향은 다른 사람의 의견에 동조해서 폭발적인 관심이 생겼지만, 그러한 관심이 지속되지 못하고 급속하게 식는 현상을 의미한다. 냄비 성향에 대해서는 여러 가지 평가가 있을 수 있지만, 우리가 일반적으로 이야기하는 회복 탄력성과 비교하면 관심의 지속성이 너무 짧은 경우라고 할 수 있다(Gilbert, Pinel, Wilson, Blumberg, & Wheatley, 1998). 위험에 대응하는 사회가 냄비 성향으로 주도되면, 체계적이고 지속가능한 위험 대응 체계를 만드는 것이 매우 어렵게 된다. 이런 사회는 비슷한 위험이 반복해서 일어나는 경향을 보인다. 우리 사회에 하수구 가스 중독으로 사망하는 사고나 타워크레인 붕괴사고가 잊을 만하면 반복해서 일어나는 이유는 근본적인 원인을 체계적으로 해결하기보다는 피상적인 책임 묻기 수준에서 위험을 봉합하기 때문이다. 또한 냄비 성향은 역동적으로 빠르게 변화해가는 우리 사회의 속성과도 관련이 되어 있다. 한 위험이 닥치고 나서 다른 큰 위험이 닥치게 되면, 현존하는 위험이 해결되기도 전에 미디어와 사람들의 관심이 다른 위험으로 옮겨가는 경향이 뚜렷하다. 이러한 짧은 지속가능성 편견durability bias이 우리 사회의 위험 문제를 해결하는 데 큰 장애 요인이 되고 있는 것은 분명하다.

우리나라에서 위험 문제를 해결하기 위해서는 앞에서 말한 다섯 가지 장애 요인들을 고려하면서 위험 커뮤니케이션을 기획하는 것이 바람직하다. 결국 문제의 핵심은 위험 인식의 주관성에 있으며, 이러한 주관적인 위험 인식이 위험에 대한 사회적인 합의를 가로막기 때문에 효율적으로 위험 문제를 해결하는 것도 어려워진다. 특히 이러한 주관적인 위험 인식이 아직 선진화되지 못한 정부와 언론, 사회 시스템에 의해서 강화되는 경향이 있으며, 비자발적으로 발생하는 위험이 늘어나고 공포가 지속될수록 강화되어서 위험의 정치화와 낙인화로 연결될 가능성을 높이게 된다는 것이다(김영욱, 2008). 향후 위험 커뮤니케이션은 어떻게 우리나라 사람들이 가지고 있는 주관적인 위험 인식이 편견과 극단화 없이 공론의 장에서 논의될 수 있도록 할 것인가에 초점을 맞추는 것이 가장 중요하다고 하겠다.

그래서 우리에게 필요한 것

과학의 문제를 포함하여 위험 커뮤니케이션에서 우리가 직면하는 도전은 과학적인 사실을 과장하거나 은폐하려는 욕구, 위험 자체가 가지는 불확실성, 과학적인 사실에 대한 합의의 어려움, 과학적인 방법론에 대한 교조적인 접근, 비판적인 자기 성찰 기회의 축소 등을 들 수 있다(Meyer, 2018). 이러한 비판을 관통하는 철학은 과학이나 전문가가 도그마에 빠져서는 안 된다는 것이다. 우리 사회는 과학적인 사실에 대한 합의나 과학적인 방법론에 대한 신뢰를 확보하는 것도 과학과 비과학을 나누고, 과학과 전문가의 권위를 높이기 위한 수단으로 사용되는 경향이 짙다. 또한 과학과 전문가에 대한 권위를 통해 일반인이 제기할 수 있는 비판을 막고, 일반인의 공론장 참여를 막는 경향이 있다. 그래서 그런지 전문가들이 만들어낸 합의가 과학의 이름 아래 불확실성을 인정하지 않고, 비판을 막으며, 일반인들의 무지를 공격하는 수단으로 사용되는 경우도 많다. 사회 속의 과학science-in-society이라는 개념도 과학적인 사회와 비과학적인 사회를 나눔으로써 결국은 과학을 사회로부터 유리시키는 결과를 낳기도 한다. 코로나19와 관련해서도, 백신의 효용과 부작용에 대해서 전문가들의 의견이 절대적으로 받아들여질 뿐, 실제적인 실험 결과 데이터를 뛰어넘어 일반인들을 공론의 장에 참여시키고, 효용과 부작용에 대한 사회 담론을 풍부하게 하려는 노력은 보이지 않는다. 위험 커뮤니케이션 도처에서 과학이 비판을 거부하는 도그마로 작용하고 있다.

위험 논의와 관련하여 과학을 순수한 과학의 문제로 보는 것은 의미가 없다. 결국 과학은 정치, 경제, 사회, 문화적인 맥락과 결합될 수밖에 없다. 예를 들어, 미세먼지 위험을 과학의 문제만으로 볼 수 있을 것인가? 미세먼지 위험은 언제나 정치적인 맥락, 사회·경제적인 맥락, 문화적인 맥락과 얽히고설켜서 문제 정의를 기다리는 복잡한 환경과 마주하게 된다. 현대 사회 위험은 대규모 재난의 성격을 가진다. 이러한 재난은 원인을 알 수 없는 여러 가지 문제들이 서로 얽혀서 발생한다. 따라서 과학의 문제도 정치, 경제, 사회, 문화 제 방면의 문제들과 얽혀 있으며, 어떤 사회적인 합의를 필요로 한다. 위험의 인식과 위험 해결 방법에 대한 인식은 결국 진리에 대한 판단 여부로 결정되는 것이 아니라, 사회 제 구성원들의 합의에 의해서 완성된다. 누구도 절대적인 권위를 가질 수 없으며, 내 주장만이 옳다는 접근 방법으로는 사회적인 합의에 이를 수 없다. 시민이 과학에 기여할 수 있는 길, 시민이 참여할 수 있는 길을 찾지 못한다면 과학의 문제는 영원히 실험실에만 머물러 있게 될 것이다.

위험 커뮤니케이션 모델은 전문가 위주의 설득 모델에서 시민들이 참여하는 민주적인 모델로 변화해야 한다. 이를 위해서는 우리 사회가 지적인 능력에 따라 전문가와 일반인을 나누고 사회적인 위계를 드리우는 행위를 멈춰야 한다. 시민들의 참여로 위험에 대한 논의를 활성화시키고, 시민들의 힘으로 위험과 관련한 법, 제도, 정책을 바꾸어가야 하며, 시민들의 힘으로 위험을 줄이고 대응하기 위한 사회적인 행동에 돌입해야 한다. 시민은 더 이상 피동적인 대상이 아니라, 능동적으로 위험 문제를 개선하는 주체가 되어야 한다. 시민의 자각 없이 현대 사회 위험 문제를 해결하는 것은 요원하다.

참고문헌

강유진 · 김영욱 (2019). 「미세먼지 발생 귀인 프레임과 정보원 신뢰도가 대응 행동 의도에 미치는 영향: 감정의 매개효과 및 문화적 세계관과 체면의 조절효과를 중심으로」. 『한국언론정보학보』 98권, 7-54.

김경진 · 김영욱 (2017). 「메시지 프레임과 불확실성 인식이 예방 행동 의도에 미치는 영향: 기후 변화 이슈를 중심으로」. 『광고연구』 112권, 154-198.

김영욱 (2008). 『위험, 위기 그리고 커뮤니케이션: 현대 사회의 위험, 위기, 갈등에 대한 해석과 대응』. 서울: 이화여자대학교출판문화원.

_______ (2014). 『위험 커뮤니케이션』. 서울: 커뮤니케이션북스.

_______ (2019). 「미세먼지, 공포와 위험은 어떻게 만들어지는가」. 월간 『참여사회』 4월호. http://www.peoplepower21.org/Magazine/1620214

김영욱 · 김혜정 (2020). 「코로나19에 대한 죽음 현저성이 정부 대응에 관한 의견양극화에 미치는 영향: 선택적 노출의 매개효과와 정치적 성향의 조절효과 중심」. 『한국언론정보학보』 104권, 7-43.

김영욱 · 박단아 · 민혜민 (2018). 「기후 변화에 대한 심리적 거리감이 완화 행동 의도에 미치는 영향: 위험 인식의 매개 효과와 효능감의 조절 효과 중심 분석」. 『광고연구』 118권, 127-170.

김영욱 · 이현승 · 이혜진 · 김혜인 (2017). 「미세먼지 위험에 대한 공중들의 정보탐색과 처리에 대한 연구: 인지된 정보 수집 능력, 언론 정보원 신뢰, 책임 귀인과 경험 정도의 조절 효과 분석」. 『커뮤니케이션학 연구』 25권 2호, 5-44.

김영욱 · 이현승 · 이혜진 · 장유진 (2015). 미세먼지 위험에 대한 수용자의 인식과 의견 형성에 관한 연구: 프로모션 기사 인식 정도와 관여도에 따른 분석」. 『한국언론정보학보』 72권, 52-91.

_______ (2016). 「미세먼지 위험에 대한 전문가와 일반인의 인식차이와 커뮤니케이션 단서 탐색: 인간심리모델(Mental Models)을 중심으로 한 분석」. 『커뮤니케이션 이론』 12권 1호, 53-117.

김영욱 · 이현승 · 장유진 · 이혜진 (2015). 「언론은 미세먼지 위험을 어떻게 구성하는가?: 미세먼지 위험보도 프레임과 정보원 분석」. 『한국언론학보』 59권 2호, 121-154.

김영욱 · 함승경 (2016). 「내러티브 반응 과정과 냄비 성향이 낙인에 미치는 효과: 메르스(MERS) 위험을 중심으로 한 분석」. 『커뮤니케이션 이론』 12권 4호, 58-100.

_______ (2017). 「보도 내러티브와 문화적 편향 그리고 사회자본이 낙인에 미치는 영향: 메르스(MERS) 사태를 중심으로 한 분석」. 『Crisisonomy』 13권 1호, 63-84.

김용 (2016). 「국내 미디어의 메르스 보도 고찰」. 『의료커뮤니케이션』 11권 1호, 39-50.

박기수 · 이귀옥 · 최명일 (2014). 「언어 네트워크 분석을 이용한 신종 감염병 보도 분석: 다제내성균 보도 사례를 중심으로」. 『Journal of Digital Convergence』 12권 2호, 343-351.

송재도 (2017). 『마케팅 지배사회: 소진, 파괴 그리고 불평등』. 파주: 들녘.

여민주 · 김용표 (2019). 「우리나라 미세먼지 농도 추이와 고농도 발생 현황」. 『한국대기환경학회지』 35권 2호, 249-264.

이태호 (2019). 『우리는 TV 쇼닥터에게 속고 있다: 몸에 좋다던 건강식품의 배신』. 서울: 오픈하우스.

장재연 (2019).『공기 파는 사회에 반대한다』. 서울: 동아시아.

전지영 (2017).「감염병 보도에서 국내 언론이 사용하는 어휘의 특성 분석: 지카 바이러스, 야생진드기, 다제내성균을 중심으로」.『Crisisonomy』 13권 1호, 1-15.

정진호 (2017).『위험하고 위대한 약 이야기: 질병과 맞서 싸워온 인류의 열망과 과학』. 서울: 푸른숲.

진나영 · 정정주 (2018).「한국 메르스 사태에 대한 국내외 언론보도 의미망 비교연구」.『언론과학연구』 18권 2호, 222-262.

최승영 (2020. 4. 8).「70일간 '코로나' 들어간 기사 6만여 개... 언론이 쌓아올린 '공포의 금자탑'」.『한국기자협회보』.

한국보건사회연구원 (2018).「사회통합 실태 진단 및 대응 방안 연구(Ⅳ)」.

한국언론진흥재단 (2019).「2019 언론수용자조사」.

한빛나라 · 김혜정 · 김영욱 (2020).「한국인의 기후변화에 대한 위험 인식 지형 도출: 심층 인터뷰를 통한 전문가와 일반인의 위험 인식 비교」.『한국언론정보학보』 101권, 465-505.

한자경 (2019).「서양화의 물결과 우리의 시선: 오리엔탈리즘적 불교관과 유교관의 비판을 겸함」.『원불교사상과종교문화』 81권, 153-178.

한혁 · 김영욱 · 금현섭 (2017).「공중상황이론을 바탕으로 한 PR전략 연구: 미세먼지 이슈를 중심으로」.『한국언론학보』 61권 3호, 222-254.

함승경 · 김혜정 · 김영욱 (2020).「해석수준과 대응수준이 기후변화 대응행동 의도에 미치는 영향: 심리적 거리의 매개효과와 미래/즉각적 결과고려의 조절효과 중심」.『한국언론학보』 64권 4호, 400-435.

환경부 (2016).『최초 출시 전 화학물질 안전확인』. 환경부 발행 책자.

________ (2020).『환경통계연보』.

Altheide, D. L. (2013). "Media logic, social control, and fear." *Communication Theory*, 23(3), 223-238.

Angell, M. (2004). *The Truth about Drug Companies*. New York: Random

House.

Asch, S. E. (1952). “Group forces in the modification and distortion of judgments.” In S. E. Asch (Ed.), *Social Psychology* (pp. 450–501). Prentice-Hall.

Bandura, A. (2004). “Health promotion by social cognitive means.” *Health Education & Behavior*, 31, 143-164.

Bauer, M. W. (2009). “The evolution of public understanding of science-discourse and comparative evidence.” *Science, Technology and Society*, 14(2), 221-240.

Bauman, Z. (2007). *Consuming Life*. Cambridge, UK: Polity Press.

Bazerman, M. H. & Tenbrunsel, A. E. (2012). *Blind Spots: Why We Fail to Do What's Right and What to Do about It*. Princeton University Press.

Beck, U. (1986). *Risikogesellschaft: Auf dem Weg in eine andere Moderne*. Frankfurt am Main, Suhrkamp Verlag. 홍성태 옮김. (1997). 『위험 사회: 새로운 근대(성)을 위하여』. 서울: 새물결 [Mar Ritter (trans.) (1992). *Risk Society: Towards a New Modernity*. London: Sage 영역본 주대본 사용].

Beder, S. (2011). “Corporate discourse on climate change.” In G. Sussman (Ed.). *The Propaganda Society: Promotional Culture and Politics in Global Context* (pp. 113-129). New York: Peter Lang.

Ben-Ari, O. T., Florian, V., & Mikulincer, M. (1999). “The impact of mortality salience on reckless driving: A test of terror management mechanisms.” *Journal of Personality and Social Psychology*, 76(1), 35.

Bennett, P. (1999). “Understanding responses to risk: Some basic findings.” In P. Bennett & K. Calman (Eds.). *Risk Communication and Public Health* (pp. 3-19). Oxford: Oxford Univ. Press.

Berger, C. R. & Calabrese, R. J. (1975). “Some explorations in initial interaction and beyond: Toward a developmental theory of interpersonal communication." *Human Communication Research*, 1(2), 99-112.

Berger, P. L. & Luckmann, T. (1966). *The Social Construction of Reality: A Treatise in the Sociology of Knowledge*. Garden City, NY: Doubleday.

Björnberg, K. E., Karlsson, M., Gilek, M., & Hansson, S. O. (2017). "Climate and environmental science denial: A review of the scientific literature published in 1990–2015." *Journal of Cleaner Production*, 167, 229-241.

Bodermer, N. & Gaissmaier, W. (2015). "Risk perception." In H. Cho, T. Reimer, & K. A. McComas (Eds.). *The Sage Handbook of Risk Communication* (pp. 10-23). Thousand Oaks, CA: Sage.

Bonney, R., Shirk, J. L., Phillips, T. B., Wiggins, A., Ballard, H. L., Miller-Rushing, A. J., & Parrish, J. K. (2014). "Next steps for citizen science." *Science*, 343(6178), 1436-1437.

Bourne, A. H. (2009). "Perceiving risk and (re)constructing safety: The lived experience of having 'safe' sex." *Health, Risk & Society*, 11(3), 283-295.

Bruder, M., Haffke, P., Neave, N., Nouripanah, N., & Imhoff, R. (2013). "Measuring individual differences in generic beliefs in conspiracy theories across cultures: Conspiracy mentality questionnaire." *Frontiers in Psychology*, 4, 225.

Brugnach, M., Dewulf, A., Pahl-Wostl, C., & Taillieu, T. (2008). "Toward a relational concept of uncertainty: About knowing too little, knowing too differently, and accepting not to know." *Ecology and Society* 13(2): 30. [online] URL: http://www.ecologyandsociety.org/vol13/iss2/art30/

Calvillo, D. P., Ross, B. J., Garcia, R. J., Smelter, T. J., & Rutchick, A. M. (2020). "Political ideology predicts perceptions of the threat of

COVID-19 (and susceptibility to fake news about it)." *Social Psychological and Personality Science*, 11(8), 1119-1128.

Cho, H. & Salmon, C. T. (2007). "Unintended effects of health communication campaigns." *Journal of Communication*, 57(2), 293-317.

Chung, I. J. (2011). "Social amplification of risk in the Internet environment." *Risk Analysis: An International Journal*, 31(12), 1883-1896.

Cohen, G. L. (2003). "Party over policy: The dominating impact of group influence on political beliefs." *Journal of Personality and Social Psychology*, 85(5), 808-822.

Cohn, V. & Cope, L. (2011). *News and Numbers: A Writer's Guide to Statistics*. Malden, MA: Wiley & Blackwell.

Compton, J. A. & Pfau, M. (2005). "Inoculation theory of resistance to influence at maturity: Recent progress in theory development and application and suggestions for future research." *Annals of the International Communication Association*, 29(1), 97-146.

Conrad, P. (1992). "Medicalization and social control." *Annual Review of Sociology*, 18(1), 209-232.

_______ (2005). "The shifting engines of medicalization." *Journal of Health and Social Behavior*, 46(1), 3-14.

Conrad, P. & Bergey, M. R. (2014). "The impending globalization of ADHD: Notes on the expansion and growth of a medicalized disorder." *Social Science & Medicine*, 122, 31-43.

Conrad, P. & Leiter, V. (2004). "Medicalization, markets and consumers." *Journal of Health and Social Behavior*, 158-176.

Covello, V. T. (1983). "The perception of technological risks: A literature review." *Technological Forecasting and Social Change*, 23(4), 285-297.

Covello, V. T. & Peters, R. G. (1996). "The determinants of trust and credibility in environmental risk communication: an empirical study." In V. H. Sublet, V. T. Covello, & T. L. Tinker (Eds.). *Scientific Uncertainty and Its Influence on the Public Communication Process* (pp. 33-63). Dordrecht: Springer.

Covello, V. T., Sandman, P. M., & Slovic, P. (1988). *Risk Communication, Risk Statistics, and Risk Comparisons: A Manual for Plant Managers* (pp. 1-57). Washington, DC: Chemical Manufacturers Association.

Crimston, C. R. & Selvanathan, H. P. (2020). "Polarization." In J. Jetten, S. D. Reicher, S. A. Haslam, & T. Cruwys (Eds.). *Together Apart: The Psychology of COVID-19* (pp. 107, 112). London: Sage.

Curran, J., Fenton, N., & Freedman, D. (2016). *Misunderstanding the Internet*. New York: Routledge.

Dake, K. (1992). "Myths of nature: Culture and the social construction of risk." *Journal of Social Issues*, 48(4), 21-37.

Denes-Raj, V. & Epstein, S. (1994). "Conflict between intuitive and rational processing: When people behave against their better judgment." *Journal of Personality and Social Psychology*, 66, 819–829.

DeShazo, J., Harris, L., & Pratt, W. (2010). "Effective intervention or child's play? A review of video games for diabetes education." *Diabetes Technology & Therapeutics*, 12(10), 815-822.

Deyo, R. A. (2010). "Manipulation of knowledge." In E. D. Corte & J. E. Fenstad (Eds.). *From Information to Knowledge; From Knowledge to Wisdom* (pp. 105-114). London: Portland Press.

Dillard, A. J., Ferrer, R. A., & Welch, J. D. (2018). "Associations between narrative transportation, risk perception and behaviour intentions following narrative messages about skin cancer." *Psychology & Health*, 33(5), 573-593.

Evans-Polce, R. J., Castaldelli-Maia, J. M., Schomerus, G., & Evans-Lacko, S. E. (2015). "The downside of tobacco control? Smoking and self-stigma: A systematic review." *Social Science & Medicine*, 145, 26-34.

Everaert, G., De Rijcke, M., Lonneville, B., Janssen, C. R., Backhaus, T., Mees, J., ... & Vandegehuchte, M. B. (2020). "Risks of floating microplastic in the global ocean." *Environmental Pollution*, 267, 115499.

Fairman, K. A. & Curtiss, F. R. (2011). "Does medicalization of life imperil health? Expanding indications for diagnosis and treatment of chronic "disease"." *Journal of Managed Care Pharmacy*, 17(6), 469-480.

Finucane, M. L., Alhakami, A., Slovic, P., & Johnson, S. M. (2000). "The affect heuristic in judgments of risks and benefits." *Journal of Behavioral Decision Making*, 13, 1-17.

Fischhoff, B. (1995). "Risk perception and communication unplugged: twenty years of process." *Risk Analysis*, 15(2), 137-145.

Fox, C. R. & Weber, M. (2002). "Ambiguity aversion, comparative ignorance, and decision context." *Organizational Behavior and Human Decision Processes*, 88(1), 476-498.

Friestad, M. & Wright, P. (1994). "The persuasion knowledge model: How people cope with persuasion attempts." *Journal of Consumer Research*, 21(1), 1-31.

Fuchs, C. (2015). *Reading Marx in the Information Age: A Media and Communication Studies Perspective on Capital Volume 1*. New York: Routledge.

Gesser-Edelsburg, A. & Shir-Raz, Y. (2016). *Risk Communication and Infectious Diseases in an Age of Digital Media*. New York: Routledge.

Giddens, A. (1999). "Risk and responsibility." *The Modern Law Review*, 62, 1-10.

Gigerenzer, G. (2006). "Out of the frying pan into the fire: Behavioral reactions to terrorist attacks." *Risk Analysis: An International Journal*, 26(2), 347-351.

Gigerenzer, G. & Gray, J. A. M. (2011). *Better Doctors, Better Patients, Better Decision: Envisioning Health Care 2020*. Cambridge, MA: The MIT Press.

Gigerenzer, G., Gaissmaier, W., Kurz-Milcke, E., Schwartz, L. M., & Woloshin, S. (2007). "Helping doctors and patients make sense of health statistics." *Psychological Science in the Public Interest*, 8(2), 53-96.

Gilbert, D. T., Pinel, E. C., Wilson, T. D., Blumberg, S. J., & Wheatley, T. P. (1998). "Immune neglect: A source of durability bias in affective forecasting." *Journal of Personality and Social Psychology*, 75(3), 617-638.

Goldberg, Z. J. & Richey, S. (2020). "Anti-vaccination beliefs and unrelated conspiracy theories." *World Affairs*, 183(2), 105-124.

Goldenberg, M. J. (2019). "Vaccines, values and science." *CMAJ*, 191(14), E397-E398.

Gøtzsche, P. C., Jørgensen, K. J., Zahl, P. H., & Mæhlen, J. (2012). "Why mammography screening has not lived up to expectations from the randomised trials." *Cancer Causes & Control*, 23(1), 15-21.

Greenberg, J., Pyszczynski, X, & Solomon, S. (1986). "The causes and consequences of the need for self-esteem: A terror management theory." In R. F. Baumeister (Ed.). *Public Self and Private Self* (pp. 189-212). New York: Springer-Verlag.

Greenberg, J., Solomon, S., & Pyszczynski, T. (1997). "Terror management theory of self-esteem and cultural worldviews: Empirical assessments and conceptual refinements." In *Advances in Experimental Social Psychology* (Vol. 29, pp. 61-139). Orlando, FL: Academic Press.

Grieve, P. G. & Hogg, M. A. (1999). "Subjective uncertainty and inter-group discrimination in the minimal group situation." *Personality and Social Psychology Bulletin*, 25(8), 926-940.

Griffin, R. J., Neuwirth, K., Dunwoody, S., & Giese, J. (2004). "Information sufficiency and risk communication." *Media Psychology*, 6(1), 23-61.

Grothmann, T. & Patt, A. (2005). "Adaptive capacity and human cognition: the process of individual adaptation to climate change." *Global Environmental Change*, 15, 199-213.

Han, J. & Kim, Y. (2020). "Defeating Merchants of Doubt: Subjective certainty and self-affirmation ameliorate attitude polarization via partisan motivated reasoning." *Public Understanding of Science*, 29(7), 729-744.

Heath, L., Kavanagh, J., & Raethompson, S. (2001). "Perceived vulnerability and fear of crime: Why fear stays high when crime rates drop." *Journal of Offender Rehabilitation*, 33(2), 1-14.

Herek, G. M. (1999). "AIDS and stigma." *American Behavioral Scientist*, 42(7), 1106-1116.

Hertwig, R. & Erev, I. (2009). "The description-experience gap in risky choice." *Trends in Cognitive Sciences*, 13(12), 517-523.

Hogg, M. A. (2007). "Uncertainty-identity theory." *Advances in Experimental Social Psychology*, 39, 69-126.

Hollis, M. E., Downey, S., del Carmen, A., & Dobbs, R. R. (2017). "The relationship between media portrayals and crime: perceptions of fear of crime among citizens." *Crime Prevention and Community Safety*, 19(1), 46-60.

Hornsey, M. J. (2008). "Social identity theory and self-categorization theory: A historical review." *Social and Personality Psychology Compass*, 2(1), 204-222.

_______ (2020). "Conspiracies." In J. Jetten, S. D. Reicher, S. A. Haslam, & T. Cruwys (Eds.), *Together Apart: The Psychology of COVID-19* (pp. 41-46). London: Sage.

Huen, J. M., Lai, E. S., Shum, A. K., So, S. W., Chan, M. K., Wong, P. W., ... & Yip, P. S. (2016). "Evaluation of a digital game-based learning program for enhancing youth mental health: a structural equation modeling of the program effectiveness." *JMIR Mental Health*, 3(4), e5656.

Huo, Y. J. (2020). "Prejudice and discrimination." In In J. Jetten, S. D. Reicher, S. A. Haslam, & T. Cruwys (Eds.). *Together Apart: The Psychology of COVID-19* (pp. 113-118). London: Sage.

Invernizzi, G., Ruprecht, A., Mazza, R., Rossetti, E., Sasco, A., Nardini, S., & Boffi, R. (2004). "Particulate matter from tobacco versus diesel car exhaust: an educational perspective." *Tobacco Control*, 13(3), 219-221.

Irwin, A. (1995). *Citizen science: A Study of People, Expertise and Sustainable Development*. New York: Routledge.

Isaac, M. S. & Grayson, K. (2017). "Beyond skepticism: Can accessing persuasion knowledge bolster credibility?" *Journal of Consumer Research*, 43(6), 895-912.

Iyengar, S. & McGrady, J. (2007). *Media Politics: A Citizen's Guide*. New York: WW Norton.

Iyengar, S., Valentino, N. A., Ansolabehere, S., & Simon, A. F. (1997). "Running as a woman: Gender stereotyping in political campaigns." In P. Norris (Ed.). *Women, Media, and Politics* (pp. 77-98). New York: Oxford University Press.

Johnson, B. B. (2012). "Climate Change Communication: A provocative inquiry into motives, meanings, and means." *Risk Analysis*, 32(6),

973-990.

Johnson, B. B. & Covello, V. T. (Eds.). (2012). *The Social and Cultural Construction of Risk: Essays on Risk Selection and Perception* (Vol. 3). Dordrecht. Holland: D. Reidel Publishing Company.

Jost, J. T., Ledgerwood, A., & Hardin, C. D. (2008). "Shared reality, system justification, and the relational basis of ideological beliefs." *Social and Personality Psychology Compass*, 2(1), 171-186.

Jost, J. T., Nosek, B. A., & Gosling, S. D. (2008). "Ideology: Its resurgence in social, personality, and political psychology." *Perspectives on Psychological Science*, 3(2), 126-136.

Jost, J. T., van der Linden, S., Panagopoulos, C., & Hardin, C. D. (2018). "Ideological asymmetries in conformity, desire for shared reality, and the spread of misinformation." *Current Opinion in Psychology*, 23, 77-83.

Jun, J. K., Hwang, S. Y., Hong, S., Suh, M., Choi, K. S., & Jung, K. W. (2020). "Association of screening by thyroid ultrasonography with mortality in thyroid cancer: A case-control study using data from two national surveys." *Thyroid*, 30(3), 396-400.

Kahan, D. (2013). Making climate-science communication evidence-based. in D. A. Crow & M. T. Boykoff (Eds.). *Culture, Politics and Climate Change: How Information Shapes Our Common Future* (pp. 203-220). New York: Routledge.

Kahan, D. M., Peters, E., Wittlin, M., Slovic, P., Ouellette, L. L., Braman, D., & Mandel, G. (2012). "The polarizing impact of science literacy and numeracy on perceived climate change risks." *Nature Climate Change*, 2(10), 732-735.

Kahlor, L. et al. (2003). "Studying heuristic-systematic processing of risk communication." *Risk Analysis*, 23 (2), 355-368.

Kahneman, D. & Frederick, S. (2002). "Representativeness revisited: Attribute substitution in intuitive judgment." In T. Gilovich, D. Griffin, & D. Kahneman (Eds.), *Heuristics and Biases: The Psychology of Intuitive Judgment* (pp. 49-81). New York: Cambridge University Press.

Kahneman, D. & Tversky, A. (1979). "Prospect theory: An analysis of decision under risk." *Econometrica*, 47(2), 263-291.

Kasperson, R. (2014). "Four questions for risk communication." *Journal of Risk Research*, 17(10), 1233-1239.

Kasperson, R. E. & Kasperson, J. X. (1996). "The social amplification and attenuation of risk." *The Annals of the American Academy of Political and Social Science*, 545(1), 95-105.

Kasperson, R. E., Golding, D., & Tuler, S. (1992). "Social distrust as a factor in siting hazardous facilities and communicating risks." *Journal of Social Issues*, 48(4), 161-187.

Kasperson, R. E., Renn, O., Slovic, P., Brown, H. S., Emel, J., Goble, R., ... & Ratick, S. (1988). "The social amplification of risk: A conceptual framework." *Risk Analysis*, 8(2), 177-187.

Kasperson, R., Jhaveri, N., & Kasperson, J. X. (2013). "Stigma and the social amplification of risk: Toward a framework of analysis." In P. Slovic, J. Flynn, & H. Kunreuther (Eds.). *Risk, Media and Stigma* (pp. 25-44). New York: Routledge.

Kim, H. K. & Kim, Y. (2019). "Risk information seeking and processing about particulate air pollution in South Korea: The roles of cultural worldview." *Risk Analysis*, 39(5), 1071-1087.

Klein, C. T. & Helweg-Larsen, M. (2002). "Perceived control and the optimistic bias: A meta-analytic review." *Psychology and Health*, 17(4), 437-446.

Klein, N. (2007). *The shock doctrine: The Rise of Disaster Capitalism*. New York: Metropolitan Books.

Kurzban, R. & Leary, M. R. (2001). "Evolutionary origins of stigmatization: the functions of social exclusion." *Psychological Bulletin*, 127(2), 187-208.

Langford, I. H. (2002). "An existential approach to risk perception." *Risk Analysis*, 22(1), 101-120.

Larson. H. J., Cooper, L. Z., Eskola, J., et al. (2011). "Addressing the vaccine confidence gap." *Lancet*, 378, 526-35.

Latimer, A. E., Salovey, P., & Rothman, A. J. (2007). "The effectiveness of gain-framed messages for encouraging disease prevention behavior: Is all hope lost?" *Journal of Health Communication*, 12(7), 645-649.

Lee, J. & Kim, Y. (2020). "When thinking of my death leads to thinking of others' deaths: The effect of collectivism, psychological closeness, and mortality salience on prosocial behavioral intentions in the Sewol ferry disaster." *Journal of Risk Research*, 1-15.

Lee, K. H. & Bae, M. S. (2021). "Discrepancy between scientific measurement and public anxiety about particulate matter concentrations." *Science of The Total Environment*, 760, 143980.

Leiserowitz, A. (2004). "Before and after the Day After Tomorrow: A U.S. study of climate change risk perceptions." *Environment*, 46(9), 22-37.

Lewis, J. (2014). *Beyond Consumer Capitalism: Media and the Limits to Imagination*. New York: John Wiley & Sons.

Lidskog, R. (2008). "Scientised citizens and democratised science. Reassessing the expert-lay divide." *Journal of Risk Research*, 11(1-2), 69-86.

Lin, S. W. & Bier, V. M. (2008). "A study of expert overconfidence." *Reliability Engineering & System Safety*, 93(5), 711-721.

Lupton, D. (1993). "Risk as moral danger: the social and political functions of risk discourse in public health." *International Journal of Health Services*, 23(3), 425-435.

_______ (1999). *Risk and Sociocultural Theory: New Directions and Perspectives*. Cambridge University Press.

_______ (2013). *Risk*. London: Routledge.

Markman, A. (2018). "Why people aren't motivated to address climate change." *Harvard Business Review*, October 11.

Matthews, P. (2015). "Why are people skeptical about climate change? Some insights from blog comments." *Environmental Communication*, 9(2), 153-168.

Mayer, F. S. (2018). *Transforming Psychological Worldviews to Confront Climate Change: A Clearer Vision, a Different Path*. Oakland, CA: University of California Press.

McChesney, R. (2000). *Rich Media, Poor Democracy*. Urbana: University of Illinois Press.

McComas, K. A. (2006). "Defining moments in risk communication research: 1996-2005." *Journal of Health Communication*, 11(1), 75-91.

Mehrabian, A. (1971). *Silent Messages*. Belmont, CA: Wadsworth.

_______ (1972). *Nonverbal Communication*. Transaction Publishers.

Messaris, P. (1997). *Visual Persuasion: The Role of Images in Advertising*. Thousand Oaks, CA: Sage.

Meyer, G. (2018). *The Science Communication Challenge: Truth and Disagreement in Democratic Knowledge Societies*. New York: Anthem Press.

Minozzi, W., Song, H., Lazer, D. M., J., Neblo, M. A., & Ognyanova, K. (2020). "The incidental pundit: Who talks politics with whom, and why?" *American Journal of Political Science*, 64, 135-151.

Mohamed Nor, N. H., Kooi, M., Diepens, N. J., & Koelmans, A. A. (2021). "Lifetime accumulation of microplastic in children and adults." *Environmental Science & Technology*, 55(8), 5084-5096.

Morton, T. A., Rabinovich, A., Marshall, D., & Bretschneider, P. (2011). "The future that may (or may not) come: How framing changes responses to uncertainty in climate change communications." *Global Environmental Change*, 21(1), 103-109.

Nadesan, M. H. (2013). *Fukushima and the Privatization of Risk*. New York: Palgrave and Mcmillan.

Nisbet, E. C., Cooper, K. E., & Garrett, R. K. (2015). "The partisan brain: How dissonant science messages lead conservatives and liberals to (dis) trust science." *The Annals of the American Academy of Political and Social Science*, 658(1), 36-66.

Nowotny, H., Scott, P. B., & Gibbons, M. T. (2013). *Re-thinking Science: Knowledge and the Public in an Age of Uncertainty*. Cambridge, UK: Polity.

Nyhan, B. & Reifler, J. (2010). "When corrections fail: The persistence of political misperceptions." *Political Behavior*, 32(2), 303-330.

O'Keefe, D. J. (2012). From psychological theory to message design: Lessons from the story of gain-framed and loss-framed persuasive messages. In H. Cho (Ed.). *Health Communication Message Design: Theory and Practice* (pp. 3-20). Los Angeles, CA: Sage.

Ogbodo, J. N., Onwe, E. C., Chukwu, J., Nwasum, C. J., Nwakpu, E. S., Nwankwo, S. U., ... & Ogbaeja, N. I. (2020). "Communicating health crisis: a content analysis of global media framing of COVID-19." *Health Promotion Perspectives*, 10(3), 257-269.

O'Keefe, D. J. & Jensen, J. D. (2007). "The relative persuasiveness of gain-framed loss-framed messages for encouraging disease prevention behaviors: A meta-analytic review." *Journal of Health Communication*, 12(7), 623-644.

_______ (2009). "The relative persuasiveness of gain-framed and loss-framed messages for encouraging disease detection behaviors: A meta-analytic review." *Journal of Communication*, 59(2), 296-316.

Oreskes, N. & Conway, E. M. (2011). *Merchants of Doubt: How a Handful of Scientists Obscured the Truth on Issues from Tobacco Smoke to Global Warming*. Bloomsbury Publishing.

Peter, C. & Koch, T. (2016). "When debunking scientific myths fails (and when it does not) The backfire effect in the context of journalistic coverage and immediate judgments as prevention strategy." *Science Communication*, 38(1), 3-25.

Peters, M. A. & Besley, T. (2019). "Citizen science and post-normal science in a post-truth era: Democratising knowledge; socialising responsibility." *Educational Philosophy and Theory*, 51(13), 1293-1303.

Petersen, A. M., Vincent, E. M., & Westerling, A. L. (2019). "Discrepancy in scientific authority and media visibility of climate change scientists and contrarians." *Nature Communications*, 10(1), 1-14.

Petrocik, J. R., Benoit, W. L., & Hansen, G. J. (2003). "Issue ownership and presidential campaigning, 1952-2000." *Political Science Quarterly*, 118(4), 599-626.

Phelan, J. C. (2005). "Geneticization of deviant behavior and consequences for stigma: The case of mental illness." *Journal of Health and Social Behavior*, 46(4), 307-322.

Phelan, J. C. & Link, B. G. (2013). "Fundamental cause theory." In W. C. Cockerham (Ed.), *Medical Sociology on the Move: New Directions in*

Theory (pp. 105-125). Dordrecht: Springer.

Pickard, V. (2020). *Democracy Without Journalism?: Confronting the Misinformation Society*. New York: Oxford University Press.

Plimer, I. R. (2009). *Heaven and Earth: Global Warming, the Missing Science*. Ballan, Australia: Taylor Trade Publishing.

Polonijo, A. N. & Carpiano, R. M. (2013). "Social inequalities in adolescent human papillomavirus (HPV) vaccination: a test of fundamental cause theory." *Social Science & Medicine*, 82, 115-125.

Popper, K. (1962). *Conjectures and Refutations: The Growth of Scientific Knowledge*. New York: Basic Books.

Powell, D. & Leiss, W. (1997). *Mad Cows and Mother's Milk: the Perils of Poor Risk Communication*. McGill-Queen's University Press.

Rabinovich, A. & Morton, T. A. (2012). "Unquestioned answers or unanswered questions: Beliefs about science guide responses to uncertainty in climate change risk communication." *Risk Analysis*, 32(6), 992-1002.

Ravetz, J. R. (1999). "What Is Post-Normal Science." *Futures*, 31, 647–654.

Ravetz, J. R. & Funtowicz, S. O. (1999). "Post-Normal Science: An Insight Now Maturing. Editorial." *Futures*, 31, 641–646.

Reimer, T., Jones, C., & Skubisz, C. (2015). "Numeric communication of risk." In H. Cho, T. Reimer, & K. McComas (Eds.). *The Sage Handbook of Risk Communication* (pp. 167-179). CA: Sage.

Renn, O. (2011). "The social amplification/attenuation of risk framework: application to climate change." *Wiley Interdisciplinary Reviews: Climate Change*, 2(2), 154-169.

Renn, O. & Levine, D. (1991). "Credibility and trust in risk communication." In R. A. Kasperson & P. J. M. Stallen (Eds.). *Communicating Risks to the Public* (pp. 175-217). Dordrecht: Kluwer Academic

Publishers.

Rice, R. E. & Atkin, C. K. (Eds.). (2012). *Public Communication Campaigns*. CA: Sage.

Salovey, P., Schneider, T. R., & Apanovitch, A. M. (2002). "Message framing in the prevention and early detection of illness." *The Persuasion Handbook: Developments in Theory and Practice*, 391-406.

Scharrer, L., Rupieper, Y., Stadtler, M., & Bromme, R. (2017). "When science becomes too easy: Science popularization inclines laypeople to underrate their dependence on experts." *Public Understanding of Science*, 26(8), 1003-1018.

Schröder, F. H., Hugosson, J., Roobol, M. J., Tammela, T. L., Ciatto, S., Nelen, V., ... & Denis, L. J. (2009). "Screening and prostate-cancer mortality in a randomized European study." *New England Journal of Medicine*, 360(13), 1320-1328.

Simis, M. J., Madden, H., Cacciatore, M. A., & Yeo, S. K. (2016). "The lure of rationality: Why does the deficit model persist in science communication?" *Public Understanding of Science*, 25(4), 400-414.

Singer, P. (2009). *The Life You Can Save: Acting Now to End World Poverty*. New York: Random House.

Sjöberg, L. (2002). "The allegedly simple structure of experts' risk perception: an urban legend in risk research." *Science, Technology, & Human Values*, 27(4), 443-459.

Sjöberg, L. & Drottz-Sjöberg, B. M. (2001). "Fairness, risk and risk tolerance in the siting of a nuclear waste repository." *Journal of Risk Research*, 4(1), 75-101.

Skolbekken, J. A. (2008). "Unlimited medicalization? Risk and the pathologization of normality." A. Petersen & I. Wilkinson (Eds.). *Health, Risk and Vulnerability* (pp. 16-29). New York: Routledge.

Slovic P., Fischhoff, B., Lichtenstein, S. (1979). "Rating the risks," *Environment*, 21(3), 14-20, 36-39.

Slovic, P. (1987). "Perception of Risk." *Science*, 236(4799), 280-285.

Slovic, P., Finucane, M. L., Peters, E., & MacGregor, D. G. (2004). "Risk as analysis and risk as feelings: Some thoughts about affect, reason, risk, and rationality." *Risk Analysis*, 24(2), 311-322.

Slovic, P., Monahan, J., & MacGregor, D. M. (2000). "Violence risk assessment and risk communication: The effects of using actual cases, providing instructions, and employing probability vs. frequency formats." *Law and Human Behavior*, 24(3), 271-296.

Small, B. & Mallon, M. (2007). "Science, society, ethics, and trust: Scientists' reflections on the commercialization and democratization of science." *International Studies of Management & Organization*, 37(1), 103-124.

Solomon, S., Greenberg, J., & Pyszczynski, T. (2000). "Pride and prejudice: Fear of death and social behavior." *Current Directions in Psychological Science*, 9(6), 200-204.

Solomon, S., Greenberg, J., & Pyszczynski, T. (1991). "A terror management theory of social behavior: The psychological functions of self-esteem and cultural worldviews." *Advances in Experimental Social Psychology*, 24(93): 159.

Soper, G. A. (1919). "The lessons of the pandemic." *Science*, 49(1274), 501-506.

Spence, A., Poortinga, W., & Pidgeon, N. (2012). "The psychological distance of climate change." *Risk Analysis*, 32(6), 957-972.

Stern, C., West, T. V., Jost, J. T., & Rule, N. O. (2014). ""Ditto heads" do conservatives perceive greater consensus within their ranks than liberals?" *Personality and Social Psychology Bulletin*, 40(9), 1162-1177.

Tajfel, H. (Ed.) (1978). *Differentiation between Social Groups: Studies in the Social Psychology of Intergroup Relations*. New York: Academic Press.

Tetlock, P. E., Peterson, R. S., & Lerner, J. S. (1996). "Revising the value pluralism model: Incorporating social content and context postulates." In C. Seligman, J. M. Olson, & M. P. Zanna (Eds.), *The Psychology of values: The Ontario Symposium*, Vol. 8 (pp. 25-51). Lawrence Erlbaum Associates.

Trope, Y. & Liberman, N. (2010). "Construal-level theory of psychological distance." *Psychological Review*, 117(2), 440.

Turner, J. C. (2010). "Social categorization and the self-concept: A social cognitive theory of group behavior." In T. Postmes & N. R. Branscombe (Eds.), *Key Readings in Social Psychology: Rediscovering Social Identity* (p. 243-272). New York: Psychology Press.

Tyler, T. & Cook, F. (1984). "The mass media and judgments of risk: Distinguishing impact on personal and societal level judgments." *Journal of Personality and Social Psychology*, 47, 693-708.

Van Bavel, J. J., Baicker, K., Boggio, P. S., Capraro, V., Cichocka, A., Cikara, M., ... & Drury, J. (2020). "Using social and behavioural science to support COVID-19 pandemic response." *Nature Human Behaviour*, 4(5), 460-471.

Washington, H. & Cook, J. (2011). *Climate Change Denial: Heads in the Sand*. New York: Earthscan.

Welch, H. G., Schwartz, L. M., & Woloshin, S. (2000). "Are increasing 5-year survival rates evidence of success against cancer?" *JAMA*, 283(22), 2975-2978.

Yang, C., Dillard, J. P., & Li, R. (2018). "Understanding fear of Zika: Personal, interpersonal, and media influences." *Risk Analysis*, 38(12),

2535-2545.

Yang, Z. J. (2012). "Too scared or too capable? Why do college students stay away from the H1N1 vaccine?" *Risk Analysis*, 32(10), 1703-1716.

Zhao, X., Leiserowitz, A. A., Maibach, E. W., & Roser-Renouf, C. (2011). "Attention to science/environment news positively predicts and attention to political news negatively predicts global warming risk perceptions and policy support." *Journal of Communication*, 61(4), 713-731.

Zillmann, D. (1999). "Exemplification theory: Judging the whole by some of its parts." *Media Psychology*, 1(1), 69-94.

_______ (2006). "Exemplification effects in the promotion of safety and health." *Journal of Communication*, 56, S221-S237.

Zoller, H. M. (2005). "Health activism: Communication theory and action for social change." *Communication Theory*, 15(4), 341-364.

찾아보기

[ㄴ]

[ㄷ]

[ㅈ]

위험불통사회

위험과 과학의 민주화를 위한 커뮤니케이션 접근

펴낸날 1판 1쇄 2021년 11월 3일
지은이 김영욱
펴낸이 이승아
펴낸곳 이화여자대학교출판문화원
주소 서울특별시 서대문구 이화여대길 52 (우03760)
등록 1954년 7월 6일 제9-61호
전화 02) 3277-2965 (편집), 362-6076 (마케팅)
팩스 02) 312-4312
전자우편 press@ewha.ac.kr
홈페이지 www.ewhapress.com
책임편집 이혜지

ISBN 979-11-5890-442-5 93330
값 29,000원